ŒUVRES COMPLÈTES DE J. MICHELET

ORIGINES
DU
DROIT FRANÇAIS

CHERCHÉES DANS LES SYMBOLES ET FORMULES DU DROIT UNIVERSEL

LA FRANCE
DEVANT L'EUROPE

ÉDITION DÉFINITIVE, REVUE ET CORRIGÉE

PARIS
ERNEST FLAMMARION, ÉDITEUR
26, RUE RACINE, PRÈS L'ODÉON

Tous droits réservés.

ORIGINES

DU

DROIT FRANÇAIS

LA FRANCE

DEVANT L'EUROPE

PARIS. — IMP. E. FLAMMARION, RUE RACINE, 26.

ŒUVRES COMPLÈTES DE J. MICHELET

ORIGINES

DU

DROIT FRANÇAIS

CHERCHÉES DANS LES SYMBOLES ET FORMULES DU DROIT UNIVERSEL

LA FRANCE

DEVANT L'EUROPE

ÉDITION DÉFINITIVE, REVUE ET CORRIGÉE

PARIS
ERNEST FLAMMARION, ÉDITEUR
26, RUE RACINE, PRÈS L'ODÉON

Tous doits réservés.

ORIGINES

DU

DROIT FRANÇAIS

Antiqui juris fabulas.

INTRODUCTION

> Φάγε τὰ νεάτα μου, φαγε καὶ τὴν ἀνδρείαν μου...
> (Page 69 de l'Introduction.)

Tout le monde connaît les *Actus legitimi* des anciens Romains, les cérémonies bizarres avec lesquelles s'accomplissaient les principaux actes du droit, les formules mesurées, quelquefois rimées, qu'on devait y prononcer sans changer une lettre. On sait que la *denuntiatio novi operis* se faisait en lançant une pierre contre le mur indûment élevé ; que, dans la *vindicatio*, on apportait devant le préteur une motte de terre prise du champ en litige, etc.

Ce formalisme dramatique était déjà suranné au temps de Cicéron. Il n'en parle que pour s'en moquer. Justinien va plus loin; il se félicite d'avoir détruit la dernière trace des vieilles comédies du droit : *Antiqui juris fabulas*.

Nous n'avons plus qu'un petit nombre des formules symboliques de Rome. Le laborieux Brisson n'a grossi sa compilation, *De formulis Romanorum*, qu'en y admettant un grand nombre de locutions étrangères à la langue du droit. Il y avait donc une grande audace à affirmer, comme l'a fait Vico, « que l'ancienne jurisprudence fut toute poétique, que le droit romain dans son premier âge fut un poème sérieux ».

Ce paradoxe semble pourtant moins hasardé, à mesure que l'on étudie les autres législations antiques. Les lois de Manou, le digeste indien, présentent un grand nombre de symboles et de formules poétiques. Les livres des Juifs, ceux des Mahométans, malgré leur austérité, n'en sont pas entièrement dépourvus. Les lois du pays de Galles ont, sous ce rapport, une bizarre originalité.

De toutes les jurisprudences, la plus féconde sans comparaison en formules poétiques, c'est celle de l'Allemagne. Dès 1816, Jacob Grimm, le Ducange de notre temps, avait publié une courte, mais intéressante dissertation intitulée : *Poésie du droit*[1]. En 1828 parut le gigantesque ouvrage du même auteur : *Antiquités du droit allemand*. Jamais livre n'éclaira plus subitement, plus profondément une science. Il n'y avait là ni confusion ni doute. Ce n'était pas un système plus ou moins ingénieux. C'était un magnifique recueil de formules empruntées à toutes les jurisprudences, à tous les idiomes de l'Allemagne et du Nord. Nous entendîmes dans ce livre, non les hypothèses d'un homme, mais la vive voix de l'Antiquité elle-même, l'irrécusable témoignage de deux ou trois cents vieux jurisconsultes qui,

---

1. Les anciens jurisconsultes de Rome étaient d'éminents grammairiens. La *Grammaire* de Grimm a été son premier travail. Il y a embrassé l'allemand dans tous ses dialectes, dans tous ses âges, et constitué cette vaste langue comme système et comme science. Il a ensuite étudié les formes poétiques dans son opuscule sur les *Meistersaenger*. Alors il a publié les *Antiquités du droit allemand*. Un autre eût pu les recueillir; lui seul pouvait les éditer. Plusieurs auteurs avaient traité antérieurement la même matière; aucun, je pense, n'y apportait de telles études préalables, une telle autorité. (Voy. Hoffmann, Mantzel, Dumgë, Évrard Othon, Schaumburg, Schukking, Sande, etc.) — L'année même où M. Grimm publia ses *Antiquités*, en 1828, M. Arthur Beugnot imprima un opuscule de quelques pages, sous le titre suivant : *Dissertation sur les cérémonies symboliques usitées dans l'ancienne jurisprudence française*. Cette dissertation, qui ne fut pas mise en vente, est, à ma connaissance, le seul essai qu'on ait fait en France sur ce curieux sujet.

dans leurs naïves et poétiques formules, déposaient des croyances, des usages domestiques, des secrets même du foyer, de la plus intime moralité allemande.

Ce livre a une valeur immense en lui-même, comme révélation de la poésie juridique d'un peuple, une plus grande encore comme terme de comparaison avec celle de tous les peuples. Aucune nation n'étant aussi riche en ce genre que l'Allemagne, ce que les autres possèdent trouve presque toujours une partie correspondante dans le recueil de Grimm, et peut en recevoir confirmation, interprétation. Une science nouvelle, indiquée par Vico, est devenue possible : la Symbolique du droit.

J'ai cru que la première question de l'histoire du droit français était de savoir si ce droit n'avait pas eu aussi son âge poétique. Nos lois barbares, salique ou ripuaire, présentent un certain nombre de belles formules. Mais ces lois sont bien moins françaises que germaniques. Les *Capitulaires* ne présentent guère de formules, ni de symboles. Nos beaux livres de droit écrits en français au Moyen-âge ne sont rien moins que poétiques. Sous l'apparente naïveté du langage, on y sent partout la logique et l'esprit d'abstraction des docteurs en droit romain. Ils présentent toutefois un certain nombre de formules féodales.

Le droit féodal était celui des seigneurs, des souverains de la France ; c'était un droit public, politique, plutôt que civil. Les sujets des seigneurs suivaient déjà certainement les Coutumes, qui furent écrites plus tard. Ces Coutumes, à en juger par celles des autres peuples, devaient contenir de curieux symboles populaires. Malheureusement elles ne nous sont parvenues, pour la plupart, que sous leur forme la plus moderne, dans la rédaction du seizième siècle, et cette forme était encore sciemment altérée par les rédacteurs.

La France, en cela différente de tous les peuples, aurait-elle commencé dans son droit par la prose ? Offrirait-elle l'unique exemple d'une nation prosaïque à son premier âge, mûre à sa naissance, raisonneuse et logicienne en naissant ? Ou bien, tout ce qu'elle eut de poétiques formules de symboles juridiques, aurait-il à jamais péri ?

La tâche est rude pour celui qui veut éclaircir cette question. Il ne suffit pas de parcourir les livres du droit proprement dit. Nos lois barbares, nos lois féodales, nos Coutumes, n'ont été écrites que tard, lorsque le système qu'elles représentaient s'était affaibli et prosaïsé. Il faut donc avoir recours à une infinité d'autres livres, qui rappellent par occasion les formes primitives du droit, effacées dans les livres mêmes des jurisconsultes.

Les premières sources auxquelles on devait naturellement puiser étaient le *Glossaire général* de Ducange, Carpentier, etc.; puis le *Glossaire* de Laurière, particulier au droit français : lecture immense, faible résultat, au moins en ce qui touche le sujet qui nous occupe.

Une autre source fort importante était le livre de D. Martène : *De antiquis ritibus Ecclesiæ*. Ce recueil contient plusieurs rituels français de la plus grande beauté. Les actes religieux sont souvent en même temps des actes civils.

Quel que soit le mérite de ces vastes compilations, beaucoup de textes curieux ne s'y trouvaient point. Ils ont été recueillis dans un grand nombre d'ouvrages, où l'on ne devait pas certainement s'attendre à les rencontrer. Chroniques de villes ou de provinces, contes, fabliaux, toutes sortes de livres d'histoire ou de littérature ont fourni des textes de droit. J'en ai trouvé plus d'un dans des annuaires ou des almanachs de province. C'est une recherche immense, fortuite, qu'on peut poursuivre toute sa vie sans craindre de l'épuiser jamais.

Le livre qu'on va lire est, je le sais, extrêmement incomplet. A vrai dire, ce n'est qu'un cadre que je remplirai un peu mieux avec le temps. D'autres peut-être voudront bien m'y aider. Nous devons tous, dans les routes diverses que nous parcourons, recueillir d'une main pieuse ces pauvres et rares débris.

Quand cette recherche immense ne donnerait qu'une solution négative, elle n'en serait pas moins utile. Si le droit français a eu un âge poétique, il est bien difficile que cet âge ait péri sans laisser des traces. Si donc ces traces se réduisaient à peu de chose, il en faudrait conclure que la France a eu de bonne heure indigence, sinon de toute poésie, au moins de cette poésie qui vit d'images et de symboles. Pour la poésie du mouvement, la poésie passionnée et raisonneuse, elle, ne nous a jamais manqué.

Jusqu'ici, les textes allemands font plus de la moitié de ce livre [1]. A mesure qu'il s'augmentera de textes nouveaux, l'Allemagne, nous l'espérons, y dominera moins exclusivement. Déjà, pendant l'impression, ils ont afflué, et nous avons été obligé d'en former un *Supplément*.

Grimm avait donné des textes dans les dialectes originaux de l'Allemagne du Nord. Nous les avons traduits et ordonnés sur un plan qui nous est propre.

Nous ne doutons pas que le public n'accueille cet essai avec une indulgente équité. La difficulté n'était pas médiocre pour traduire, de langues et de dialectes divers, des passages obscurs en eux-mêmes, plus obscurs par leur isolement. Si donc, malgré le soin et la conscience qu'on a portés dans ce travail, la critique croyait y découvrir quelque inexactitude, on la prie d'examiner si le doute ne porterait pas sur un passage à plusieurs sens. Ces oracles de la jurisprudence sont quelquefois aussi équivoques que

---

1. Nous les désignons par l'initiale G., en indiquant la page du livre de Grimm d'où ils sont tirés.

ceux des dieux de l'Antiquité. Il en est plusieurs que nous n'aurions pu interpréter, si M. Grimm ne nous eût prêté le secours de ses lumières. Comment reconnaître ce que nous devons et à l'ouvrage et à l'illustre auteur ? Un suffrage d'une telle gravité récompense de tous les travaux.

Si ces traductions eussent été faites par une main plus habile, elles auraient enrichi la langue d'un grand nombre de formes heureuses. La nécessité d'exprimer des idées qui nous sont étrangères, obligeait de chercher des tours nouveaux, et souvent un rythme particulier, dont nos vieux proverbes juridiques n'offraient que de rares exemples.

Voilà pour l'exécution. Quant à l'ordre général, le cadre que nous avons pris, le seul que nous pussions prendre, c'est la *biographie juridique de l'homme*, de la naissance à la mort. Les grandes divisions étaient indiquées d'elles-mêmes, ou déjà marquées dans le livre de Grimm. La difficulté était dans l'arrangement du détail.

Il y avait souvent lieu de douter si un texte devait être placé selon son *âge* probable, selon la langue et le *peuple* qui l'avait fourni, ou enfin selon la génération philosophique des *idées* auxquelles il se rapportait. Les symboles devaient-ils se classer d'après la *forme*, ou d'après l'*idée*, c'était encore une question. Quoique, entre ces ordres divers, il y ait un rapport intime, on n'aurait pu les ramener constamment à un seul, sans rejeter un grand nombre de textes importants, sans fondre ou abréger les autres. La riche matière historique que nous avions entre les mains eût péri, étouffée dans une trop rigoureuse systématisation.

Ne pouvant établir un ordre plus sévère dans un recueil si varié, nous aurions voulu du moins en donner l'esprit dans une lumineuse Introduction, derrière la diversité des formes montrer la simplicité des idées, saisir des lois immuables sous la mouvante action de cette Divine Comédie.

D'autres le feront peut-être. Pour nous, qu'il nous suffise, dans les pages qui suivent, de hasarder quelques idées. Celui qui va parler de droit n'est pas un légiste, c'est un homme. Un homme en matière profondément humaine ne peut-il, tout comme un autre, donner et demander avis ? En Israël, les juges qui siégeaient aux portes des villes n'étaient autres que les hommes de la ville même. Quand les prud'hommes du Moyen-âge tenaient leurs assises au carrefour d'une grande route, au porche de l'église, ou sous l'aubépine en fleur, ils appelaient, en cas de doute, le premier bon compagnon qui passait ; il posait son bâton et siégeait avec les autres, puis reprenait son chemin.

Le premier signe auquel les jurisconsultes du Moyen-âge reconnaissent que l'enfant a eu vie, c'est qu'il ait pleuré... Ou bien encore qu'il ait pu voir le toit sacré, les murailles de la maison paternelle.

Dans l'Antiquité classique ou barbare, l'enfant mis aux pieds du père n'a pas droit à la vie, tant que le père ne l'a point relevé, tant qu'il n'a pas goûté aux éléments sous la forme du lait ou du miel. L'usage d'exposer les enfants était universel, surtout dans nos tristes climats. Les Thraces pleuraient aux naissances. Les Scandinaves épargnaient volontiers à l'enfant une vie de peine et de douleur. Puisque ce nouveau-né se plaint de vivre, le mieux pour lui, disaient-ils, serait de mourir. A peine sorti de la nuit, qu'il y rentre, qu'il se rendorme, comme l'homme qui, s'éveillant à demi, se hâte de fermer les yeux, se retourne et renoue ses songes.

Rebut de l'homme, livré à la nature, il en était souvent bien venu. Elle l'adoptait, la rude mère, lui jonchait de feuilles sa froide couche, elle le berçait du vent du nord, le nourrissait du lait des louves, de la moelle des lions.

Quelles étaient cependant les plaintes des mères? elles seules pourraient le dire. Les pierres en pleuraient. L'Océan lui-même s'émut en entendant la Danaé de Simonide... Toutes les fois que la famine ou quelque autre grande misère n'y contraignait point la famille, on ne se décidait pas aisément à une chose si dure. On le relevait plutôt de terre, ce pauvre petit suppliant, on le prenait sur les genoux, on communiait avec lui par le lait et le miel, on le plaçait entre la chemise et la chair... Ce sont les formes touchantes de l'adoption antique.

« L'ancêtre saisit l'enfant, dès qu'il sort du sang maternel : Te voici donc, ô mon âme, renée encore une fois, pour dormir de nouveau dans un corps ! » (*Lois indiennes.*)

Cette idée de perpétuité se retrouve dans Rome. Rome n'est point, comme la Grèce, une vierge svelte qui dédaigne la maternité. C'est une grave et féconde matrone. Elle relèvera l'enfant, pour qu'il serve le père, qu'il continue les *Sacra paterna*, qu'il soigne et honore les *Imagines majorum*.

L'Inde voit en lui la reproduction de l'âme paternelle ; Rome, un serviteur du père, un héritier. L'Allemagne y voit un enfant. Le bon vieux prud'homme de Frise, au bord du sombre Océan, compare avec crainte la faiblesse de la petite créature et l'âpreté des hivers du Nord : « Il est un cas de nécessité suprême où la mère peut vendre le bien de l'enfant. C'est quand l'enfant est nu comme ver, qu'il est sans asile, et qu'arrive le noir brouillard et le froid hiver. Tout le monde rentre dans la ferme et dans la maison, chacun se tient chaud au poêle, et la bête sauvage cherche l'arbre creux, l'antre des montagnes, pour mettre son corps à l'abri. L'enfant d'un an crie et pleure, comme pour dire le dénuement de sa maison, et que son père, qui l'eût préservé de la faim, du froid et du brouillard est entre quatre clous profondément clos et couvert sous la terre et sous le chêne. Alors la mère peut bien engager et vendre le patrimoine de l'enfant. »

Une autre vieille Coutume allemande se pose cette question : « Quelle est la mesure du plus petit bien ? — Celle du berceau d'un enfant et du petit escabeau pour la fille qui le berce. »

Ainsi, tandis que le fils est pour Rome la chose du père, tandis qu'elle voit dans la famille une forme de la propriété, l'Allemagne tire de la famille[1] l'idée de la propriété même. L'homme n'est plus attaché à la chose, mais la chose à l'homme. La société a ici pour base ce qu'il y a de plus humain et de plus divin, de plus fragile et de plus stable sur cette terre : un berceau.

Berceau du frère, siège de la sœur, c'est la société pure encore, l'homme et la femme au temps d'innocence. Le passage serait facile de cette enfantine poésie à la sublimité chrétienne. Je changerais, si j'osais, cet escabeau en un trône, le trône en autel. Jeune sœur qui bercez un frère, vierge et mère avant l'amour, n'êtes-vous pas la mère d'un Dieu ?

Tout ainsi que le grand poète romain voit dans l'enfant un pauvre naufragé jeté à la côte[2], tout de même que le prud'homme allemand l'aperçoit grelottant sous le vent du nord, le prêtre chrétien compatit à sa jeune âme lancée sans défense sur l'océan de la vie. Cet océan lui apparaît dans l'étroite cuve du baptême (voy. la belle formule, page 93). C'est moins la vie physique de l'enfant qui l'in-

---

1. L'amour de la famille a été de tout temps un caractère des hommes du Nord. Saint Jean Chrysostome, dans ses *Homélies*, raconte qu'un barbare, voyant les Grecs rechercher avec passion l'amusement des spectacles, demanda si ces gens n'avaient pas d'enfants.
- 2. Ut sævis projectus ab undis navita... (Lucret., *De Nat. rerum.*)

quiète : il est tout autrement préoccupé de lui assurer la vie éternelle. Les dieux du Nord firent jurer à tous les êtres de respecter la vie de Balder, excepté une toute petite fleur, encore trop jeune, qui ne jura pas. Le prêtre chrétien s'adresse aussi à toute créature, les sommant de respecter le fils adoptif de Dieu, leur défendant d'en approcher, à moins qu'elles ne deviennent pures. L'eau qui lave et purifie tout, le sel même de la sagesse, il les exorcise, dans son inquiète prévoyance. Le grain, l'innocent fils de la terre, la poudre du grain, pâle, inodore, insipide, à peine perceptible aux sens, sont encore trop matériels ; ils n'approcheront de l'homme qu'en s'abjurant eux-mêmes, et n'existant plus que comme esprit.

La première initiation sociale, c'est le baptême; la seconde, c'est le mariage ; deux naissances, deux communions.

Quand l'homme a atteint le point le plus haut de sa vie première (être et vivre trop pour soi-même), il commence une vie nouvelle, une vie de création. *Être, créer*, mots magnifiques qui n'appartiennent qu'à Dieu, mais qu'il nous permet d'usurper.

Dans cette communion nouvelle, la femme n'est pas d'abord la personne avec qui l'homme communie, mais la chose dont il communie. C'est la différence des deux grandes formes du mariage : le mariage héroïque, celui de la force, où la femme est enlevée ou achetée (*coemptio*), le mariage sacerdotal et humain où son consentement est requis, où elle est admise à l'agape de l'homme, où tous deux, comme frère et sœur, participent ensemble aux dons de la nature (*confarreatio*).

La femme, dans le mariage héroïque, n'est que la propriété de l'homme, le trésor de son plaisir, une plante ravissante, un arbre du paradis, où il cueille le fruit humain. Quelque royal et divin que soit ce mot, *possession*, il ne suffira pas à l'homme. La plus complète jouissance du fini laisse encore un infini dans l'abîme du désir ; désir infini, tristesse infinie, et les fureurs impuissantes que décrit si terriblement Lucrèce, et le désespoir du bonheur !...

Ne serait-ce pas, ô homme, que vous êtes un esprit, qu'un esprit seul peut vous répondre ? Cette chose charmante ne peut rien pour vous, si vous ne suscitez en elle une volonté, une personne. Alors vous serez plus véritablement créateur que si vous fécondez son sein. C'est là un moment solennel, comme quand Ève, au signe de Dieu, jaillit du néant, les mains jointes[1] ; le moment où le marbre s'anime, où la chose veut, où la jeune Malati répond enfin à Madhava. — « *Madhava* : Au nom de ceux que tu aimes, « ne parleras-tu donc jamais ? — « *Malati* : Comment sau- « rais-je, ô mon seigneur !... » Alors, alors, coulent les larmes. Et si malheureusement cette crise de bonheur durait, si l'homme continuait ainsi à vivre hors de soi plus qu'en soi, il s'échapperait à lui-même, s'évanouirait tout entier... *Anima plus vivit ubi amat quam ubi animat.* »

Il faudrait pouvoir énumérer ici tous les signes muets par lesquels l'homme s'est dit et répété ce ravissant mystère : symboles du vêtement qui rappelle avec une volupté chaste la confusion de deux existences ; symboles des occupations domestiques exprimant l'harmonieuse diversité des travaux ; symboles de la maison qui promettent la douce société de la vie entière, la bénédiction d'une demeure où tout est riant d'innocence[2] ; symbole enfin de la prière commune qui change le foyer en autel.

---

1. Voyez le plafond de la chapelle Sixtine. Michel-Ange a compris la destinée essentiellement relative de la femme.
2. ... Domus jucundo risit odore. (Catull.)

Le christianisme, si favorable au célibat, a honoré le mariage, et prononcé sur lui des paroles d'une incomparable gravité : « Seule bénédiction qui n'ait été ni effacée par la peine du péché originel, ni emportée par le déluge. »

Voilà les époux liés pour toujours. Ils ne veulent prévoir rien de plus. La loi, qui prétend mieux connaître l'instabilité du cœur de l'homme, s'obstine à prévoir pour eux. Elle persiste à les traiter comme deux êtres distincts, à leur croire des intérêts opposés. De là ses prosaïques efforts pour empêcher les dons entre époux. Le droit romain avoue froidement qu'il craint qu'ils ne se ruinent l'un l'autre. Les Coutumes germaniques essayent de modérer le don du matin (*morgengabe*). C'est au matin, en effet, lorsqu'au rayon de l'aurore le jeune époux s'éveillant la voit, l'admire, et croit rêver... Cet incomparable trésor de beauté et d'innocence a voulu pourtant se donner à lui!... Lui, que ne donnerait-il? Le ciel et la terre, ce n'est pas assez. Frêle et chère créature dont il est maintenant la providence, que ne peut-il la porter dans son sein, l'envelopper de son être[1]!... Je crains fort ici que les lois ne se trouvent impuissantes, que toutes leurs froides restrictions ne soient oubliées. La loi castillane entre habilement dans la passion du jeune homme ; elle lui permet au moins de couvrir ce corps adoré d'un vêtement délicat, inouï, que rien n'ait touché jamais[2].

La loi a prévu la dissolution du mariage. Pour la religion, c'est un blasphème. « L'amour, dit quelque part la Bible,

---

1. Montaigne dit, en parlant d'un manteau que son père avait porté : « Il me sembloit que je m'enveloppois de mon père. »
2. « C'est un antique fuero de Castille, que tout Hidalgo puisse donner donation à sa moitié à l'heure du mariage, avant qu'ils aient juré ; et la donation qu'il peut donner est celle-ci : *une fourrure de peaux d'agneaux avortés*, laquelle soit bien grande et bien large, et elle doit avoir trois bordures d'or ; et quand elle sera faite, elle doit être si large qu'un cavalier armé puisse entrer par une manche et sortir par l'autre. »

« est fort comme la mort ». — *Sic vivendum, sic pereundum* (Tacite). — Dans le mariage indien, la mort de l'épouse qui survit est le sceau de l'union. L'Inde, selon le génie oriental, mêle ici la mort et la volupté ; elle promet à la veuve qui suit son époux au bûcher qu'elle *jouera avec lui* pendant quatorze vies d'Indra, quatorze de ces longues vies, comme les vivent les dieux.

Bien au-dessus de cette sensuelle Asie, notre Occident a élevé un autre idéal du mariage. Au bûcher même où Brunhild monte à côté du corps de Sigurd, elle conserve entre eux le glaive brillant d'or pur, qui les sépara dans leur vie.

Le christianisme n'a pas eu besoin de mettre, entre l'homme et la femme, la barrière du glaive. Il a cru à la chasteté. Il a hardiment rapproché les deux sexes, les séparant par un seul mot, la parenté spirituelle. Comme père et fille, comme frère et sœur, ils vivaient de la vie des anges.

Et si ces anges se souvenaient de l'amour, la religion leur en laissait quelques pures et gracieuses images. Le mariage était comme transfiguré dans l'union toute spirituelle des prêtres et des vierges (Voyez page 115). Partout, à côté des couvents d'hommes, il y en avait de femmes. A Fontevrault, une femme gouvernait les uns et les autres. Les religieuses voyaient les religieux, mais une fois. Elles les voyaient morts, lorsqu'on les enterrait à visage découvert. On les portait alors au chœur des dames, qui leur chantaient les prières des morts et recommandaient leurs âmes.

Lorsque l'archevêque de Rouen allait, pieds nus, prendre possession de la cathédrale, il passait devant l'abbaye de Saint-Amand. L'abbesse, qui l'attendait sur la porte, lui mettait au doigt un anneau en disant aux moines de Saint-Ouen, qui l'amenaient : « Je vous le donne vivant, vous me le rendrez mort. »

Que plusieurs peuples aient refusé toute succession à la femme, je le conçois à merveille. Ce ne fut pas toujours dureté, mépris de la faiblesse, mais peut-être aussi un noble instinct, une vue plus haute du mariage, plus désintéressée et plus idéale. Ils voulaient que la femme passât aux mains de l'homme sans autre dot que sa blanche robe, son voile blanc, son *chapel de roses;* qu'en elle, il fût bien sûr de n'avoir aimé qu'elle-même ; qu'il travaillât pour elle, qu'il la nourrît. Là est la beauté, la gravité du mariage, que l'homme soit la providence de sa femme et de ses enfants.

Un tel homme sera de bonne heure sédentaire et laborieux. Il n'aimera ni la vie incertaine du chasseur, ni la mobilité du pasteur; il cultivera la terre. Lié au sol par la famille, par le besoin de la subsistance quotidienne, inquiet imitateur de la régularité des corps célestes, l'agriculteur regarde à la fois la terre et le ciel. L'un et l'autre sont sacrés pour lui. Le pasteur erre à la surface de la terre; il en est l'infidèle amant. L'agriculteur en est l'époux; il déchire sa verte ceinture, il y dépose le double germe du grain et de la sueur. L'union fixe de l'homme et de la femme produit tôt ou tard un autre mariage, celui de l'homme et de la terre. Le travail de l'agriculteur est une *confarreatio* avec la nature.

Mais avant de se fixer ainsi, il a fallu que l'agriculteur cherchât, choisît la bonne terre qui pût répondre à son travail... Voilà le monde devant lui. De quel côté cheminera-t-il, avec sa femme enceinte et sa faible couvée sans ailes?... Ils s'en remettra aux dieux. Il soufflera la plume au vent, et prendra bien garde où elle volera. Ou bien encore, l'homme se fiera à la bête, la raison à l'instinct, muet confident de la Providence. Ainsi le bœuf, le loup, le pivert, conduisirent les vieilles colonies italiques. La blanche laie, sous un chêne avec ses trente petits, finit les longues courses d'Énée, et la louve allaita Romulus où fut Rome.

« C'est là ma place au soleil, disaient ces pauvres enfants. Voilà l'origine de l'usurpation sur la terre[1]. » Il fallait dire de l'occupation.

La place de l'homme, ce qu'il peut couvrir de son corps, c'est la vraie mesure de la propriété primitive. C'est ce que dit si bien le droit allemand : « La mesure d'un bouclier, d'une baignoire, d'un berceau. » Il n'en faut guère plus pour la place d'une tombe.

Telle est la pensée enfantine et profonde des anciens temps. L'homme s'approprie la terre, en la touchant de son corps et de ses membres. Toutes les fois qu'il la touche, cette terre nourricière, il se relève plus fort[2].

Mais, grâce au ciel, l'homme n'est pas tellement un être matériel qu'il soit si étroitement circonscrit. La volonté porte où la main n'atteint pas, la volonté, ce je ne sais quoi qui semble tenir dans une poitrine d'homme, et qui ne tient pas dans un monde. L'augure étrusque partage hardiment de son *lituus* le ciel et la terre. Le tribun du Moyen-âge (Rienzi) regarde aux trois parties du monde, fend l'air de trois coups d'épée : « Ceci et ceci, cela encore est à moi. »

Cette occupation à distance se consacre et se réalise par la flèche, le marteau d'armes, la pierre que l'homme va lancer (Voy. p. 150-155). Il lance, et tant long est le jet, tout autant il acquiert. *Dextra mihi Deus, et telum quod missile libro, nunc adsint!*

« Veux-tu, dit un jour à l'Océan un dieu de l'Inde, banni de la terre et de la mer, veux-tu me céder un peu de ce rivage que tu couvres et découvres tour à tour? un trait d'arc, pas davantage?... La flèche vole à deux cents lieues.

Les Romains étaient les adorateurs de la lance (*quirites, quir*), et la leur a volé par-dessus le monde. En Allemagne,

---

1. Ces paroles insociales sont de Pascal ; on les croirait de Rousseau.
2. Voir les Mythes de Tagès et de Bacchus Ephaptor.

l'occupation semble se faire ou se mesurer par le marteau de Thor, cette arme vivante qui, lancée par le bras du dieu, va et revient de soi-même (Voy. les formules, p. 150-156). « Notre seigneur de Mayence s'avancera à cheval dans le fleuve; aussi loin qu'il pourra lancer dans le Rhin un marteau de maréchal, aussi loin s'étendra sa juridiction. »

La *chevauchée* est aussi une mesure d'occupation, de donation. Les Scythes, les Turcs, les Romains, donnent à un homme la terre dont il peut faire en une journée le tour à cheval, ou qu'il peut entourer d'un sillon. Clovis et d'autres rois barbares concèdent à un saint évêque tout ce qu'il pourra *chevaucher* sur un âne pendant que le roi fait sa méridienne. Le bonhomme met si bien le temps à profit qu'on est obligé d'éveiller le roi : « Seigneur, prenez garde, il va chevaucher tout le royaume. »

C'est qu'il ne faut pas que les rois dorment. L'acquisition, de sa nature, est rapide, dans le sommeil de la loi. Il ne lui faut qu'un mot pour tout envahir. Témoin la fameuse équivoque de la peau de bœuf, qui, partagée en lanières, suffit à occuper tout l'emplacement de Carthage; la légende se reproduit plusieurs fois, depuis Didon jusqu'à Mélusine.

D'équivoque en équivoque, la propriété glisserait jusqu'au bout du monde. L'homme ne se bornerait pas, s'il ne trouvait sa borne dans l'homme. Où ils se heurtent, là sera la frontière. Les Philènes de Carthage consentirent à être enterrés sous la pierre des limites.

Tel est l'amour de l'homme pour la terre. Pour lui donner, à cette terre indifférente et impersonnelle, l'empreinte de la personnalité humaine, il consentira, s'il le faut, à y déposer ses ossements. Limitée par les tombeaux, mesurée par les membres humains, par le pouce, par le pied, par la coudée, elle s'harmonise, autant qu'elle en est susceptible, aux proportions même de l'homme. Il n'est pas rassuré encore. Il prend en quelque sorte le ciel à témoin qu'elle est bien à lui, il essaie d'*orienter* sa terre, de lui appliquer la forme du ciel[1]. L'orientation et la limitation constituaient chez les anciens une sorte de religion de la propriété.

L'idéal de la propriété, c'est l'*Ager* étrusque et romain, la terre mesurée par l'homme, bornée par les tombeaux, orientée vers les points sacrés du ciel, le champ consacré comme un temple. La propriété ici semble toute individuelle. La Marche allemande est une propriété commune de la tribu. Dans ces vastes et vagues forêts où l'écureuil, sautant d'arbre en arbre, pouvait courir sept lieues sans descendre (Grimm), la tribu prétendait fixer des limites; elle réclamait comme sienne telle lande, telle clairière, l'appelait Marche (terre *marquée*) et l'interdisait aux autres tribus. « Celui qui n'est pas de la commune et qui acquiert des terres ne peut, quand il traverse la Marche, atteler les chevaux à la charrue; il faut qu'il la porte lui-même. » Les gens de la Marche prononcent des peines effroyables contre celui qui touchera un seul de leurs arbres; on dirait que ce sont encore les arbres-dieux de la Germanie primitive. Rien de plus fier que ces rois de la bruyère, ces souverains de la prairie. Plusieurs déclarent qu'ils ne relèvent de personne, « ni du bourg, ni du roi, ni de l'empereur ». Cette audacieuse prétention est hautement déclarée dans le nom même des terres d'Allemagne que l'on appelait Fiefs du soleil, parce qu'elles ne relevaient que de lui.

Étrange orgueil de la propriété. L'homme se croit le dieu de la terre. C'est mon bien, dit-il, c'est mon lot (aleu, allod, al-ôd, al-lod?), propriété solide, immuable, comme le fond de l'Océan (*Fundum maris imum*[2]). L'enthousiaste posses-

---

1. Voyez, sur ce grand sujet, les pages 172-184 de ce volume, et mon *Histoire romaine*.

2. C'est l'étymologie que le vieux glossateur donne du mot *Alodium;* il le

seur place sur cette terre l'idée de l'infini ; il prétend la posséder comme Jupiter possède le monde. Il qualifie la propriété, dans son ivresse titanique, des noms même du Dieu très grand et très bon : *Fundus optimus maximus*[1].

Qu'il la frappe du pied en maître, qu'il y laisse ces empreintes de dix coudées qui sont restées du pied de Brahma et d'Hercule, elle n'est pourtant pas encore à lui. Pour que l'occupation soit parfaite, pour que la terre s'identifie à l'homme, qu'elle *transhumane*, comme dit Dante, il faut qu'il y entre en effet, qu'il mette en elle ce qu'il a de sacré, la volonté et le travail. Plus tard, il y enfoncera un sillon plus profond, il l'occupera plus intimement encore, il y sèmera, non plus l'orge et le froment, mais l'homme même. Il y fera sa couche et ils ne seront plus séparés. Καί ἐμίγνυντο φιλότητι...

En attendant qu'elle le possède, il croit la posséder. Il jouit, il transmet. Pour garantir cette transmission aux autres, pour les persuader de sa validité, il a fallu tout un monde de symboles.

Dans la tradition de la terre, dans les débats qui s'y rapportent, le témoin principal, c'est la terre elle-même[2]. La glèbe est apportée devant le juge, les parties se la disputent (*mamum conserunt*), elle reste présente et assiste au jugement. Que cette glèbe désigne un champ ou un royaume, que le débat soit entre Caïus et Sempronius, ou bien entre Albe et Rome, il faut que la terre comparaisse. On l'apporte, cette terre toute féconde (πολυϐοτείρη), parée de gazon verdoyant, d'herbe fraîche et pure, entre ceux qui com-

---

fait venir du grec ἅλς (Voy. Ducange). Cela est absurde grammaticalement, mais beau et profond au point de vue juridique.

1. Festus et Cic., *Pro Corn. Balbo*. Voy. aussi mon *Hist. romaine*.
2. Les autres éléments, l'eau et le feu, moins commodes à employer, ont été pris plus rarement comme signes de tradition.

battent pour elle ; c'est une Hélène entre Ménélas et Pâris.

Au Moyen-âge, une motte de terre était le signe de la donation. On entassait aux autels des églises des mottes arrondies, équarries, en souvenir des contrats. Souvent, pour rappeler les arbres qui ornaient la terre, on plantait dans la motte une branche de coudrier, de pommier, de noyer, où pendaient les fruits.

La branche tend à s'affranchir de la lourde glèbe. Les suppliants, au lieu de faire hommage de la terre et de l'eau, pourront offrir une branche. Dépouillée de fruits et de feuilles, devenue sèche et sévère, la branche deviendra le bâton pastoral, le sceptre des rois.

Dans l'épuration successive de ce langage matériel, la branche, devenue bâton, est un signe moins lourd et plus abstrait. La paille (*tipula*, *festuca*), plus légère encore, semble marquer un nouveau degré d'abstraction. Elle n'est pourtant pas moins antique, mais elle est plus longtemps employée comme signe. Des Indiens, des Romains, des Francs, elle descend jusqu'aux temps modernes. C'est en jetant, en rompant la paille, qu'on donne et qu'on reçoit, qu'on acquiert ou qu'on renonce.

Si la terre a été employée dès la haute Antiquité comme symbole et témoin, c'est que, dans ces âges poétiques, elle apparaissait comme une personne. La personne du contractant peut fournir aussi des symboles. La main, le pied, la bouche (par le baiser), consacrent la tradition. La barbe, la chevelure, parure et dignité de l'homme, signes de la liberté barbare, sont de même touchées, attestées. Les guerriers suèves juraient par leurs tresses. Souvent on insérait des cheveux, du poil de la barbe, dans les sceaux des contrats.

Aux symboles personnels se rattachent les symboles artificiels. Le gant et le soulier sont employés, comme le pied et la main ; les signes du chapeau et du vêtement rappellent ceux de la tête et des cheveux ; les cheveux sont déjà un vêtement. — Puis viennent les symboles de guerre, bâton, lance, épée, flèche, marteau ; ceux de la paix, les clés, la charrue.

La tradition suprême, la plus remarquable par le fond et par la forme, c'est celle où l'homme ne transmet point la nature, mais se transmet et se donne lui-même de cœur et de volonté. Le symbole de cette tradition est le sacrifice.

Le sacrifice est le point culminant de la vie humaine. De l'existence inerte et égoïste de l'enfance, de l'involontaire communion de la naissance et du baptême, l'homme s'élève à l'état de communion volontaire : communion avec la femme, ou mariage ; communion avec la nature, ou travail ; avec Dieu, ou religion. Dans tout cela, il y a du 'sacrifice.

Si nous parlions ici de la communion comme acte religieux, nous pourrions énumérer les formes sous lesquelles elle s'accomplit : les éléments, la terre, l'eau et le feu ; le sang versé, communion de mort ; le pain, communion de vie. Nous retrouvons dans le droit des formes analogues.

La communion du sang et de la terre était particulièrement celle du mariage héroïque entre les guerriers. Chez les peuples barbares, où la femme est trop bas encore, l'union étroite, le mariage des âmes, ne se trouve que dans l'adoption fraternelle de l'homme par l'homme, dans l'association des héros. Ce mariage viril se présente, chez les Scandinaves, dans toute sa pureté farouche. Les deux frères entrent sous la terre sacrée, y versent ensemble leur sang, et, se prenant par la main, jurent de se venger l'un l'autre. Chaque peuple a eu quelque usage analogue, jusqu'aux derniers temps de la chevalerie (Voy. p. 274).

L'effort de l'esprit social n'est pas de s'unir un égal, mais de se constituer un supérieur. Pour en venir là, il ne suffit pas du besoin de l'unité sociale ; il faut le plus souvent une croyance religieuse. Celui qui n'aurait pas été obéi, comme chef, le sera comme fils des dieux.

Ce roi, ce fils des dieux est un médiateur naturel entre les dieux et les hommes. Les Mexicains faisaient jurer à leur empereur que, pendant son règne, les pluies auraient lieu selon les saisons, qu'il n'y aurait ni débordement des eaux, ni stérilité de la terre, ni maligne influence du soleil.

Le symbolisme antique de l'élection, de l'intronisation, tout en faisant un dieu du roi ou du pontife, lui rappelle sans ménagement son humanité. Il mêle aux pompes enivrantes des dérisions burlesques et terribles. Dans le cérémonial de l'intronisation byzantine, on apporte au nouvel Empereur une urne pleine d'ossements, on lui brûle sous le nez un fin duvet qui s'en va en cendres. — Le chef du monde chrétien, celui dont les rois baisent les pieds, lorsqu'il reçoit les clés et la triple couronne, n'a pas d'autre trône d'abord que la *stercoraria*.

« Elle brille, cette tiare, disait un grand pape ; elle brille, mais c'est qu'elle brûle. — Pour prévoir tout ce que la puissance apporte de soucis avec elle, il n'est pas besoin de consulter les Sorts des saints, comme on faisait au Moyen-âge (p. 231). Qui saurait lire y lirait toujours le mot qui trouva Guibert : *Ipsius animam pertransibit gladius*.

Saint Odon s'étant éveillé la nuit qui suivit son ordination, et voyant pour la première fois l'étole suspendue à son cou, se prit à pleurer.

Si l'idée d'un lien indissoluble arrache des larmes à la jeune fiancée, lorsqu'elle quitte la liberté de la maison paternelle, celui qui épouse un peuple, roi, pape ou prêtre, qui s'en fait le serviteur, ne doit-il pas pleurer aussi ? Ce rapport entre l'élection et le mariage était quelquefois exprimé dans les formules. Le duc de Normandie épousait la province en recevant un anneau. Le duc de Carinthie ne siégeait sur son trône de marbre qu'après avoir donné de l'argent : c'était comme une *coemptio*.

Nulle part la souveraineté du peuple n'est plus fièrement réservée que dans cette dernière formule. Elle porte un caractère de haute Antiquité, de simplicité homérique et biblique (voy. p. 219). Le duc n'arrive au trône de marbre que sous l'habit de paysan. Mais le vrai paysan l'occupe déjà, entouré des tristes et sévères symboles du peuple travailleur, le taureau noir, le cheval maigre. Alors commence un rude dialogue : « Et qui donc si fièrement entre ici? dit le paysan. Est-il un juste juge? A-t-il le bien du pays à cœur? Est-il né libre et chrétien? — Il l'est et il le sera. — Je demande alors de quel droit il me fera quitter cette place? — Il t'achètera la place soixante pfennings ; le cheval et le taureau seront tiens, etc. »

Ce qui n'est pas moins antique et d'un sens moins profond, c'est que, pendant que le duc brandit l'épée aux quatre vents, pendant qu'il siège, la face au soleil, et confère les fiefs, trois familles ont le droit de faucher, de piller et de brûler. L'entr'acte de la souveraineté est comme un sommeil de la loi ; il faut que le peuple se hâte d'abdiquer et de se donner un défenseur.

Je voudrais pouvoir suivre le roi, le chef barbare, dans la pompe de sa *joyeuse entrée*, sur le lourd char d'Hertha, traîné de bœufs, ou dans sa *chevauchée* autour de son royaume. Je voudrais le montrer à table avec ses hommes (*convivæ regis*). A chacun sa place et son droit ; tout est réglé d'avance, nulle part avec plus de détails et d'originalité que dans les lois de Galles. L'étranger, l'héritier présomptif, le maître des faucons, le chapelain, le juge, le forgeron, le barde, tous siègent ensemble, aussi gravement que les Électeurs au banquet de la Bulle d'or. Un

droit du barde, c'est de recevoir un anneau de la reine...
« Si la reine désire un chant, que le barde aille et lui chante tout chant qu'elle désire, mais à voix basse pour ne pas troubler la joie dans la salle. »

L'Empereur d'Allemagne, au banquet du couronnement, était, comme on sait, servi par des rois ; on peut donner ce nom aux Électeurs. Le duc de Saxe, archi-maréchal, entrait sur un cheval de bataille dans la salle et jusqu'à la table ; il apportait l'avoine dans un plat d'argent pour les chevaux de l'Empereur. Le Margrave de Brandebourg donnait à laver ; le comte Palatin dégustait et mettait les plats sur la table, etc. Enfin venaient à grand bruit, avec les chiens et les cors, les princes de Schwartzbourg, grands veneurs, apportant un cerf et un sanglier.

La fête était plus belle encore, quand toute cette cour, devenant une armée féodale et suivant au delà des Alpes un Frédéric ou un Henri VI, s'en allait, lance en arrêt, l'aider à prendre la couronne de fer à Milan, celle d'or à Rome ; il avait déjà reçu à Cologne celle d'argent. Le théâtre de la fête c'était la Lombardie, ce cirque gigantesque fermé par la neige des Alpes ; il ne fallait pas moins pour tenir ces États-généraux de l'Italie et de l'Allemagne. La plaine de Roncaglia se trouvait tout à coup un vaste camp, une ville. Là venaient, palmes en mains, les suppliants, les exilés ; là, au-dessus des écussons variés, des cuirasses étincelantes, siégeaient dans leurs robes noires les docteurs de Bologne. Le blond César allemand *disait droit* et donnait les fiefs. Il fallait que tout seigneur, à peine de déchéance, vînt camper à son rang et faire la veillée des armes près la tente de l'Empereur.

Est-il permis au vassal de tousser ou éternuer en présence de son seigneur ? Le *Jus Alemanicum* n'ose décider cette question. — Un vieux feudiste discute celle-ci : « Aucuns disent que le vassal doit *trembler des mains* dans l'acte d'hommage. Eh ! quoi ! tout son corps ne doit-il pas plutôt trembler quand il aborde son seigneur ? »

Formes serviles, esprit libre et hardi, tel est le droit féodal. Au milieu de ce droit, les alod, les Fiefs du soleil, ainsi nommés parce qu'ils ne relevaient de nul autre seigneur, semblaient protester au nom de la liberté antique. Un jour que ce puissant empereur Frédéric-Barberousse chevauchait avec son cortège, il vit sur la route un homme assis qui, sans se lever ni se découvrir, mettait seulement la main à son chapeau. L'Empereur demandant quel était donc cet homme qui ne tenait compte de la majesté impériale, il lui fut répondu que c'était un baron indépendant, qui ne relevait de personne, ni des princes, ni de l'Empereur... Imposante figure de la propriété libre, restée là sur le chemin pour voir passer l'orgueil éphémère du fief.

Dans la sphère féodale elle-même, dans ce monde servilement hiérarchique en apparence, les feudistes reconnaissent au vassal le droit de renoncer à l'hommage, de défier même, de guerroyer son seigneur. Beaumanoir est ici d'accord avec le droit castillan. Le Rico home mécontent envoie au roi un de ses hommes qui lui dit simplement : « Sire, un tel vous baise les mains ; dès ce jour, il n'est plus votre vassal. »

Chaque membre de la société féodale, quelque petit qu'il soit, est un propriétaire souverain. Ce que nous avons dit ailleurs de l'orgueil de la propriété doit se reproduire ici. La terre est tout dans ce système. L'homme y est attaché. Il a pris racine dans le rocher où s'élève sa tour. *Nulle terre sans seigneur*, nul seigneur sans terre. Il est classé, qualifié par sa terre, il en suit le rang, en porte le nom. Il la possède, mais il en est possédé ; les usages de sa terre le dominent, ce fier baron. Le système féodal est comme une religion de la terre.

Toute religion a sa langue sacrée. Ici, c'est le blason. Symbolisme d'orgueil, en face du symbolisme chrétien. L'homme de la terre craint tellement d'être pris pour un homme *sans terre*[1], qu'il porte sa terre avec lui, peinte sur son écu. Le *champ* de l'écu sera noir, comme la bonne terre labourée, vert comme l'herbe naissante, rouge du sang de ceux qui y toucheront. Quels animaux germeront dans ce champ d'orgueil? des lions sans doute, des dragons, des aigles, des monstres qui symbolisent le mélange des nobles familles.

Le blason est devenu un système, une science, entre les mains féodales. Mais il existait de tout temps. La haute Antiquité fit un usage analogue des couleurs et des signes. En Orient, le blason du royaume, le symbole des castes qui le divisent, c'est la ville elle-même dans ses divisions, Ecbatane, par exemple, aux sept enceintes, aux sept couleurs. Le moins oriental des peuples asiatiques, les Turcs, ont gardé quelque chose de ces traditions. Partis de la vie pastorale, ils ont fait de la tente immobilisée le symbole de l'empire. Cette tente a quatre colonnes, qui sont le grand vizir et les trois principaux ministres. Elle a deux Portes, la Porte du gouvernement, la Porte de la béatitude (le harem), les soins de la terre, le repos du ciel (Voy. Hammer, t. I et III).

Le lion est l'emblème du roi. Le palais du roi contient ordinairement un palais des lions. Les villes reines de Gand, de Berne, nourrissaient des lions, des ours, vivantes et rugissantes armoiries. Une féodale abbaye de Flandre entretenait un aigle immortel (*perpetua aquila*). A Amiens et

---

1. Grave injure au Moyen-Âge. C'est la plus forte dont on ait pu salir le nom du plus mauvais roi d'Angleterre.

ailleurs, nageaient en liberté les cygnes du roi, non moins blancs, non moins royaux que les lys.

Les clans d'Écosse se cueillaient sur leurs landes et dans leurs montagnes des armoiries végétales, d'une triste et vivace verdure : l'if funèbre, le pin aux feuilles en flèches, le houx piquant comme une claymore, le gui qui vit d'autrui, le chardon qui accroche volontiers le passant du border.

Comme les Écossais, comme la plupart des populations celtiques, nos aïeux aimaient, au témoignage des anciens, les vêtements bariolés. La diversité des blasons provinciaux couvrit la France féodale comme d'un tartan multicolore. Ce fut une belle chose que nos rois pussent amener toute cette bigarrure à la simplicité de deux couleurs. Des fers de lance, des crapauds impurs, ils surent faire des lys. Aux couleurs célestes, mais inanimées, du bleu et du blanc, il ne manquait que se vivifier du *rouge;* le peuple y ajouta le sang.

L'Allemagne et la France sont les deux grandes nations féodales. Le blason y est indigène. Il fut importé en Angleterre, imité en Espagne et en Italie.

L'Allemagne barbare et féodale aimait dans les armoiries le vert, la couleur de la terre, d'une terre verdoyante. La France féodale, mais non moins ecclésiastique, a préféré les couleurs du ciel.

Les couleurs, les signes muets, précèdent longtemps les devises. Celles-ci sont la révélation du mystère féodal. Elles en sont aussi la décadence. Toute religion s'affaiblit en s'expliquant. Dès que le blason devient parleur, il est moins écouté.

L'origine des devises, ce sont les cris d'armes. Quelques-uns, d'une aimable poésie, semblent emporter les souvenirs de la paix au sein des batailles. Le sire de Prie criait : Chants d'oiseaux! Un autre : Notre-Dame au peigne d'or! — Ces cris de bataille font penser au mot tout français de Joinville : « Nous en parlerons devant les dames. »

Le blason plaisait comme énigme, les devises comme équivoque. Leur beauté principale résulte des sens multiples qu'on peut y trouver. Celle du duc de Bourgogne fait penser : « J'ai hâte. » Hâte du ciel ou du trône? Cette maison de Bourgogne, si grande, sitôt tombée, semble dire ici son destin. — La devise des ducs de Bourbon est plus claire ; un mot sur une épée : *Penetrabit*. Elle entrera.

La plus courte devise, le symbole souvent véridique de la famille, de l'individu, c'est le nom. Dans l'origine, il n'est pas arbitraire. Les nations antiques ne nommaient pas l'enfant au hasard ; elles pensaient, peut-être avec raison, que le nom dont il est doué à sa naissance influera sur ses destinées (Voy. p. 283-287).

L'usurpation des noms nobles, celle des armoiries, dans les derniers siècles, offre le spectacle d'un curieux travestissement. Ces bourgeois qui détestent les nobles, qui, sous l'hermine et comme gens du roi, leur font cruelle guerre, les jalousent pourtant et les imitent. Ils inventent un blason à eux, sûr moyen d'avilir l'autre. De bonne heure, les marchands, les artisans ont des signes, des marques de leurs professions, pour suppléer à l'écriture. Peu à peu, ils mettent leurs enseignes, leurs outils, sur la bannière de leurs paroisses, puis tout hardiment, sur écu, un champ d'azur, de sinople ou de gueules. Le fier symbolisme armorial est parodié en rébus, en calembours (p. 283-288). C'est comme la poésie germanique, lorsque des hauteurs sublimes de l'Edda et du Niebelungen, elle tombe aux gauches essais des baenkelsaenger, des ouvriers poètes, aux chants d'enclume et d'établi.

Nulle forme de société n'a laissé plus de haine que le monde féodal, plus de rancune dans le peuple. L'Antiquité, sans nul doute, avait été plus dure ; de l'esclavage au servage, au villenage, le progrès est sensible. Mais la féodalité fut insolente, pleine de morgue et de dédain. Le blason seul eût provoqué la haine; ces figures de bêtes féroces, ces griffons, ces vautours, semblaient de muettes menaces, où triomphaient l'orgueil du maître, la brutalité du guerrier. Les formules expliquaient les symboles. « Le seigneur enferme les manants, sous portes et gonds, du ciel à la terre... Il est seigneur dans tout le ressort, sur tête et cou, vent et prairie; tout est à lui : forêt chenue, oiseau dans l'air, poisson dans l'eau, bête au buisson, cloche qui roule, onde qui coule... »

Dure tyrannie; mais il y avait des dérisions plus dures, d'humiliantes exigences. La corne de vin due au seigneur dans quelques endroits ne peut lui être apportée que par une fille de dix-huit ans. Le fameux droit de marquette et de première nuit, qui au fond ne fut guère qu'une vexation fiscale, n'en était pas moins outrageant.

Ce fier baron, ce tyran semble pourtant, dans la pratique, avoir été souvent facile et débonnaire. Tant que les besoins du luxe ne le forcèrent pas de pressurer ses hommes, de leur arracher de l'argent, les redevances se payaient en nature, sans peine et de bonne grâce : c'était du blé, des bestiaux, des poules, pour le banquet seigneurial. Il y avait tel fief dont la redevance était un mai orné de rubans et paré de trois épis.

Beaucoup de droits féodaux, qui nous révoltent, étaient probablement ceux dont le serf se plaignait le moins, parce qu'ils lui coûtaient peu. Telle est la fameuse obligation de battre l'eau la nuit, pour faire taire les grenouilles, lorsque le seigneur vient au manoir. Les gens de Roubaix devaient à certain jour battre l'eau et faire la moue au château.

Mainte redevance semble dérisoire pour celui qui la reçoit; un vassal italien, par exemple, devait à son seigneur la fumée d'un chapon bouilli. D'autres redevances étaient réelles, mais le seigneur rendait plus qu'on ne lui donnait.

Voyez la belle formule du petit homme de la S.-Walpert (p. 301-302). Dans d'autres Coutumes, le seigneur doit fournir à ceux qui viennent payer, bon feu, fifre et violon, et la Dame doit ouvrir la danse. Saint Louis, pour tout droit d'entrée, ordonne que le porteur de singe fasse jouer son singe ; il tient quitte le jongleur pour une chanson.

Plusieurs Coutumes allemandes réservent expressément au paysan le droit d'émigrer. Si même le seigneur vient à le rencontrer, et qu'il le trouve embourbé, il doit descendre de cheval, *au moins d'une jambe*, et lui aider à se tirer d'affaire.

Nous avons suivi la vie de l'homme dans sa marche épique, dans son harmonique développement, de la Naissance au Mariage, de la Propriété à l'État. Désormais, notre tâche est plus rude. La partie dramatique commence, la Procédure, le Jugement, la Guerre.

Jusqu'ici, au total, le bien dominait. Mais voilà qu'un jour le mal commence ; l'idée du mal apparaît, et avec elle la nécessité du remède. Ce remède est le jugement. Tout le progrès de la vie était jusqu'ici initiation et communion ; l'ex-communion va être désormais nécessaire.

Si la vie légale s'est parée de formes symboliques, combien maintenant s'en chargera-t-elle avec un soin plus inquiet? Dans cette lutte sévère, que la conscience humaine va soutenir contre soi, elle aura peine à trouver des formes assez solennelles. L'homme appellera à son aide toute la nature, il demandera à l'impartialité du monde physique de quoi rassurer la moralité tremblante.

Le jugement et la guerre ont mêmes formes dans les sociétés barbares. Coupable, insolvable, vaincu, serf, ces mots sont presque synonymes, au moins pour les effets juridiques.

Le jugement étant encore la guerre, le défi, la sommation,

la convocation, auront mêmes symboles, menaçants et funèbres. C'est l'épée sanglante, la flèche sanglante, c'est un linceul, c'est la rapide croix de feu; ce sont les cris sinistres qui, dans la Perse ou dans la Gaule, se répétaient de montagne en montagne.

L'homme appelé en justice, s'il est à table, ne doit pas prendre le temps d'essuyer son couteau. Notre vieux Desfontaines ne veut pas qu'il reste près de sa femme en couches. La loi de Moïse, qui est ici une loi de grâce, dispense pour un an de partir pour la guerre celui qui n'a pas encore mangé du fruit de sa vigne et celui qui vient de se marier; elle lui donne un an pour le passer en joie avec sa femme [1].

Le rendez-vous de guerre est un champ, une prairie, un Champ de Mars, un Champ de Mai, le long d'un fleuve salutaire qui abreuve le peuple. L'assemblée de justice est un lieu sacré, au centre d'un lac, au milieu d'un pont, un Pont-Aigu comme celui où Mahomet fait passer les âmes. Ce sera la porte de la ville où siègent les anciens; ou bien *sous l'orme* féodal, aux Trois chênes, aux Sept chênes, au Hêtre de fer, à la Roche du droit (*Juris dicundi rupes*); ou encore aux Douze pierres, à la Pierre noire, *au Siège de la pierre hardie;* quelquefois, par un gracieux contraste, Devant l'aubépine, au ciel bleu, Devant la grange tapissée de maïs verdoyants.

Le juge regarde le soleil levant. Le soleil est le héraut céleste qui ouvre et ferme l'audience. *Solis occasus suprema tempestas esto... Jusqu'à heure d'estoiles*, dit notre vieux droit. Le jugement ne peut se faire que le jour, lorsque le chant du coq a fait fuir les mauvais esprits, et ramené sur

---

1. Conjugis ante coacta novi dimittere collum.
Quam veniens una atque altera rursus hiems
Noctibus in longis avidum saturasset amorem. (Catull.)

l'horizon les bonnes puissances... Et dans les cœurs même il fait jour; avec la nuit s'envole l'essaim des mauvaises pensées. Homère dit : « La nuit divine. » Elle l'est en ceci, que l'homme, tant qu'elle pèse, s'appartient moins à lui-même qu'aux forces inconnues. Homère dit encore, et dit mieux : « La sainte lumière... » La nuit fait les crimes, et le jour les juge. Le coupable se trouble à l'aurore; il baisse la tête devant le soleil. Cet astre n'est pas seulement le triomphant luminaire du tribunal; il comparaît comme témoin : « *Solem quis dicere falsum audeat?* » Les fils des Germains, ces vrais Niebelungen, qui ne comptaient que par nuits, n'en reconnaissaient pas moins cette bonne influence du jour. Qui n'a éprouvé les tentations de la nuit, les lenteurs de l'aurore, sans dire le dicton allemand : « Sainte lumière, sois-moi en aide! » L'âme en peine ne perd pas l'espoir, quand des profondeurs du purgatoire elle attend, elle entrevoit les lueurs du paradis.

Les lois de Manou, le *Gorgias* de Platon, conseillent au coupable de se présenter de lui-même au juge, comme le malade au médecin, de se faire guérir, s'il le faut, par le fer, de cette dangereuse maladie de l'iniquité. Mais généralement les lois antiques donnent du temps au coupable pour vouloir guérir; s'il ne se sent pas mûr pour l'expiation, il peut fuir au prochain asile, aux autels, à son propre foyer qui est aussi un autel; personne ne l'en arrachera. La loi juive reconnaît des villes d'asile. Au Moyen-âge, le coupable n'a qu'à passer le bras dans l'anneau des portes de l'église. En plusieurs pays, son plus sûr asile est le manteau d'une femme. Qu'elle prenne sous sa manche la tête du fugitif, personne n'osera l'assaillir, *même avec des roses*. Dans ces temps de violence irréfléchie, de crimes sans méchanceté, la pitié est pour le coupable. Les vieilles lois l'appellent paternellement *le pauvre pécheur*. Encore aujourd'hui, à Rome, quand un coup de couteau s'est donné, celui qu'ils plaignent, ce n'est pas le mort, c'est le meurtrier : *Il poverello !*

Le jugement barbare s'ouvre. Les juges arrivent armés ; chacun plante son couteau en terre. Le jugement est une guerre en effet. Les lois féodales réservent expressément au condamné le droit de blâmer (*blasphemare*) la sentence, de défier le juge. Le coupable est souvent le contempteur du droit, la bête indomptable *qui ne marche pas, mais bondit*[1]. Il faut que le juge soit un fort chasseur, un Aod qui frappe des deux mains, un Samson qui met les lions en pièces pour en tirer le miel de la justice[2]. Samson est le juge d'Israël, Hercule est le juge hellénique.

Ce juge, cet homme fort, ce Bouphage, arrive à jeun, triste et terrible. La loi du Nord lui défend de s'enivrer les jours de jugement. Il prend place sur son siège, *comme le lion qui grince les dents; il jette la jambe droite sur la jambe gauche*... Glaive, marteau d'armes, hache, gantelet de fer, toutes les menaces juridiques sont devant lui et attendent leur homme.

Qu'on apporte le mort... On le dépose à neuf pas ; on l'approche de trois pas en trois pas et chaque fois on crie.

L'accusateur s'avance, armé jusqu'aux dents : « Malheur à lui, qui sur grande route a mené de vie à trépas mon frère chéri, mon frère que mieux j'aimais que trente livres pesant bon poids, et bien mieux encore ! »

Alors tout le monde regarde le cadavre. Si le meurtrier est là, le mort ne manque pas de s'émouvoir et de vomir l'écume. Il en advint ainsi lorsque Richard Cœur-de-Lion, après sa guerre parricide, vint prier au cercueil de son père.

Cet appareil terrible n'étonnera pas l'innocent. Dans l'Antiquité, l'homme libre a ce privilège de se justifier par simple

---

1. L'impie σκιρτᾷ, dit Platon.
2. *Examen apum in ore leonis.* (*Judicum liber*, c. 14, v. 6-8.)

affirmation ; tel est le respect de ces temps pour la véracité humaine, leur foi dans la sainteté de la parole. « Si le franc-juge westphalien est accusé, il prendra une épée, la placera devant lui, mettra dessus deux doigts de la main droite et dira : Seigneurs francs-comtes, je suis innocent; ainsi me soient en aide Dieu et ses saints! Puis il prendra une pièce marquée d'une croix, la jettera en preuve, tournera le dos, et ira son chemin[1] ! »

Si l'affirmation ne suffit pas, il jurera sur son épée, sur les saintes reliques, quelquefois simplement : Par sa barbe[2]. En sa barbe est l'honneur de l'homme, comme sa force en sa chevelure.

A mesure que la parole est plus légère, on ne pèse plus les serments, on les compte. L'accusé fait jurer sa famille, sa tribu, ses amis. Ils viennent tous et jurent bravement, tout comme ils auraient combattu. Ils n'ont pas besoin de rien savoir du fait; ils ont foi au dire de leur parent et au bon sang de leur famille. Le roi Gontran se contenta du serment de douze guerriers pour croire à la vertu de Frédégonde. Plus tard, il fallut soixante-douze serments pour convaincre une reine. Les Gallois se défiaient tellement d'eux-mêmes, qu'en certains cas ils exigeaient le serment de six cents hommes.

Le besoin d'un si grand nombre de serments indique

---

1. Cette justification fait penser à celle d'Æmilius Scaurus (Voy. p. 392). et aux paroles de Scipion, entraînant le peuple du Forum au Capitole : « Tous les Romains le suivirent, et nos cœurs le suivent encore, en lisant ce trait de son histoire. » — (Voltaire.)

2. « Ma barbe, dit le Cid à son ennemi, dans le *Poema del Cid*, oui, elle est longue, ma barbe, parce qu'elle a été nourrie pour mon plaisir. Jamais fils né de femme n'a osé la toucher. Il n'en fut pas ainsi de vous ; lorsque je pris Cabra, et que je vous saisis par la barbe, il n'y eut si petit garçon qui n'en arrachât à poignées. » — D. Juan de Castro, délaissé par sa patrie dans la guerre des Indes, donna sa moustache aux marchands de Goa, et trouva des millions sur ce gage. Voy. Lafiteau.

assez que le serment ne vaut guère. La pauvre justice barbare, ne sachant où trouver le vrai, en appelle de l'homme qui peut mentir à l'incorruptible nature. Pourquoi l'accusé repousserait-il son témoignage? La nature est bien sa parente aussi. Le juge somme les éléments de lui dire si l'homme dit vrai; il les met aux prises avec l'accusé. Sans doute, l'être innocent et pur aurait horreur du coupable, fuirait le contact du crime ou s'élèverait contre lui. L'accusé communiera donc avec l'eau ou le feu; communion humiliante où la nature inanimée juge l'homme, où la personne s'abaisse devant la chose de Dieu.

Ceux qui s'y soumettaient, c'étaient ordinairement les femmes, les pauvres, les serfs. Godruna, la reine Teutberge, la femme de Charles-le-Gros, celle de l'empereur Henri II, la mère d'Édouard-le-Confesseur, appelèrent l'eau et le feu à témoigner de leur chasteté. La nature, femme elle-même, ne trahissait pas ces pauvres femmes; elle couvrait leurs faiblesses d'indulgence et de pitié. De même qu'à Rome l'eau s'arrêta dans un crible pour sauver la vestale qu'on allait enterrer vive, de même que la Bonne Déesse implorée par Clodia permit que la ceinture inviolée pût traîner un lourd vaisseau, au Moyen-âge aussi l'ordalie sauvait les faibles. Le prêtre qui y présidait ne refusait pas un miracle à la charité. Quel miracle plus adorable que la charité elle-même en ces temps barbares? L'Église couvrait tout de sa robe maternelle. Elle aimait mieux sauver au hasard les coupables et les innocents. C'était son principe dans les épreuves de l'eau que l'innocent devait enfoncer; l'eau, comme pure créature de Dieu, ne recevait que les purs... Bons prêtres, saints évêques, qui ne baiserait vos châsses vermoulues, qui n'honorerait vos reliques? Vous sauviez courageusement le pécheur au péril de votre salut éternel... A de tels mensonges, Dieu garde son paradis.

Les guerriers dédaignaient les épreuves. Ils voulaient que

l'on crût ou leur parole, ou leur épée. Ils juraient par leurs armes, et s'en servaient pour se faire croire. C'était bien encore une épreuve. Dieu guidait les coups. Nul doute qu'ordinairement le bon droit ne l'emportât. Le coupable, dans ces âges de foi, était d'avance vaincu par ses remords, par l'imminent danger de la damnation. Pouvait-il se porter bien hardiment au combat, quand il combattait contre Dieu ? La foule lui semblait hostile, la terre indignée, le soleil pesait sur sa tête, toute créature était menaçante. On sait l'histoire du meurtrier qui fut vaincu en champ clos par le chien de sa victime.

Dans l'absence de preuves, dans le silence des vivants et des morts, les animaux auraient parlé. Les temps anciens reconnaissent en eux une moralité que nous ne savons plus y voir. Il semble que, dans les âges plus voisins de la création, l'homme était moins séparé d'eux[1]. Les êtres animés étaient encore frères. Cette croyance naïve se retrouve partout dans les lois barbares. Elles ne mettent pas comme nous l'animal hors du droit. Elles le punissent, le protègent, le vengent comme tout autre serviteur. Elles l'interpellent ici comme coupable, là comme témoin (Voy. p. 171 - 172 - 410 - 446). « Si l'homme qui vit seul est attaqué en sa maison après l'*Ave Maria*, et qu'il tue le brigand, il tirera trois brins de son toit de chaume, prendra son chien, ou la chatte du foyer, ou le coq à l'échelle, les amènera devant le juge, jurera, et sera déclaré innocent[2]. »

La sentence prononcée, deux choses suivent, le festin des

---

1. L'auteur inconnu du Sésostris de Turin et Michel-Ange dans son Moïse n'ont pas craint de laisser quelque chose de la bête dans ces gigantesques images de l'homme primitif.
2. Le chien, le chat, méchamment tués, obtiennent vengeance et *composition*. Ils sont placés debout, et le meurtrier doit, de la tête à la queue, les couvrir, non d'or, il est vrai, mais de grain rouge comme l'or.

juges ou jurés, la peine des coupables ; autrement dit l'agape des purs, l'exclusion des impurs. Cette agape est un droit des juges. Les amendes prononcées se boivent et se mangent. Dans les Coutumes allemandes, ce point important est réglé avec une remarquable complaisance.

Les peines corporelles étaient rares, inexécutables, parmi les Barbares. Ce n'était pas chose aisée que de mettre la main sur un homme désespéré, pour lequel toute une tribu aurait combattu. Les représailles d'ailleurs n'eussent jamais fini. Il valait mieux éteindre la vengeance, faire payer le coupable. Pour apaiser les parents du mort, pour leur faire oublier le crime, il fallait couvrir le corps du délit, entasser sur le cadavre assez d'or ou d'argent pour qu'on ne pût le voir ; ou bien le leur *contrepeser* d'or, leur donner un homme d'or ou d'argent pour celui qu'ils avaient perdu. Telle semble avoir été la forme primitive des *compositions*.

Rarement le *pauvre pécheur* pouvait trouver tant d'or. Il fallait que toute la famille, toute la tribu, l'aidât à payer, de même qu'elle l'avait *aidé* à jurer, à combattre.

« Si quelqu'un, dit la loi Salique, a tué un homme et n'a pas en toutes ses facultés de quoi satisfaire à la loi, il présentera douze témoins pour jurer que ni sous terre, ni sur terre, il n'a plus de bien qu'il n'en donne. Et ensuite il doit entrer en sa demeure, et des quatre coins prendre en sa main de la terre, puis se tenir sur le seuil, regarder vers l'intérieur de la maison, et, se tenant ainsi, de la main gauche jeter de la terre par-dessus ses épaules sur son plus proche parent. Que si déjà son père, sa mère ou son frère ont payé pour lui, il doit jeter de cette terre sur la sœur de sa mère, ou sur les fils de cette sœur ; s'il n'y a point de tels parents, sur les trois plus proches du côté paternel ou maternel. Et ensuite, en chemise, déceint, déchaux, bâton en main (*palo in manu*), sauter par dessus la haie. » —

C'est qu'en effet les portes ne sont plus à lui, il ne peut plus marcher sur le seuil sacré. Un autre doit l'occuper à sa place.

Nous n'avons pas, malheureusement, de formules de condamnations dans les lois barbares. Les formules vehmiques, bien plus récentes, sont toutefois d'une haute poésie :

« A toi, coupable créature !... En ce jour, je te retire tout droit du pays, tout honneur... Je dépars ton corps aux passants, au seigneur ton fief, ton héritage à qui de droit. Ta femme est légalement veuve, et tes enfants orphelins. Je te mets de justice hors justice, de grâce en disgrâce, de paix hors la paix, de sorte que, quoi qu'on fasse, on ne puisse méfaire en toi... » — « Là où chacun trouve paix et sûreté, tu ne les trouveras pas. Nous t'envoyons aux quatre chemins du monde !... Nous t'excluons des quatre éléments que Dieu a donnés aux hommes et faits pour leur consolation... Nous adjugeons aux corbeaux et corneilles, aux oiseaux et bêtes, ta chair et ton sang ; à notre Seigneur, au bon Dieu, ton âme, si toutefois il en veut. »

Puis vient le chant sauvage du gibet, l'aigre voix de la justice du peuple :

> Baillon d'aubépine à la bouche,
> Au col baguette de chêne,
> Les cheveux au vent,
> Le corps au corbeau, l'âme au Tout-Puissant !
> Ordre du roi subir tu dois.
> Glaive d'acier col doit couper !

Et ailleurs :

> Loi du roi Charles subiras,
> Arbre sec chevaucheras.

Rejeté de sa famille, de sa tribu, il s'éloignait pour toujours, prenait son bâton de juif errant, mettait ses souliers de fer[1]. S'il arrivait à la mer, il ne devait pas attendre plus longtemps pour partir que le flux et le reflux. Une mauvaise barque, faisant eau, le jetait, loup affamé, aux rivages du süd. Ou bien, traversant les grandes forêts germaniques, cet autre océan, il se laissait guider au cours torrentueux du Danube, se donnait au Diable, aux Huns, ou se vendait corps et âme aux perfides Byzantins.

Quelquefois, après de longues années, vieux et chargé d'or, il osait refaire le grand voyage, quittait les beaux climats, se replongeait aux sombres forêts, revenait voir ce qu'étaient devenus sa veuve, son fils laissé au berceau. Mais personne ne voulait reconnaître cette vieille barbe. Heureux si les siens ne lui dressaient des embûches, ou si son fils ne lui proposait un combat à mort : « Hélas! dit le vieil Hildebrand, j'erre depuis soixante étés, soixante hivers... Et maintenant il faut que mon fils me tue, ou que je sois son meurtrier. »

Cette vie aventureuse du proscrit, ces héroïques malheurs, ont été chantés par tous les peuples. Que dis-je? rêvés et désirés. Tous ont souhaité l'exil... « *Arva beata, pelamus arva, divites et insulas...* » Ils auraient volontiers changé le foyer domestique pour la verte feuillée de Robin-Hood, ou le roc de Don Luis de Galice, *l'ennemi de la loi.*

Le banni des temps anciens avait de belles chances. D'avoir rompu tout lien du passé, brisé d'un coup tant de faibles fibres qui pourtant tiennent au cœur, c'était beaucoup pour commencer une vie nouvelle. En lui ôtant la patrie, on ne faisait que lui donner le monde. Le proscrit, le cadet, le bâtard, voilà les fondateurs des peuples. « Que me permettez-vous d'emporter? disait le banni macédonien. — Rien que ce rayon du soleil (p. 462). » Il l'emporta en effet dans sa robe, le hardi jeune homme, et il fonda sur

---

1. Voy. les *Sagas.*

cet augure le royaume de Macédoine. Ce soleil fut celui d'Alexandre, de l'Adriatique à l'Indus.

La cité du banni, l'*asile*, est le grand mystère du droit antique. Trois asiles, la Judée[1], Athènes et Rome, ont été les foyers de l'Occident. La cité hospitalière, ce monde nouveau, formé du débris des vieux mondes, les contient et les purifie. Elle accueille Oreste à l'autel des suppliants, elle lui accorde l'expiation salutaire; elle inhume pieusement OEdipe. Les os de l'étranger lui portent bonheur[2]. Sa haute destinée, sa fortune est d'être une tombe. Le phénix social renait chaque fois plus beau de sa cendre.

La pénalité héroïque est le bannissement. La pénalité sacerdotale est la mort. Les peuples guerriers rejettent le coupable, s'en délivrent; qu'il nuise à d'autres, peu importe. Les peuples religieux considèrent moins le dommage que le crime même. Tout crime leur apparait comme une révolte contre l'infini; infinie devrait être l'expiation. Tant que celui-là reste dans le monde, qui en a voulu détruire l'ordre, le monde languit et souffre.

La variété des peines, cette infernale poésie où semblent se jouer capricieusement les lois antiques, se ramène pourtant à deux idées simples. La loi veut ou soustraire le coupable aux éléments qu'il souille de sa présence (murer, coudre dans un sac, aveugler, etc.), ou bien le rendre à la nature, le perdre au sein des éléments, l'absorber dans la terre,

---

1. C'est le vrai caractère du peuple juif, au moment de sa sortie d'Égypte. Les lois de Moïse elles-mêmes sont favorables à l'étranger et à l'esclave.

2. Et ce bienfait, comment se révélera-t-il? — Après ma mort, lorsque tu m'auras donné un tombeau :

Ποίῳ γὰρ ἡ σὴ προσφορὰ δηλώσεται;
Ὅταν θάνω γὼ καὶτύ μου ταφεὺς γένῃ.

(Sophocle, *OEdip. Colon.* v. 572-3.)

l'eau, le feu ou l'air (enterrer vif, noyer, brûler, pendre) ¹.

Sous toutes ces formes, c'est toujours le monde social qui replonge au monde universel l'individu qui a voulu être sa loi, son monde à lui. Apprends, rebelle, que tu n'étais qu'une pièce dans l'harmonie commune; la mort t'y ramènera. Tu voulais être un tout; rentre en l'unité.

Hélas! j'allais y rentrer de moi-même. Ne sommes-nous pas condamnés en naissant? La loi prononce la mort, mais la nature l'avait prononcée. L'enfant, plein de vie et d'espoir, que l'on presse au sein maternel, bientôt il échappe; c'est un homme, un vieillard, c'est de quoi remplir un tombeau.

L'homme barbare dédaignait la mort naturelle. Il supprimait par une fin anticipée la triste et pesante vieillesse. Il eût rougi d'être vaincu par le temps. Il voulait mourir de la main d'un brave, d'une main aimée.

Ici reparaissent autour de la couche du vieillard ces misères, dont le berceau de l'enfant fut entouré. La famine endurcit les cœurs. Celui qui ne fut pas *exposé* enfant le serait dans son dernier âge, s'il n'embrassait lui-même la mort et ne s'immolait aux dieux.

Rome mérita l'empire du monde; elle fut la vraie patrie du droit. Tandis que les Barbares n'estiment que la force et méprisent l'homme dès qu'il l'a perdue, la loi romaine fait du vieillard un dieu vivant pour la famille. La mère elle-même a droit à une sorte de culte. Cornélie écrit à son fils Caïus Gracchus : « Quand je serai morte, tu me feras des sacrifices funèbres et tu imploreras la divinité maternelle... Ne rougiras-tu pas de les prier, ces dieux, lorsque, vivants et présents, tu les auras délaissés ² ? »

1. Quelquefois on ne punit pas l'homme, mais seulement le membre, la partie coupable. On coupe la main meurtrière, on coud la bouche menteuse.

2. Ubi mortua ero, parentabis mihi, et invocabis Deum parentem... Non

Les lois du Moyen-âge, même dans les temps chrétiens, accusent tristement la dureté de la famille. Elles croient avoir besoin de protéger la vieille mère; elles la recommandent au fils. Il doit lui laisser la meilleure place dans la maison, et surtout au feu... C'est alors que votre foyer sera sacré, enfants, et que votre maison prospérera. Vous ne l'aurez pas toujours, cette tête vénérable, cette voix tremblante, bientôt vous ne l'entendrez plus.

« Quand le Brahmane voit ses cheveux blanchir, et qu'il a sous ses yeux le fils de son fils, il s'en va dans quelque forêt, habiter seul sous le ciel, parmi les racines d'un figuier indien. Ayant déposé en lui le feu sacré, il n'a plus de feu domestique; il vit de fleurs ou de racines. Il attend silencieux, comme l'ouvrier le salaire du jour. Il ne désire point la mort, il ne désire point la vie. Bientôt, il laissera l'odieuse enveloppe comme l'oiseau quitte la branche, comme des bords d'une rivière la terre et l'arbre se détachent. »

Le christianisme, entre toutes les religions, a aimé la mort; il l'a embellie à plaisir, l'a parée tendrement, comme une sœur qu'on mène à l'autel. Il a fait mieux; il lui a changé son nom, il a juré qu'elle était la vie. Il a appelé le dernier jour : *Natalis dies.* — « *Non moriar, sed vivam, et narrabo opera Domini.* » — La légende dit d'un saint qui meurt : « Et alors, il commença de vivre et cessa de mourir! » — « *Et tunc vivere incœpit, morique desiit*[1]. »

Deux formes principales de sépulture : héroïque, sacerdotale. Dans l'une, l'homme emportant ses armes, s'effor-

---

pudet te... eorum Deum preces expetere, quos vivos atque præsentes, relictos atque desertos habueris. Corn. Nepotis fragmenta. — Je doute fort du sens donné par Festus aux mots : Senes depontani (Voy. p. 466).

1. Nous lisons, dans une *Vie de saint Bernard,* que le saint, deux jours après sa mort, honora d'une apparition l'un de ses moines, le moindre de tous, homme simple et pauvre d'esprit. Le moine mourut peu de jours après.

çant d'échapper à l'humiliation du tombeau, brave la mort comme un ennemi. Le roi des Scythes reste à cheval, tout mort qu'il est, et brandit sa lance (p. 471-472). Ou bien, on fait disparaître toute trace du héros. Un fleuve emporte son cadavre (funérailles d'Alaric). Ailleurs, la flamme dévorante saisit l'homme, beau et fier encore, et lui sauve la laideur du sépulcre.

Dans la sépulture sacerdotale, l'homme, aux dépens de son orgueil, se réconcilie avec la nature, se soumet à elle humblement. La grand'mère qui l'a nourri si longtemps veut enfin l'avoir à elle seule; l'épouse toute féconde rappelle celui qu'elle aime en son sein. La sépulture est encore un mariage.

Si le tombeau ne reverdit pas comme l'arbre, qui sert aussi de limite, il n'en est pas moins la vivante plantation du droit[1]. La tige de la famille y est; elle fleurit par-dessus, et de temps à autre y laisse tomber des fruits mûrs.

Gardien de la terre, monument de l'homme, le tombeau contient un témoin muet, qui parlerait au besoin. Laissez-y seulement une étroite fenêtre par où le pauvre grand-père puisse au printemps entendre l'hirondelle, vous donner quelquefois le soir un bon avis, enfants, de la basse et

---

Mais une sérénité céleste était sur son visage. On lui aurait dit volontiers, dit le légendaire :

Incipe, parve puer, risu cognoscere matrem.
Petit enfant, connais ta mère à son sourire.

Voyez, dans Walter Scott, les chants admirables de la mourante, particulièrement celui qui est sur un air des méthodistes. *The heart of Mid-Lothian*, c. 40.

1. Naturaliter videtur ad mortuum pertinere locus in quem infertur. (Ulpian, Leg. 1. *De religiosis.*) — Le texte suivant attribue expressément au tombeau le caractère de la personnalité humaine : Cum loca capta sunt ab hostibus, omnia desinunt religiosa vel sacra esse ; sicut homines liberi in servitudinem perveniunt. Quod si ab hac calamitate fuerint liberata, quasi quodam postliminio reversa, pristino statui restituuntur. (Pomponius, Leg. 36. *De religiosis.*)

douce voix des morts, et, s'il vous manque un protecteur, témoignez des droits oubliés.

Essayons de pénétrer dans la nature du symbole, d'examiner le symbole juridique sous les deux points de vue de la nationalité et du temps, de voir comment il naît et périt.

Le Créateur a fait l'homme semblable à lui, c'est-à-dire créateur. L'homme aussi crée à son image. Symbole lui-même, il crée des symboles.

Pourquoi cette nécessité de créer? pourquoi celui qui a si peu de vie et si courte, doit-il donner de la vie, communiquer son être, son néant? C'est que, tout néant qu'il est, il a en lui, comme image de Dieu, une idée, une force féconde. L'idée qu'enferme tout symbole brûle d'en sortir, de s'épancher, de redevenir infinie. Elles s'efforcent, les pensées ailées, à voler sous le poids qui les entraîne contre terre ; elles se soulèvent, comme pour respirer un peu... Voilà le malaise universel, la sublime tristesse du monde. Homme, nature, toute existence est travaillée d'un infini captif, qui veut se révéler par la génération, par l'action et par l'art qui fait et défait ses symboles, languissant tour à tour de créer et de mourir.

L'homme porte ainsi en lui comme un infatigable artiste, qui travaille à la fois au dehors et au dedans. Cette force l'use et le soutient. Elle est sa *causa vivendi*... Par elle, il se fait et se connaît mieux chaque jour. Il façonne incessamment son argile, il est à lui-même son Prométhée.

Cela est frappant dans les hommes vraiment hommes, dans ceux qui *vivent;* ne nous occupons pas des morts. Ceux-là, lorsqu'ils ne succombent pas dans leur premier effort, trouvent, par le progrès légitime du travail intérieur, que la vieillesse est le plus beau des âges, le vrai fruit de la vie humaine. Ils s'élèvent du congrès au spirituel, au pur ; ils gravissent, par les degrés des arts ou des sciences, un escalier colossal qui conduit de la terre au ciel. Ainsi Michel-Ange, lorsqu'il eut, jeune, assouvi son furieux génie dans les fresques de la chapelle Sixtine, lorsque, plus âgé, il eut dressé dans les sculptures mélancoliques du Penseroso le cénotaphe de la patrie, lorsque le monde croyait le vieillard brisé de chagrins et d'années, alors il prit un autre essor. Par-dessus ces arts concrets qui s'attachent à la représentation de la forme humaine, il monta à l'architecture, à l'art abstrait et pur, qui cherche le beau dans les formes sans modèle. Au delà de l'architecture, si la vie ne lui eût manqué, il rencontrait la géométrie, et enfin la métaphysique, comme suprême initiation.

Ce grand artiste platonicien, dans ses poésies, nous dit que vivre, c'est dégrossir un bloc, en tirer la forme qui y est cachée. L'homme rejette peu à peu le poids qui l'opprimait, l'épais vêtement charnel dans lequel il fut emprisonné à sa naissance. Qu'est-ce, en effet, que l'enfance ? sinon une lourde incarnation de la pensée, chargée de lait, de sang, de poésie. L'âge nous en guérit, et la prose et l'analyse, la mort surtout, cette suprême analyse [1].

Mais il faut qu'il y ait d'abord enfance et poésie. Il est

---

1. L'imagination des premiers hommes fut d'autant plus féconde en symboles poétiques qu'ils étaient plus jeunes, plus grossiers, plus incapables d'abstraire. « Dieu, dans sa pure intelligence, crée les êtres par cela qu'il les connaît. Les premiers hommes, puissants de leur ignorance, créaient à leur manière par la force d'une imagination toute matérielle. *Poète* veut dire *créateur;* ils étaient donc poètes, et telle fut la sublimité de leurs conceptions, qu'ils s'en épouvantèrent eux-mêmes et tombèrent tremblants devant leur ouvrage. *Fingunt simul creduntque.* » (Vico.) — Ils faisaient des dieux, et ils étaient dieux. Ils l'étaient, comme au point sublime de la passion, lorsque le jeune homme s'écrie dans Térence : « *Deus factus sum !* »

bon que l'homme se nourrisse longtemps du lait de la nature, qu'il l'aime, la craigne et l'écoute. Un jour les rôles changeront. Il la dominera par l'art et le travail ; il la fécondera à son tour.

Nous ne nous représentons pas aisément aujourd'hui l'amour de l'homme pour la nature dans les premiers âges, où il était encore à peine dégagé de son sein. En chaque créature de Dieu, il voyait une sœur, une amante. — Lorsque Xerxès emmenait contre la Grèce cette fabuleuse armée, il traversait la molle Asie avec sa cour, ses femmes, ses belles maîtresses. Ce mélancolique, qui pleurait en songeant que de tant d'hommes pas un ne vivrait dans cent ans, ce voluptueux qui promettait un prix à qui lui trouverait un plaisir, aperçut à la rencontre de plusieurs routes un beau platane, et fut saisi d'admiration et d'amour. Tout ce que put l'homme pour la plante, l'amant pour l'objet aimé, ce fut de charger ses bras élégants de bracelets et de guirlandes : « Et il lui donna, dit Hérodote, un *homme immortel*[1] pour en avoir soin. »

Ainsi dans cet antique Orient, le frère et la sœur, l'homme et la nature ne s'étaient pas méconnus encore ; ils s'aimaient d'amour. La femme avait une rivale ; c'était la création tout entière. Telle était alors en l'homme la puissance d'aimer, qu'il en avait pour tout un monde.

Mais l'union était trop inégale. Cette belle et formidable amante, l'homme n'était qu'un faible nourrisson sur ses genoux. Elle le fascinait de son mobile regard ; elle le troublait de ses puissantes caresses, elle lui faisait signe, mais il avait peine à répondre. Ces signes impérieux,

---

1. Δωρησάμενος κόσμῳ χρυσέῳ, καί μελεδόνῳ ἀθανάτῳ ἀνδρὶ ἐπιτρέψας. Hérod. VII, xxi. Κατέλιπεν, ὥσπερ ἐρωμένῃ, φύλακα καὶ φρουρόν. Ælian. *Hist. var.* II, xiv. — Je ne crois pas, quoi qu'en disent la plupart des traducteurs, qu'il s'agisse d'un soldat du corps des *Immortels*. Voy. plus haut (p. 27) *Perpetua aquila*, et le mot *Bêtes de fer*, dans le *Glossaire* de Laurière.

pleins d'attrait et de terreur, c'était pour lui une étude d'en trouver le sens.

Faisons aujourd'hui, si nous voulons, les fiers, les rois de la création. Mais n'oublions pas notre éducation sous la discipline de la nature. Les plantes, les animaux, voilà nos premiers précepteurs. Tous ces êtres que nous dirigeons, ils nous conduisaient alors, mieux que nous n'aurions fait nous-mêmes. Ils guidaient notre jeune raison par un instinct plus sûr; ils nous conseillaient, ces petits, que nous méprisons maintenant[1]. Nous profitions à contempler ces irréprochables enfants de Dieu. Calmes et purs ils avaient l'air, dans leur silencieuse existence, de garder les secrets d'en haut. L'arbre qui a vu tous les temps, l'oiseau qui parcourt tous les lieux, n'ont-ils donc rien à nous apprendre ?... L'aigle ne lit-il pas dans le soleil, et le hibou dans les ténèbres ? Ces grands bœufs eux-mêmes, si graves sous le chêne sombre, n'est-il aucune pensée dans leurs longues rêveries[2] ?

Ces mouvements et ces repos, ces signes muets, ces voix indistinctes, l'Antiquité recueillait tout : plaintes de l'Océan, murmures des fleuves, et tout ce que la forêt roule de bruits dans les jours d'orage, et tout ce que l'oiseau dit si bas à ses petits. C'étaient les mots d'une langue régulière, dont les phrases se reproduisaient dans un ordre si infaillible que l'une était l'augure de l'autre. Tel signe apparaissant, tel autre *devait* venir ; tel phénomène était pour tel autre un *droit* d'exister.

Être et *devoir* se confondant, toute existence était un signe que l'homme se croyait obligé de traduire en actes ou en paroles. Les phénomènes étaient ainsi des symboles

---

1. Nostri nec pœnitet illas. Nec te pœnitcat pecoris, divine poeta ! — Humbles brebis, elles ne vous dédaignent point. Ne les dédaignez pas, ô divin poète !

2. Hice sub nigra pallentes ruminat herbas.

juridiques, qui s'interprétaient en formules. La nature jetait ses oracles au vent; la poésie suivait, écoutant et recueillant. La grande mère parlait, l'humble fille s'efforçait de répéter.

Dans ce chant alternatif, s'harmonisaient à plaisir les rythmes de l'une et de l'autre. Tandis que la main mesurait les dactyles et que le pied frappait l'ïambe, le vent sifflait l'allitération dans les forêts du Nord, la vague battait sur les grèves celtiques des rimes solennelles.

Prodigieuse poésie, qui, pour la puissance des symboles, surpassait d'avance toute poésie humaine. Des poètes de l'âme et de la réflexion, nos modernes, plus passionnés sans doute, sont en comparaison pâles et pauvres d'images. Comment lutter de force avec l'Océan, de lumière avec le soleil ! Cette poésie n'est pas de l'homme. « *Cede Deo.* »

Sa force, sa grâce, c'est justement que sa langue n'est pas sienne. Cette force devient une faiblesse, à mesure que l'idée de *droit*, se distinguant de celle d'*existence*, cesse d'être naturelle et fatale. La poésie juridique semble porter alors malgré elle le joug des images et des figures; elle sent instinctivement qu'elle devrait s'affranchir du symbole. Loin d'en suivre l'inspiration, elle se compose, prend l'air grave. *Jambes croisées, glaive sur table*, elle va *dire la loi...* Mais le juge est trop jeune encore. L'arrêt commencé finit par un chant. « *Quidquid tentabam dicere, versus erat...* » Elle voudrait, cette poésie, être déjà prose sérieuse, faire entendre une voix virile... Non, belle vierge, il faut que vous restiez longtemps une jeune fille au douteux langage, une harmonieuse pythonisse, qui prononce, souvent sans l'entendre, l'équivoque oracle des dieux.

Ne nous étonnons pas si le prêtre, le poète, le jurisconsulte, sont primitivement le même homme. Toutes choses se confondent d'abord dans le sein de la religion.

Même plus tard, lorsque la séparation est accomplie, les jurisconsultes, chez certaines nations, n'ont, pendant longtemps, d'autre nom que celui de Poètes, de Trouvères (Schœffen, Finder, en allemand). Ils *trouvent* en effet la formule; elle tombe de leur bouche nombreuse et rythmique, tantôt géminée, tantôt par triades, souvent en rimes martelées [1].

Considérons maintenant les formes que la poésie juridique revêt chez les nations diverses ; voyons comment chacune improvise à sa manière sur le thème commun de la vie civile. Le sujet, ce semble, est toujours le même, de la naissance à la mort; mais chaque peuple envisage avec prédilection tel moment, telle face du droit; celui-ci la famille, celui-là la propriété ou le jugement. C'est ainsi qu'entre les langues dont la science moderne a si bien établi la parenté, chacune exprime avec plus de force un élément grammatical; dans celle-ci la théorie du verbe est plus scientifique, dans telle autre celle du substantif; de manière qu'à elles toutes elles représentent complètement la vertu de la langue humaine. Heureuse et féconde liberté de la nature, où les diversités, se développant à part et instinctivement, ne font jamais dissonance, mais s'accordent d'elles-mêmes mieux que la science n'eût pu faire.

En nous renfermant dans notre point de vue des formules juridiques, nous pouvons y entrevoir l'idée dominante de chaque nationalité.

L'Inde, préoccupée du renouvellement des êtres sous les formes de la vie et de la mort, a exprimé ces deux moments

---

1. In jus ducito. Solis occasus suprema tempestas esto. — Quod felix faustumque sit. Puro pioque duello. Potest polletque. Templa testaque. Nomen numenque. Do, dico, addico. Habeant, teneant, possideant. Volo, statuo, jubeo, etc. — Kraft und Macht. Kurz und klein, etc. — Mus (mutus) et taisant. Tenir et palmoier. Concéder, gracier et ottroier, etc.

dans des formules sublimes. Ces formules donneraient l'idée d'une moralité bien précoce, si d'autres ne montraient combien celle de l'Inde est encore engagée dans la nature. La nature est ici la vraie, la seule personne. Les Épreuves, dont l'Inde donne le premier exemple, ne sont qu'une personnification des éléments; la loi croit et consulte la chose plutôt que l'homme. Dès que cette législation descend sur le terrain du droit proprement dit, elle y vacille honteusement. Le juge, pour s'assurer du crime, tente l'accusé, et le pousse au mal (p. 392; voy. aussi le *Supplément*).

L'Inde ne voit nulle part l'humanité avec plus de complaisance que dans la femme, ce charmant symbole de la nature, qui en résume la beauté. Elle ne trouve pas sur un si doux sujet de paroles assez tendres, assez caressantes : « Ne frappez pas une femme, eût-elle fait cent fautes, pas même avec une « fleur... » — « Si la terre est adorée, une mère n'est-elle pas plus digne encore de vénération? » — La loi repousse avec horreur le mariage par achat : « Même dans les mondes antérieurs à celui-ci, nous n'avons pas ouï dire qu'il y ait eu jamais une telle vente d'une fille. »

Voilà de belles paroles; mais elles ne se soutiennent pas. L'Inde, représentant la nature, en contient aussi les contradictions infinies. Cette faible fleur, la femme, elle sera jetée aux flammes. Cette mère si digne de respect, elle devient mère n'importe comment. Au fond, elle est avant tout le moyen de la génération humaine, la terre qui doit être semée. Cette religion de la nature demande des choses surnaturelles, que la femme affronte le feu, que l'homme engendre sans plaisir. La loi indienne connaît pourtant si bien la toute-puissance de ce voluptueux climat, qu'elle regarde comme adultère l'homme qui parle à une femme dans une forêt (p. 130, 443).

Dans la Perse, au rebours de l'Inde, l'État domine la

nature; l'État est le monde. Le roi est le symbole de l'État; son palais est une représentation de l'univers, comme chez les Turcs le sérail du sultan (p. 27). Au reste, l'idée de pureté, de distinction qui domine dans la Perse dut la mettre de bonne heure en défiance contre les représentations matérielles. Le vieux symbolisme chaldéen, dans ses monstrueuses images de bêtes, n'apparaît sous le magisme que, comme le taureau mithriaque, pour être immolé. Peu de symboles religieux. D'autre part, le roi, comme symbole vivant de l'État, étant toute la loi, il n'y a point de loi écrite, point de formules juridiques.

La Judée, en un sens, est le commencement du droit. Le droit, le bon, le pur, qui jusque-là était une *substance*, un élément, un dieu, commence à apparaître comme action humaine, conforme à la volonté divine. Mais la haine de la nature, qui fait le caractère sublime du judaïsme, empêche les actes juridiques de se produire en symboles, de s'harmoniser avec le monde extérieur en formules poétiques. Sauf quelques emprunts au symbolisme idolâtre (p. 397-398), que le christianisme lui-même n'a pas repoussés, la Judée n'a guère connu de symboles. Ce qui y ressemble le plus, c'est le soulier du *déchaussé* (p. 208-209) et la levée du cadavre (p. 376).

La Grèce n'a eu de symbolisme que la culture de la beauté humaine, je veux dire la gymnastique et la statuaire. Toute préoccupée de l'homme, du citoyen, elle dédaignait la nature comme étant hors de la cité. Tout ce qui n'est pas la cité est non Grec, Barbare. La famille et la propriété étant ici des accessoires de l'État, il n'y a guère place au droit civil. Eût-il existé, il n'aurait pu, chez ce peuple sophiste et moqueur [1], garder longtemps ces naïves

---

[1]. Il s'agit, bien entendu, de la Grèce civilisée, de celle qui a laissé des monuments.

pantomimes juridiques, qui se conservèrent religieusement à Rome. La Grèce respecte peu l'antiquité, la paternité. Le présent s'y conduit avec le passé, comme les fils d'Œdipe ou de Sophocle avec leur vieux père (Voy. pourtant les pages 86, 94, 105, 108, 114, 322, 460).

Le droit, trop exclusivement *personnel* et politique en Grèce, est plus *réel* en Italie. Il se prend à la terre et participe à la stabilité du sol. L'*Ager* limité, divisé, orienté, comme la cité ou le temple (p. 149, 154, 177), ne changera pas aisément. Ici, la borne, le Terme, est un dieu. Pour mouvoir le Terme, transférer l'Ager, il faut de magiques formules, de puissantes conjurations (*Carmina; lex horrendi carminis erat.* — Tit.-Liv.).

L'opposition des races grecques ne fut jamais réconciliée. Celle de l'Italie se résume de bonne heure en une cité. Rome est un monde double, étrusque et sabellien, sacerdotal et héroïque. Cela est sensible dans le droit civil, comme dans le droit politique, particulièrement dans les formes du mariage : *Confarreatio, coemptio*. La *Confarreatio* rappelle l'Inde, ainsi que les *Sacra*. Il y a cette différence que dans les *Sacra* Rome est moins occupée de l'âme du propriétaire que de la propriété.

Il est curieux de mesurer le chemin qui s'est fait depuis l'Inde. La propriété ne se transmet guère en l'Inde que naturellement par la succession, ou plutôt elle est immobile, puisque le père vit encore dans le fils. A Rome, elle se meut, elle prend le mouvement artificiel de la tradition et du testament. La paternité, commandée dans l'Inde comme devoir par la religion, s'accomplit naturellement, ou se supplée naturellement en salissant la famille; à Rome, elle se supplée artificiellement par l'adoption [1]. Ainsi le

---

[1] La tradition, le testament, l'adoption, existent dans l'Inde. Toute forme de droit existe partout, mais en germe. On peut dire pourtant que chacune appartient en propre au peuple qui lui donne son développement. A ce titre, la

droit, inerte dans l'Orient, devient à Rome art et mouvement (in-*ers, ars*); Rome est l'artiste du droit.

Le droit romain, nous l'avons dit, est surtout un droit *réel*, un droit de la propriété; c'est comme tel qu'il se survit dans nos lois et règne encore sur nous. Le droit *personnel*, non plus captif dans la cité, comme en Grèce, mais libre comme l'oiseau des forêts, s'est développé dans le monde germanique.

Si la nature est une marâtre pour les hommes du Nord, la fraternité n'a été que plus forte entre eux. L'idée de paternité domine dans l'Inde et dans la vieille Italie; celle de fraternité, chez les peuples héroïques [1]. La plus belle formule scandinave est celle du mariage des deux guerriers sous la terre (p. 262). Cette union, souillée chez les Grecs, brille ici de pureté. La femme même est un héros, c'est Brunhild, la reine de la froide Islande. Dans le Nialsaga, la jeune fille n'a de nourrice et de gouvernante qu'un homme. C'est un monde vierge et fort, comme la profonde glace des lacs.

Tout cela fond en Allemagne. Nulle part, le droit ne s'est plus richement épanoui en formules juridiques; capricieuse végétation, et luxuriante, à désespérer l'analyse. Vous compteriez tout aussi bien les feuilles bruissantes dans les chênes de la Forêt Noire.

Si pourtant vous écartez l'ombre que la féodalité projette sur l'Allemagne, si vous évitez les fiefs pour vous tenir dans les Marches, vous y surprendrez la véritable antiquité allemande. La Marche, c'est l'Allemagne, comme l'Ager est l'Italie.

Mais il y a ceci à remarquer, que la Marche, propriété

---

tradition, le testament, l'adoption, sont essentiellement romains, le jury essentiellement allemand et anglais, etc.

1. Voyez dans la Grèce les amitiés fameuses des Oreste et des Pylade, des Pirithoüs et des Thésée; dans la Perse, celle de Darius et de Zopire.

indivise, a été moins importante comme propriété que comme théâtre du droit *personnel*. Cette terre vague de la commune, limitée, non par le dieu Terme, mais par la pensée, par la probité allemande, a eu une fécondité à laquelle doivent rendre hommage les plus riches contrées du monde. Celle-ci ne porte ni vin ni huile; mais elle a porté la justice. Ces landes sont un tribunal; c'est le berceau de toutes les grandes institutions germaniques, peut-être celui du jury [1].

Le juge ici, c'est tout le monde; au besoin, ce serait le passant. L'accusé même se juge. S'il affirme son innocence, cela suffit, qu'il s'éloigne (p. 392). Aujourd'hui même, dans les parties les plus éloignées du monde germanique, en Suède et, je crois, en Autriche, on n'exécute aucun criminel qu'il ne se déclare coupable.

Cette bonne Allemagne a confiance en l'homme. Sauf quelques dispositions qui tiennent à la lutte féodale, son droit est doux et débonnaire. La propriété n'y est point jalouse. Le passant peut cueillir trois pommes, couper trois grappes, arracher trois raves. L'Allemagne est probablement le seul pays du monde où l'on ait ordonné de planter des arbres à fruits tout exprès pour satisfaire les envies des femmes grosses qui passeraient (p. 129).

L'Allemagne, comme l'Inde, est préoccupée de la femme. Les Coutumes allemandes ne touchent guère ce sujet de prédilection sans dire des mots d'une ineffable douceur. Elles sont intarissables là-dessus, et trop curieuses peut-être. Elles se mêlent du ménage, réglementent les rapports des époux, souvent avec un adorable enfantillage, parfois avec une bourgeoise et risible débonnaireté.

Vous trouvez ici dans le droit ce je ne sais quoi de gauche

---

[1]. Je sais bien que toutes les nations barbares ont le principe du jury Voyez la note de la page 53.

qu'on a toujours reproché à l'art allemand, du reste si aimable et si profond. L'Allemagne est variée, subtile ; elle n'est pas harmonique.

Tandis que l'Inde est gracieusement suspendue au sein de la nature, et comme endormie dans ses bras, l'Allemagne s'y attache volontairement; dans ses plus grandes naïvetés, il semble encore que, pour plaire à la mère commune, elle bégaie et fasse l'enfant. Derrière les formes puériles, son profond regard voit toujours l'esprit. A cette jeune poésie des symboles, elle mêle une ironie candide; elle les aime, les respecte, et pourtant sourit. Ainsi l'enfant berce sa poupée, il l'appelle *sa petite sœur*; mais il sait bien ce qui en est.

Cette contradiction générale de l'Allemagne ressort dans son droit. Spiritualiste quant au fond, ce droit, dans les formes, est alourdi par la matière. Chargé d'images et de figures sensibles, il a tout l'air d'un paganisme perpétué dans le Moyen-âge à côté du christianisme; d'autre part, son existence vivace en face du droit catholique et canonique en fait une protestation de liberté nationale, un droit *protestant*.

L'homme vient, comme juge, opiner le jour dans la Marche, improviser sur la bruyère sa poésie juridique, demander à la nature, aux arbres, aux vents, à la terre, les formes du droit. La femme y vient la nuit continuer dans la sorcellerie le culte des vieilles divinités des forêts et des eaux, devenues démons. La sorcellerie est ici panthéistique; le droit l'est, au moins dans la forme ; tous deux réclament à leur manière pour la nature sensible, maudite et crucifiée par le christianisme; deux oppositions fatalistes, qui toutefois, comme oppositions, témoignent de la liberté[1].

---

1. Ce rapprochement entre le droit et la sorcellerie, considérés comme résistances, est surtout frappant, quand on l'applique aux cours vehmiques. C'était, au moins pour la forme, comme une sorcellerie juridique.

La lutte du droit et de la religion, du *jus* et du *fas*, n'apparaît pas ici dans sa simplicité. Le droit allemand n'est pas anti-chrétien ; il est au fond très spiritualiste. Mais, d'autre part, il ne peut se dégager des liens de la nature. C'est un esprit profondément humain, mais comme enchanté sous l'écorce des chênes, et qui ne s'en arrache qu'avec déchirement. On voit bien, à cette merveilleuse végétation, que la sève qui circule ici n'est pas moins que le sang de l'homme et la plus pure vie de son cœur. Immobile beauté, il y manque souvent la grâce, qui est la beauté du mouvement. Toutefois, comme c'est la beauté d'un esprit, il y a intention de mouvement ; de là quelque chose de forcé et de gauche... N'importe ; dans le désaccord du symbole, nous n'adorons pas moins l'esprit.

Le droit allemand n'est matérialiste que dans la forme. Le droit celtique, à en juger par les débris qui nous en restent, semble l'avoir été dans la forme et dans le fond. Nous avons remarqué ailleurs que, dans les noms de lieux, les Germains avaient égard à la position astronomique (*Est*-Sex, *Nort*-Humbrie, etc.), tandis que les Celtes tenaient plutôt compte de la forme du sol (Alp-Pennins, etc.). Les uns semblent avoir regardé le ciel, les autres la terre. Le juge germanique, comme le prêtre, se tourne vers le côté sacré du monde ; il regarde le soleil levant. La loi galloise accorde au juge le privilège de tourner le dos au soleil, comme à la pluie.

Les dispositions les plus remarquables des lois galloises se rapportent au palais du chef, à l'ordre qui doit régner à sa table, aux places, aux droits de chaque serviteur. Le palais du chef est l'État ; l'État, c'est le monde.

La femme est souvent mentionnée dans ces lois, mais surtout la femme physique. Il y a là des paroles obscènes, qui peut-être ne sont que naïves. On sent, dans cette brusque hardiesse du langage, la pétulance, la légèreté du peuple.

Le rythme est un besoin pour lui, mais il lui suffit d'un rythme peu varié. Les Gallois ont écrit une partie de leurs lois et toute leur histoire en triades, ou versets, chacun de trois membres. Rien n'indique que cette préférence du nombre trois soit ici symbolique. C'est poésie, c'est besoin d'aider la mémoire des bardes, vivantes archives des clans.

Les poésies celtiques sont rimées. Au contraire, l'allitération [1] semble avoir dominé chez les Scandinaves, le nombre proprement dit chez les Allemands, chez les Grecs et les Latins. Si, comme il est probable, le mouvement respiratoire est le principe commun de ces formes diverses, ne semble-t-il pas que les Celtes et les Scandinaves aient marqué fortement le commencement, la fin de la respiration? C'est un chœur de forgerons; ceux-là poussent leur chant en levant le marteau, ceux-ci quand il tombe. L'allitération et la rime sont des principes de versification plus matériels que le nombre.

Il nous reste de si faibles débris du droit celtique, qu'il est impossible de déterminer ce que le droit français en a conservé. Telle disposition des Coutumes, qu'on croirait romaine ou allemande, est peut-être celtique; mais qui a droit de l'affirmer? Qui oserait dire, comme Grosley, quoique la chose ne soit pas absolument invraisemblable, que nos Coutumes en grande partie sont antérieures à César?

Je crois au reste qu'il ne faut s'exagérer ni l'élément celtique, ni les additions étrangères. La diversité matérielle

---

1. Il y a quelque chose d'analogue en latin :

> Ducite ab urbe Domum, mea carmina, Ducite Daphnim...
> Et Sola in sicca Secum Spatiatur arena...

M. Grimm assure (*Ueber den altdeutschen Meistergesang*, 1811) que l'allitération disparut de bonne heure en Allemagne.

des races, comme je l'ai dit ailleurs[1], a moins contribué à former la France que le travail de la France sur elle-même. Cette nation, qui n'est que mouvement et action, s'est plus qu'aucune autre transformée sous l'influence des événements.

La tendance matérialiste que nous avons entrevue dans les lois de Galles, et qui semble un attribut du génie celtique, a été balancée en France par l'instinct du mouvement. L'influence spiritualiste de l'Église a aussi puissamment combattu cette tendance. Le matérialisme français s'est produit de bonne heure, non sous forme poétique, comme chez les Gallois, mais indirectement et comme ironie.

La France, étant un mélange de peuples, n'a pu conserver ses formules juridiques aussi fidèlement que les races pures, telles que les Gallois et les Saxons. Les formules que présentent les lois barbares de l'époque mérovingienne sont plus allemandes que françaises. Celles qu'on trouve dans nos rituels ne sont pas toujours exclusivement françaises; souvent elles ne présentent aucun caractère national. Je donnerai pour exemple la belle formule de mariage (p. 114), qu'on a tirée des rituels manuscrits d'Arles, de Reims et de Rennes.

Mais un grand nombre de formules ecclésiastiques sont vraiment françaises. Elles remontent évidemment à une époque où l'esprit populaire s'était réfugié dans la religion, où l'Église se recrutait parmi les vaincus, les pauvres et les serfs, où elle était le peuple même, réhabilité sous l'étole et la mitre. Le peuple entendant encore la langue latine, les formules ecclésiastiques n'étaient pas chose morte, mais vivantes, populaires. L'assistance comprenait; son émotion réagissait sur le prêtre, et il modifiait les prières selon le génie local ou les événements de l'époque. Cela arrivait

---

1. *Hist. de Fr.*, t. I, liv. I*er*, ch. III.

surtout dans les grandes calamités. Les prières devenaient des chants populaires de consolation ou d'espoir. Le culte était alors un thème large et libre pour l'inspiration [1].

Le droit lui-même était mêlé au culte, au moins pour les serfs et les pauvres. Le prêtre seul écrivait pour eux, les jugeait le plus souvent, comme arbitre ; ils évitaient, tant qu'ils pouvaient, le juge laïque. De même que le prêtre chrétien adoptait volontiers les temples, en les purifiant, il admettait aussi les Coutumes locales. Il les formulait en prières. Souvent, d'après ses souvenirs ou le dire des vieillards, il improvisait la formule, la *trouvait*, selon la vieille expression du droit allemand et de la poésie française. Il était alors littéralement le créateur, le poète, le trouvère du droit.

Si ce n'était chose hardie de placer des dates, même approximatives, dans cette flottante Antiquité, nous rapporterions à l'époque des invasions maritimes la bizarre formule de bénédiction des fonts baptismaux (citée p. 93) : « Debout, chers frères, au bord de la cristalline fontaine, amenez les hommes nouveaux qui de la terre au rivage viennent faire échange et commerce. Qu'ils naviguent ici, chacun battant la mer nouvelle, non de la rame, mais de la croix ; non de la main, mais du sens ; non du bâton. mais du sacrement (*non virga, sed cruce ; non tactu, sed sensu ; non baculo, sed sacramento*). Le lieu est petit, il est vrai, mais il est plein de la grâce. Le Saint-Esprit a été dirigé par un bon pilote, etc. » Ce tour d'imagination est celui qui domine dans les vies des saints bretons et irlandais, de saint Colomban, de saint Gall, de saint Malo, etc.

---

1. Voyez, dans les *Voyages liturgiques*, de Moléon, quelles diversités subsistaient encore dans le culte des diverses villes au dix-huitième siècle, lorsque l'Église avait tant fait pour les détruire.

Une formule remarquable, qu'on trouve dans Marculfe, est évidemment ecclésiastique et gallo-romaine. Les Francs ont pu l'employer, mais elle leur était certainement dictée par les prêtres. Elle contient une réprobation expresse de la loi barbare. « A ma douce fille : C'est chez nous une coutume antique, mais impie, que les sœurs n'entrent pas en partage avec leurs frères dans la terre paternelle. Moi, j'ai pensé que, m'étant donnés tous également de Dieu, vous deviez trouver tous en moi égal amour et, après mon départ d'ici-bas, jouir également de mes biens. A ces causes, ô ma très douce fille, je te constitue, par cette lettre, à l'encontre de tes frères, égale et légitime héritière en tout mien héritage; de sorte que tu partages avec eux non seulement de mes acquêts, mais dans l'allod paternel. »

Les formules de mariage, rimées et non rimées, que nous avons données aux pages 114-115, d'après les rituels de Rouen, de Reims et d'Amiens, sont certainement fort anciennes, sinon pour la forme, au moins pour le fond. Il est probable que, d'âge en âge, elles ont été rajeunies, jusqu'au quinzième siècle. Toutes naïves qu'elles peuvent paraître, elles offrent déjà un modèle de cette élégante précision, de cette vive et sobre éloquence, qui est le vrai génie français.

Il est des formules qui, pour n'être pas ecclésiastiques, ne sont pourtant pas, au moins dans leur principe, sans rapport avec les idées religieuses. Je parle des formules de la communauté de biens entre serfs : « Être en pain, hors de pain... Le feu, le sel et le pain partent (séparent) l'homme mainmortable (p. 125-320). » Ce qui veut dire que la communauté est rompue, dès qu'un des contractants vit à pain séparé. Ces expressions, que l'opinion commune rapporte à l'époque du servage féodal, sont probablement beaucoup plus anciennes. Si le servage doit être considéré comme l'origine de la communauté de biens, ce qui est très douteux, pourquoi remonter au servage féodal plutôt qu'au servage romain ou celtique[1] ?

Je croirais plutôt que cette forme de la communauté dérive de la *Confarreatio* antique, du mariage sacerdotal qu'on retrouve chez tant de nations. La communauté de pain et de feu, restreinte chez les Romains, se sera étendue chez nous à tous les biens des époux. Cette communauté sacrée protégeait le bien du serf; elle assurait l'héritage commun au conjoint survivant, contre le droit odieux du seigneur. Je ne puis y voir, comme on a fait souvent, un ménagement politique des seigneurs pour s'attacher leurs hommes. Il y a là plutôt une nécessité sociale de tous les âges. Ce pain et ce feu sont une dernière trace du symbolisme antique[2].

Dans la communauté de biens, les époux sont vraiment époux, pour le salut comme pour la ruine. C'est le véritable idéal du mariage. En pratique, c'est trop souvent la tyrannie de l'homme sur le bien commun. A ce titre même, la communauté de biens était chère à la féodalité, qui, comme système militaire, voulait l'unité des biens et des forces dans la main de l'homme. Dans les cités commerçantes, la prévoyances des pères craignait d'abandonner la fortune de la fille aux hasardeuses spéculations d'un époux. A Reims, qui fut de bonne heure un grand centre de commerce, les femmes avaient, de préférence à tout créancier, droit de reprise sur le bien commun. Elles tenaient, disaient-elles, ce droit du bon saint Rigobert,

---

1. La communauté de biens par mariage, cette association si naturelle, aura été le modèle des associations sans mariage, qui assuraient entre les travailleurs la même communauté. Je crois, contre l'opinion commune, que ces dernières associations n'ont pu précéder.
2. Voyez p. 449 : *Couvrir le feu*, pour saisir, etc.

archevêque de Reims. Cela s'appelait à Reims : « *La reprise de saint Rigobert.* »

Cette faveur, accordée aux femmes, doit se rapporter à l'influence du droit romain et ecclésiastique, plutôt qu'à l'esprit de la vieille France. Quoique l'attrait des sexes soit si fort dans les races celtiques, quoique le *vert galant* soit chez nous le roi national (Charles VI le Bien-Aimé, François Ier, Henri IV), nos Coutumes anciennes sont généralement peu favorables aux femmes [1].

Chaque province avait des formes spéciales de droit qu'il serait curieux de recueillir. L'une des plus anciennes à coup sûr est le jugement breton *au milieu d'un lac* (p. 361). — La Dénonciation de *Nouvel œuvre*, telle qu'on la trouve dans un document assez moderne du Midi (p. 193), n'en est pas moins curieuse, comme présentant la formule romaine dans une rédaction plus complète et peut-être plus antique que celle même des jurisconsultes de l'Empire.

Un grand nombre de locutions vulgaires sont restées pour témoigner des actes symboliques, des formules qui existaient dans notre ancien droit. Un jeu d'enfants, par

---

1. On serait tenté de présumer le contraire, lorsqu'on voit qu'une fille sauvait quelquefois un meurtrier déjà sur l'échafaud, en déclarant qu'elle voulait l'épouser. Une chronique raconte que, dans une ville de Flandre, au moment où l'on allait couper la tête à un beau jeune bâtard qui avait tué un homme, toutes les femmes avaient pitié et disaient: « Qu'on nous le donne plutôt à épouser. » C'est une allusion à ce privilège des femmes.

Ce fait et quelques autres semblables, quoique assez récents, n'en sont pas moins conformes à l'esprit des anciennes lois barbares. Dans ces lois, le coupable ne pouvait être puni qu'autant que sa famille l'abandonnait et refusait d'en répondre. La femme qui le prend ici pour époux est pour lui comme une autre famille qui l'adopte, et devient son garant.

On prétend qu'à Barèges, dans les Pyrénées, le criminel qui se réfugiait près d'une femme ne pouvait être poursuivi. Cette coutume locale est-elle française ou espagnole? Je n'ose le décider. Il en existe une toute semblable chez les Arabes.

exemple, la *Main chaude*, rappelle l'épreuve formidable, où la main de l'homme assassiné étant apportée au tribunal, chacun venait jurer sur cette main, chaude encore, qu'il était innocent du meurtre. (Voyez aussi *Mainmorte*, page 378.)

Cette phrase proverbiale : *Il vaut son pesant d'or* (p. 418), fait allusion à la forme primitive de la Composition. Le meurtrier devait payer aux parents un poids égal à celui du cadavre, en or, en argent, en grain, selon la qualité du mort; ou bien encore, ce poids était donné en cire à l'église, pour être brûlé sur l'autel.

Attendez-moi sous l'orme, dit un autre proverbe (p. 361). C'est que les jugements se faisaient sous l'orme, et qu'on y payait les redevances; à Paris, par exemple, sous l'orme Saint-Gervais. Apparemment on y venait de mauvaise grâce, on s'y faisait attendre.

La *Courte paille* rappelle la tradition par le fétu (p. 196). Voyez aussi Pot-de-vin, 211; Brandon, Bouchon, *id.*; Main assise, Mainlevée, 203.

Dans ces locutions vulgaires, comme dans la plupart des usages français, d'où ils sont dérivés, il y a, on a pu le remarquer, une teinte de gaieté, quelquefois d'ironie. Nos *Actus legitimi* ne sont ni graves, comme ceux des Romains, ni poétiques comme ceux des Allemands, mais le plus souvent comiques et burlesques. Ce sont des farces pour le peuple, des jeux de piloris. Le bonnet vert, dont on coiffait le banqueroutier, le désignait aux huées de la populace (p. 449). Grands et petits venaient en foule voir une riche veuve, la veuve du plus riche prince de la chrétienté, du duc de Bourgogne, payer ses dettes sans argent, en mettant les clés sur la tombe.

Les acteurs involontaires de ces spectacles, les victimes de la joie du peuple, c'étaient le plus souvent les maris qui se laissaient battre, les femmes infidèles, etc. Le problème de la vertu féminine est, comme on sait, un texte tout national. Nos livres les plus populaires, les *Fabliaux*, le *Roman de la Rose*, l'odyssée rabelaisienne du Pèlerinage à la dive bouteille, n'ont pas d'autre sujet. Les formes de cette pénalité burlesque, la chevauchée de l'âne, l'immersion dans l'eau froide, l'anneau de paille du *paillard* (p. 120), peuvent être considérés comme les fabliaux de notre droit. Joignez-y les étranges redevances féodales de la première nuit, du mets de mariage, etc.

La féodalité, comme l'Église, étant un fait européen et non national, plusieurs des formules qu'elle a données à la France ne sont pas exclusivement françaises. Notre droit féodal, quoiqu'il se soit formé d'une manière toute indépendante, rappelle, en une foule de points, celui des peuples voisins. Quelquefois, il semble un écho prosaïque du droit féodal allemand.

Nous aurions pu recueillir un plus grand nombre de formules féodales françaises. Nous avons cru devoir nous borner aux plus originales. Nous en donnerons ici la simple indication dans l'ordre où on les trouvera placées :

Livre Ier. — *Famille*. — Tomber de lance en quenouille. Estoc, Ramage, Branchage, p. 144.

Livre II. — *Propriété*. — Abeilles réclamées, p. 167. Chevauchée-le-roy, Largeur du chemin seigneurial, 184. Vol du Chapon, 185. Taxe sur le chariot qui verse, 187.

Livre III. — *État*. — Cheval blanc, comme signe de suzeraineté, p. 224. Élection du roi féodal discutée par les vassaux, 226. Grands officiers, connétable, maréchal, etc., 241. Investiture féodale par épée, couteau (par anneau, cloche, encrier, pour les fiefs ecclésiastiques), 248; par bouche et main, 253; par le baiser donné au verrou de la porte, 254. Hommage sur limites communes, *id*. Fraternité chevaleresque, 269. Devises et cris d'armes, 280-283. Droit du seigneur sur feu, cloche, oiseau, poisson, 292.

Droit de relief, de cheptel, 297. Redevance du mouton cornu, lainu, dentu, *ibidem*. Droit de raisin, roses, gants, bûches, etc., 299-316-317. Écus au soleil, 302. Le grès de Péronne, 308. Battre l'eau pour faire taire les grenouilles, 314. Défense de pêcher avant le seigneur, de faucher, sinon le samedi, 306. Péages et redevances bizarres, indécentes, 311-319. Service de mariage, 320. Mariage de vilains échangés, 323. Marquette, mets de mariage, 324. Gens advolés, 337.

Livre IV. — *Guerre, Procédure, Pénalité*. — Forme de défi, 348. Clameur de haro, 352. Excuses, enfant non plorable, Tempête de pierre, 357. Délai de sept nuits, de deux flots et une ebbe, 359. Jugement devant la halle, A la Pierre hardie, Bretesches, 363. Plaids de la porte, *id*. Vente, élection pendant que la bougie brûle, 367. Appel de meurtre 380. Franchise de Stavelot, 383. Aideurs au serment, 427. Gage de bataille, Champ mortel, 408. Juges défiés, 319. Porter, la selle, 435. Venir la hart au col, le fil de soie au col, *ibidem*, Nappes coupées, éperons tranchés sur le fumier, pain tourné à rebours, 438.

Après les formules féodales, il faudrait donner, ce semble, les formules anti-féodales. Elles ne sont pas nombreuses.

Les plaisanteries sur le royaume d'Yvetot prouvent qu'au Moyen-âge on avait entièrement perdu dans le nord de la France la tradition des Alleux ou propriétés libres. Ces mots de royaume et de royauté indiquent ici l'indépendance absolue, comme dans l'Empire le nom des Fiefs du soleil (p. 257-258). Le peuple voyait avec surprise, mais avec complaisance, cette rare exception au système féodal, au *droit haineux*, comme l'appelle Bouteiller.

Parmi les symboles anti-féodaux, nous pourrions placer la Masse (p. 457), ce bizarre ostracisme du Valais, dirigé contre les nobles. On portait secrètement, de maison en maison, une masse de bois, où chacun enfonçait un clou [1].

Nos bourgeois de France ne chassaient pas les nobles. Ils les avilissaient en les imitant. J'ai donné des exemples de ces ridicules armoiries roturières (p. 283), qu'il ne faut pas confondre avec les signes que l'artisan adoptait pour suppléer à la signature.

Les cérémonies du compagnonnage ne nous sont connues que par des textes assez récents (Réception du boulanger, p. 290). Cependant peut-on affirmer qu'elles n'aient pas, au moins en quelques points, une haute antiquité? Pour les maçons, la chose paraît certaine. D'autres métiers sont peut-être dans le même cas. N'oublions pas que Lyon était déjà, sous les Romains, une ville industrielle ; que Paris est né du commerce, qu'il est originairement une station des *marchands d'eau*, qui vendaient sur la Seine.

Dans cette course rapide de l'Inde à la France, on a du moins entrevu comment le génie national modifie les formes symboliques du droit. Après la question de la NATIONALITÉ vient celle de l'AGE. Quels sont les âges divers du symbole juridique?

On a dit avec raison qu'il y avait trois âges dans l'histoire : *Divin, héroïque* et *humain;* autrement dit : sacerdotal, guerrier, raisonneur.

Au premier âge, le droit apparaît comme substance, comme symbole immobile ; au second comme acte, au troisième comme intention. Chaque nation a les trois âges. Mais le plus souvent, une nation n'exprime fortement qu'un des trois. Ainsi, dans le cycle des peuples

---

[1]. Le Valais, pays de langue romane, n'est point étranger à la France.

asiatiques, l'Inde représente l'âge divin, la Perse l'âge héroïque, la Judée l'âge humain, l'âge critique.

Nul peuple n'a fourni une carrière plus complète que l'Italie ancienne, nul ne présente les trois âges plus nettement marqués. En droit civil, la trace sacerdotale se trouve dans la peine bizarre du parricide (p. 421), et dans la loi qui ordonnait de brûler en l'honneur de Cérès celui qui avait brûlé un tas de blé. Le second âge est marqué par les Douze Tables ; j'ai montré ailleurs que ce code antique n'est lui-même qu'une modification de lois plus antiques, une charte obtenue par l'héroïsme plébéien. Au troisième âge, le préteur, respectant encore les anciennes formules, y introduit par l'interprétation un nouvel esprit.

Il n'est pas toujours facile de déterminer auquel des trois âges on doit rapporter un symbole, une formule. On peut bien y reconnaître, en général, l'empreinte sacerdotale ou héroïque. Mais rarement on peut assigner aux symboles des dates, même approximatives. Ils commencent d'une manière si naturelle, si nécessaire, qu'on croit qu'ils ont toujours existé. Tant qu'ils sont usités, on ne songe guère à en assurer le souvenir. Quand on s'en avise, c'est qu'ils tombent en désuétude, et risquent d'être oubliés. Mais alors le plus souvent on les méprise comme inutiles. Vivants, on ne croit pas avoir besoin de les écrire ; morts, on n'en prend plus la peine.

Ce qui rend encore l'âge des symboles difficile à fixer, c'est que tel symbole, tel fait poétique, qu'on attribuerait naturellement à une époque fort ancienne, peut se rencontrer tout aussi bien dans la barbarie moderne. L'Orient surtout semble n'avoir pas d'époque. Cinq cents ans avant notre ère, Xerxès est amoureux d'un arbre et le pare de bracelets. Au dernier siècle, Nadir Shah fait fustiger un arbre, jusqu'à ce qu'on ait retrouvé ce qui a été volé sous son ombre¹. Lequel des deux faits est le plus antique²?

Autre difficulté pour la chronologie des symboles, et particulièrement des symboles juridiques. C'est que cette poésie, qu'on serait tenté de croire toute de nature et d'instinct, est quelquefois, comme les autres, classique, imitée. Plusieurs des belles formules vehmiques me semblent dans ce cas. La prolixe formule du droit de chasse (p. 310) en est à coup sûr un exemple.

Les impraticables pénalités prononcées contre ceux qui coupent les arbres de la Marche, le partage du corps du débiteur romain entre les créanciers, le supplice du parricide, pourraient bien avoir été purement comminatoires. Il semble que la loi, se sentant faiblir, veuille faire peur, enfle sa voix et menace de revenir à la barbarie.

La question de l'AGE et celle de la NATIONALITÉ se compliquent souvent l'une par l'autre. On peut être tenté de considérer comme le caractère invariable d'une nation ce qui n'est que l'expression de tel état par où elle passe, de tel moment de sa vie sociale. Ici un exemple est

---

1. Malcolm, *Hist. of Persia*, ch. 17, *sub fine*.
2. Nous-mêmes, en ces dernières années, lorsque nous avons entendu conter les prodigieux combats de Souli, n'avons-nous pas cru remonter au temps, non pas des Léonidas, mais des Pirithoüs et des Thésée... Les chants des Klephtes, de nos jours, rappellent quelquefois les mœurs d'Eschyle. « L'Olympe et le Kissavos, ces deux montagnes, se querellent. » L'Olympe alors se tourne et dit : « Ne dispute point avec moi, ô Kissavos... Je suis ce vieil Olympe, par le monde si renommé. J'ai quarante-deux sommets, soixante-deux sources; et à chaque source sa bannière, et à chaque branche d'arbre son Klephte. — Et sur ma haute cime un aigle s'est perché, tenant dans sa serre une tête de brave. » — (L'aigle) : « Qu'as-tu donc fait, ma tête, pour être ainsi traitée? » — « Mange, oiseau, mange ma jeunesse, mange ma bravoure... Ton aile deviendra grande d'une aune, et ta serre d'un empan. » — J'ai modifié quelque peu vers la fin la belle traduction de M. Fauriel (voy. son *Recueil*, t. I, p. 38). Je tenais surtout à traduire : Κεφάλι μου, *ma tête*. Un peu plus loin, la tête répond : Πουλάκι μου, *mon oiseau*. Sublime familiarité entre deux êtres qui échangent leur substance !

nécessaire. Les vieilles lois allemandes veulent « que le juge soit assis comme un lion en courroux, qu'il jette jambe droite sur jambe gauche, etc. »... Le roi, dit la loi indienne », doit se rendre à la cour de justice dans un humble maintien, accompagné de Brahmanes et de conseillers expérimentés (p. 372). » Que faut-il induire de cette opposition ? Doit-on y voir celle des deux nationalités, celle des races héroïque et sacerdotale, ou seulement l'âge différent des deux peuples, âge de barbarie féodale pour l'Allemagne, âge de civilisation caduque pour l'Inde ? Ceux qui connaissent tout ce qu'il y a de douceur réelle sous la rudesse du guerrier allemand ne se hâteront pas d'établir une opposition fondamentale entre ces peuples. Le mysticisme de l'Allemagne au Moyen-âge, son panthéisme au temps moderne, la rapprochent au fond de l'Inde, plus que la forme ne peut l'en éloigner.

Nous avons étudié le symbole juridique, sous les deux points de vue de l'âge et de la nationalité, qui le diversifient à l'infini. Quelle que soit pourtant cette variété, l'unité domine. Si la variété est grande dans les formes secondaires, dans les plus importantes elle disparaît. C'est un imposant spectacle de voir les principaux symboles juridiques se reproduire chez tous les pays, à travers tous les âges. Il est peu de nations chez lesquelles on ne retrouve la *Coemptio*, la *Confarreatio*, la tradition par le fétu, le jet et la chevauchée (comme occupation ou mesure des terres), l'union par le sang versé, etc.

D'autres rapports moins généraux, moins explicables, se présentent entre des peuples et des siècles fort éloignés les uns des autres. Le javelot durci au feu du fécial romain fait déjà penser à la *croix de feu* des clans d'Écosse. L'adoption *par la chemise*, indiquée dans Diodore comme appartenant aux temps primitifs de la Grèce, se retrouve en Syrie au douzième siècle, à l'époque des Croisades. La légitimation se faisait chez nous d'une manière analogue, *sous le manteau* de la mère.

Ces symboles, dont la tradition s'interrompt pour reparaître plus loin, font penser aux mots zends ou sanskrits qui ne se sont pas conservés dans l'allemand, et qu'on retrouve dans les langues sœurs ou filles de l'allemand, dans le grec, dans l'anglais par exemple.

En vérité, pour qui ne verrait pas dans le genre humain la grande famille de Dieu, l'unité de création et de fin, il y aurait quelque chose de prestigieux et de quoi troubler l'esprit à entendre ces voix qui, sans s'écouter, se répondent si juste, de l'Indus à la Tamise[1].

Ce fut pour moi une grande émotion, lorsque j'entendis pour la première fois ce chœur universel. Un tel accord du monde, si surprenant dans les langues, me touchait profondément dans le droit. Tout au rebours du sceptique Montaigne, qui s'informe si curieusement des usages de tous les peuples pour y surprendre les dissonances morales, j'en admirais la concordance. Le miracle devenait sensible. De ma petite existence d'un moment, je voyais, je touchais, indigne, l'éternelle communion du genre humain.

Fraternité des peuples, fraternité des idées, je distinguais l'une et l'autre dans l'analogie des symboles. Tout se tient encore dans ces hautes antiquités, parce que tout tient à l'origine commune. Les idées les plus diverses dans leurs développements m'apparaissaient unes en leur naissance. Je voyais, dans ces profondeurs, sourdre ensemble tous ces fleuves qui, parvenus à la surface, s'éloignent de plus

1. C'est un des caractères de notre siècle que l'humanité ait commencé à connaître sa diversité harmonique de langue, de droit et de mœurs, à y saisir son unité, à avoir conscience de soi. Cette conscience de l'humanité comme une, c'est-à-dire comme divine, est, selon moi, le gage le plus sûr de notre rénovation religieuse.

en plus. « *Omnia sub magna labentia flumina terra.* »

Grand spectacle, mais trop absorbant... Et toutefois, dans quelque rêverie que je m'oubliasse, je ne perdais rien de cette harmonie immense...

J'entendais avec ravissement les voix multiples de l'Inde, voix confuses, il est vrai, auxquelles la nature fait un trop puissant écho pour que le droit s'y distingue; voix variées à l'infini, quelquefois si basses, si douces, qu'on dirait un soupir des fleurs; souvent passionnées et profondes, comme gronde le tonnerre quand la bayadère éperdue tombe entre les bras du Brahmane; l'éclair tient lieu des flambeaux sacrés, la foule bénit, la formule est dans l'orage[1].

Contre ces bénédictions s'élèvent des malédictions, du côté de la Judée. C'est l'Asie qui maudit l'Asie. Aigre et perçante est cette voix, cette trompette de Sinaï. L'écho n'est plus celui des grands fleuves, des forêts sacrées, des brillantes pagodes, mais les roches mal vêtues de vignes ou l'austérité du désert.

Rome ne bénit ni ne maudit. Elle juge. La loi parle encore en oracles, mais ce sont les oracles de l'homme. Il faut voir le pontife du droit, siégeant à son foyer, parmi les *Imagines majorum*, près de ses dieux et Dieu lui-même. Il scande lentement la formule et rime impérieusement. Comprimée par les basses voûtes de l'Atrium, grave comme l'inscription d'un tombeau, brève, rythmique comme un arrêt, cette voix sonne le bronze. Chaque parole se fixe et tombe en médailles d'airain; le monde incliné ramasse, comme au couronnement d'un roi.

La poésie juridique est tout autrement variée en Allemagne. Comment indiquer d'un mot ces motifs qui changent à l'infini? fugitive mélodie, ici légère et gazouillante, comme

---

1. Voyez cette scène admirable dans la traduction de Wilson, ou dans celle de M. Langlois.

l'alouette qui monte au ciel; là, retentissante, lointaine, comme un chant sur l'eau du Rhin. Plus souvent, voyageant de Marche en Marche, d'écho en écho; sombre et gaie, grave et moqueuse, solennelle et ironique; non moins variée que dans l'Inde, mais ici bien moins naïve, plus joueuse, plus décevante dans la forêt et le brouillard... Vous ne viendrez jamais à bout de noter ces chants d'oiseau. Vous y resteriez des siècles, sans les saisir, sans vous lasser, comme la nonne d'Alsace qui s'oublia trois cents ans à écouter le rossignol.

J'y serais resté tout autant... Cette sylve surtout du droit allemand me retenait bon gré mal gré. C'était ma forêt enchantée. J'y errais dans tous les sens; à tout instant, j'y trouvais des scènes nouvelles, des clairières, des ténèbres, des demi-jours, pleins de mystères... Le droit y est tellement charmé et ensorcelé, que souvent ce n'est plus du droit. On connaît ces paysages qui de loin présentent quelque ressemblance avec le profil de l'homme : approchez, c'est un mont sauvage, avec son bois chevelu.

Mais, quoique ces illusions, ces mirages étranges, ne soient pas sans quelque fatigue, il en coûte d'y renoncer. On ne sort pas volontiers de ce royaume des songes. Telle est la puissance des symboles, des belles et décevantes images... Hommes et peuples, nous avons peine à en détacher nos regards. Nous ne laissons qu'à regret cette féerie du jeune âge. Nous nous remettons en marche, mais nous tournons toujours la tête, nous soupirons, vieux enfants!

Avouons-le pourtant, cette tyrannie des formes pesait trop sur nous. L'idée en était opprimée. S'il faut que l'une ou l'autre meure, périsse la forme, la beauté même, pour l'affranchissement de l'esprit!

Nulle idée, plus que celle du droit, ne mérite d'être affranchie. Le droit n'est pas fait pour servir. Fils de la moralité, c'est à lui de réformer la nature, et non de la suivre. Il ne lui convient pas de rester l'humble serviteur du symbole, d'être toujours une simple cérémonie, ou bien une chose tangible et maniable qu'on serre et qu'on tient sous clé [1]. Il y avait en cela une sorte de paganisme juridique. Cette voix qui nous charmait tout à l'heure, c'était celle de l'indifférente nature, usurpant le nom du droit. La mère des illusions, la Maïa, se donnait pour l'équité, et se faisait adorer pour la raison éternelle.

Tout symbole est une équivoque, ainsi que toute poésie. La nature elle-même est-elle autre chose? Voyez comme elle se joue dans l'illusion des formes vivantes, dans cette sophistique féconde, où toute chose est à double entente, traduisant sans cesse les êtres, ne demandant pas mieux que de tout ramener en soi, de confondre toute vie dans une immense équivoque.

Mais Dieu ne la laisse pas faire. Il démêle, pendant qu'elle brouille. Toute création est une distinction. Il distingue incessamment, il décrit, définit, prescrit, l'éternel *mesureur*, le tout-puissant jurisconsulte!

Le devoir de l'homme était de faire comme Dieu, de distinguer aussi, de pas se laisser perdre dans la nature, de ne point consentir à ce que la personne fût une simple dépendance de la chose. L'homme a voulu ÊTRE. Cette résistance est surtout la gloire de notre Occident. Son vrai nom, à lui, c'est Critique, c'est-à-dire séparation.

---

1. Le roi de Hongrie n'était pas roi, tant qu'il n'avait pas la cassette où était serrée la couronne de saint Étienne. La royauté de Bourgogne tenait à la lance de saint Maurice, celle d'Écosse à la pierre de Scone, sur laquelle on intronisait les rois; les Écossais perdirent courage, lorsque Édouard Ier eut transporté cette pierre à Westminster. — Un comte de Flandre, apprenant que le beffroi et les archives de Bruges avaient péri dans un incendie, regarda les privilèges de la ville comme détruits avec les parchemins qui les contenaient. — Le sceau d'un acte par lequel saint Louis était engagé se trouvant brisé en partie, ses barons jugèrent le roi libre de tout engagement. Voy. p. 159, les équivoques de Didon et de Mélusine, et, au *Supplément*, celles de Posthumius, d'Artevelde, etc.

D'abord la Judée abjura la nature et ne voulut adorer que ce qu'on ne verrait pas. La Grèce, pour ne plus voir que l'homme et la forme humaine, s'enferma dans les bonnes murailles de la cité. Le christianisme n'adora spécialement ni le visible, comme la Grèce, ni l'invisible, comme la Judée, mais le passage du visible à l'invisible, je veux dire la mort; mort de l'homme-Dieu. Passion; mort de la matière, Transsubstantiation.

Rome, plaçant sa religion principalement dans le droit, poursuivait de son côté cette grande guerre contre la nature. Elle accomplissait, avec une gravité pontificale, l'immolation progressive des symboles. De symbole en formule, de formule en langage vulgaire, elle amenait le droit à la clarté, à l'équité.

Un mot d'explication peut être ici nécessaire. Le symbole matériel, immobile et muet, était, nous l'avons dit, souverainement équivoque. Le symbole parlé, la formule, va toujours se simplifiant et s'éclaircissant. Elle rejette peu à peu les images, les figures, cette pesante parure, qui la retardait. La rime et le rythme l'entravent encore; elle les laisse en route. Enfin, elle se fait esprit, elle vole, elle est devenue prose.

Il est curieux de suivre la biographie d'un symbole, de voir, par exemple, comment l'élément sacré, la terre figura d'abord la cession de la terre, comment la noire glèbe comparaissait ornée d'herbe ou de verts rameaux; comment le rameau, se civilisant, se fit bâton, sceptre, *lituus* augural; comment l'herbe, suivant le cours de sa végétation juridique, devint paille (*stipula*); comment la formule remplaçant le symbole, et se perdant elle-même dans une locution vulgaire, le souvenir de cette paille nous reste en un mot *stipuler* [1].

---

1. Le moment sublime, dans la vie du symbole, c'est lorsque, ayant rejeté en

Ce passage, que je viens d'exprimer en deux mots, Rome s'en occupa mille ans. Pieuse lenteur, et respectable. La perpétuité des traditions était chère à ce peuple. Ne nous étonnons pas si l'idée de la paternité domine tout son droit. Rome a été, pour l'Occident, le vrai patriarche. Ses monuments sont des tombeaux, son génie est celui des épitaphes :

> Di majorum umbris tenuem et sine pondere terram,
> . . . . et in urna perpetuum ver !

Mais ce grand peuple, tout en respectant le passé, savait préparer l'avenir. Adorateur de la lettre, comme l'Orient, dont il gardait la langue sacrée, et toutefois novateur, comme l'Occident auquel il a légué sa langue et son droit; il fut digne de commander au monde, puisqu'il en avait le double génie.

C'est un beau et religieux spectacle de voir avec quel scrupule le juge romain se laisse pousser d'interprétation en interprétation hors de la loi écrite, marchant, traîné plutôt, et ne convenant jamais qu'il a marché. Il faut voir comme il se tourmente et tourmente la langue, comme il ruse avec le vieux texte, comme il arrache de l'impitoyable airain des pensées de douceur et d'équité qui n'y furent jamais. Le pieux sophiste ment respectueusement à la loi pour ne pas mentir au droit éternel.

Un débiteur vend ses biens en fraude des créanciers. Selon la vieille loi, la vente, la tradition, est sacrée. Le préteur n'ira pas à l'encontre. Mais il affirme qu'il n'y a pas eu de tradition.

---

grande partie l'élément matériel, s'étant allégé, autant qu'il le peut sans périr, par exemple dans la tradition se réduisant au simple fétu, il conserve pourtant sa force, lorsque le fétu sert également à la vente d'un arpent de terre ou à la transmission d'un empire, comme il advint à la déposition de Charles-le-Simple. (Voy. p. 195.)

Un étranger a été volé : la vieille loi, ne lui donne pas d'action ; pour elle, l'étranger est hors du droit. Mais le préteur assure que cet homme est citoyen.

La Rome primitive avait inventé à grand'peine l'acquisition, la translation de l'Ager, la mobilisation du dieu Terme. Quelle puissance d'invention ne fallut-il pas au plus grand des jurisconsultes, pour porter ce miracle à la seconde puissance, pour légitimer *l'acquisition par un autre ?*

Ainsi, le droit n'immola le symbole, cette fiction de la nature, qu'en y substituant tout un monde de fictions artificielles. Puissante poésie logique, dont l'Homère est Papinien[1].

La fiction la plus hardie fut celle de la Cité. Les colonies qui en sortaient n'y restaient pas moins. Les municipes lointains y venaient, sans bouger de place. Des peuples entiers y entraient, qui n'y auraient jamais tenu. Le pomœrium sacré ne se brisait pas, il reculait ; mais le droit ne pouvait remuer si puissamment cette enveloppe de pierre, qu'elle ne lui pesât. L'enceinte avait beau s'élargir et se faire grande, pour recevoir les nations, les nations étouffaient.

La jurisprudence romaine était néanmoins ferme et fière sur sa chaise curule, quand le christianisme vint. Il y avait sans doute, au fond de ce droit et de cette religion, quelque chose de commun. Ce qui était immobile dans le droit de l'Orient, Rome l'avait mobilisé (voy. p. 77). Le christianisme avait de même tiré la religion de l'immobilité des images, pour la mettre dans le mouvement, dans l'acte et le drame. Le procédé était analogue, mais le principe différait[2].

1. Au sens étymologique du mot *poésie* (création), la vraie *poésie du droit*, ce n'est pas le symbole, mais plutôt la fiction. Le symbole est un emprunt fait à la nature ; la fiction est vraiment de l'homme.

2. Observons que l'extension du droit de cité à tout l'empire est de

Comme l'enfant qui, dans le temple, réduisit les vieillards au silence, le jeune christianisme remonta tout d'abord au droit romain. Les formules, les fictions, que celui-ci avait si ingénieusement élaborées, semblèrent devenues inutiles. Ces bornes sacrées des champs, que le droit suait à remuer, la religion les arracha. Le droit avait bien travaillé à légaliser la vente; le christianisme n'enseigna que la donation. Le droit avait pris beaucoup de peine à étendre la famille par l'adoption ; le christianisme adopta le monde.

Le droit romain, essentiellement *réel*, était resté préoccupé de l'Ager, dont le symbole est la glèbe ou la paille. On l'apporte devant le préteur, cette glèbe parée d'herbe fraîche et pure. Mais si pure qu'elle puisse être, c'est encore un grossier symbole. Emporte ta glèbe, ami Caïus ; notre symbole à nous, chrétiens, tout petit qu'il est, vaut bien mieux. A toi ta paille, à nous le grain. Ton symbole, dis-tu, comprend tout un champ ; le nôtre, c'est le monde, et plus. Le tien transfère la pauvre propriété où tu places l'idée du bien (*res*). Dans le nôtre, le bien suprême se donne en propre. Et l'appropriation se fait de façon si intime que l'incomparable trésor ne nous échappera jamais.

Tout raisonnement, droit et philosophie, expira dans cette poésie immense. Les vaincus laissèrent le monde au christianisme. — Mais le monde, c'était la prose, les deux vieilles langues prosaïques de l'éristique grecque et du droit

---

l'an 291 ; la liberté de culte accordée aux chrétiens, la victoire du christianisme est de 311. Le droit romain, épuré et généralisé par le stoïcisme, avait préparé les voies à la nouvelle religion. « Quod jus naturale attinct, omnes homines æquales sunt. — Natura communis est. — Servitus est juris gentium constitutio... contra naturam... — Cognationem quamdam inter nos natura constituit, etc. » Les travaux encore inédits d'un jeune légiste, de M. Bonnier, jetteront, je l'espère, un nouveau jour sur la philosophie du droit romain.

romain. Dernier né d'un empire caduc, le christianisme présenta cette grave dissonance, de chanter les hymnes dans la langue des disputes, de prier avec les paroles des incrédules et des sophistes.

L'empire eut deux héritiers ; le christianisme deux disciples, l'Allemagne et la France ; disciples raisonneurs qui devaient donner beaucoup à faire à leur maître ; l'Allemagne ultra-symbolique, la France anti-symbolique.

L'Allemagne, tout en se disant le Saint-Empire romain, ne voulut ni de la langue de Rome, ni de son droit civil. En droit, elle fut semi-païenne, en religion, mystique ; c'est-à-dire en deçà et au delà de l'Église, rarement sur la ligne prescrite.

La France eut l'air d'accepter tout. L'Église la nomma Très-Chrétienne.

Mais ce qu'elle accepta surtout, ce fut cette langue prosaïque, cette méthode raisonneuse, que l'Église elle-même tenait du droit romain, son ennemi.

Cette méthode n'est autre chose que l'abstraction, la généralisation en logique, en politique la centralisation ; généraliser, centraliser, c'est supprimer l'originalité du détail, lui ôter ce qu'il a d'individuel pour le résoudre dans une grande unité[1]. La France, sous toutes les formes, a suivi rigoureusement dans l'histoire ce procédé du raisonnement. Son histoire est une logique vivante, un syllogisme dont la royauté fut le moyen terme.

L'empire des Francs est déjà la centralisation du monde barbare. Les Francs eux-mêmes, comme on sait, ne sont

1. Cette centralisation, quoi qu'on dise, n'anéantit pas la vie ; elle l'équilibre. Ainsi, tandis que nous recevons de Bordeaux l'éloquente *Histoire du droit français* de M. Laferrière, Strasbourg nous envoie les savantes et originales dissertations de M. Klimrath sur les Coutumes. La polémique du Nord et du Midi va se renouveler sur le terrain de l'histoire du droit.

pas une race, une tribu, mais une association. Dans leurs formules de la tradition et du mariage, ils mêlent tous les symboles juridiques des diverses nations allemandes. La belle formule relative au bannissement que nous avons citée (p. 37) ne paraît dans la loi salique que pour être abolie.

Les Capitulaires, législation éminemment prosaïque et ecclésiastique, portent au symbolisme allemand un dernier coup en défendant de rendre les jugements sous le ciel. Les éléments n'ayant plus pour le chrétien de caractère sacré[1], le juge n'a pas besoin de voir la nature.

Le symbolisme féodal n'eut point en France la riche efflorescence poétique qui le caractérise en Allemagne. La France est une province romaine, une terre d'Église. Dans ses âges barbares, elle conserva toujours des habitudes logiques. La poésie féodale naquit au sein de la prose.

Cette poésie trouvait dans l'élément primitif, dans la race même, quelque chose de plus hostile encore. Nos Gaulois, dans leurs invasions d'Italie et de Grèce, apparaissent déjà comme un peuple railleur. On sait qu'au majestueux aspect du vieux Romain siégeant sur une chaise curule, le soldat de Brennus trouva plaisant de lui toucher la barbe. La France a touché ainsi familièrement toute poésie.

Malgré l'abattement des misères, malgré la tristesse que le christianisme répandait sur le Moyen-âge, l'ironie perce de bonne heure. Dès le douzième siècle, Guibert de Nogent nous montre les gens d'Amiens, les cabaretiers et les bouchers, se mettant sur leurs portes, quand leur comte, sur son gros cheval, caracolait dans les rues, et tous effarouchant de leurs risées la bête féodale.

Le symbolisme armorial, ses riches couleurs, ses belles devises, n'imposaient probablement pas beaucoup à de

1. Si ce n'est dans les Ordalies.

telles gens. La pantomime juridique des actes féodaux faisait rire le bourgeois sous cape. Ne croyez pas trop à la simplesse du peuple de ces temps-là, à la naïveté de cette *bonne vieille langue.* Les renards royaux qui s'affublèrent de si blanche et si douce hermine pour surprendre les lions, les aigles féodaux, tuaient, comme tuait le sphynx, par l'énigme et par l'équivoque.

La France est le vrai continuateur de Rome. Elle poursuit l'œuvre de l'interprétation. Travail logique, prosaïque, anti-symbolique.

Cujas était-il de bonne foi, quand il disait, au sujet des nouveautés religieuses : « *Nihil hoc ad edictum prætoris?* » Le droit romain, qui détruisait le symbolisme féodal, ne contribuait-il pas indirectement à la ruine du symbolisme religieux? Ce droit, stoïcien sous l'Empire, fut calviniste au seizième siècle. Un légiste, dès le quatorzième, avait mis la main sur le pape ; un légiste la mit sur l'Eucharistie.

Le calvinisme fut anti-symbolique et *brise-images* non seulement dans l'Église, mais dans la littérature. Dans la grande polémique religieuse, notre langue prit ce sérieux, cette allure rapide, qui ne s'amuse pas aux fleurs quand il s'agit de poursuivre l'ennemi.

Sous cette influence austère et dans l'oubli presque total de la poésie d'images, surgit une poésie d'idées, de raisonnement, de passion, une poésie humaine et sociale, où le monde physique n'est pour rien, où l'homme ne doit rien qu'à lui-même. Cette poésie pouvait répondre comme la Médée de Corneille quand on lui demande : « Que vous reste-t-il ? — MOI... » Le moi est un monde, et plus grand que l'autre[1].

---

1. La philosophie française, c'est Descartes. La poésie française, c'est Corneille et Molière, Racine et Boileau, Voltaire encore, dans ses pièces légères. Voilà le vrai fruit national, et le plus exquis. Plus le parfum en est exquis, moins il peut être goûté de l'étranger. Enivrés qu'ils sont de leurs vineuses

Telle littérature, telle langue, tel droit; un droit *humain*. Je m'explique.

Humain, c'est-à-dire non national, mais commun aux nations. Le droit français gagne l'Europe presque aussi rapidement que la langue française[1].

Humain, c'est-à-dire non divin, sans mystère, sans formule ni symbole.

La beauté que peut chercher ce droit, c'est justement la forme abstraite et pure, *l'élégance de la démonstration*, pour parler comme les géomètres.

Notre droit est un droit austère. Celui qui y a été nourri ne pourra que sourire en lisant ce livre. Il méprisera les formes gravement puériles de la jurisprudence antique.

Mais plus ce droit moderne est viril, plus il attriste les jeunes esprits. C'est pour eux un pénible passage de laisser les études littéraires pour cette rude gymnastique. Nourris si longtemps de poésie, de belles images, ils se trouvent sevrés un matin. Les voilà pour la vie au régime de l'abstraction.

Étrange différence ! Le jeune médecin reçoit pour livre la nature elle-même. Il la suit avec une curiosité passionnée, dans ses métamorphoses chimiques, dans l'épopée annuelle de la végétation, dans les crises dramatiques de la vie et de la mort. Voilà une séduisante étude, et selon le cœur du jeune homme... Celle du légiste est un combat. Ce n'est qu'avec de longs efforts qu'il parvient à s'enfermer (lui

---

poésies, ils n'apprécient pas la *nymphe sobre*, le limpide breuvage... Cependant, lorsque dans cette limpidité de langage l'image se réfléchit par instants, l'image mobile ou passionnée, comme dans La Fontaine et dans Pascal, je ne sache aucun miroir plus digne de la pensée humaine.

1. Dès qu'il s'agit d'intérêts sérieux, les plus grands ennemis de la France n'ont foi qu'à la langue française. Nulle autre ne possède au même degré le mérite de la clarté, qui est la probité des langues (voy. le remarquable article de M. Raimond Thomassy, dans la *Revue française et étrangère*, mars 1837).

jeune homme et poète, comme fut le jeune âge du monde) dans le cercle de l'austère logique moderne.

Et pourtant, nous ne pouvons y revenir, à ces formes aimables et jeunes[1]. Elles sont fanées sans retour, ces belles fleurs de la nature...

Soyons hommes, ne regrettons rien. Seulement, pour être justes, examinons si ces formes dédaignées n'avaient pas de sérieux avantages, pour lesquels l'humanité a dû les conserver longtemps.

D'abord, elles liaient la loi morale à la loi physique. Elles mariaient ces deux mondes qui semblent aujourd'hui séparés.
. La gravité de la formule, la muette terreur du symbole imprimaient la loi dans la mémoire. C'était comme les clous d'airain que le magistrat romain enfonçait chaque année dans le mur du Capitole[2].

---

1. Ce qui en est resté dans les derniers temps est bien peu de chose. Je ne parle pas ici des restaurations officielles d'anciennes cérémonies, telles qu'on en a vu au couronnement de Georges IV, où le grand maréchal est entré à cheval dans la salle du banquet. Ne parlons que des symboles vraiment populaires. — Baluze, au dix-septième siècle, assure avoir vu encore dans les églises les mottes de terre qui y étaient déposées en souvenir des contrats. — La tradition par le *fétu* était d'usage en Hollande en 1764. — Les plus belles comédies juridiques de l'Allemagne, celle de l'*Impôt de la Saint-Thomas*, et du *Petit homme de la Saint-Walpert*, s'accomplissaient encore au dernier siècle. — Dans la Thuringe, c'était, jusqu'en 1740, le plus proche parent consanguin du mort qui devait décapiter le meurtrier. — Les ventes d'immeubles se font encore en Angleterre au nom de *John Doe* et *Richard Roe*, qui sont le Caïus et le Sempronius anglais. — La *coemptio* romaine a laissé trace jusqu'à nous, dans la *pièce de mariage*. — Aujourd'hui encore, dans diverses parties de la Poméranie, de la Lusace, du Mecklembourg, du Holstein et du Hanovre, les paysans payent le *bedemunt*, taxe de femme et de vache, droit de chemise et de poule, etc. Ce dernier fait est indiqué dans un article du *Morgenblatt*, 1831-2. — On assure que, récemment encore, dans quelques parties du Dauphiné (1828), on menait, selon l'ancien usage, les enfants aux exécutions, et qu'on les battait pour leur en imprimer le souvenir. En 1836, une vieille femme d'Héla, près Dantzig, a été soumise à une ordalie barbare.

2. Pour l'influence morale que le symbole a exercée jusqu'à nos jours, voyez, au *Supplément*, un fait très remarquable, que j'ai trouvé dans les *Souvenirs* de M. Fourcy.

La fixité du signe, la solennité de la forme, balançaient utilement la mobilité de l'esprit. Elles rendaient l'interprétation pénible, mais elles en assuraient la marche. Elles empêchaient la logique de précipiter son mouvement. Le progrès s'accomplissait avec lenteur et gravité; rien ne périssait que ce qui définitivement avait mérité de périr. La loi durait assez pour créer des habitudes morales; et les mœurs à la longue s'harmonisaient si fortement avec elle qu'elles l'auraient rendue superflue.

Ce n'est pas impunément que la loi néglige la forme, qu'elle devient prolixe, *inélégante*. Son efficacité en est gravement compromise. Il y a une sanction dans la beauté. Le beau est le frère du juste.

LIVRE PREMIER

LA FAMILLE

CHAPITRE PREMIER

L'ENFANT. — EXPOSITION. — ADOPTION

Nous lisons dans les plus anciennes lois de l'Inde : « Avant que l'enfant mâle soit détaché du sein maternel, on lui fera goûter du miel, du beurre clarifié et de l'or, en récitant les paroles sacrées. — Le père le nommera solennellement le dixième ou onzième jour, dans un jour lunaire propice, au moment favorable ou sous une heureuse étoile. — Le nom du Brahmane exprimera faveur; celui du Kchatrya, puissance; celui du Vaisya, richesse; celui du Soudra, dépendance. — Que le nom de la femme soit facile à dire, doux, clair, agréable et propice; qu'il finisse en voyelles longues; qu'il soit comme des paroles de bénédiction. — Au quatrième mois, on fera sortir l'enfant pour lui faire voir le soleil, etc.[1] »

[1]. *Lois de Manou*, livre II, § 29-34. Je dois à mon savant ami, M. Eugène

Chez les Grecs, les Romains et la plupart des nations héroïques et barbares, le nouveau-né est mis aux pieds du père, qui peut l'abandonner ou le relever (*tollere*, ἀναιρεῖσθαι). Il gît tout nu à terre, dit le grand poète romain, comme le matelot jeté à la côte par le flot furieux[1]. A Sparte, le magistrat prononçait pour le père; les enfants débiles ou difformes étaient détruits. Mais partout où la chose dépendait des parents, il était rare qu'ils se décidassent à tuer leur enfant eux-mêmes. Ils l'exposaient plutôt, dans la pensée que les dieux voudraient qu'il vécût et sauraient bien le sauver. C'était comme un *jugement de Dieu* sur la destinée de l'innocente créature. On peut croire que le cœur des mères trouvait bien des moyens d'influer sur ce jugement. Mais la mère eût-elle manqué, la nature s'émouvait et prenait des sentiments maternels. L'eau refusait d'engloutir l'enfant; les bêtes farouches l'allaitaient. Voyez les histoires de Cyrus et d'Œdipe, exposés dans une forêt; celles de Persée, de Moïse et de Romulus, abandonnés sur la mer ou sur le fleuve. La pitié, dit Shakespeare, sous figure d'enfant nouveau-né...

La famine, ce fléau des sociétés peu avancées[2],

Burnouf, une rectification essentielle (*et de l'or*). — Je parlerai ailleurs de l'importance symbolique des Noms.

1. Tum porro puer, ut sævis projectus ab undis
Navita, nudus humi jacet, infans, indigus omni
Vitai auxilio, cum primum in luminis oras
Nixibus ex alvo matris Natura profudit;
Vagituque locum lugubri complet, ut æquum est,
Cui tantum in vita restet transire malorum.

(Lucr., *De Nat. rerum*, lib. V.)

2. Voy. les *Mémoires* de Tanner, et Alexandre de Humboldt. *Tableaux de*

est la cause la plus commune de l'exposition des enfants, des vieillards [1], des infirmes, ainsi que de l'émigration des hommes faits. Le *ver sacrum* des nations italiques, qui dévouait à l'exil une partie de la jeunesse, se retrouve chez tous les peuples barbares [2]. La colonie qui émigre est elle-même en quelque sorte un enfant exposé par la métropole. Les expéditions des Scandinaves ont particulièrement ce caractère [3]. La famine est le premier dieu du monde du Nord, ce triste enfant que la nature semble avoir exposé sous la gueule du loup Feuris.

La guerre que ces peuples du Nord et de l'Occident soutiennent contre la nature, contre leur triste climat, contre l'Océan qui gronde autour d'eux, est exprimée avec une rude poésie dans la loi de Frise : « Frisons, nous devons défendre notre terre avec trois instruments : la bêche, la brouette et la fourche. Frisons, nous devons faire et entretenir une forteresse de mer, un rempart d'or (*ein gulden walle*), qui protège la Frise contre la mer salée et le féroce Océan [4]. »

Cette rude loi de paysans, si fière contre la nature, semble émue et attendrie, lorsqu'elle considère en

---

la nature, etc., trad. 1808, I, 200, sur les nations qui sont obligées de manger e la terre glaise ou de l'argile pendant une partie de l'année.

1. Pour les vieillards, voy. la fin de cet ouvrage.
2. Jusqu'à l'arrivée de saint Patrice, les Irlandais, dit-on, sacrifiaient à Saman le premier-né de toute espèce. *Collect. de reb. Hib.*, III, 457. — Voy. dans Appien, l'exil des jeunes Lusitaniens, etc.
3. Une famine qui désola le Jutland fit établir une loi qui condamnait tous les cinq ans à l'exil les fils puînés. Odo Clun., apud. *Scr. fr.*, VI, 3, 8. Dudo, *De mor. Norm.*, l. I. Guill. Gemet., I, 4, 5.
4. *Asegabuch*, S. 272, éd. Wiarda, cité par Pfister, II, 82, trad. de M. Paquis.

même temps la faiblesse de l'enfant et l'hostilité du climat, l'âpreté meurtrière des hivers du Nord : « Il est trois cas de nécessité suprême où la mère peut vendre le bien de l'enfant pour lui sauver la vie. La première nécessité, c'est quand l'enfant est emmené captif au nord sur la mer, ou au midi sur les montagnes. La seconde nécessité, c'est quand l'année est chère, que la famine chauffe fort et qu'elle va par le pays et que l'enfant affamé veut mourir ; la mère alors doit placer et vendre le bien de l'enfant, acheter à son petit, vache, œufs et grain, afin qu'il vive. La dernière nécessité, c'est quand l'enfant est nu comme ver[1], qu'il est sans asile, et qu'arrivent le noir brouillard et le froid hiver ; tout le monde rentre dans la ferme et dans la maison, chacun se tient chaud au poêle, et la bête sauvage cherche l'arbre creux, l'antre des montagnes, pour mettre son corps à l'abri ; l'enfant d'un an crie et pleure, comme pour dire le dénuement de sa maison, et que son père, qui l'eût préservé de la faim, du froid et du brouillard, est entre quatre clous profondément clos et couvert sous la terre et sous le chêne. Alors la mère peut bien engager et vendre le patrimoine de l'enfant. » (*Asegabuch de la Frise*, 86, 7 ; Grimm, 49).

Dans le Nord, les enfants que laissait l'affranchi étaient exposés tous ensemble dans une fosse, et sans vivres. On les appelait *grabkinder*, enfants de la fosse. Le maître retirait et élevait celui qui vivait le

---

[1]. *Stocknacken*, mot à mot : *nu comme bâton*. Froissart dirait : *durement nu*.

plus longtemps. De même, selon une tradition lombarde, on sauvait de préférence, parmi les enfants exposés, celui qui saisissait avec le plus de force la lance du roi. (G. 461.)

Les lois du Nord nomment *enfant de la forêt* celui que la femme de l'exilé a conçu dans les bois, ou bien celui qu'enfante sous le ciel et dans le taillis une femme serve, qui a été affranchie avant l'accouchement (sans doute par un maître qui veut se débarrasser de l'enfant et de la mère). Voyez aussi dans la Bible l'histoire d'Agar dans le désert. L'*enfant de la forêt* semble répondre à notre vieux mot français *champi* (Roquefort, 1, 234), qui, il est vrai, est pris pour bâtard, et en mauvaise part.

On lit dans la vie de saint Junien[1] : « Le jeune garçon lui vint dire : *Il y a là une pauvre petite femme qui n'a ni pain, ni de quoi en acheter. Le saint homme ordonna qu'on la fît venir en sa présence, puis, d'un air indulgent et avec la tendresse d'un père, il lui demanda pourquoi elle pleurait si fort et lui ôtait le repos par ses cris. Elle de répondre : Vrai serviteur et ministre de Dieu, il faut que vous sachiez que je vais mourir de faim; le pain me manque. Je ne vends rien. Chaque jour plus affamée... Je suis enceinte et je me meurs. Je viens donc implorer votre bonté. Sauvez-moi de la faim, et je serai votre servante à toujours, et l'enfant que je porte dans mon sein sera de même votre serviteur. Nourri par vous, il apprendra de moi à vous servir toute sa vie. Faites seulement que je ne meure pas !...* »

Les chrétiens exposaient de préférence à la porte

---

1. *Bibl. mss.*, Labbe, II, 573. Laurière, *Glossaire*, I, 378.

des églises, où l'enfant pouvait attirer la charité par ses cris. — *Formul. Andegav.*, 48; Bignon, 181, 357 : *Nous avons trouvé devant l'église un petit enfant sanguinolent encore* (infantulo sanguinolento) *et qui n'avait point de nom; dans tout le peuple, nous n'avons pu trouver ses parents.* — (Ducange, document de 1408) : *Les exposants misdrent l'enfant sur un estal au devant de la maison-Dieu d'Amiens, et assez près dudit enfant misdrent du sel en signe de ce qu'il n'était pas baptisé.* — Dans un chant populaire des Danois, on met près de l'enfant du sel bénit et une chandelle. (G. 461.)

L'enfant ne peut plus être exposé, dès qu'il a pris la moindre nourriture, ne fût-ce qu'une goutte de lait et de miel[1]. Les aliments constituaient chez les païens du Nord une sorte de baptême intérieur, d'initiation, de communion à la vie, qui consacrait l'existence de l'enfant. — *Vita S. Ludigeri*, lib. I, c. 2, G. 458 : L'enfant ayant été plongé dans un baquet, en saisissait le bord. Durant cette lutte, par un effet merveilleux de la miséricorde du Seigneur, une voisine survint, laquelle, pleine de compassion, saisit la petite fille des mains qui la plongeaient, courut dans sa maison et lui fit goûter un peu de miel. Car chez les païens, une fois que l'enfant avait goûté de quelque chose, il n'était plus permis de lui donner la mort. — (*Acta*, c. 6, 7; Leibniz, I, 86-7; G. 459) : Elle l'emporte en courant chez elle, et, fermant la porte sur soi, elle arrive à la chambre où était le miel, et en fait couler dans la bouche de la petite créature

---

1. Cf. le texte de Manou, déjà cité.

(*juvenculæ*), où il alla se fondre... Elle dit aux gens qui venaient la chercher que l'enfant avait mangé du miel, et elle la leur montra qui se léchait encore les lèvres.

Le signe légal de la viabilité, c'est, dans la loi des Alamans et dans le *Miroir de Souabe*, que l'enfant puisse ouvrir les yeux, voir le toit et les quatre murailles. Dans le nord de l'Allemagne, on exige « qu'il ait crié aux quatre parois ». C'est, dit la loi d'Ost-Frise, lorsque l'enfant a fait un cri qu'on pût entendre au delà de quatre maisons, et, si c'est une petite fille, qu'on ait pu l'entendre à travers une planche de chêne... (G. 75, 410). — Établissements de saint Louis : *Gentishom tient sa vie tout ce que l'en li donne à porte de moustier* (église) *en mariage après la mort sa feme, tout n'ait-il hoir; pour* (pourvu) *qu'il en ait eu hoir qui ait crié et bret, se ainsi est que sa feme li ait esté donnée pucelle* [1]. De même dans la loi d'Écosse (année 1124) : *Si ex ædem hæredem habuerit, auditum vel* braiantem *inter quatuor parietes* [2].

Au signe de la viabilité, je rattacherai celui qui détermine l'âge de discernement. Selon une tradition populaire, on éprouve les enfants au-dessous de sept ans de la manière suivante : on place devant eux une pomme et une pièce d'argent; s'ils prennent la pomme, ils sont réputés sans discernement et non responsables de leurs actions. (G. 411.) — Les rabbins disent que, pour éprouver Moïse enfant, on lui présenta du fer et de l'or [3]. Selon les juris-

---

1. *Établissements de saint Louis.*
2. *Regiam majest.*, liv. II, c. 58, § 1.
3. Du feu et une perle, selon l'auteur de l'ancienne *Vie de Moïse*, en trente-six parties.

consultes anglo-normands : L'enfant du bourgeois est en âge, lorsqu'il sait compter discrètement l'argent et auner le drap[1].

Nous avons parlé du baptême intérieur par les aliments. Nous devons en rapprocher le baptême extérieur, celui du sang (circoncision), et celui du feu et de l'eau. Les adorateurs de Moloch faisaient, comme on sait, passer les enfants par le feu. Il est resté dans la haute Écosse un usage analogue, sans doute en souvenir du culte de Beal qui domina si longtemps dans ce pays, comme dans l'Irlande. Encore aujourd'hui les montagnards écossais font passer l'enfant au-dessus du feu, dans une sorte de poche, où ils ont mis du pain et du fromage. On dit que quelquefois ils baptisaient l'enfant sur une large épée. En Irlande, la mère faisait baiser à son enfant nouveau-né la pointe d'une épée[2]. En Grèce, l'enfant était souvent mis dans un bouclier[3].

L'idée de purification domine dans le baptême chrétien. Ce n'est plus seulement une entrée solennelle dans la vie, c'est une initiation morale. La nature et l'homme y sont l'un et l'autre épurés, dégagés de toute souillure, pour se réconcilier et s'unir : *Exorciso te, creatura aquæ*, etc.

Parmi les vieilles formules chrétiennes, il en est peu d'aussi remarquables qu'une bénédiction des fonts de baptême (ex Missali gothico-gallicano) : *Debout, chers frères, au bord de la crystalline fon-*

---

1. Voy. Bracton, et Fleta, lib. I, c. 11, § 7.
2. Logan, II, 364, 122, 1831.
3. Plut., in *Lycurg. Theocr., Id.* χδ. — En allemand, *badschild*, bouclier de bain, baignoire.

taine, amenez les hommes nouveaux qui de la terre au rivage viennent faire échange et commerce. Qu'ils naviguent ici[1], *chacun battant la mer nouvelle, non de la rame, mais de la croix; non de la main, mais du sens; non du bâton, mais du sacrement. Le lieu est petit, il est vrai, mais il est plein de la grâce. Le Saint-Esprit a été dirigé par un bon pilote. Prions donc, etc.*[2]. Cette formule demi-barbare semble conserver dans le christianisme le génie et l'inspiration aventureuse des invasions maritimes.

Après le baptême, nous devons parler de l'*adoption* et de la *légitimation*. Le baptême est déjà l'une et l'autre ; c'est l'adoption de l'enfant par la société religieuse, sa légitimation devant Dieu.

Lois de l'Inde : Celui qui n'a pas d'enfant mâle peut charger sa fille de lui élever un fils, en faisant une oblation au feu, etc.[3]. — Le *fils donné*, c'est le fils qu'un père et une mère donnent, en faisant une libation d'eau, à celui qui n'a point de fils, l'enfant étant de la même classe et témoignant de l'affection[4].

Diodore, éd. Wesel, 1,284 : Junon, montant sur le lit, prit Hercule contre son sein et le laissa couler jusqu'à terre à travers ses vêtements, *imitant la véri-*

---

1. Voy. le passage de Lucrèce, déjà cité : Ut sævis projectus ab undis navita.

2. Martène, I, 175 c. : « Stantes, fratres carissimi, super ripam vitrei fontis, novos homines adduc eis (*sic*) de terra litori, mercaturos sua commercia. Singuli navigantes pulsent mare novum, non virga, sed cruce; non tactu, sed sensu; non baculo, sed sacramento. Locus quidem parvus, sed gratia plenus. Bene gubernatus est Spiritus Sanctus. Oremus ergo Dominum et Deum nostrum ut sanctificet hunc fontem, etc.

3. *Digest of Hindu law*, transl. by Colebrooke. Calcutta. 1801. III, 190.

4. Manou, p. 342, § 168, trad. de M. Loiseleur-Deslongchamps. 1833.

table naissance, ce que font encore aujourd'hui les barbares lorsqu'ils veulent adopter. — Nous retrouvons cette forme d'adoption aux onzième et douzième siècles. — Albert d'Aix, 3, 21 : Le prince d'Édesse adopta Baudouin pour son fils, en le pressant, selon la coutume du pays, contre sa poitrine nue et l'introduisant sous le vêtement le plus près de sa chair. — Guibert de Nogent, *Gesta Dei per Francos*, 3, 13 : L'ayant fait entrer nu sous ce vêtement intérieur de lin, *lineam interulam*, que nous appelons chemise, il le serra et confirma le tout par un baiser. La femme en fit ensuite autant. — Surita, lib. I, *Ind. rer. Aragon.*, anno 1032 : L'adoptant faisait passer l'adopté sous les plis de sa robe flottante (*per stolæ fluentis sinus*). (G. 463).

Dans les vieilles coutumes scandinaves, dans celles de la France et des Anglo-Normands, l'adoption et la légitimation se font sous le manteau. (Guill. de Jumièges, 8, 36; Duc., 5, 64, v. *pallio cooperire;* Carpentier, v. *Mantellatus*.) — On appelait en France les enfants légitimés *Enfants mis sous le drap*. Beaumanoir : *Se il avait pluriex enfants nez avant que il l'espousast, et la mère et li enfants à l'espouser estoient mis* DESOUS LE PAILLE *en sainte église, si devenraient-ils loyaux hoirs*[1]. Un poète flamand du treizième siècle, Philippe Mouskes, dit : *Pardessous le mantiel la mère, furent faits loyal cil trois frères.* (G. 160).

Dans le Nord, le soulier était quelquefois substitué au manteau. Le père apprêtait un festin, tuait un bœuf de trois ans, enlevait la peau du pied droit et

---

1. Beaumanoir, *Cout. de Beauvoisis*, c. 18, p. 98.

en faisait un soulier. — Il mettait le soulier, puis le fils adopté ou légitimé, puis les héritiers, les amis. Cela s'appelait monter dans le soulier. Ou bien encore, la peau du pied droit par derrière, au-dessus de la cheville; il ordonne au fils de chausser le soulier, pendant qu'il tient dans les bras ses enfants, lesquels à leur tour viennent y mettre le pied. — Adopter, dans le vieux droit du Nord, se dit aussi : mettre sur les genoux. (G. 155).

Lois de Galles : Voici comment on reçoit un fils dans la famille : le père lui même doit le prendre quand la mère l'a apporté. Si le père est mort, le chef de la famille, assisté de six des hommes les plus honorables de la famille, a pouvoir de le recevoir. Le chef de la famille prendra les deux mains de l'enfant dans les siennes et lui donnera un baiser; puis il placera la main droite de l'enfant dans celle du plus ancien des assistants, qui le baisera aussi. L'enfant passera ainsi de main en main jusqu'au dernier. (Probert, 203 ; G. 464.)

La femme *entrait dans le soulier* (voy. plus haut), lorsqu'elle entrait en puissance de mari. L'adopté, passant de même sous la puissance du père de famille, exprimait quelquefois cette relation de dépendance en se laissant tondre, comme le serf. — Paul diac., 4, 40 : Le patrice romain Grégoire fit périr par une ruse perfide Tason et Cacon, les deux fils du duc de Frioul. Il promit à Tason de l'adopter en lui coupant la barbe, selon la coutume. Tason vint avec son frère, ne craignant rien de mal. Grégoire, pour accomplir son serment, se fit apporter la tête de Tason, et lui coupa barbe en effet. — Voyez de même, dans Paul diacre et dans Othon de Frisingue, l'adoption de Pepin par Luitprand, qui lui coupe les cheveux. — Roric., ap. Duchesne, 1, 812 : *Alaric devint père adoptif de Clovis en lui coupant la barbe;* — (Aimoin, 1, 20) : *en lui touchant la barbe.*

On lit dans Grég. de Tours, 5, 17 : *Après cela le roi Gontran envoya vers Childebert, son petit-fils... avec prière de venir le trouver. Celui-ci vint en effet avec ses principaux chefs; après qu'ils se furent embrassés, le roi Gontran parla ainsi : Voici que je suis resté sans enfants; je demande donc que ce mien petit-fils devienne mon fils. Le plaçant alors sur son siège royal, il lui fit tradition de tout son royaume.* « *Que même bouclier nous couvre, dit-il, que même lance nous défende. Le roi passa la lance qu'il tenait à son neveu, lui disant : A ce signe, bien-aimé neveu, sache que tu me succéderas au trône.* » (Aimoin, 3, 68; G. 163, 464.)

Quoi qu'on puisse inférer de ces exemples, l'adoption par les armes, n'impliquant aucune infériorité du côté de l'adopté, est souvent une fraternité plus qu'une paternité. Nous suivrons plus tard la fraternité et l'association guerrière, depuis le mariage héroïque des Scandinaves mêlant ensemble leur sang sous la terre, jusqu'aux institutions chrétiennes et spiritualistes de la chevalerie, jusqu'aux imitations de la chevalerie, telles que l'alliance de Clisson et de Duguesclin.

CHAPITRE II

LA FEMME. — LE MARIAGE

Ne frappez pas une femme, eût-elle fait cent fautes ; pas même avec une fleur[1].

Une mère est plus que mille pères, car elle porte et nourrit l'enfant dans son sein ; voilà pourquoi la mère est très vénérable... Si la Terre est adorée, une mère n'est-elle pas plus digne encore de vénération[2].

Le mariage remplace pour la femme l'initiation. Son zèle à servir l'époux est pour elle ce qu'est pour l'homme l'étude et la discipline sous le Brahmane ; le soin qu'elle prend de la maison équivaut à l'entretien du feu sacré[3].

Selon l'Écriture, la loi, les sacrées ordonnances, selon l'usage populaire, la femme est la moitié du corps du mari, prenant part égale aux actes purs et

---

1. *Digest of Hindu law*, II, 209. Manou, il est vrai, est un peu plus sévère, p. 296, § 299.
2. *Digest of Hindu law*, III, 504.
3. Manou, p. 38, § 67.

impurs. Celui qui laisse sa femme vivante se survit d'une moitié. Comment un autre prendrait-il la propriété, lorsqu'une moitié du propriétaire est encore en vie[1]?

Le bien est commun au couple marié[2].

Comme les fils, ainsi les filles sortent de corps successifs; quel être humain pourrait hériter de préférence, lorsqu'il existe une fille[3] ?

Un père qui connaît la loi ne doit pas recevoir le moindre présent en mariant sa fille. Recevoir un tel présent par cupidité, c'est avoir vendu son enfant. Quelques habiles disent que le présent d'une vache et d'un taureau n'est qu'une gratification. Non, tout présent reçu par le père constitue une vente. Même dans les mondes antérieurs à celui-ci, nous n'avons pas ouï-dire qu'il y ait eu jamais telle vente tacite d'une fille[4].

La fille du guerrier qui épouse un Brahmane tiendra une flèche, à laquelle le mari portera la main; la fille du marchand qui épouse un Brahmane ou un guerrier tiendra un aiguillon; la fille du Soudra, le bord du manteau, quand elle épouse un homme des trois classes supérieures[5].

Ce n'est ni l'eau versée dans les mains, ni la promesse verbale qui font d'un homme l'époux d'une jeune fille. La formule prononcée, le couple marche, la main dans la main, et le mariage est irrévocable au septième pas[6].

1. *Digest of Hindu law*, III, 458.
2. *Digest of Hindu law*, 488, texte douteux.
3. *Ibid.*, 186.
4. Manou, p. 79, 306, 331.
5. *Idem*, p. 78, § 44.
6. *Digest of Hindu law*, II, 488.

La femme, c'est la maison. Une demeure que n'embellit pas la femme n'est pas vraiment une maison... Qu'elle éloigne de la demeure toute chose impure; qu'elle évite de parler à tout autre homme qu'au sien; qu'elle ne converse pas surtout avec un prétendu mendiant; qu'elle ne fréquente pas les couvents des solitaires, ni la campagne, ni les bois; qu'elle ne sorte pas au crépuscule et ne s'amuse pas en route en allant au puits public; qu'elle s'abstienne de viandes et de liqueurs spiritueuses; qu'elle ne se laisse aller ni aux folles dépenses, ni à la contradiction, ni à la paresse, ni à l'humeur sombre... Elle ne doit pas, avant d'avoir pourvu au feu sacré avec autorisation du mari songer à orner sa personne, ni, avant d'avoir lavé ses mains, toucher la coupe, le tamis et les vases de lait (pour les aliments et les offrandes)... Quand elle aura lavé les vases... balayé la maison et mis deux vêtements blancs; quand elle aura lavé ses pieds, ses mains, et craché, et bu de l'eau, elle entrera au lieu sacré pour adorer, non sans avoir laissé à la cuisine du feu pour le sacrifice, l'herbe Cusa et des fleurs; elle oindra de beurre épuré les aliments, ainsi que les offrandes; elle présentera ces offrandes devant les femmes des dieux. Quand ses hôtes et son mari seront satisfaits, elle pourra, avec la permission du mari, manger le reste en particulier; puis, ayant rincé sa bouche et purifié les vases, elle exposera une partie des restes dans un lieu de l'enceinte domestique, à distance égale de l'est et du nord, et elle dira : Salut Rudra, seigneur des troupeaux. Elle élèvera encore à Rudra un monceau de cendres devant la porte. De ces cendres elle touchera son seigneur, son fils et les autres, elle s'en touchera elle-même et toute chose qui se doit garder. Qu'elle n'entre pas au lit les pieds non lavés; qu'elle n'y entre ni nue, ni souillée, ni sans saluer avec respect les pieds de son mari. Qu'en se levant elle ne s'expose point aux regards; qu'elle ne se lève pas plus tard que le soleil... Elle tiendra la maison nette et pure, sera pleine de retenue, soigneuse du bien, sereine et remplie de bons désirs; elle parlera avec affection à son mari, ne demeurera pas assise lorsqu'il est debout; ne prendra jamais place au-dessus de lui. Il ne faut pas non plus qu'elle le regarde continuellement... Elle doit lui laver les pieds, le masser, l'éventer, l'essuyer, lorsqu'il souffre de la chaleur. Elle doit le soulager quand sa tête branle et s'affaisse; elle doit aller au-devant, dans la cour, quand il revient chargé et las d'une ville lointaine. Ne nourrissant contre lui aucune mauvaise pensée, qu'elle l'honore de riz, d'herbe et d'eau présentés dans un *argha*. Qu'enfin, dirigée par lui, elle pratique les austérités, remplisse ses devoirs pieux et fasse les ablutions[1].

La femme qui, à la mort de son mari, monte avec lui au bûcher, est exaltée au ciel, comme égale en vertu à Arundhati. Celle qui suit son mari en un autre monde habitera dans une région de joie autant d'années qu'il y a de poils sur le corps humain, ou trente-cinq millions d'années. Comme le chasseur de serpents tire de force un serpent du trou, ainsi elle tire son seigneur de la région de tourment, et elle jouit avec lui... Elle joue avec son mari aussi longtemps que dureraient

---

1. *Digest of Hindu law*, II, 1, 35.

quatorze règnes du dieu Indra. Si son seigneur meurt dans une autre contrée, que la veuve fidèle mette ses sandales sur sa poitrine et, pure, entre dans le feu[1].

Quelque inférieure et dépendante que la femme puisse paraître ici, elle est reconnue expressément comme la moitié de l'homme. Tel est le mariage sacerdotal, il réunit deux moitiés; il forme ou restitue l'unité humaine. On connaît l'ingénieuse fable du *Banquet* de Platon, peut-être empruntée à quelque tradition orientale : les deux moitiés n'ont fait qu'un dans un monde antérieur, et, conservant un vague souvenir de leur unité primitive, elles se cherchent, se reconnaissent et voudraient toujours s'unir.

Le mariage patricien de Rome, *confarreatione*, a beaucoup d'analogie avec le mariage indien. La femme (*matrona, mater familias*) occupe dans Rome une place plus élevée que dans la Grèce[2]. L'épouse du flamine de Jupiter l'assistait dans la plupart des sacrifices, et il ne pouvait la répudier[3]. Le mariage *confarreatione* était consacré par le grand pontife ou le prêtre de Jupiter, devant dix témoins. Il donnait à goûter aux deux époux un gâteau fait de fleur de farine, d'eau et de sel. La coiffure de la mariée était en forme de tour, comme celle des Vestales. Sur la tête elle avait de la marjolaine en fleur et sous les vêtements une petite couronne de verveine. Son voile était de pourpre; sa tunique blanche était serrée par une ceinture de laine de brebis. On l'enlevait des bras de sa mère, et elle

---

1. *Digest of Hindu law*, II, 451, 455.
2. Voy. le beau livre de Dreyer.
3. Plut., *Quæst. Rom.*, II, 276. D.

passait, sans toucher des pieds, le seuil de la maison conjugale[1]. Lorsque l'époux lui demandait, à l'entrée de sa demeure : Qui es-tu ? elle répondait : *Ubi tu ḡaius, ego gaia*[2]. On la faisait asseoir sur une toison. Elle avait emporté un fuseau et une quenouille. Elle entourait de bandelettes de laine la porte de son époux[3].

Dans le mariage par achat (*coemptione*), il y avait pourtant consentement. Sans doute, cette demande de consentement, si contraire à l'idée d'un tel mariage, fut un résultat postérieur du progrès des mœurs. L'époux demandait : *An sibi mulier mater familias esse vellet*. Elle répondait : *Velle*, et demandait à son tour : *An vir sibi pater familias esse vellet;* l'époux répondait par le même mot. — On partageait les cheveux de la mariée avec le fer d'un javelot[4].

En entrant dans la demeure conjugale, la femme apportait trois as; l'un, qu'elle tenait dans sa main pour donner à l'époux; l'autre dans sa chaussure pour les dieux Lares; quant au troisième, elle le déposait dans le *compitum vicinale*, pour acheter l'entrée de la maison[5]. Avant que le mariage et dès que le jeune homme avait promesse du père, il donnait à la fiancée un anneau de fer qu'elle mettait à l'avant-dernier doigt de sa main gauche[6].

---

1. Festus.
2. *Gaia* veut dire vache et terre labourable. — Voy. à la fin de mon *Histoire Romaine*, les rapports du latin et du sanskrit.
3. Plut., *Quæst. Rom.*, et Xylander, 11, 271.
4. Brisson, *de Formulis*, p. 606.
5. Varro apud Nonium, *in Nubentes*, C. 426.
6. Pline, XXXIII, 1. Juvénal, VI, 27.

Rome réunit ainsi les deux formes du mariage antique, que j'appellerai le mariage sacerdotal et le mariage héroïque. Celui-ci se conclut par achat. On a vu plus haut avec quelle réprobation la loi indienne parle du père qui vend ainsi sa fille. Les nations héroïques, n'estimant guère que la force, considèrent l'être faible comme une chose qui peut se vendre et s'acheter. Réunissons ici, avant d'entrer dans le détail des diverses cérémonies du mariage, les textes principaux qui prouvent l'infériorité de la femme chez les peuples héroïques, Grecs, Celtes, et même Germains.

Dans la loi du pays de Galles, la femme ne peut témoigner contre l'homme : — Car la femme n'est que le tiers de l'homme; or, un tiers n'est pas croyable contre deux tiers[1].

En Suisse, à Schaffhouse, la servante qui déclare une naissance, doit porter, si c'est un garçon, un tablier blanc et deux bouquets, au sein et à la main; un bouquet seulement, si c'est une fille. — A Neftenbach, celui qui devenait père d'un garçon, recevait deux voitures de bois; une seule, si c'était une fille. (G. 403.)

Le roi de France Louis VII dit dans une charte : *Effrayés que nous étions de la multitude de nos filles* (territi multitudine filiarum), *nous souhaitions ardemment que Dieu nous accordât des enfants d'un sexe meil-*

---

[1]. *Lois de Galles*, Probert, 317. — *Lois des Brehons d'Irlande;* Pour le payement de ces amendes, il faut la caution d'un homme ou de trois femmes... — Lorsque Seneca fit ses lois, il distingua entre propriété mâle et propriété femelle, de peur d'encourir la peine dont les Brehons furent frappés pour leur partialité: une grosse loupe leur sortit de la joue. *Collectan. de rebus Hib.*, III, 84.

leur... Et il assure une concession annuelle de trois muids de froment à celui qui vient de lui annoncer la naissance de son fils[1].

Dans le droit de Saxe, de Souabe, etc., l'amende ou composition est moindre de moitié, si la personne lésée n'est qu'une femme. Au contraire, chez les Bavarois, l'injure faite à la femme est payée en double; *Car*, dit noblement la loi, *la femme n'a pu se défendre par les armes*. Il en était de même chez les Alamans, ce peuple du midi de l'Allemagne, et dans le Nord en certaines parties de la Suède. Dans la loi lombarde, celui *qui barre le passage* à un homme paye vingt solidi seulement; il paye quarante-cinq fois davantage, neuf cents solidi, si c'est une femme qu'il a arrêtée[2]. (G. 404-6.)

En Saxe, la composition était double pour la vierge, simple pour la femme qui avait déjà enfanté. Au contraire, chez les Francs et les Wisigoths, la femme est évaluée par rapport à sa fécondité.

L'exclusion de l'héritage, ou du moins de la terre salique, dont la femme est frappée dans les lois barbares, se maintient durant le Moyen-âge. Dans plusieurs de nos provinces, la fille n'a rien à prétendre; elle est dotée d'un simple *chapel de roses*[3]; souvent

---

1. *Script. rer. Fr.*, XVI. — *A Poitiers, les parents qui viennent de marier la dernière de leurs filles suivent la noce avec un balai orné de rubans (comme pour indiquer leur joie d'avoir enfin balayé la maison).* Note communiquée par M. Foucart, professeur de droit à Poitiers.

2. Les Lyciens font plus d'honneur aux femmes qu'aux hommes; ils tirent leurs noms de la famille de la mère, et laissent le patrimoine aux filles, non aux fils. Nicol. Damasc., *de Mor. Gent.* G. 408. — Le nom tiré de la mère indique seulement la promiscuité des unions et l'incertitude de la paternité. Il y a quelque chose d'analogue sur les côtes du Malabar.

3 *Coutumes d'Anjou, Tours, Loudun, Maine.* — *En Auvergne, les*

elle a moins encore, *une noix*[1], comme dans l'Anjou et le Maine[2].

Homère appelle les vierges ἀλφεσίβιαι, c'est-à-dire rapportant des bœufs (à leurs parents). Au temps d'Aristote, le mariage n'est plus considéré sous le même point de vue : les anciens Grecs, dit-il, étaient barbares; ils marchaient armés et achetaient les femmes, ἐωνοῦντο. (Arist., *Polit.*, 2, 8.) — Cette coutume était générale chez les Germains; l'expression *acheter*, pour épouser, s'est conservée en Allemagne jusqu'à la fin du Moyen-âge. — *Loi saxonne :* Qui prend femme donne aux parents trois cents solidi. (G. 422.) — *Les envoyés du roi offrirent à Clotilde, selon la coutume des Francs, le sol et le denier; puis, ils l'épousèrent au nom de Clovis*[3]. — Dans Grégoire de Tours, un homme se présente au juge et *demande qu'une fille à laquelle il a donné les arrhes nuptiales lui soit livrée en mariage; sinon, il ne se désistera pas, à moins de seize mille solidi*[4]. — Frotho prescrivit aux Ruthéniens vaincus d'épouser *par achat*, comme faisaient les Danois; il croyait que les mariages en seraient plus stables. (*Saxo Gramm.*, lib. V, p. 88; G. 421-2.)

Les principales cérémonies du mariage ont été indiquées pour l'Inde et pour Rome. Le mariage sacerdotal des Romains (*confarreatione*) appelait ce

héritiers du mari devaient à la veuve une garlande ou chapel d'argent de la valeur du lit nuptial.
1. Sparge, marite, nuces; tibi deserit Hesperus Œtam. Virg., *Eclog.*
2. Du Pineau, *Sur les coutumiers d'Anjou et du Maine.*
3. Fredeg., *Epitom.*, 18.
4. Greg. Tur., IV, 41.

rapprochement. Parlons des cérémonies usitées chez les Grecs, les Scandinaves et les Germains.

A Athènes, on plaçait un pilon au-dessus de la porte de la maison conjugale. Une des jeunes filles de la noce tenait dans ses mains un crible, et la nouvelle épouse portait elle-même un vase propre à brûler de l'orge. C'était seulement aux approches de la nuit qu'elle se rendait à sa nouvelle demeure. A l'arrivée des époux, on répandait des figues sur leur tête, et l'on allumait des torches. A l'un de ces flambeaux la mère de la mariée attachait le voile de gaze qui avait orné la tête de sa fille. Les époux devaient être enfermés ensemble et manger d'un coing; le mari dénouait la ceinture de l'épouse. Pendant toute la nuit des noces les jeunes gens faisaient grand bruit au dehors, et l'un des proches parents gardait l'entrée de la chambre nuptiale. Le troisième jour, l'épouse allait visiter son père, recevait ses présents, ceux de ses parents et amis, et donnait elle-même un riche vêtement à son époux, qui lui offrait à son tour les dons appelés ἀνακαλυπτήρια (ἀνακαλύπτειν, découvrir). Alors, pour la première fois, dit-on, il pouvait voir les traits de la fiancée. A Sparte, on rasait la chevelure de la jeune fille et on la couvrait d'un vêtement d'homme [1]. Les nouveaux époux faisaient offrande de quelques boucles de cheveux à Diane ou aux Parques. En Béotie, la femme brûlait devant la porte

---

[1]. A Sparte, les célibataires étaient contraints, chaque année, durant l'hiver, de courir nus autour de la place publique en chantant des chansons où ils étaient tournés en ridicule. Plut., *in Lycurg*. — A une certaine fête de l'année, ils servaient de jouet aux femmes qui les poursuivaient à coups de poings autour des autels. *Athen.*, lib. XIII.

de l'époux le timon du chariot qui l'avait amenée, afin sans doute d'exclure toute pensée de retour¹.

Dans le mariage héroïque, la femme ne peut aspirer à l'égalité qu'en devenant un homme, un héros. L'un des *Sagas* nous la montre belle d'une pureté farouche; elle est élevée par un guerrier qui veille sur elle toute sa vie, et qui tue sans pitié l'époux trop peu respectueux pour la fille d'adoption². Deux fois la vierge fatale coûte ainsi la vie à son époux. Dans les *Niebelungen*, la femme charme son barbare amant par sa force autant que par sa beauté : — Une reine régnait au delà des mers; de l'aveu commun, elle n'eut point de semblable; elle était d'une beauté démesurée, puissante était la force de ses membres; elle défiait au javelot les rapides guerriers qui briguaient son amour. — Elle lançait la pierre au loin, et aussi loin elle sautait. Qui la priait d'amour devait en trois jeux vaincre la noble femme; vaincu une seule fois, il payait de sa tête... — On apporte à Brunhild une lourde pierre, grande et grosse, et massive; douze guerriers à peine la portaient. Elle lance la pierre, tout aussi bien que son javelot... Les deux héros tombèrent du choc... (Sigfried jette la lance à son tour, mais de manière qu'elle ne touche Brunhild que par le bois.) Elle tombe, mais se relevant aussitôt : Noble guerrier, merci du coup !³...

1. Voy. *Poll.*, 111, 3; I, 12. — Aristoph., *Schol. in Plut.* — Senec., *Theb.* V, 505. — Eurip., *Helen.*, V, 728. — Hom., *Hymn. in Ven.* — Suidas et Hesychius, v. Ἀνακαλυπτήριον. — Plut., *Solon; Lycurgus; Quæst. rom.*, II, 2, 271.
2. Voy. le *Nialsaga*.
3. *Der Niebelungenlied*, 1317-24, 1810-12, 1858.

De même dans les poèmes arabes, Djida ne plaît à Khaled qu'après qu'elle l'a combattu à son insu[1]. Dans d'autres traditions poétiques, la fiancée est quelquefois le prix de la course. (Atalante, etc.) — Dans le Nord, on courait solennellement autour de la mariée. (G. 434.)

L'intervalle entre les fiançailles et les noces était souvent d'une année. Dans ce beau moment de la vie, les amants se voyaient sans contrainte. En Grèce, le jeune homme achetait ce droit en offrant un présent à la jeune fille ($ἄρρα$)[2]. Dans le Nord, la fiancée recevait le jeune homme même la nuit. Brunhild, selon l'Edda, reçut Sigurd dans son lit; mais le guerrier mit son épée entre lui et la vierge. — Cet usage du Kilpen (ou visite nocturne à la fiancée) donna aux Suisses l'occasion de surprendre le château de Retzberg, la première nuit de l'année 1308; ils montèrent par la corde qui avait servi à un jeune homme d'Underwald[3].

La froideur du sang germanique justifie cette liberté et cette confiance. Mais nous retrouvons les mêmes usages dans les pays les plus divers, parmi la vive population galloise, comme dans la froide Hollande (îles de Vlie et de Wieringen); l'amant est admis la nuit près la jeune fille et dans son lit même; seule-

---

1. *Poèmes* d'Antar, traduits en anglais. Voy. aussi le fragment traduit à la fin du *Voyage* de M. de Lamartine.
2. Voy. Suidas, Hesych. verb. θεώρητρα, ’Αθρήματα. Isaeus, orat., 7. — La coutume de donner des arrhes subsiste dans quelques provinces de France. Naguère encore, un jeune Alsacien plaidait contre sa fiancée mariée à un autre, *pour qu'elle lui rendît les arrhes* qu'il avait donnés. Voy. le *National* de juin ou juillet 1834.
3. Müller, *Histoire de la Suisse*, IV, 1, 2.

ment elle ne quitte pas son jupon. On assure que la confiance des parents est rarement trompée[1]. — Rapprochez de tout ceci la tradition de la fiancée de Corinthe, et celle dont parle Luther [2].

Tacite, *Mœurs des Germains* : Ce n'est pas la femme, c'est le mari qui apporte la dot. Le père et la mère, les parents, assistent, et agréent les présents. Ces présents ne sont pas des frivolités pour charmer les femmes, ni des parures de mariée. Ce sont des bœufs, un cheval tout bridé, un bouclier avec la framée et le glaive. Pour ces dons, on reçoit l'épouse. Elle, de son côté, apporte quelque arme à son mari. Ce sont leurs sacrés liens, leurs mystérieux symboles, leurs dieux d'hyménée. Qu'ainsi la femme ne se croie pas hors des pensées héroïques, hors des hasards et de la guerre, les auspices de l'hymen le lui disent déjà ; elle vient comme compagne des travaux, des périls ; sa loi, en paix, comme au combat, c'est d'oser et de souffrir comme lui. Voilà ce que lui dénoncent l'attelage de bœufs, le cheval préparé et les armes. Ainsi il lui faudra vivre, ainsi mourir [3]. — Dans le Nord, la fiancée était consacrée par le marteau de Thor, le Dieu de la guerre. (G. 431.)

Dans une formule lombarde, les fiançailles se font par l'épée et le gant : Par cette épée et par ce gant, je te donne ma fille pour épouse ; par cette épée et par ce gant, je t'engage Marie. (Canciani, II, 467, 8.) — Formule de Vérone (Canciani, II, 476, 7) : *Qualiter*

---

1. Carr, l'*Étranger en Irlande*, 194.
2. *Tischreden.* Voy. Michelet, *Mémoires de Luther.*
3. Taciti, *Germ.*, cap. 18. Je me suis aidé de l'excellente traduction de M. Burnouf.

vidua salicha spondetur... « En présence du comte et de l'envoyé (*missus*) du roi, siégeant en jugement, assisté de sept juges, la publication faite par le dixenier ou centenier, la veuve salique est mariée de la manière qui suit : les assistants sont au nombre de neuf, trois demandeurs, trois défendeurs, trois témoins. Il faut de plus trois solidi et un denier de bon poids... Après que le futur époux a présenté au *reparius*[1] le prix ci-dessus énoncé, on demande à la femme si elle accepte l'homme. Si elle dit oui, on s'adresse au père du futur pour lui demander s'il consent au mariage, et l'orateur commence : (Remarquez que la veuve est désignée dans la formule par le nom de Sempronia, le fiancé par celui de Fabius, le tuteur ou protecteur de la veuve par le nom de Seneca). Lorsque Fabius lui a assuré le tiers de son avoir, alors l'épée et la chlamyde sont présentées par Seneca, et l'orateur doit dire : Par cette épée et cette chlamyde, donne pour épouse à Fabius Sempronia, ta *reparia*, qui est de la race des Francs. Seneca consent. Alors l'orateur se tourne vers Fabius, qui reçoit l'épée et la chlamyde : Par ce glaive, ô Fabius, par cette chlamyde, je te la recommande... Lorsque le *reparius* a reçu le *reipus*, lorsqu'il a livré la veuve par l'épée et la chlamyde, il ne faut pas s'en tenir là; mais Fabius (le nouvel époux) doit présenter à Seneca pour le *mundium* (puissance maritale) une fourrure de la valeur de vingt solidi, et l'orateur doit dire : O Seneca, par cette fourrure fais

---

1. Les solidi et le denier s'appelaient le *reipus* de la veuve; de *reif*, corde, courroie, lien. G. 426.

passer sous le *mundium* cette femme avec tous ses biens, meubles, immeubles ou esclaves ; livre en toute propriété à Fabius le *mundium* et la fourrure. Cela fait, Fabius et sa Sempronia doivent remettre une gratification à Seneca. (G. 426.)

Se aucuns avoit son fils, qui feust en non aage, et li peres deist à aucuns de ses voisins : Vous avez une fille, qui est auques de l'aage de mon fils; se vous voliés que ele fust à mon fils, quand elle serait en aage, je le voudrais bien, en tele maniere que vous me baillissiez une pièce de vostre terre, et je dix livres par nom d'erres (arrhes), *en tele maniere que les erres me demoüerront, quand vostre fille seroit en aage de marier, se elle ne vouloit le mariage ottroier. Les erres demoüerroient à l'autre ou à ses hoirs, se il n'y avait lignaige, ou autre cas, parquoy le mariage ne deust estre, parcoi sainte Église ne s'y accordast, les erres demoüerroient à chacun, ce qu'il auroit baillié. Et se il avoit fet tele convenance en autre maniere que il eussent mis pleiges de rendre C. L. ou plus, ou moins, se li mariages n'estoit, la peine ne seroit pas tenable par droit* [1].

Dnas la Frise, lorsque la noce revenait à la maison conjugale, un jeune homme marchant devant le futur portait une épée à la main. Quand l'épousée arrivait à sa nouvelle demeure, un des proches de l'époux jetait devant le seuil un balai, par-dessus lequel le jeune épouse passait, et qui devait écarter les mauvais présages et les maléfices. Au moment où elle franchissait le seuil, un autre parent de

1. *Établ. de S. Louis*, liv. I, c. 124.

l'époux mettait une épée nue en travers de la porte, pour en fermer l'entrée à la mariée : elle tâchait de pénétrer de force, mais la maison ne lui était ouverte que lorsqu'elle en avait acheté l'entrée par un petit présent : on l'avertissait ainsi qu'elle devait conserver sa chasteté, sous peine d'être frappée par son époux de ce même glaive sous lequel elle avait passé. Les Frisons appellent ce glaive l'épée des noces. (G. 166.)

Chez les Ripuaires, *la femme libre qui avait épousé un esclave contre la volonté de sa famille devait choisir entre l'épée et la quenouille que le roi ou le comte lui présentait. Si elle prenait l'épée, il lui fallait tuer elle-même l'esclave; si elle choisissait la quenouille, elle devenait esclave elle-même.* (Lex. rip., 58., 18.) — Chez les Frisons, la fille enlevée est mise trois nuits chez le Frâna; le troisième jour, le Frâna la conduit au lieu du jugement. Là, il plante deux bâtons en terre, les parents se mettent d'un côté, le ravisseur de l'autre, et la jeune fille au milieu; elle est libre de choisir; si elle passe du côté du ravisseur, le mariage est valable; dans le cas contraire, le ravisseur paye une double amende. (G. 440.)

Lorsque Brunhild se plaça sur le bûcher avec le cadavre de Sigurd, elle dit : Qu'on place entre lui et moi le glaive tranchant, le glaive orné d'or, comme il fut placé entre nous, quand nous montâmes dans la même couche et qu'on nous appelait du nom d'époux[1]. — Il mit une épée à deux tranchants entre

---

[1]. Voyez Ampère, *Littératures du Nord.*

lui et la jeune reine. (Histoire d'Aladin, *Mille et une Nuits*. Paris, 1806, VI, 23; G. 170.) — Dans les romans de chevalerie, l'époux d'Iseult la surprend endormie sur la mousse avec son amant. Mais, quand il voit la large épée qui les sépare, il s'apaise et se retire[1]. — Lorsque l'archiduc Maximilien épousa par procureur Marie de Bourgogne, en 1477, le seigneur qui le représentait entra dans le lit nuptial en bottes et en éperons ; entre lui et la future, on avait mis une épée nue. (G. 170.)

La lance, comme on l'a vu dans le mariage romain, joue, dans les cérémonies nuptiales, un rôle non moins important que l'épée. En Suède, le lendemain des noces, lorsque l'époux faisait à l'épouse le Don du matin : — Une lance ou hallebarde ornée de nœuds de soie est déposée par les proches aux pieds de l'époux, et levée par les témoins qui signent le Don du matin ; la lance est touchée en signe de donation ; puis, avec une courte prière, l'un des témoins la jette par la fenêtre de la maison nuptiale ; les serviteurs des nobles accourent et se la disputent. Si la pointe est d'acier, l'époux, en souvenir, doit la racheter avec de la monnaie ou de l'argent non monnayé. (Loccenius, *Ups.*, 1670, p. 155; Olaüs Magnus, 14, 4; G. 431.)

Fuero viejo, 5, 1. G. 428 : C'est un antique fuero de Castille, que tout Hidalgo puisse donner donation à sa moitié à l'heure du mariage, avant qu'ils aient juré ; et la donation qu'il peut donner est celle-ci : une fourrure de peaux d'agneaux avortés, laquelle

---

1. Michelet, *Histoire de France*, II, c. I, *sub fine*.

soit bien grande et bien large, et elle doit avoir trois bordures d'or; et quand elle sera faite, elle doit être si large, qu'un cavalier armé puisse entrer par une manche et sortir par l'autre; de plus, une mule sellée et bridée, et un vase d'argent, etc. — Au milieu de cette bizarre emphase castillane, il y a une intention bien poétique et bien amoureuse; rien n'est assez doux, assez délicat, assez vierge, pour toucher dignement le corps de la bien-aimée.

Parmi les nombreuses formules ecclésiastiques, nous donnerons de préférence celles qui appartiennent aux rituels de nos églises de France.

Rituel de Rouen : *Nous avons fait les bans en cette sainte église, par trois dimences continuës entre tel N. d'une part, et telle N. d'autre part, et n'y avons trouvé nul empêchement parquoy le mariage ne doye bien et loyallement assembler : encore de rechief nous les faison première fois, seconde fois, tierce fois et quarte fois d'abondant. S'il y a aucun ou aucune qui y sache empêchement parquoy le mariage ne se doye assembler, si le die. Car, qui maintenant s'en taira et après en parlera, on le dénonchera excommunié.* (Personne n'empêchant, le prêtre dit à l'époux :) *N. veux-tu avoir N. à femme et épouse, et la garder saine et enferme, et lui faire loyale partie de ton corps et de tes biens; ne pour pire, ne pour meilleure tu ne la changeras tout le temps de sa vie. — Alors l'époux répond : — Ouyl. — Que lui baille-tu ? — Ma foy*[1]

Rituel d'Amiens : Le jour des noces, à la porte de l'église, le prêtre dit : *Bonnes gens, nous sommes icy*

---

[1]. Martène, II, 367, d'après un missel de Rouen du quinzième siècle.

assemblez pour faire le mariage de N. et N. dont avons fait les bans... Pourquoy s'il y a nul qui y sache aucun empêchement... si le die présentement si haut, que on l'oye sur peine d'excommuniment. — Le prêtre demande : *Luy fut elle oncques donnée. R. Ouy, ou nenny. Donnez-lui. Or le me rendez. Comme avez à nom? — N. — Et vous, comment? — N. — Jean, voulez-vous cette femme qui a nom Marie, par nom de baptesmé, à femme et à espouse? — Sire, ouy. — Marie, voulez-vous cet homme, qui a nom N., par nom de baptesme, à mary et à espoux? — Sire, ouy. — Jean, je vous donne Marie; Marie, je vous donne Jean*[1].

Dans le rituel de l'Église de Reims (1585), on lit : *Le prêtre qui doit bénir l'anneau, demande treize deniers qu'il reçoit du consentement mutuel des deux époux; le fiancé prend ensuite l'anneau et trois deniers* (les dix autres étant réservés pour le prêtre), *et par la main du prêtre il place cet anneau au quatrième doigt de la main de la fiancée, en disant après le prêtre : N., je vous épouse;* sur le doigt du milieu et l'annulaire, auquel il passe l'anneau : *Et de mon corps je vous honore.* Posant alors les trois deniers dans la main droite ou dans la bourse de l'épousée, il ajoute : *Et de mes biens je vous doue.*

L'anneau est placé au quatrième doigt, parce que l'on croyait qu'une veine de ce doigt communique avec le cœur. Chez les Grecs, il y a deux anneaux, un d'or pour l'homme, un d'argent pour la femme. Les époux échangent ensuite leurs anneaux[2].

---

1. Martène, II, 572, d'après un missel de l'Église d'Amiens.
2. *Idem*, II, 347, A.

Dans un ancien manuel du diocèse de Reims, le prêtre dit : N. dites après moy :

Ad pollicem : par cet anel l'Église enjoint
Ad indicem : que nos deux cœurs en ung soient joints,
Ad medium : par vray amour et loyale foy ;
Ad medicum : pourtant je te mets en ce doy.

Dans un autre rituel, le prêtre dit en passant l'anneau au pouce de la fiancée : Au nom du Père (*à l'index*) et du Fils (*au doigt du milieu*) et du Saint-Esprit ; puis il ajoute ces mots bizarres qui sont peut-être la traduction littérale d'une ancienne formule hébraïque : *Manda Deus virtutis tuæ, confirma hoc Deus quod operatus es in nobis. A templo tuo in Jerusalem ; increpa feras arundinis, congregatio taurorum in vaccis populorum, ut excludant eos qui probati sunt argento*[1].

Chez les Byzantins, comme dans l'ancienne Rome, le voile de la fiancée était de pourpre[2], les deux époux portaient des couronnes que l'on conservait ensuite dans l'église. La couronne était faite en forme de tour.

« Chez les Grecs, les couronnes nuptiales sont de feuilles d'olivier entourées de soie blanche et pourpre[3]. »

Aux secondes noces on ne portait plus la couronne sur la tête. « Celui qui se mariera trois fois, où lui

---

1. Martène, II, 360, ms. ex codice Victorino, treizième siècle. — C'était aussi par l'anneau que se faisait la tradition des terres au Moyen-âge. Voy. Ducange. — Chez les Cattos, le guerrier portait un anneau de fer jusqu'au jour où la mort d'un ennemi, tué de sa main, lui permettait de se délivrer de ce signe ignominieux. Les Macédoniens n'avaient de même le droit de déposer le licol ou la ceinture de cuir qu'ils portaient qu'après avoir tué un ennemi (Grimm, p. 178) ; alors ils devenaient des guerriers, des *hommes libres*.
2. Martène, II, 348, A.
3. Ducange, *Gloss. græc.*

posera-t-on la couronne ? Dans la main ou sur le genou ? puisque la veuve qui se remarie la porte déjà sur l'épaule[1]. » Au Moyen-âge, la veuve qui se remariait avait la main couverte lorsqu'on lui mettait l'anneau.

Selon un missel de Paris, *lorsque les époux, revenant de la messe, sont arrivés à leur maison, ils trouvent devant la porte le pain et le vin; le prêtre bénit le pain : alors l'époux et, après lui, l'épouse mordent dans le pain. Le prêtre bénit aussi le vin et leur en donne à boire, après quoi il les introduit lui-même dans la maison conjugale*[2].

On lit dans un capitulaire de Théodore, archevêque de Cantorbéry : La messe dite et la bénédiction reçue, les époux doivent s'abstenir de l'église durant un mois, faire ensuite pénitence pendant quarante jours, puis communier et faire offrande[3].

Pour honorer la bénédiction de l'église, les époux doivent respecter leur virginité la nuit des noces (voyez l'*Histoire de Tobie*). Ainsi Basine, femme de Childéric, lui dit la première nuit : Abstenons-nous[4]... L'Église recommandait encore la continence le dimanche et les jours de fêtes : « Car ceux qui, ces jours-là, se livrent à l'œuvre de la chair ne donneront naissance qu'à des enfants contrefaits, lépreux ou épileptiques[5]. »

---

1. Theod. Studitæ *Epistola*, apud Martène, II, 349, B.
2. Martène, II, 376, d'après un missel de Paris du quinzième siècle.
3. *Idem*, II, 349.
4. C'est alors que les deux époux eurent l'étrange vision que nous avons rapportée ailleurs. (*Histoire de France*, tome I).
5. Greg. Tur., l. II, *De mirac. S. M.*, c. 24. Martène, II, 358, 351.

« Les admirables formules qui suivent perdraient trop à une traduction (*Manuscrits de Reims*, an 900, *de Rennes*, 700, *et d'Arles*, 490 ?) : Pater mundi conditor, nascentium genitor, multiplicandæ originis institutor, qui Adæ comitem tuis manibus addidisti, cujus ex ossibus ossa crescentia parem formam admirabili diversitate signarent ; hine ad totius multitudinis incrementum, conjugalis thori justa consortia, quo tutum inter se sæculum conligarent, humani generis fœdera nexuerunt... ut unum efficereris ex duobus, et pari pignore soboles mixta maneret, tunc per ordinem flueret egesta posteritas, et priores ventura sequerentur... Deus per quem mulier conjungitur viro et societas principaliter ordinata eâ benedictione donatur, quæ sola nec per originalis peccati pœnam nec per diluvii est ablata sententiam... Floreatis rerum præsentium copiis, fructificetis decenter in filiis, gaudeatis perenniter cum amicis[1].

Comparez à cet hymne sublime en l'honneur du mariage les belles paroles de Luther sur le texte : *Fons omnium viventium*[2].

Au-dessus du mariage charnel, il y a l'union toute spirituelle des membres de la société religieuse. Nulle part le christianisme n'a été plus tendre et plus sublime[3]. *Lorsque l'archevêque de Rouen allait pieds nus prendre possession de la cathédrale, il passait devant l'abbaye de Saint-Amand ; l'abbesse, qui l'attendait sur la porte, lui mettait au doigt un anneau, en disant aux moines de Saint-Ouen qui l'amenaient :*

1. Martène, II, 354 D, 357 A, 364 E.
2. *Mémoires de Luther.*
3. Voyez au Musée le *Mariage mystique de sainte Catherine.*

« *Je vous le donne vivant, vous me le rendrez mort*[1]. »

Nous arrivâmes à Fontevrault, dit D. Martène, *comme on était occupé à faire les obsèques d'un jeune religieux qui était mort ce jour-là. Le matin on l'avait porté dans l'église des religieuses, où l'on avait chanté pour le repos de son âme une grande messe, et toutes les religieuses lui avaient donné l'eau bénite. De là on l'avait transporté dans celle des religieux, où il était revêtu de ses habits monastiques, tenant en sa main une bougie, avec sa règle, qui était comme la sentence de son bonheur éternel s'il l'avait bien gardée, ou de sa damnation s'il l'avait mal observée*[2].

L'évêque de Troyes, lorsqu'il fait son entrée, va descendre à la grande abbaye de cette ville. L'abbesse prend son cheval par la bride et l'emmène; il lui appartient. En revanche, l'évêque a droit de gîte, et le lendemain il emporte le lit dans lequel il a couché. — *Le dimanche de Pâques fleuries, si l'évêque de Troyes veut porter un rameau, il faut qu'il aille le prendre des mains de l'abbesse de Notre-Dame.* — *A la cathédrale de Troyes, dans le saint temps de pénitence, treize femmes viennent tous les jours verser un flacon d'eau rose sur les mains des chanoines*[3].

C'est l'usage dans les Pays-Bas, dit Luther (*Mém.*, III, 72), que chaque nouveau et jeune prêtre se choisisse une petite fille qu'il tient pour sa fiancée,

---

1. *Histoire de Rouen*, partie Ire, Entrée des rois et archevêques; Monteil, quatorzième siècle, t. XI, p. 281, 513. — Au reste, ceci n'était pas particulier à l'abbesse. L'abbé de Saint-Ouen prononçait la même formule. Martène, II, 1127, A.

2. *Voyage littéraire de deux religieux bénédictins*, 1717, partie II, p. 3.

3. Jean d'Aubigny, *Topographie de Troyes*. Monteil, quatorzième siècle, t. XI, p. 274-312.

et cela pour honorer le saint état du mariage.

Les vierges chrétiennes sont les épouses de Jésus-Christ. En Allemagne, c'était l'usage qu'elles *jetassent la paille* (stipula), comme rejetant avec cette paille la vaine gloire du monde. (G. 431.) — *La sœur Hedewige de Gundoltheim, qui vit encore pour le siècle, sur le point d'être unie par ses parents à un jeune homme très riche, fut requise de donner son consentement devant tous les parents réunis. Elle déclara qu'elle ne le donnerait jamais. Selon la coutume on avait apporté un glaive, afin que les futurs conjoints, en posant leurs pouces sur ce glaive, confirmassent la promesse de mariage ; ladite fille mit son pouce dans sa main et la ferma fortement, de sorte que, par aucune violence, on ne pût l'en tirer ni arracher sa main de son sein*[1].

De même que le Christ est uni à l'Église universelle, l'évêque épouse une église particulière ; c'est le sens de l'anneau épiscopal. Rapprochons de ce mariage spirituel celui que certaines coutumes semblent impliquer entre le prince et l'État. Nous parlerons plus loin de l'anneau donné au duc de Normandie faisant son entrée à Rouen, en 1465. Voyez aussi le mariage symbolique du doge avec l'Adriatique, l'anneau jeté à la mer, etc.

Le point de vue élevé sous lequel le christianisme a considéré le mariage, comme symbole de l'union du Christ et de l'Église, explique la sévérité des constitutions ecclésiastiques pour le concubinage. — Que personne ne mette, en jouant, au doigt d'une pauvre

---

1. Manuscrit de la bibliothèque du roi. Je ne puis retrouver l'indication de l'ouvrage où j'ai trouvé cette citation.

jeune fille un anneau de jonc ou toute autre matière vile ou précieuse pour se croire plus libre de pécher avec elle ; car, en croyant se jouer, il se serait chargé des liens d'un mariage légitime[1]. « *Quand, à la cour de l'official, il se présente quelques personnes qui ont forfait en leur honneur, la chose étant avérée, si l'on n'y peult remédier autrement pour sauver l'honneur des maisons, l'on a accoutumé d'amener en ladite église l'homme et la femme qui ont forfaic en leur honneur; et là, estans conduicts par deux sergens (au cas qu'ils n'y veulent venir de leur bonne volonté), ils sont espousez ensemble par le curé dudict lieu avec un anneau de paille*[2].

Cette sévérité ecclésiastique contraste avec la loi du Nord, qui rappelle en quelque chose la *trinoctium usurpatio* des Romains. — Quand un homme garde chez soi une servante qui, au su de tous, partage son lit, tient les clés, boit et mange avec lui, et cela trois hivers durant, elle devient femme légitime et maîtresse de maison. (G. 439.)

Nous réunirons ici d'autres symboles et usages divers, relatifs au mariage et à l'introduction de l'épouse dans sa nouvelle demeure.

La clé était un des principaux symboles usités dans le mariage. A Rome on présentait une clé à la nouvelle épouse[3]. Dans la primitive législation romaine, le mari pouvait la mettre à mort si elle fabriquait de fausses clés. Lorsqu'elle divorçait, elle remettait les

---

1. *Constitutiones Ricardi parisiensis*, an 1217, c. 55.
2. Du Breuil, *Antiquités de Paris*, p. 90. — C'est de là peut-être que vient le mot *paillard*.
3. Festus, verb. *Clavis*.

clés[1]. — Chez les Allemands, le jour du mariage, la future portait les clés suspendues à sa ceinture[2]. — En France : *Lorsqu'on ostoit les clés à la femme, c'était le signe du divorce*[3]. — *C'est une coutume chez les Français que les veuves déposent leurs clés et leur ceinture sur le corps mort de leur mari en signe qu'elles renoncent à la communauté des biens*[4]. — *Et là* (à Arras), *la duchesse Marguerite, sa femme* (femme de Philippe-le-Bon), *renonça à ses biens meubles pour la doute qu'elle ne trouva trop grands dettes, en mettant sur sa représentation sa ceinture avec la bourse et les clés, comme il est de coutume ; et de ce demanda instrument à un notaire public, qui était là présent* (1404)[5]. — *Bonne, veuve de Valeran, comte de Saint-Paul, renonçant aux dettes de son mari, a mis sur sa représentation sa courroye et sa bourse*[6].

Le fuseau est le symbole de la mère de famille. Les Romains représentaient Tanaquil avec un fuseau et une quenouille[7]. Lucrèce filait quand le fils de Tarquin entra. « *Quand la reine Berthe filait* » (proverbe). C'est ordinairement avec sa quenouille que la reine Pédauque figure dans les sculptures de nos vieilles églises. Au dessus du tombeau de la fille

---

1. Cic., *Philipp.*, 2, 28.
2. D'après l'ancien droit russe, celui qui porte les clés de quelqu'un devient serf ; il entre au service et sous le pouvoir du seigneur dont il ferme la porte. Ewers, 334, cité par G., 176.
3. Godet, *Notes à la Coutume de Châlons*, 1615, p. 361.
4. Coutumes de Meaux, de Lorraine, de Malignes, de Melun, de Chaumont, de Vitry, de Laon, de Châlons, de Bourgogne, de Namur, enfin le grand *Coutumier*, liv. II, c. 41.
5. Monstrelet, t. I, p. 142.
6. *Ibid.*, c. 139.
7. Voy. Festus, verbo *Gaia*.

d'Othon-le-Grand, ensevelie à Mayence, on avait, en mémoire d'elle, *in ejus memoriam*, suspendu son fuseau d'argent[1]. — En 1381, les paysans anglais, révoltés contre les nobles, chantaient : Quand Adam bêchait, quand Ève filait, où était alors le gentilhomme[2]. — Le mari peut chasser la femme adultère, sans lui donner autre chose que sa quenouille et quatre pfennings; il ne lui doit rien de plus, quelque grand bien qu'elle lui ait apporté. (Droit de Soleure, 1506; G. 171.) — La quenouille est le signe d'une vie passée dans la servitude domestique. C'est une quenouille que l'impératrice Sophie envoie à l'eunuque Narsès pour lui rappeler la servitude d'où il est sorti et où il doit rentrer[3].

En Laponie, pour exprimer l'union et l'ardent amour des nouveaux époux, on frappait un caillou et l'on en tirait des étincelles. (G. 431.) — Ailleurs, on portait devant eux des flambeaux. Voyez plus haut les cérémonies du mariage romain. A Marseille, il fut défendu *de porter des torches de cire* ad vigilias sponsarum; *on permet cependant au père, à la mère ou au tuteur de l'épousée d'avoir dans la maison des luminaires, comme il convient et de se servir de torches et de flambeaux*[4]. — *Quelquefois on portait la mariée noble sur une civière avec un fagot d'épines ou de genièvre*[5].

Les parolles dictes et la mariée baisée au son du tambour, vous touts baillerez l'ung à l'aultre du

---

1. Ditmars, liv. II.
2. Aug. Thierry, IV, 376.
3. Voy. Gibbon.
4. *Statuta massiliensia*. M. S. ann. 1274, lib. 2.
5. Collection des meilleures dissertations sur l'*Histoire de France*, 1826.

soubvenir des nopces ; ce sont de petits coups de poings[1].

Dans les poésies allemandes du Moyen-âge, les époux échangent leurs chemises. (G. 441. — Voyez plus haut l'adoption par la chemise ou le soulier.)

Ayant donné l'anneau à la fiancée, il lui présenta le soulier. (Grég. de Tours, c. 20.) — Le docteur Martin Luther était à la noce de la fille de Jean Luffte. Après le souper il conduisit la mariée au lit, et dit à l'époux que, d'après le commun usage, il devait être le maître dans la maison... quand la femme n'y était pas. Et pour signe, il ôta un soulier à l'époux et le mit sur le ciel du lit, afin qu'il prît ainsi la domination et le gouvernement[2].

Ôter le soulier à quelqu'un, c'est s'humilier devant lui et le reconnaître pour son seigneur. Wladimir ayant demandé en mariage la fille de Ragvald, elle le refusa, disant : Je ne veux pas ôter le soulier au fils d'une servante. (Nestor; G. 155.)

Le mariage était regardé comme consommé lorsque la couverture avait été étendue sur les deux époux. (G. 440.) — Les parents et les amis jetaient leurs cadeaux dans le lit du nouveau couple, ou bien le lui apportaient le lendemain des noces. — Le matin en servait aux deux époux un mets qu'ils mangeaient ensemble. Chez les riches, c'était une poule rôtie, qu'on appelait Poule des noces, ou Poule d'amour. (G. 441.)

Quand l'espousée se deust coucher, vindrent plusieurs tisserans d'icelle ville de Dreux, lesquelz demandèrent...

---

1. Rabelais, liv. IV, c. 12.
2. Luther, *Tischreden*. — Michelet, *Mém. de Luther.*

*à l'exposant, comme administrateur du vin, leur droit
du ban qu'ilz disoient à eulx appartenir; c'est assavoir
qu'ilz dient avoir de coustume au lieu et ou pays d'environ,
que, quant aucun se marie, ilz doivent avoir de
l'espousé ou de ses commis une carte ou deux de vin
pour leur ban, ou argent pour la valeur, et par espécial
ceulx qui sont du même métier ou office de l'espousé : et
pour ce aussi qu'il est acoustumé de chanter par esbatement
une chançon par ceulx qui font laditte demande,
ledit exposant respondi amiablement que ilz n'en
auroient point, se ils ne chantoient la chanson acoustumée*[1].

*Ainsi comme le curé voulait benistre le lit desditz
mariez, lesdiz varlez... dirent que le lit ne seroit ja
beneist, se ils n'avoient desditz mariez deux francs d'or
pour les orilliers.... Les varlez dudit Hammel à qui le
droit des orilliers appartenoit, etc.*[2].

Dans le mariage allemand, l'époux fait le lendemain des présents à sa jeune épouse. C'est le *mor-*

---

[1]. Litt. remiss. 1390, reg. 130; Trés. des Ch., c. 12. — *Ibid.*, 1403, ex. pour le Gastinois, *don de pain, vin et viande.* — *Ibid.*, 1425, ex. pour Chartres : 6 *blancs, une quarte de vin et trois pains.* — *Ibid.*, 1424: ...*qu'il iroient chanter le bast* (Normandie). — *Ibid.*, 13·1 : à S. Pèlerin. — Voyez aussi les mots *Cochetus, Cochet, Coquet, Don de noces.* Trés. des Ch., 1350, 1382, 1397, 1409, 1413, 1423, 1471, 1472. — Carpentier s'imagine que *cochet* pourrait être synonyme de *chaudel, chaudeau* (verbo *Calenum*), breuvage (ou plat de bouillie?) que les mariés donnaient aux jeunes gens de l'endroit. Trés. des Ch., 1388, 1396, 1475, 1503. — Aujourd'hui, en 1836, dans la Brie, *les époux sortant de l'église reçoivent dans le couvercle d'une soupière une carotte, un oignon et un navet, tirés du pot. On leur présente en même temps une soupière de vin chaud et sucré.* — J'ai donné quelques usages relatifs au mariage dans mon tableau de la France (t. II de mon *Hist. de Fr.*) Voy. aussi plus loin, à l'article des droits féodaux: *Mets de mariage, cullage, marquette,* etc.

[2]. Carp., III, p. 111; an 1386, Reg. 129, c. 280.

gengabe, ou don du matin. En Grèce, à Rome, cet usage se retrouve. Dans la Germanie, les diverses tribus avaient fixé un maximum de ce que pouvait donner l'époux. C'était, chez les Wisigoths, le dixième des biens du futur; chez les Lombards, le quart; chez les Francs, on allait jusqu'au tiers. (G. 429.) — Ce don s'appelait aussi *bankgabe,* don du ban, parce que l'épouse devenait la compagne du lit et du banc de son mari. — Il s'appelait *screix* en Catalogne, *greix* à Valence, en France *osclum, osculum, oscleia, oscle,* parce que le don était toujours accompagné d'un baiser. (Ducange, IV, 1406; G. 443.)

Dès que la nouvelle mariée avait reçu ce don, elle ne pouvait plus laisser flotter ses cheveux. Le matin elle les tressait. Pour désigner la femme mariée, on dit : Celle qui porte les cheveux en bandeau; et par opposition, la jeune fille s'appelle, chez les Lombards, *virgo in capillo*; chez les Espagnols, *manceba en cabellos.* — Le droit de porter les clés était encore une des distinctions extérieures de la maîtresse de maison.

Quelques-uns ont cru voir l'origine de la communauté de biens entre époux dans la communauté de travail et de nourriture qui existait fréquemment entre les serfs d'un même seigneur. De là, les locutions françaises : *Être en pain, hors de pain, mise hors de pain, être en pain et pot, hors de pain et pot, le chanteau part le vilain*[1]. Ces locutions, qui rappellent la *Confarreatio,* en diffèrent en ce qu'elles ne s'appliquent pas exclusivement à la commu-

---

1. Laurière, I, 220; II, 171.

nauté en époux. (Voy. plus bas l'article du *Serf*.)

Les Barbares, même après leur conversion au christianisme, prenaient quelquefois une seconde femme du vivant de la première : un Franc avait épousé, d'après la loi saxonne, une femme de Saxe ; mais comme la loi des Saxons n'est pas celle des Francs, il a allégué qu'il ne l'avait ni fiancée, ni acceptée, ni dotée, d'après sa loi qui est celle des Francs ; c'est pourquoi, l'ayant répudiée, il en a épousé une autre. (Concile de Tribur, année 895 ; G. 431.) Les mots du texte, *Dimissa illa, aliam superduxit*, feraient croire qu'il retira à la première les droits d'épouse, mais la garda comme concubine.

Le mari peut battre sa femme... *Flagellando uxorem*. (Baluz., II, 1378. — G. 450 :) — Le mari qui bat sa femme avec les verges et le bâton ne viole pas la paix du ménage. — Corrigez-moi de telles femmes, dit le guerrier Sigfried ; elles apprendront par là à laisser tomber en chemin de telles paroles. (*Niebel.*, 805.) — Oh ! j'aurais dû le prévoir ! dit la noble dame. Et voilà pourquoi il a rendu mes lèvres violettes, à force de me battre. (*Niebel.*, 837.) — On bafouait le mari qui se laissait mener par sa femme. Mais celle-ci était promenée sur un âne que le mari conduisait par la bride. — *Les maris qui se laissent battre par leurs femmes*, dit la Coutume de Senlis de l'année 1375, *seront contraints et condempnez à chevauchier un asne, le visaige par devers la queue dudit asne.* — Voir aussi la Coutume de Saintonge, année 1404, et celle de Dreux, année 1417 ; G. 722. — Voyez plus bas les peines pour l'adultère.

Voici, disent les triades galloises, les trois choses

indispensables pour une femme : droit de virginité, satisfaction d'injure, amende d'insulte. L'amende d'insulte est la réparation que son mari lui fera, excepté dans trois cas : savoir, s'il la bat pour avoir donné quelque chose qu'elle ne doit pas donner, pour avoir été découverte avec un autre homme, et pour avoir souhaité malheur à la barbe de son mari. Sa satisfaction pour l'injure est la suivante : Si elle découvre son mari avec une autre femme, que celui-ci lui paye cent vingt sous pour la première offense ; pour la seconde, une livre ; si elle le découvre pour une troisième fois, elle peut se séparer de lui sans perte de propriété[1].

Si un homme commet un viol et ensuite le nie, qu'il y ait serment de cinquante hommes, tous Cambriens et francs-tenanciers, pour le disculper. Si la femme persiste dans l'accusation : Qu'elle jure la main droite sur les reliques... *Et membro virili sinistra prehenso, quod is per vim si isto membro violaverit...* Il y a des juges qui n'admettent nulle dénégation contre un pareil serment[2]. — La femme d'un homme ne peut prêter son tamis qu'à la distance où sa voix partant du fumier peut se faire entendre. (Probert, 127.) — L'épouse du laboureur ne peut aliéner autre chose que son bandeau, ni prêter autre chose que son tamis, et encore pas plus loin que sa voix ne se ferait entendre, si elle criait de sa maison qu'on eût à le lui rendre. (Wotton, 4, trias 253, § 16 ; G. 75-6.)

---

1. Probert, *Lois galloises*, p. 136.
2. *Idem*, 135.

En Allemagne, les femmes enceintes pouvaient, pour satisfaire leurs envies, prendre à leur volonté des fruits, des légumes, des volailles, etc. — Le schœf est d'avis que les gens de Schonaw doivent entretenir dans l'Enclos aux moines un verger, afin que, si une femme enceinte vient à passer, elle puisse contenter son envie et qu'il n'y ait dommage plus grave. — Les paysans de Souabe, qui se soulevèrent au commencement du seizième siècle, mirent dans leurs conditions que, si l'un d'entre eux avait une femme enceinte, il pût, sans que la chose lui fût imputée à mal, pêcher pour elle un poisson dans le ruisseau. (G. 409.)

Question. — Que doit faire l'homme dont la femme est en travail d'enfant, pendant qu'il est retenu au dehors pour le service de son seigneur, par exemple pendant qu'il transporte des meules, que doit-il faire quand on vient le lui annoncer ? *Réponse.* Il doit dételer sans retard, se rendre à la maison, et faire pour l'accouchée ce qu'il est bon de faire, de sorte qu'elle puisse allaiter et élever son jeune paysan. — L'homme de la Marche dont la femme vient d'accoucher, peut prendre du bois pour elle, et lui acheter avec ce bois du vin et du pain blanc. — Si une femme était en travail, et qu'on envoyât dans une hôtellerie ou dans une boulangerie demander du vin et du pain pour de l'argent ou pour quelque bon gage, que ce fût le jour ou la nuit, le marchand devrait les donner à l'instant. S'il refusait, celui qui a été envoyé pourrait prendre lui-même, en laissant l'argent ou le gage. — Les poules de redevance ne peuvent être réclamées de celui dont la femme est en couches. Seulement le bailli coupera la tête de la poule, et la portera à son seigneur. (Droit de la Hesse ; G. 446.)

Loi de Manou : Une femme enceinte de deux mois ou plus, un mendiant ascétique, un anachorète et des Brahmanes portant les insignes du noviciat, ne doivent payer aucun droit pour leur passage [1].

Plusieurs législations, dans un but religieux ou politique, donnent un substitut au mari.

Celui à qui la loi de l'Inde impose de donner une postérité à son frère s'acquitte ainsi de ce devoir : Silencieux, dans une nuit sombre, il approchera de la femme de son frère, prenant garde qu'elle n'ait odeur ni contact de ses cheveux, de sa barbe, de ses ongles ou du poil de son corps. Couvert d'un simple vêtement, les membres frottés du beurre clarifié (*usité dans les sacrifices*), sans parfum, grave et triste, détournant sa face de celle de la femme, évitant le contact des membres, il tâchera d'engendrer. Cela fait, il s'arrêtera ; qu'il n'approche point d'elle dès qu'elle a donné un fils [2].

Lorsque deux frères demeurent ensemble, dit Moïse, et que l'un d'eux meurt sans enfants, la femme du mort n'en épousera point un autre, mais le frère de son mari l'épousera et suscitera des enfants à son frère. — Et il donnera le nom de son frère à l'aîné des fils qu'il aura d'elle, afin que le nom de son frère ne se perde point dans Israël. — Que s'il ne veut point épouser la femme de son frère qui lui est

---

1. Manou, p. 317, 407
2. *Dig. Hind.*, II, 168.

due selon la loi, cette femme ira à la porte de la ville, et elle s'adressera aux anciens, et leur dira : Le frère de mon mari ne veut pas susciter dans Israël le nom de son frère, ni me prendre pour sa femme. — Et aussitôt ils le feront appeler, et ils l'interrogeront. S'il répond : Je ne veux point épouser cette femme-là ; — la femme s'approchera de lui devant les anciens, et lui ôtera son soulier du pied, et lui crachera au visage, en disant : C'est ainsi que sera traité celui qui ne veut pas établir la maison de son frère. — Et sa maison sera appelée, dans Israël, la maison du déchaussé [1].

Lycurgue permettait aux maris impuissants d'abandonner leur femme à un homme plus jeune et plus fort. — A Athènes, si le parent, obligé d'après les lois d'épouser la veuve de son proche parent, était incapable de remplir les devoirs conjugaux, celle-ci pouvait demander qu'il se substituât un autre homme de la famille. (Meyerand Lhœmann, *Proced. att.*; G. 445). — A Rome, les lois n'avaient rien réglé à ce sujet ; mais le mariage, dans les derniers temps, n'étant considéré que comme une obligation de fournir des défenseurs à l'État, une femme féconde passait quelquefois dans plusieurs maisons. Plutarque raconte, dans la *Vie de Caton* d'Utique, que Q. Hortensius, désirant mêler sa maison et sa race avec celle d'un homme si vertueux, lui demanda sa fille Porcia, déjà mariée à Bibulus, dont elle avait eu deux enfants. « Si Bibulus, disait-il, veut absolument conserver sa femme, je la lui rendrai dès qu'elle sera devenue mère. » Sur le

---

1. *Deutéronome*, c. 25, § 5-10.

refus de Caton, Hortensius lui demanda sa propre femme Marcia, qui était encore en âge d'avoir des enfants, et *lui en avait déjà donné suffisamment.* » Marcia était grosse alors; cependant, ayant consulté son beau-père Philippe, qui donna son consentement, Caton céda sa femme à Hortensius. Il la reprit après la mort de celui-ci, au commencement des guerres civiles. Voy. Lucain. *Liceat tumulo scripsisse :* Catonis Marcia.

L'homme qui ne peut suffisamment remplir ses devoirs envers sa femme doit, disent les vieux prud'hommes de l'Allemagne, la mener à son voisin. Si celui-ci ne peut la satisfaire, le mari la prend doucement entre ses bras, ayant soin surtout de ne lui faire aucun mal, puis il la porte neuf maisons plus loin, la pose doucement, toujours sans lui faire de mal, il l'y fait attendre cinq heures; puis il crie : Aux armes, pour que les gens viennent à son aide. Si on ne peut encore la satisfaire, il la soulève tranquillement et doucement, la pose de même, ne lui faisant aucun mal; il lui fait alors présent d'une robe neuve, d'une bourse pour frais de voyage, et la fait conduire à la grande foire de l'année. Si alors il n'y a pas moyen de la satisfaire, que mille diables la satisfassent. — *Demande.* Que doit faire le mari qui ne peut donner à sa femme les soins maritaux auxquels elle a droit de prétendre ? *Réponse.* Il la chargera sur le dos et la portera au delà d'une haie de neuf années (?); quand il la lui aura fait franchir, il lui procurera quelqu'un qui soit en état de la satisfaire comme elle le désire. — *Item,* je suis d'avis qu'un bon mari qui ne peut répondre aux désirs de sa femme doit, lorsqu'elle s'en plaint, la prendre, la porter au delà de sept héritages environnés de clôtures, et là prier son plus proche voisin de venir à l'aide de sa femme. Si celui-ci y parvient, il doit la reporter chez lui, la poser doucement, et placer devant elle une poule rôtie et un pot de vin. (G. 444).

Les textes qu'on vient de lire sembleront encore plus bizarres, si l'on songe que, dans le primitif idéal germanique et indien du mariage, il ne pouvait être dissous, même par la mort. Nous avons parlé plus haut de l'obligation imposée à la veuve indienne de se brûler avec le corps de son mari. De même chez les Hérules : la veuve qui avait quelque souci de son honneur s'attachait avec une corde au tombeau de son époux, et se laissait mourir; autrement elle eût été déshonorée et serait devenue odieuse aux parents de son mari. (Procop., *De Bell. goth.*, 2, 14.) — A la mort de Sigurd, Brunhild se brûle avec son cadavre. — Si le mari mort est suivi par sa femme, dit l'Edda, la porte pesante du monde souterrain ne battra pas sur ses talons. — On voit, dans un passage rapporté par Bartholin, qu'il était légal d'enterrer la femme avec le mari. (G. 451.)

Après la défaite des Cimbres, leurs femmes, revêtues d'habits de deuil, supplièrent qu'on leur promît de les respecter, et qu'on les donnât pour esclaves aux prêtresses romaines du feu. Puis, voyant leur prière reçue avec dérision, elles pourvurent elles-mêmes à leur liberté... Les présents symboliques des noces, les bœufs attelés, les armes, le coursier de guerre, annonçaient assez à la vierge qu'elle devenait la compagne des périls de l'homme, qu'ils étaient unis dans une même destinée, à la vie et à la mort (*sic vivendum, sic pereundum.* — Tacit.). C'est à son épouse que le guerrier rapportait ses blessures après la bataille (*ad matres et conjuges vulnera referunt*). Elle les comptait, les sondait sans pâlir; car la mort ne devait point les séparer. D'abord les femmes des Cimbres affranchirent leurs enfants : elles les étranglèrent ou les jetèrent sous les roues des chariots. Puis elles se pendaient, s'attachaient par un nœud coulant aux cornes des bœufs, et les piquaient ensuite pour se faire écraser[1].

Au Moyen-âge, la reine qui devenait veuve s'appelait Blanche, sans doute parce qu'elle portait le deuil en blanc. (Carpentier ; G. 452.) — La veuve n'est point tenue de payer les dettes du défunt. Voyez plus haut, à l'article des Clés, le texte de Monstrelet sur la veuve de Philippe-le-Bon. — La femme renonçait encore, en déposant sa ceinture, ou en mettant son manteau sur le tombeau du mari, ou simplement en laissant retomber les plis de son vêtement, etc. Lorsqu'elle était accusée d'avoir diverti des fonds, elle se purgeait par un serment *sur le perron.* (G. 174.)

Le droit saxon ne donne à la veuve qu'un siège et une quenouille : — Ce droit est trop dur, dit Luther ; mais, par le siège, il faut entendre la maison ; par la quenouille, l'entretien, la subsistance ; on paye bien un valet. Que dis-je ? on donne plus à un mendiant[2].

Chez les Germains, comme chez les Indiens, les veuves convolaient rarement en secondes noces. —

---

1. Michelet, *Histoire romaine.* Plutarch, in *Mario.*
2. Luther, *Tischreden.* Michelet, *Mém. de Luther.*

Chez les Saliens le reipus de la veuve est plus élevé que le prix de la vierge. (G. 453.) — Les mariages des veuves doivent avoir lieu la nuit. — Ce sont, dans notre vieux langage, des *noces réchauffées*[1]. — *Le mariage entre la royne Eléonor et François I*^{er} *fut célébré une heure devant le jour*[2]. — Voy. plus haut les cérémonies ecclésiastiques.

Quand la veuve déplaçait son siège, elle rompait toute communauté de biens avec les enfants du premier lit : — Si la créature change, les enfants peuvent lui mettre un siège devant la porte. (G. 453.)

Lois galloises : Si des présents sont faits à une femme mariée, elle doit les considérer comme son douaire à la fin de la septième année. Si les époux se séparent ensuite, qu'ils partagent chaque chose en deux parts. Le femme a le droit de diviser, le mari celui de choisir. Le cochon tombe au mari, le mouton à la femme. Où il n'y a que l'une des deux espèces, qu'ils la partagent en deux. S'il y a mouton et chèvre, le mouton tombe au mari et la chèvre à la femme, etc. S'il y a des enfants, deux tiers vont au père, le troisième à la mère, etc. Les draps de dessus sont à la femme, ceux de dessous au mari. S'il se remarie, qu'il rende les draps à la première femme ; si la seconde dort dessus, qu'elle paye amende à l'autre pour l'affront. S'ils se séparent avant la fin de la septième année, que son douaire lui soit payé, ainsi que ses biens paraphernaux, son droit de fillage ou virginité. Si elle abandonne son mari avant la

---

[1]. Ducange. Voy. *Maritagia recalefacta*.
[2]. Mart. Du Bellay, XVIII, 97.

septième année, elle perd tout excepté son droit de virginité et la joie de cette séparation injuste. Si le mari est lépreux ou impuissant, ou s'il a mauvaise haleine, elle peut l'abandonner sans rien perdre de ce qui doit lui revenir. Si la séparation arrive par la mort, la femme réclame la moitié de tout, excepté du blé : la femme ne peut plus posséder de blé dès qu'elle n'habite plus avec son mari. Si la séparation se fait à l'approche de la mort, que l'époux malade et le prêtre divisent la propriété, et que l'époux en santé choisisse[1].

Autre loi galloise : Si le nouvel époux trouve que la fiancée n'est pas vierge et qu'elle ne puisse prouver son innocence, la chemise lui sera coupée à la hauteur des fesses ; la queue d'un bouvillon d'un an lui sera mise dans la main, après avoir été enduite de graisse ; si elle peut la retenir, qu'elle soit mise en possession de ses biens paraphernaux ; si elle ne peut, qu'elle ne réclame rien[2]. — Si un homme est séparé de sa femme, et qu'elle se marie à un autre ; s'il se repent de s'être séparé d'elle, et qu'il la surprenne un pied dans le lit du nouveau mari et l'autre pied dehors, il doit la reprendre. (Probert.)

Les époux qui divorçaient prenaient une toile de lin. On la coupait en deux, et chacun conservait une part. C'était sans doute la rupture du *poêle* sous lequel ils avaient été placés le jour du mariage. Le divorce prononcé, la femme devait rendre les clés. G. 454.

---

1. Probert, *Lois galloises*, p. 128.
2. *Ibid.*, p. 133.

Lois indiennes : Une femme stérile doit être remplacée la huitième année ; celle dont les enfants sont tous morts, la dixième ; celle qui ne met au monde que des filles, la onzième ; celle qui parle avec aigreur, sur-le-champ [1].

1. Manou, p. 328, § 81.

CHAPITRE III

PARENTÉ. — HÉRITAGE

L'homme en fécondant la femme, renaît en son sein sous la forme du fœtus; l'épouse est nommée Djâyâ, parce que son mari naît (djâyaté) en elle une seconde fois[1].

Comme l'eau qui tombe du vase fait croître le figuier indien, de même le père, le grand-père, l'aïeul, cultivent un fils dès sa naissance, lui donnant miel, légume, viande, lait et laitage, et se disant : Il nous donnera, chaque année, le sacrifice funèbre...

L'ancêtre saisit l'enfant qui vient de naître, dès qu'il sort du sang maternel : Te voici donc, ô mon âme, renée encore une fois, pour dormir de nouveau dans un corps. — Par la grâce faite aux parents, tu t'appelles fils ou Putra; tu les délivres en effet de l'enfer appelé Put[2].

---

1. Manou, liv. IX, p. 317, § 8.
2. *Digest of Hindu law*, III, 158.

Au moment de la naissance de l'aîné, un homme devient père et acquitte sa dette à l'égard de ses ancêtres; le fils aîné devrait tout avoir. — Le fils, par la naissance duquel un homme acquitte sa dette et obtient l'immortalité, a été engendré pour l'accomplissement du devoir; les sages considèrent les autres comme nés de l'amour. — Il faut prélever pour l'aîné le vingtième, avec le meilleur des meubles; pour le second, la moitié du vingtième; pour le plus jeune, le quart. — Par un fils, un homme gagne les mondes; par le fils d'un fils, il obtient l'immortalité; par le fils de ce petit-fils, il s'élève au séjour du soleil [1].

Un vingtième de l'héritage, une couple de vaches, un chariot avec bêtes qui aient dents aux deux mâchoires, et le taureau générateur, seront réservés à l'aîné. Les bêtes borgnes ou vieilles, cornes brisées, queue sans poil, reviennent au second frère. Une brebis, du grain, du fer, une maison, un char et un joug, une bête de chaque espèce, entrent dans le lot du plus jeune. Le reste est également partagé. — Dans certaines contrées de l'Inde, *la vache noire*, et *le noir produit de la terre*, sont dévolus au frère aîné, avec les utensiles dont se servait le père. — Ailleurs, l'aîné a double part et la dîme des vaches et des chevaux, le plus jeune des boucs, les brebis et une maison; les meubles de la maison, l'épée et *autre fer noir* appartiennent au second frère [2].

Cette importance attachée aux sacrifices funèbres

---

1. Manou, p. 132-7, § 106-7, 112, 137.
2. *Dig. Hindu*, II, 559-560-1.

se retrouve dans la loi romaine, où ils ont toutefois un autre sens et d'autres effets. Voyez, dans mon *Histoire romaine*, l'extrait que j'ai donné de l'importante dissertation de Savigny sur les *Sacra*. On disait proverbialement : *Sine sacris hæreditas* pour dire, bonheur sans mélange[1]. — J'ai parlé, dans le même ouvrage, de l'aîné de la famille étrusque, du Lucumon, Lar ou Lars.

Le droit d'aînesse ne semble pas avoir prévalu de bonne heure chez les Allemands. Les quatre fils de Clovis, les quatre fils de Clotaire Ier partagent également le royaume. Voy. Grégoire de Tours. Même partage entre les petits-fils de Charlemagne. (*Annales de Fulde*, années 822, 877.)

L'orme planté dans les perrons est compris, par plusieurs *Coutumes*, dans la portion des fiefs réservée par préciput à l'aîné. (Legrand, *Fabliaux*, 1, 119; G., *Supp*.).

Malgré la faveur plus généralement accordée à l'aîné, il y a dans les vieux usages celtiques et germaniques des exemples de préférence pour le dernier-né. Cette préférence est souvent restreinte à certains objets de la succession. — A Corbie, le plus jeune des enfants héritait de la maison. — Rive, 237 : Dans la cour d'Or, l'aîné succédait ; dans la cour de Chor c'était le cadet. — L'héritage du cadet s'appelait, en vieil allemand, *galgenmanlein* (petit hommme du gibet, petit pendard)[2]. (G. 474-475.)

Dans un code provincial de l'Allemagne, le cadet

---

1. Michelet, *Hist. rom.* — *Journal de Savigny*, t. II, 1816. — O. Müller, *Die Etrusker*, I.

2. Le *Culot* des Français désigne non l'héritage du cadet, mais le cadet même.

des jumeaux mis au monde par une serve devenait libre; à Osnabruck, c'était son premier-né. Ailleurs, un homme né libre, se soumettant au servage, et se mariant dans le domaine peut affranchir son premier fils ou sa première fille. Souvent le fils aîné tombait en servage, les autres devenaient libres. (G. 324.)

Le plus âgé, comme plus sage, devait partager. On laissait choisir le plus jeune, par égard pour l'innocence de son âge. Voici, mon fils, dit Louis-le-Débonnaire à Lothaire, voici que tout l'empire se trouve devant toi; partage-le, tel qu'il se contient (*pro ut habuerit*). Si tu fais, toi, ce partage, ce sera Charles qui aura le choix des parts; si c'est nous au contraire qui partageons, le choix des parts t'appartiendra. — Dans le pays de Galles, c'était le contraire; le plus jeune partageait : S'il n'y a pas de maison, le plus jeune doit diviser le patrimoine, et l'aîné choisir... S'il y a des maisons, le plus jeune frère à lui seul divise toutes les tenures, car dans ce cas il est le mesureur, et le plus jeune doit choisir. — La femme réclame le droit de faire les parts, et le mari a le choix [1]. — Il en était de même dans les lois normandes. En droit canonique, cette règle s'appliquait encore en certains cas. (G. 480.)

— *Coutume du comté de Kent :* L'*astre* (le foyer) *demurra al puné* [2]. Dans cette Coutume, le plus jeune a le foyer et quarante pieds autour [3].

1. Probert, 128, 137, 178.
2. Duc., verbo *Astrum*. Proverbe français : *Connaître les ostres du logis.* — *Com cil qui savoit bien l'estre.* (*Rom de Rou.*)
3. Logan, I, 191.

Usance de Quevaize (Bretagne) : *L'homme laissant plusieurs enfants légitimes, le dernier des mâles succède seul au tout de la tenue, à l'exclusion des autres; et, à défaut des mâles, la dernière des filles, sans que les autres puissent prétendre aucune récompense.* — *Usement de Rohan : En succession directe de père et de mère, le fils juveigneur et dernier-né desdits tenanciers succède au tout de ladite tenue et en exclut les autres, soient fils ou filles. Art. 22. Le fils juveigneur, auquel seul appartient la tenue, comme dit est, doit loger ses frères et sœurs jusques à ce qu'ils soient mariés; et d'autant qu'ils seraient mineurs d'ans, doivent les frères et sœurs être mariés et entretenus sur le bail et profit de la tenue pendant leur minorité; et estans les frères et sœurs mariés, le juveigneur peut les expulser tous*[1]. — Cette loi me semble conforme à l'esprit d'un peuple navigateur et guerrier qui veut forcer les aînés, déjà grands et capables d'agir, à chercher fortune au loin.

Le droit de succession, appelé par les Irlandais Gabhail-cine (en anglais, Gavelkind, littéralement, établissement de famille), était commun à l'Irlande, à l'Écosse, au pays de Galles et au comté de Kent. Il donnait part égale à tous les enfants, garçons ou filles, légitimes ou illégitimes. Ce droit subsista dans le pays de Galles jusqu'à Henri VIII, en Irlande jusqu'à Jacques I[er][2].

---

1. *Coutumier général*, t. IV, p. 408, Usance de Quevaise, art. 6; Usance de Rohan, art. 17, 22.

2. Sur cet important sujet, voyez mon *Histoire de France*, t. I; Logan, *Manners of the highlanders*, 1832, p. 190-1; Low, *Hist. of Scotland*, p. 99; les *Collectanea de rebus hibernicis;* les ouvrages de Somner et de

Dans le droit allemand, le petit-fils n'hérite qu'à défaut d'enfants, l'arrière-petit-fils qu'à défaut de petit-fils. En l'an 941, Othon Ier fit décider cette question de droit par le duel (G. 471 ; *Witik Corb.*) : — Il y eut discussion sur la diversité des lois ; quelques-uns pensaient que les fils des fils ne devaient point être comptés parmi les fils ni prendre en rang légitime leur part à l'hérédité concurremment avec ces derniers, dans le cas où le père serait mort du vivant de l'aïeul. Mais le roi, par un conseil meilleur, ne voulut pas que les nobles et les anciens du peuple s'exposassent à d'indécentes discussions. Il ordonna que la chose fût décidée par des champions. Or, le parti qui soutenait que les fils des fils comptaient entre les fils fut vainqueur, et il fut réglé qu'ils prendraient part avec leurs oncles paternels, et que ce serait chose stable et ferme à jamais. — Voyez aussi Sig. Gembl., *ad annum* 942.

Dans certains pays les petits-enfants devaient, pour partager avec leurs oncles, hériter sur la fosse, c'est-à-dire assister à l'enterrement du grand-père. (G. 473.)

J'ai parlé, dans le chapitre précédent (et dans le tome III de l'*Histoire de France*, de la dureté des lois barbares pour la femme, sous le rapport de la succession. — Dans la Frise, c'était un proverbe juridique : Quant à l'héritage, homme va, femme s'en va (*der mann geht zumerbe, das weib davon*). — (G. 473.)

Chez les Francs, la nature semble avoir réclamé

Robinson sur le *Gavelkind;* Hasted, *Hist. of Kent;* Blakstone, II, 2, c. 14, p. 213, éd. 1767; Palgrave, *Upon the Commonwealth*, etc. — Lingard prétend que le *Gavelkind* excluait les femmes, II, 396-9, de la trad. française.

de bonne heure dans le cœur paternel en faveur des filles, si maltraitées par la loi : — *A ma douce fille : C'est chez nous une coutume antique, mais impie, que les sœurs n'entrent pas en partage avec leurs frères dans la terre paternelle. Moi, j'ai pensé que, donnés tous à moi également de Dieu, vous deviez trouver tous en moi égal amour, et après mon départ d'ici-bas, jouir également de mes biens. A ces causes, ô ma très douce fille, je te constitue, par cette lettre, à l'encontre de tes frères, égale et légitime héritière en tout mien héritage; de sorte que tu partages avec eux non seulement dans mes acquêts, mais dans l'allod paternel.* (Marculf., I, 8, et *app.* 49; *Scr. f.*, p. 519.)

Le droit germanique est riche en formules curieuses sur la distinction des meubles qui doivent échoir en héritage à l'homme ou à la femme. La fille hérite ordinairement des joyaux de sa mère. — Font partie des meubles propres à l'homme [*heer gewæte*] : Un chaudron dans lequel on puisse entrer l'éperon au talon, une cassette où l'on puisse placer une épée..., un pot où l'on puisse rôtir une poule. Il faut encore le meilleur cheval après le meilleur de tous... On attèle le cheval; si la voiture sort tout entière de la maison, elle fera partie de ces biens meubles. Mais si elle demeure sur le seuil, alors elle n'enfait point partie. (G. 107).

Pour distinguer les collatéraux consanguins ou utérins, on disait en Allemagne; *parents d'épée, parents de quenouille*, ou d'un seul mot : *Lancea, fusus*, lance ou fuseau, chapeau ou coiffe; chapeau ou voile (*hut oder schleier*). (G. 470). — De même en français : Tomber de lance en quenouille; et pour dire parenté, les mots : ESTOC, RAMAGE, BRANCHE, BRANCHAGE[1].

Dans l'ancien droit allemand, les degrés et dénominations de parenté se rapportent à la disposition du corps humain. La loi des Ripuaires reconnaît cinq degrés jusqu'au cinquième *genuculum*. — Le *Miroir de Saxe* compte sept degrés de parenté : l'homme et la femme ont leur place dans la tête ; les enfants nés de mêmes père et mère, dans l'articulation du cou ; ceux des frères ou sœurs d'un même lit, dans celle qui joint l'épaule au bras. Le second degré est placé dans le coude ; le troisième dans le poignet ; le quatrième dans la première articulation du doigt du milieu ; le cinquième dans la seconde articulation ; le sixième dans la troisième articulation du même doigt ; la septième réside dans l'ongle et s'appelle *nagelmage* (parent de l'ongle). (G. 468.)

Point de testament chez les Germains, dit Tacite. Les premiers testaments franciques qu'on rencontre sont des sixième et septième siècles. L'addition d'hérédité se faisait d'elle-même, d'après la maxime « Der todte erbet den lebendigen, *Le mort saisit le vif.* » Dans le Nord, on célébrait à cette occasion un banquet solennel. (G. 481.)

Les bâtards héritaient des biens de leurs mères. « Car on n'est point l'enfant illégitime de sa mère. » (*Miroir de Saxe*). — Diverses lois anciennes donnent même aux enfants naturels des droits sur les biens de leurs pères. (G. 476.) — J'ai parlé

---

[1] Voy. Laurière, I, 185 ; II, 272.

ailleurs du droit des bâtards en France. Selon Olivier de La Marche[1] : *Il n'y avait en Europe que les Allemands chez qui les bâtards fussent généralement méprisés.* Guillaume-le-Conquérant s'intitule dans une lettre: *Moi, Guillaume, surnommé le bâtard*[2]. Cependant, en France, dans la Coutume de Laon[3] (anciens articles insérés au procès-verbal), *les bâtards ne pouvaient tester que de cinq sols.*

Bâtard, *bastard* (en langue romane *bastardo;* Roquefort, 600, 642), paraît venir des mots bretons *baz*, bas, peu élevé, et *tardd?* germer, sourdre. De là les locutions usitées : *Fils de bas, de bast, frère de bas*[4], etc.; *Si ala en Puille à Mainfroi son fils de bas.* — *Bort, bord, borde* a le même sens. *Le bord de Rabastens*[5].

Les enfants naturels sont désignés dans le Moyen-âge par une foule de noms bizarres et injurieux : *Gouch*, *güuksbrut* (couvée de coucou), *bankart*, *banker*, *bankling*, conçu sur le banc, au lieu de l'être dans le lit conjugal. *Hornungr*, qui est conçu dans le coin, enfant du coin. On dit aussi mariage du coin, pour concubinat. *Unstatkind*, enfant d'immondices. *Kotzensohn*, fils vomi. *Hurensohn*, fils de *putain;* en espagnol, *hide puta*, Fuero viejo, II, 1, 9. En Suisse, *hubschkind*, enfant joli; *liebeskind*, enfant d'amour.

---

1. Olivier de La Marche, c. 4, *Intr. aux Mém.*, pag. 62, édit. 1645.
2. *Epist. Will. Angl. regis ad Alanum Brit. comit.*, Duc, I, 1060.
3. *Laurière*, I, 151. — Voy. aussi Carp., I, 483. — Froissart, IX, 307. — *Le Religieux de Saint-Denis*, anno 1392. — Le premier *Contin. de Nangis*, anno 1326, *Spicileg.*, III, 86.
4. *Hist. ms.*, Duc., I, 1060.
5. *Joinville* de Duc., note, pag. 63. — Rameau bâtard, *filius bort*. Jacob, I, Arag. in foris osc., an. 1247. Duc, *Gloss.* 1245.

Pfaffenkind, enfant de prêtre. En français, *fils de lisce*, de chienne. (Roquef., I, 600; G. 476.)

La succession des ascendants s'appelle, dans la langue usuelle du Nord, la succession du dos (*ruekerbschaft*). C'était une phrase proverbiale : L'héritage remonte la poitrine au dos pour retomber dans le giron. Quelquefois les ascendants ne viennent à la succession qu'après le frère et la sœur. Tacite, (*Germ.*, 20) ne parle pas même d'eux. La loi des Burgondes les exclut expressément. Pareille défaveur à l'égard des ascendants dans certaines Coutumes allemandes : Bien ne retourne, mais avance. (G. 477.)

Après avoir parlé de la parenté et de la succession, il nous resterait à dire comment l'on renonce à l'une et à l'autre. Nous trouvons ici peu de formules symboliques. Indiquons seulement la *Detestatio, Alienatio sacrorum*, usitée chez les Romains[1]. On trouvera plus loin l'abdication germanique de la parenté.

---

1. Voy. la Diss. de Savigny, citée plus haut.

LIVRE II

PROPRIÉTÉ

CHAPITRE PREMIER

OCCUPATION

C'est à la science augurale, au vol des oiseaux, à la direction de la foudre, que la plupart des nations antiques demandaient des signes pour choisir ou déterminer l'habitation de l'homme ou des dieux. Nous ne reproduirons pas ce que nous avons dit dans un autre ouvrage sur cette partie importante de la symbolique religieuse[1]. Voyez cependant, au chapitre suivant, l'Ager, ou champ limité.

Qu'il nous suffise de rappeler que, dans les traditions poétiques et historiques, les animaux sont souvent les guides des migrations primitives et décident l'établissement des peuples, la fondation des villes. Le bœuf, le pivert, le loup conduisent

1. Michelet, *Hist. rom.*, liv. Ier, chap. V, et Éclaircissements.

les colonies Sabelliennes[1]. La louve allaite Romulus sur l'emplacement future de Rome. Énée fonde la ville d'Albe au lieu où il trouve, conformément à la prédiction, une laie blanche, entourée de ses trente petits :

> Triginta capitum fœtus enixa jacebit,
> Alba, solo recubans, albi circum ubera nati.

De même au Moyen-âge, lorsque saint Balderic veut se retirer dans la solitude, il suit un faucon, et se fixe où l'oiseau se pose ; le lieu garde le nom de Montfaucon. Un aigle blanc rend le même service à saint Thierry, aumônier de saint Remi. Une colombe désigne dans son vol le circuit du monastère d'Hautvilliers, etc.[2].

Le chevalier errant se remet du choix de la route à la décision de son cheval. Le compagnon allemand souffle la plume, et suit le vol : — Quand tu seras à la porte de la ville, prends trois plumes dans ta main et souffle-les en l'air. L'une s'envolera par-dessus les remparts, l'autre sur l'eau, la troisième devant toi. Laquelle, suivras-tu ?... Si tu suivais la première par delà les remparts, tu pourrais bien tomber, et tu en serais pour ta jeune vie, ta bonne mère en serait pour son fils, et nous pour notre filleul : cela ferait donc trois malheurs. Si tu suivais la seconde au-dessus de l'eau, tu pourrais te noyer... Non, ne sois pas imprudent ; suis celle qui volera tout droit. Et tu arriveras devant

---

1. Voy. les autorités, *Hist. rom.*
2. Baugier, *Mém. sur la Champagne*, II, 14.

un étang où tu verras une foule d'hommes verts assis sur le rivage, qui te crieront : Malheur! malheur! passe outre. Tu entendras un moulin qui te dira sans s'arrêter : En arrière! en arrière!... (alibi). Poursuis ta route, et dis : Moulin, va ton train, et j'irai mon chemin [1].

Le vol de la plume, mentionné dans cette formule d'initiation des compagnons forgerons, se retrouve, en Allemagne et en Espagne, dans les locutions proverbiales et probablement fort anciennes : De quel côté souffles-tu la plume ?... Je veux faire voler une plume. — Il est convenu que la ville de Lindau aura droit sur le lac de Constance, aussi loin que le vent chassera une plume dans la direction du Degelstein, qui s'élève sur le lac. (G. 83.) Ici la plume n'est plus le guide d'un voyage, d'une migration, mais la mesure de la possession.

La principale forme de l'occupation, le jet du dard, de la flèche, du bâton, du marteau, de la pierre, etc., est aussi l'une des mesures indiquées le plus fréquemment pour la terre déjà occupée. Il nous serait difficile de séparer les textes qui ont ces deux sens de l'occupation ou de la mesure.

Loi indienne : Trois jets de bâton, ou quatre cents coudées, tel est l'espace qu'on doit laisser pour pâture autour d'un village ; trois fois autant autour d'une

---

[1] Altdeutsche waelder, durch die brüder Grimm, 3 heft. Cassel, 1813. Voy. toute la formule traduite dans les notes de mon *Introduction à l'Histoire universelle.*

ville[1]. — Ce bâton, dit le commentateur, doit être la cheville du joug de la charrue[2].

Dans une tradition indienne, Vichnou, sous le nom de Parasourâma, demande à l'Océan de lui donner tout le pays qui s'étend entre la montagne et la place où tombera sa flèche ; le dieu de l'Océan consent, et Vichnou gagne toute la côte du Malabar[3]. — Il y eut de longues querelles entre la Perse et Turan au sujet des frontières. On finit par décider qu'Aresch, le meilleur archer, monterait sur le mont Damarend, et que, tourné vers l'Orient, il décocherait une flèche marquée d'un certain signe. La frontière devait être fixée au lieu où tomberait la flèche. (D'Herbelot. s. v. *Manugeher;* G. 67.)

On trouve dans les lois du pays de Galles : Le patronage du forestier du roi s'étend jusqu'où il peut lancer sa hache ou son rabot : celui du laveur du roi s'étend jusqu'où il peut jeter le croc dont il se sert. (Wotton, 142 ; G., *ibid.*)

Loi des Brehons d'Irlande : Quelle sera la route le long de la mer? large du jet d'un dard[4].

L'enceinte qui entourait le palais du roi irlandais Laogaire était de sept jets d'un javelot[5].

Si la cour n'est pas encore ceinte et close, celui qui voudra l'assurer (*defendere*) lancera une hache de la valeur d'un denier vers le midi, vers l'orient et vers l'occident. Mais du côté du nord, là où

---

1. Manou, p. 287, § 237.
2. *Digest of Hindu law*, II, 348.
3. Sonnerat, *Voyage aux Indes*, II, 166.
4. *Collectanea de rebus Hibernicis*, III, 76.
5. Ou de sept javelots. *Ibid.*, III, 514-520.

atteindra l'ombre, là aussi il mettra sa haie, pas plus loin. (*Loi des Bavarois*, XI, 6, 2; G. 57.)

Le marteau que nous avons vu employé dans le Nord à la consécration de la fiancée l'est aussi à mesurer, peut-être originairement à consacrer la propriété, le domaine, l'étendue de la juridiction : — Notre seigneur de Mayence s'avancera lui-même à cheval dans le Rhin ; aussi loin qu'il pourra lancer dans le Rhin un marteau de maréchal, aussi loin s'étendra sa juridiction. — Lorsque les compagnons de la Marche concèdent à un homme une portion de terrain, la tradition se fait ainsi : l'homme, ou quelqu'un des siens, tire un marteau de la voiture, et le lance par-dessous la jambe gauche. Aussi loin qu'il lance, aussi loin le terrain lui est concédé. C'est ce qu'on appelle le jet du marteau. — Le comte de Nassau a autant d'espace dans le Rhin à partir du rivage qu'un homme peut y chevaucher sur un grand cheval, et de plus, aussi loin que cet homme peut jeter au delà dans le Rhin un marteau de maréchal. (G. 55-7.)

Quand le meunier aura piloté et assuré son moulin, il montera sur le pieu de défense ; puis, de la hache avec laquelle il aura charpenté son moulin, il pourra faire un jet, en amont et en aval, et aussi loin qu'il jettera, il aura la faculté de pêcher sans dommage. — Acte de l'empereur Albert en faveur d'un habitant d'Essling, année 1306 : Quant au droit de pêcher près de son moulin : tout aussi loin qu'un de ses serviteurs, debout sur la charpente, pourra lancer la hache, tout autant il aura en fief. — Le comte de Castzenelnbogen commande, dans la Marche et au delà, aussi loin que, chevauchant près des buissons de lisière du bois, il pourra lancer une hache hors de la Marche et de la forêt. (G. 58.)

Saxo Grammaticus, X, 182 : L'empereur Othon ayant parcouru le Jutland sans obstacle (ce pays alors n'avait pas de roi pour le défendre), il rencontra le golfe qui fermait la Vandalie, et il ne pouvait plus avancer. Alors il jeta sa lance dans les eaux et rebroussa chemin; mais ce retour ressembla à une fuite. Ayant donc ainsi lancé son arme dans les flots de la mer, pour y laisser souvenir, il donna son nom au détroit[1]. — Selon une tradition du Nord, Othon jeta dans la mer, en fuyant, sa lance ensanglantée, et jura vengeance. (G. 59.) Ainsi Xerxès jeta les chaînes dans l'Hellespont, et voulut marquer la mer d'un fer rouge.

En 1366, la ville de Minden et son évêque convinrent que les fossés de la ville pourraient être élargis autant qu'un homme robuste, se tenant sur le mur de la ville, pourrait lancer de toutes parts vers la campagne un plomb du poids d'une livre. (Leibniz, *Script.*, 2, 192; G. 62.)

Le tact, comme le jet, est une des formes de l'acquisition. Paul Diac., 3, 32. G. 68 : — On raconte que le roi des Lombards Autharis alla par Spolète à Bénévent. Il conquit cette contrée, et parcourut toute l'Italie jusqu'à Reggio, la dernière ville et la plus voisine de la Sicile. Or, on dit qu'en cet endroit il y a une colonne placée dans les eaux

---

[1]. Rienzi, qui croyait avoir rétabli l'ancienne république romaine, coupait l'air de son épée, se tournant successivement vers les trois parties du monde, et disant à chaque fois : Ceci est à moi, ceci est à moi, ceci est à moi. Sismondi, d'après l'auteur anonyme des *Frammenti di Storia romana*.

de la mer. Il s'en approcha à cheval, toucha la colonne de la pointe de sa lance en prononçant ces paroles : « Jusqu'ici s'étendront les frontières des Lombards. » On dit que la colonne subsiste, et qu'on l'appelle la colonne d'Autharis. — Quand le lieutenant du calife Akbah arriva à l'extrémité de l'Afrique, en face de l'Espagne, il poussa son cheval dans la mer pour en prendre possession[1]. De même, lorsque l'Espagnol Balboa eut traversé l'isthme de Panama, et qu'il aperçut pour la première fois l'Océan Pacifique, il entra dans la mer jusqu'à la ceinture et y planta une croix[2].

On acquiert encore en mesurant le sol de ses pas ou en faisant le tour de la propriété. Vichnou, sous la figure d'un nain, demande à un roi trois pas de terre; mais les pas du nain se trouvent être des pas gigantesques qui traversent les trois mondes. (Maier, *Myth.*, et Polier, I, 276, 9; G. 67.) — Les Scythes, dans Hérodote, donnent au garde de l'or la terre dont il peut faire le tour à cheval en une journée. (Hérod., 4, 7.) — Les Romains donnent à Horatius Coclès *quantum agri uno die circumararit.* (Liv. II, 5.) — Niebuhr cite à ce sujet certains romans turcs, dont le héros reçoit du sultan Mahomet autant de terre en Macédoine que celui-ci en peut lui-même traverser à cheval en un jour. (G., *ibid.*)

Le berger de la communauté peut avancer dans la forêt avec ses moutons et ses chevreaux juste aussi loin qu'il atteint en jetant son bâton. —

---

1. Gibbon, X, 286, tr. fr.
2. Voy. Robertson, *Stor of the America.*

L'homme qui a des abeilles se mettra à côté de l'ancienne place aux abeilles, se prendra l'oreille droite de la main gauche, et de sa main droite il lancera derrière, par-dessous le bras gauche, sa cuiller à miel, tout aussi loin qu'il le pourra ; puis il ira où est tombée sa cuiller ; il y fera un nouveau jet semblablement. Enfin il se rendra là où la cuiller est tombée pour la deuxième fois, et il y fera un troisième jet. Là donc où elle tombe pour la troisième fois, là il prendra place nouvelle. — Les pêcheurs pourront pêcher librement dans toute la Slye ; ils pourront étendre dans la plaine leurs cordes à sécher les filets, aussi loin que l'on peut lancer le clou d'un gouvernail à partir d'un vaisseau. *Jus slesvicense antiquum.* — Si des poules font dommage aux grains, on grimpera, pieds nus, sur deux pieux aigus, et on lancera à travers les jambes ; jusque là, pas plus loin les poules auront droit. (G. 62-63.)

Le Norvégien qui abordait en Islande prenait possession de tout le terrain qu'il pouvait parcourir en un jour, depuis six heures du matin jusqu'à six heures du soir. Il allumait un feu au lieu d'où il partait et à celui où il s'arrêtait. C'était ce qu'on appelait : Tourner une terre avec le feu. L'usage d'éteindre l'ancien feu et d'en rallumer un autre, lorsqu'on prend possession d'une propriété nouvelle, était encore en usage dans ces derniers temps en Allemagne. (G. 194-5.)

Selon un diplôme de l'an 496 (D. Bouquet, IV), Clovis aurait fait la donation suivante à Jean, abbé de Reomans en Bourgogne : *Toute la terre de notre fisc dont il aura pu, sur son âne, faire le tour en une journée, qu'il la tienne à jamais de notre bienveillance royale.* — Flod., *Hist. Rem.*, 1, 14 : *Le roi Clovis promit à saint Remi de lui donner en totalité tout ce dont il ferait le tour pendant qu'il reposait vers midi. Le bienheureux Remi partit donc, et laissa des signes sur son passage, lesquels sont encore manifestes.* — Voy. aussi la *Légende dorée*, c. 142. — En l'an 676, Dagobert ayant donné à saint Florent la ville où il demeurait et ses dépendances, *le saint vint prier le roi de lui faire savoir combien il avait en long et en large.* « *Tout ce que tu auras chevauché sur ton petit âne pendant que je me baignerai et que je mettrai mes habits, tu l'auras en propre.* » — *Or saint Florent savait fort bien le temps que le roi passait au bain : aussi il monta en toute hâte sur son âne, et trotta par monts et par vaux, mieux et plus rapidement que ne l'aurait fait à cheval le meilleur cavalier, et il se trouva à l'heure indiquée chez le roi.* (G. 87.)

Les maires, dit Charlemagne, *n'auront juridiction que sur le pays qu'ils pourront parcourir ou visiter en un jour.* (*Capitul. de villis*, § 27.)

Il existe dans la Suède des traditions analogues aux exemples cités plus haut. Dans celles de l'Allemagne, Henri le Welfe obtient de Louis-le-Pieux tout le pays qu'il pourra, durant la méridienne du prince, entourer du sillon d'une charrue ou de l'ornière d'un char d'or. — Waldemar, roi de Danemarck, donna en 1205 à saint André toutes les terres dont il aurait fait le tour sur un poulain âgé de neuf nuits, pendant que le roi serait au bain. Saint André chevaucha si bien que les gens de Waldemar le pressèrent de quitter le bain, s'il ne voulait pas que le saint chevauchât tout le royaume. — Suivant une vieille tradition, une comtesse abandonna un jour en plaisantant, aux habitants de Brême, tout le terrain autour duquel un cul-de-jatte qui venait de lui demander l'aumône pourrait se traîner en un jour, Le cul-de-jatte alla si bien que la ville y gagna tout le grand pâturage public. (G. 87-9.)

Witikind de Corbie raconte que, peu de temps après l'invasion des Saxons, un de leurs jeunes gens acheta au poids de l'or à un Thuringien assez de terre pour emplir un pan de sa robe. Il mit cette terre en poussière et la répandit sur le sol, dont il couvrit ainsi une grande étendue. Dès ce moment les Saxons regardèrent ce sol comme légitimement acquis, et le défendirent contre les Thuringiens. — L'empereur Henri avait, dit-on, donné à un de ses serviteurs tout le terrain qu'il aurait ensemencé d'une mesure d'orge. L'homme investi en eut assez pour ensemencer les limites de ce qui plus tard fut le comté de Mansfeld. — Louis-le-Sauteur gagna, dit-on, par le même moyen, le mont de Wartbourg. (G. 90.)

Selon une tradition anglo-saxonne sur l'invasion d'Hengist et d'Horsa, en Bretagne, Hengist demanda pour s'y établir la terre que pourrait entourer une peau de bœuf, mais il la découpa en lanières, et couvrit ainsi une grande étendue de pays. — Même histoire sur Ivar, fils de Regnar Lodbrok, qui obtint d'Ella, roi d'Angleterre, une semblable concession. *Dans les traditions françaises sur Raimond et Mellusine, Raimond demande à Bertram, comte de Poitiers, autant de terres, de champs et de prairies, qu'il pourra en entourer d'une* peau de cerf. *Dès que le diplôme est délivré, Raimond achète une peau de cerf bien tannée, il en coupe une longue et mince lanière, dont il entoure toute une grande vallée.* (G. 91.)

Hassan Ben Sabah Homaïri demanda au gouverneur du fort d'Alamont de lui céder pour trois mille ducats la place que pouvait contenir une peau de bœuf; cette demande accordée, il coupa la peau en lanières, et en entoura la place[1].

Didon en fait autant dans Virgile :

> Mercatique solum facti de nomine Byrsam,
> Taurino quantum possent circumdare tergo[2].

Chez les Birmans, quiconque trouve un éléphant blanc reçoit en don une couronne d'argent, et de la terre aussi loin qu'on peut entendre le cri de l'éléphant. (*Wiener Jahrb.*, XXXIII, 29, 30.) — Aussi loin que se faisait entendre l'aboiement du chien, aussi loin s'étendait la protection de Kuleib, et aussi loin encore personne ne pouvait paître des troupeaux, ni chasser. (Rückert, *Hariri*, I, 431.) — Une chronique (*Chronicon noavaliciense*) raconte que *Charlemagne avait donné en fief à un musicien lombard un droit singulier : il devait monter sur une haute montagne, y donner fortement du* cor, *et aussi loin que porterait le son aussi loin terre et gens, tout serait à lui. Le donneur de cor sonne en effet; puis il descend de la montagne, parcourt terres et villages, et chaque homme qu'il rencontre, il*

---

1. Hammer, *Histoire des Assassins*, tr. par MM. Hellert et Lanourais, p. 84.
2. *Æneid.*, I, 371. Justin., 18, 4.

lui demande : As-tu entendu le cor ? Si l'autre répondait oui, il lui appliquait un soufflet, en disant : Tu es mon homme. De là le nom de transcornati *que portèrent longtemps les descendants de ces gens-là.* — Un bourgeois d'Aule, ou enfant de bourgeois, peut pêcher à l'hameçon aussi loin que tinte la cloche. Que nul seigneur ne le lui défende. (G. 76.)

Plusieurs Coutumes allemandes permettaient de prendre possession d'une terre nouvelle acquise par alluvion, etc., en y faisant passer solennellement la charrue ou la voiture : — Si quelqu'un veut gagner un îlot ou alluvion par voie de chariage, il devra prévenir le seigneur ou le bailli dans le ressort duquel se trouve le bien primitif qu'il veut traverser sur sable ou alluvion, et demander que le bailli y assiste, qu'il dresse un banc sur la terre primitive et institue le jugement... S'il charrie en effet et que les chevaux et voiture y passent, ils seront échus au seigneur... Quand donc le seigneur ou bailli l'aura permis, l'homme prendra une voiture de fumier, comme celle qu'un laboureur a coutume de conduire dans son champ, il aura avec soi trois ou quatre chevaux, pas davantage; et les chevaux ne seront pas d'un même poil... Et les conducteurs seront deux, l'un sur le cheval de devant, l'autre sur celui du milieu; et le premier aura un flacon de vin au cou et du pain de froment dans le sein, et ils s'arrêteront à trois jets dans l'eau, et le premier devra tendre trois fois le flacon à celui qui est derrière lui, afin qu'il puisse boire; et ils mangeront d'abord du pain, et il suspendra de nouveau le flacon au cou, et ils charrieront ainsi sur l'alluvion ou le sable. Et tout cela se fera pendant que le soleil monte. Et le bailli devra siéger au tribunal avec ses gens de justice jusqu'à ce que le charriage ait eu lieu. Et il siégera sur le rivage du terrain primitif. — Et quand le charriage sera terminé, l'homme se présentera de nouveau devant le tribunal, et il dira : Seigneur juge, avez-vous vu que j'ai charrié selon justice ? Et s'il dit oui, qu'il l'a vu, il s'avancera vers le tribunal, et donnera au bailli son argent et le prix de l'acte aux gens de justice. (Ms. de 1541; G. 184-5.)

Pour la détermination de la largeur des routes, la *Chevauchée le roy*, etc., voyez le livre suivant. Les textes que nous ajoutons ici se rapportent aussi bien à l'Occupation qu'à la Limitation.

Les Carthaginois et les Cyrénéens concluent une trève et conviennent qu'à un jour et à une heure déterminés des envoyés partiront de chacune de deux villes, et que le lieu de leur rencontre sera la limite du territoire des deux pays[1]. — Dans une tradition suisse, deux pâtres d'Uri et de Glaris courent à la rencontre l'un de l'autre pour fixer la frontière des deux cantons. — S'il y a discussion entre la seigneurie et le paysan au sujet de la redevance, que le forestier ou homme d'affaires de notre gracieuse dame en son bien de Munich, et que le paysan qui réside sur le bien et le garçon du bailliage de Kœsching courent ensemble à partir de la grande pierre de la Marche du chemin de Kesner, qui est placée devant la cour seigneuriale de Sa Grâce ; puis, qu'ils courent tous trois de cette même pierre jusqu'à

---

1. Sallust., *Jugurtha*, 79.

la porte du fort. Celui d'entre eux qui arrivera le premier sera aussi celui à qui restera l'argent disputé. — Dans des traditions hessoises, la décision dépend d'une course d'animaux ; par exemple, un cheval aveugle détermine la frontière en courant, ou bien une écrevisse va à reculons et dessine les coins et les recoins. (G. 84-5.) — C'est ainsi que dans le *Roman de Renart* (1,237) courent les deux béliers Belin et Bernard. Ils invitent Isengrin (le loup) à siéger entre eux comme juge :

« *Entre nos deus met accordance*
Qar il dist que cest chans est siens,
Et je redi que il est miens.
Sire, soiez en la foriere,
Chascuns de nos se traie ariere
Et devant vos vendron corant.
Cil qui premier vendra avans
De tant con il plus tost corra
La greingnor part du champ ara. » — (G. 85.)

CHAPITRE II

POSSESSION

SECTION PREMIÈRE

Marche, terre indivise, biens communaux.

Le trait le plus original du droit romain primitif, c'est l'Ager, ou champ limité, orienté. Celui du droit allemand, c'est la Marche, ou terre indivise, qui appartient à la commune. Nous parlerons de la Marche dans cette section, de l'Ager dans la suivante.

Le nom de Marche ou marque (*Marca*, signum terminus, limes) semble contraire à l'idée d'une propriété vague. Sans doute la tendance de la commune qui revendique la Marche est de marquer, de limiter cette propriété à l'égard des autres communes. Mais la nature de la Marche répugne aux limitations précises. Dans ces vastes forêts de l'Allemagne, où l'écureuil, sautant d'arbre en arbre, pouvait courir sept milles sans descendre (Grimm), la Marche, c'était la clairière. La forêt souvent était encore comptée dans la Marche, ainsi que les rivières ou ruisseaux, les pâturages ou prairies incultes, les animaux sauvages, les oiseaux, les abeilles[1].

La Marche, propriété commune, indivise, est une dépendance de la propriété divisée, individuelle. L'on n'a droit à la première qu'autant que l'on participe à la seconde. Toutefois, ce sont deux ennemies ; chacune d'elles ne demande pas mieux que d'empiéter sur l'autre. — Si quelqu'un a laissé son bien se couvrir de ronces, au point que deux bœufs ne puissent le labourer, ce bien est déclaré Marche, commun pacage. (G. 92.) — Si quelqu'un ayant terre ou pré les plantait en forêt, que la forêt grandît au point d'y paître deux bœufs, qu'elle grandît tellement que les bœufs s'y abritassent, alors cette forêt sera comme toute autre Marche (années 1461, 1570). (G. 92.) — Si broussailles montent à l'éperon, le fermier perdra le fonds. (G. 92.) — Ainsi la Marche est absorbante ; tout ce qui n'est à personne est à elle. Elle est pour la commune ce qu'est le fisc royal dans la Monarchie.

Rien de plus fier que ces rois de la bruyère, ces souverains de la prairie ; ceux qui, ayant *feu et fumée, arme et bien*, peuvent s'intituler *Erfexen*, c'est-à-dire

---

1. *Lois des Brehons d'Irlande :* Quels sont les privilèges accordés aux paysans natifs? Couper des pommiers sauvages pour faire des manches de crocs à pêcher ; brûler des broussailles pendant la nuit pour apprêter le poisson ; couper de petites branches de noisetiers blancs pour faire des jougs ou semblable chose, comme des liens pour la charrue, pour des cerceaux, et des battoirs à beurre. Ils ont droit aux broussailles qui bordent la mer, etc... Il leur est aussi permis de jouer le jeu d'échecs dans la maison d'un Aircach et d'avoir du sel dans la maison d'un Brnigh. *Collect. de rebus Hib.*, III, p. 110.

haches héréditaires, hommes qui, par droit de naissance, peuvent porter la hache dans la forêt : — Nous déclarons, sous serment, que la Marche de Big, forêts, eaux et pacages, tels qu'ils se contiennent, appartiennent bien et légitimement à ceux de cette Marche, et qu'ils ne relèvent de personne, ni du bourg, ni du roi, ni de l'Empereur. (G. 502. — Voy. plus loin, *Alleux*, *Fiefs du soleil*, etc.)

Les institutions de la propriété fixe, celles même de l'État semblent empruntées aux Coutumes de la Marche. Le mélange d'hérédité et d'élection qui se trouve dans la royauté germanique dérive, selon M. Grimm, de la magistrature de la Marche, de la prévôté communale. Dans celle-ci, toutefois, le principe de l'élection domine : — De notre avis, notre seigneur de Falkenstein est prévôt légitime, non de naissance, mais d'élection. C'est parce qu'il distribue justice égale aux hommes de la Marche, qu'ils l'ont en affection. S'il ne distribuait justice égale, ils pourraient bien en faire un autre. (G. 503.) — Ce texte n'est pas sans analogie avec le fameux serment, vrai ou supposé, des Aragonais.

La peine la plus rigoureuse qu'on puisse infliger à un habitant de la Marche est une sorte d'*Interdictio aquæ et tecti* : — On lui creusera un fossé devant sa porte, on barrera sa porte avec des pieux ; on lui abattra le seau de dessus le puits, on bouchera son four, on ne lui prêtera point de feu, on lui refusera vachers et porchers, et on le réduira à une extrémité telle qu'il soit obligé de ne faire que ce qui est juste et modéré. (G. 529.)

Les gens de la Marche eurent bien de la peine,

pendant le Moyen-âge, à défendre la liberté de leurs vieilles forêts contre la féodalité insolente dont ils étaient environnés. De là, l'esprit de jalousie et de rigueur excessive qui perce dans tous leurs règlements (Voy. plus loin, *Cours wehmiques*); de là, ces peines effroyables, sans doute purement comminatoires, qu'ils prononcent contre ceux qui violeront le terrain libre. Il semble que la forêt soit encore sacrée, comme au temps de la déesse Hertha.

Le non-résident qui acquiert des terres ne peut, quand il traverse la Marche, atteler les chevaux à la charrue; il faut qu'il la porte lui-même. (G. 518.)

S'il arrivait qu'on se saisît d'un brûleur de cendres, ou d'un homme qui mît le feu dans le bois, on le liera sur un van, et on le placera devant les magasins de la commune; là il y aura une charretée de bois allumée, et on le tiendra pieds nus devant le feu à neuf pieds de distance, jusqu'à ce que la plante lui tombe des pieds (année 1423). — On fera devant ses pieds un feu tel que les semelles lui brûlent, les semelles de ses pieds et non de ses souliers. — On est d'avis aussi que si quelqu'un incendie et brûle méchamment la Marche, on placera un tel homme dans la peau nouvellement écorchée d'une vache ou d'un bœuf, on le couchera à trois pas devant le feu à l'endroit où il est le plus violent, jusqu'à ce que la flamme flambe par-dessus, et on répétera cela deux et trois fois, toujours à l'endroit où le feu est le plus violent. Cela fait, mort ou vif, il a amendé sa faute. — On est encore d'avis que si quelqu'un écorce un arbre sur pied, on l'ouvrira par le nombril, on attachera ses intestins avec un clou de fer à cheval, à l'endroit même où il aura commencé à écorcer, puis on le tirera autour de l'arbre jusqu'à ce qu'il couvre tout l'espace qu'il a écorcé, dût-il ne pas conserver un seul intestin intact. — *Question* : Si quelqu'un coupe un arbre fruitier et en cache le tronc, avec dessein de voler, quel châtiment doit-il encourir? Celui qui agira ainsi aura la main droite liée sur le dos, le ventre cloué sur le tronc; une hache sera placée dans sa main gauche pour qu'il se détache s'il peut. — S'il arrivait qu'un homme fût trouvé coupant du bois pendant la nuit, on emmènera l'homme ainsi trouvé avec le tronc qu'il aura abattu, on transférera l'homme et le tronc à Spelle sous le tilleul, et sur ce tronc on coupera la tête au coupeur de bois d'*un seul han* (bi enem blase). (G. 516, 518, 520.)

Nous n'avons aucune preuve historique que ces terribles menaces aient eu jamais exécution. D'autres textes, tout contradictoires, portent au contraire l'empreinte de la débonnaireté germanique : Celui-là ne vole point qui, pendant le jour, coupe et charge du bois dans la Marche ; car en coupant et chargeant, on attire le monde. — Il n'y a point de vol avec la hache. S'il arrivait cependant que quelqu'un abattît un arbre de manière que le coup de hache ne se pût entendre, ce serait un vol. — Dans la Franconie, l'on dit : Couper, c'est appeler; charger, c'est attendre. (G. 47. — Voy. aussi la fin du chapitre suivant.)

Les animaux appartiennent à la Marche. Propriété mobile et flottante qui ne respecte nulle limite, ils sont à la Marche ce que la Marche est à la propriété fixe. — Une truie blanche comme neige a droit de marcher partout où elle voudra avec ses sept cochons de lait blancs comme neige. (Code des landes de Benken; G. 594.)

Établ. de saint Louis : Se aucun a Es (abeilles), *et elles s'enfuient, et cil à qui elles seront les en voye aler et il les suit toujours a veue et sans perdre et eles sassieent en aucun lieu el manoir à aucuns prudhons, et cil, en qui porpris elles sont assises, les preigne avant que il viegne, et cil die après : Ces Es sont moies; et li autres die : Je ne vous en croie mie;* ensuite ils se transportent devant le juge où le premier jure que les abeilles sont à lui ;... *et par itant aura les Es et rendra à l'autre la value du vaissel où il les a cuillies*[1]. Un manuscrit de Saint-Gall contient une formule singulière pour rappeler la reine des abeilles : — *Je t'adjure, toi, mère des abeilles, au nom de Dieu, roi du ciel, et du rédempteur, Fils de Dieu, je t'adjure de ne voler loin ni haut, mais de revenir au plus vite à ton arbre. Là tu te placeras avec toute ta lignée ou tes compagnes. J'ai là un bon vase bien préparé où vous travaillerez au nom du Seigneur*[2].

Loi lombarde : Si quelqu'un, entrant dans le bois d'un autre, enlève un essaim d'un arbre qui ait été marqué, il composera pour six solidi ; mais si l'arbre n'était point marqué, le premier survenant pourrait,

---

1. Saint Louis, *Établissements*, 1, 165.
2. Adjuro te, mater aviorum, per Deum regem cœlorum et per illum Redemptorem, Filium Dei, te adjuro, ut non te altum levare, nec longe volare, sed quam plus cito potest, ad arborem venire : ibi te allocas cum omni tuo genere, vel cum socia tua; ibi habeo bono vase parato, ut vos ibi in Dei nomine laboretis, etc. (Baluz., *Capit.*, t. II, p. 663.)

selon le droit naturel, prendre l'essaim, excepté dans la terre du roi (*excepto de gaio regis*). (G. 596.) — Voy. au chapitre de la *Tradition*, les cérémonies en usage pour le déplacement d'un essaim.

Celui qui trouvera des oies dans sa moisson coupera une baguette longue du coude jusqu'au bout du petit doigt et grosse comme ce petit doigt; et il pourra avec cette baguette tuer les oies dans sa moisson. Si les oies mangent le grain du grenier ou de l'aire par la herse, qu'on leur laisse tomber la herse sur le cou, et qu'elles restent là jusqu'à ce que mort s'ensuive [1].

Les bêtes, qui devaient toujours être remplacées par le propriétaire ou le fermier, étaient appelées en France et en Allemagne : *de fer, d'acier, éternelles*[2]. — La cour de Sibotin, à Rastetten, donnera au village de Rastetten une bête à cornes d'acier, et la bête sera rouge comme le sang. (G. 593.) — C'est ainsi que Xerxès promet au beau platane, dont il était épris, de lui donner pour en avoir soin un homme immortel [3].

Le bétail étant une des principales sources de la richesse dans les temps barbares, fixe l'attention du législateur. Il ne disparaîtra pas une tête du troupeau sans que le berger n'en rende compte : — *Loi des Ripuaires*, 76, 6 : Si un animal donné en garde meurt dans l'intervalle d'un plaid à l'autre, celui à qui il a été confié viendra par-devant le juge avec la peau et la tête dépouillée, afin de les montrer à celui de qui il détient (*auctorem suum ostendere*).

1. *Lois galloises*, Wotton, II, ch. 10, 11.
2. Voy. Laurière.
3. Hérodote.

Quand un animal vient à mourir, que le pâtre apporte à son maître les oreilles, la peau, la queue, la peau de l'abdomen, les tendons, et qu'il montre les membres[1]. — Celui qui a commis le crime de tuer une vache doit se raser la tête entièrement, avaler, pendant un mois, des grains d'orge, et s'établir dans un pâturage de vaches, couvert de la peau de celle qu'il a tuée. Qu'il suive les vaches tout le jour, et, se tenant derrière elles, qu'il avale la poussière qui s'élève; après les avoir servies et les avoir saluées, que pendant la nuit il se place auprès d'elles pour les garder... S'il voit une vache manger dans une maison, un champ ou une grange, appartenant soit à lui-même, soit à d'autres, qu'il se garde d'en rien dire, de même que lorsqu'il voit un jeune veau boire du lait[2].

Si le berger est saisi par le roi ou par un crocodile, frappé du tonnerre, mordu d'un serpent, blessé par la chute d'un arbre, déchiré par un tigre, etc., il n'est pas responsable envers le propriétaire du troupeau[3].

Nulle amende pour les dégâts faits par les éléphants et chevaux; ils sont considérés comme défense... Ni pour une bête qui n'a qu'un œil... Ni pour une vache qui a vêlé naguère[4].

Une vache, dans les dix jours après qu'elle a vêlé, les taureaux que l'on garde pour la fécondation et les bestiaux consacrés aux dieux, accompagnés ou

---

1. Manou, p. 286, § 234.
2. *Id.*, p. 411-2, § 108-114.
3. *Digest. of Hindu law*, II, 369.
4. *Ibid.*, II, 372.

non de leur gardien, ont été déclarés exempts d'amende par Manou[1].

Le vacher qui a pour gages des rations de lait doit traire la plus belle vache sur dix, avec l'agrément du maître; ce sont là les gages du pâtre qui n'a pas d'autre salaire[2].

La loi connaît l'âge et le prix de tous les habitants de l'étable ou de la basse-cour, on ne peut la tromper sur ce qu'ils valent; elle le sait au juste; elle mesure leur valeur à leur force : — Les poules de redevance doivent être telles, qu'elles puissent d'elles-mêmes sauter par-dessus un pot de Thuringe plein d'eau (année 1260). — Il doit être livré un coq qui puisse voler sur un escabeau à trois pieds (années 1517 et 1657). Dans le droit frison, ce sont deux poules qui puissent voler sur un tonneau. — Dans les lois de Galles, il est dit : Le veau doit être capable de marcher neuf pas et de téter le lait aux quatre pis[3]. — On donnera une brebis telle, que de sa toison elle puisse abriter son agneau d'une ondée de mai[4].

L'homme des temps barbares, encore dans la faiblesse et l'humilité de son enfance morale, accorde beaucoup à la nature animée; il vit avec elle sans se rendre compte de l'immense intervalle qui l'en sépare. Est-il triste ou joyeux, son chien, son bœuf doivent partager sa joie et sa tristesse;

1. Manou, p. 288, § 242.
2. *Idem*, p. 286, § 231.
3. Probert, p. 225.
4. *Id., Ibidem.*

ils font pour ainsi dire partie de la famille. Quand il les achète, il les introduit en cérémonie dans sa maison, en évitant de leur laisser toucher le seuil de sa porte (G. 156), comme il fait pour la fiancée (Voy. plus haut). S'il est accusé d'un meurtre commis dans sa demeure, il prend son chat, son chien et son coq, paraît au tribunal pour jurer devant eux de son innocence, et leur muet témoignage l'absout (Voy. *le Jugement*). — Les jours de fête il les orne de rubans, comme font encore aujourd'hui les muletiers de Provence et d'Espagne. — Lorsqu'il arrive un décès ou que l'on célèbre des noces, les ruches sont couvertes de mouchoirs rouges ou noirs (en Bretagne, par exemple). Autrefois le cheval de guerre était enterré avec son maître. Aujourd'hui encore il l'accompagne drapé de deuil jusqu'au lieu de la sépulture.

SECTION II

L'Ager, ou champ limité, orienté.

Il s'éleva une querelle entre les pasteurs d'Abraham et ceux de Loth, parce que le pays ne leur suffisait pas pour vivre ensemble. Abraham dit donc à Loth : Qu'il n'y ait point, je vous prie, de dispute entre vous et moi, ni entre mes pasteurs et les vôtres, parce que nous sommes frères : vous voyez devant vous toute la terre. Retirez-vous, je vous prie, d'auprès de moi. Si vous allez à la gauche, je prendrai la droite : si vous choisissez la droite, j'irai à la gauche.

Abraham est l'ancêtre du peuple agriculteur qui doit partager la Judée en ses douze tribus. Les deux races des pasteurs et des agriculteurs trahissent d'avance l'antipathie qui les divisera. Elle éclate entre les deux frères, Isaac et Ismaël, le Juif et l'Arabe, l'agriculteur et le pasteur. De là encore les guerres des Égyptiens et des Hycsos, longue et opiniâtre lutte dont l'Égypte a perpétué la mémoire dans ses monuments, particulièrement sur l'un des grands temples de Thèbes. Le pasteur, en effet, n'est pour le laboureur qu'un vagabond, un ennemi, un sacrilège, qui ne connaît ni borne ni limite ; il ne respecte point la terre, cette terre sacrée qui boit la sueur de l'homme et dont l'homme mange le grain. Le laboureur a épousé la terre, il en est l'époux légitime ; le pasteur en est l'infidèle amant. Le laboureur se nourrit de grain, de fruits ; sa vie laborieuse et innocente ne coûte rien aux êtres animés. Le pasteur vit de la mort, il mange la chair, boit le sang ; il aime la guerre ; il ne craint pas de verser le sang de l'homme.

Le laboureur est un prêtre, il regarde le ciel autant que la terre ; il essaye de la consacrer, de l'*orienter*, de lui appliquer la forme du ciel. J'ai parlé tout au long, dans mon *Histoire romaine*, de l'orientation et de la limitation étrusque, dont les lois embrassaient également le temple, le tombeau, la cité et le camp, comme le champ du laboureur. Nous trouvons quelques traces de l'orientation chez les Indiens ; le Nord, le côté de l'Himalaya, du

Mérou, est pour eux le point sacré du monde[1].

Celui qui mange en regardant l'Orient prolonge sa vie; en regardant le Midi, acquiert de la gloire; en se tournant vers l'Occident, parvient au bonheur; en se dirigeant vers le Nord, obtient la récompense de la vérité[2].

Autre loi indienne : Un terrain élevé avec bâtiments solides et partout entouré d'un fossé, s'il a la moitié ou le quart d'une yojana de longueur, et le huitième en largeur, c'est une cité. Mieux encore, si elle a une eau profonde à l'Est, et si elle est habitée seulement par des hommes de race pure[3].

Sachez que la mer fut séparée du ciel, et que Jupiter se réserva la terre de l'Étrurie, qu'il établit et ordonna que les champs seraient mesurés et désignés par des limites. Connaissant l'avarice et la cupidité des hommes, il voulut que toute limite fût marquée de signes reconnaissables. Ces signes, l'avidité des hommes du siècle qui sera le dernier, les violera par mauvaise ruse, les touchera, les déplacera. Mais celui qui les touchera et déplacera pour accroître son bien aux dépens d'autrui, sera pour ce crime condamné des dieux. Si le coupable est un esclave, il tombera sous un maître plus dur. S'il a agi à l'instigation de son maître, la maison de celui-

---

1. Les pasteurs lui attribuent quelquefois aussi un caractère sacré. Chez les Tartares, la porte des maisons est au sud, l'habitation des femmes à l'est; le maître dans son lit a le visage tourné vers le sud. — Les Jugures (peuple tartare) se tournent vers le nord pour adorer; leurs temples sont divisés de l'est à l'ouest. Du côté du nord, il y a une chambre en dehors; la porte regarde le midi. Rubruquis, trad. par Bergeron, 1634, c. 2, 26.
2. Manou, p. 36, § 52.
3. *Digest. Hindu*, 11, 351.

ci s'en ira bien vite en ruine, et toute sa race périra. Car ceux qui touchent aux limites seront affligés de maladies et de plaies incurables, et leurs membres seront frappés de débilité. Alors aussi la terre s'ouvrira, les tempêtes et les tourbillons en désoleront la surface. Les fruits seront flétris et coupés par les pluies et la grêle, brûlés par la canicule, pourris par la rouille ; et des discussions violentes s'élèveront parmi les peuples. Sachez que de telles choses arriveront quand on commettra ces crimes. C'est pourquoi repousse la ruse et la fraude, et mets la règle dans ton cœur [1].

Les Grecs plaçaient dans les tombeaux la tête du mort vers le Levant. Au contraire, on la tournait vers le Couchant chez les Cariens (comme semble le dire le texte de Thucydide, ou chez les Phéniciens, comme le veut le Scholiaste) [2]. Du reste, l'orientation semble avoir été à peu près étrangère aux Grecs et aux Juifs [3]. Ceux-ci protestent en quelque sorte contre le culte de l'Asie; loin d'adorer le soleil, ils l'arrêtent dans son cours (Josué). L'orientation reparaît chez les nations germaniques ; elles regardent à la fois le ciel et la terre; leurs royaumes s'appellent *Nor*thumbrie, *Sussex*, *Wessex*, *Essex*, *Est*-Anglie, *Wisi*gothie, *Ostro*gothie. — Nous avons parlé

1. *Fragmentum Vegoiæ Arrunti Veltumno*, apud Gœsium, p. 258.
2. Voy. le livre Ier de Thucydide et les remarques du Scholiaste.
3. A moins que l'on n'explique en ce sens le passage suivant des Nombres (c. 35, § 4): Ces faubourgs qui seront au dehors des murailles de leurs villes, s'étendront tout autour de l'espace de mille pas. — Leur étendue sera de deux mille coudées du côté de l'orient, et de même de deux mille du côté du midi. Ils auront la même mesure vers la mer qui regarde l'occident, et le côté du septentrion sera terminé par de semblables limites.

ailleurs de l'orientation chrétienne [1]. L'église, comme on sait, doit avoir l'autel au levant, la porte au couchant. Ces règles furent négligées dès le quinzième siècle. Saint-Benoît, achevé à cette époque, fut justement nommé *bestornatus* [2], parce qu'on avait mis d'abord l'autel au couchant [3]. Mais retournons à l'Orientation des terres.

L'orientation reparaîtra plus tard dans les Fiefs du soleil, dans l'intronisation du duc de Carinthie et dans la détermination de la place du jugement.

Le champ une fois orienté, l'enceinte doit être marquée par certains signes. La borne la plus sacrée, c'est un tombeau. (Voy. sur ceci l'ingénieuse théorie de Vico.) On sait l'histoire des frères Philènes : — Les Cyrénéens et les Carthaginois, depuis longtemps en guerre pour déterminer dans le désert la limite des deux territoires, étaient convenus qu'elle serait au lieu où se rencontreraient des coureurs partis en même temps des deux villes. Les Cyrénéens, ralentis par un ouragan de sables, proposèrent aux frères qui avaient couru pour Carthage que les uns ou les autres se fissent enterrer vivants au lieu où ils voulaient placer la frontière. Les Philènes acceptèrent la condition ; leur tombeau devint une borne et un autel. (Sall., *Jug.*, 79; Pomp., *Mela*, 1, 7; Val. Max., V, 6, 4.)

---

1. Voy. Boisserée, *Cathédrale de Cologne*, et les divers auteurs cités au dernier chapitre du tome II de mon *Histoire de France*.

2. Ducange, verbo *Bestornatus*.

3. Saint-Benoît était une petite église de la rue Saint-Jacques dont on avait fait un théâtre et où l'on chantait le vaudeville sur les cendres de Domat.

Les Étrusques et les Romains placent des tombeaux aux limites des champs. Chez les Hindous, on enterre des os sous la borne, et de plus quelques parcelles de toutes les choses dont l'homme se sert : — De grosses pierres, des os, des queues de vaches, de menues pailles de riz, de la cendre, des tessons, de la bouse de vache séchée, des briques, du charbon, des cailloux et du sable ; enfin, des substances de toutes sortes, que la terre ne corrode pas dans un temps considérable, seront déposés dans des jarres, et cachées sous la terre à l'endroit des limites communes.

Que les voisins, mettant de la terre sur leurs têtes, portant des guirlandes *de fleurs rouges* et des vêtements rouges, après avoir juré par la récompense future de leurs actions, fixent exactement la limite[1]. Mais s'il n'y a ni voisin ni gens dont les ancêtres aient vécu dans le village depuis le temps où il a été bâti, le roi doit faire appeler les hommes qui passent leur vie dans les bois, savoir : des chasseurs, des oiseleurs, des vachers, des pêcheurs, des gens qui arrachent des racines, des chercheurs de serpents, des glaneurs et autres hommes vivant dans les forêts[2].

Que le propriétaire d'un champ l'entoure d'une haie d'arbrisseaux épineux, par-dessus laquelle un chameau ne puisse regarder, et qu'il bouche avec soin toutes les ouvertures par lesquelles un chien ou un porc pourrait fourrer sa tête[3].

---

1. Manou, p. 289, 290, § 250-1-6.
2. *Ibid.*, p. 289, 290, § 250-1-6-9, 260.
3. *Ibid.*, p. 287, § 339.

Romulus, dit Plutarque, creusa un fossé autour du lieu qu'on appelle maintenant le Comice; on y jeta les prémices de toutes les choses dont on use légitimement comme bonnes, et naturellement comme nécessaires. A la fin, chacun y mit une poignée de terre qu'il avait apportée du pays d'où il était venu; après quoi, on mêla le tout ensemble : on donne à ce fossé le nom de Monde. On traça ensuite autour du fossé, en forme de cercle, l'enceinte de la ville... Le fondateur, mettant un soc d'airain à une charrue, y attelle un bœuf et une vache, et trace lui-même, sur la ligne qu'on a tirée, un sillon profond. Il est suivi par des hommes qui ont soin de rejeter en dedans de l'enceinte toutes les mottes de terre que la charrue fait lever et de n'en laisser aucune en dehors. Lorsqu'on veut faire une porte, on ôte le soc, on suspend la charrue, et on interrompt le sillon. De là vient que les Romains, qui regardent les murailles comme sacrées, en exceptent les portes. Si celles-ci l'étaient, ils ne pourraient, sans blesser la religion, y faire passer les choses nécessaires qui doivent entrer dans la ville, ni les choses impures qui faut en faire sortir[1]. — Pour marquer l'enceinte d'Alexandrie, les soldats macédoniens semèrent de la farine[2].

Dans le Nord, on mettait sous la borne d'un champ du charbon (comme dans l'Inde), et de plus du verre et des pierres. (G. 534.)

Au Moyen-âge, lorsqu'on plaçait des bornes, on faisait venir des enfants, on leur pinçait l'oreille, ou

---

1. Plut., *Romulus*.
2. Voy. Arrien.

on leur donnait des soufflets, pour mieux leur imprimer le souvenir de ce qu'ils avaient vu. — Dans certaines communes, on les poussait sur les pierres nouvellement posées. — De temps en temps, on visitait et renouvelait ces bornes. Cette visite s'exprime par les mots *circumducere*, *peragrare*, *cavallicare* (chevaucher) : — Pour la Marche de Wurtzbourg, les principaux et les vieillards promènent (*circumducunt*) autour des limites, et vont en avant, engagés par serment à faire déclaration de toute chose juste sans rien déguiser. (G. 546.)

Ces arbres et ces pierres étaient inviolables et sacrés. Il n'était permis d'y prendre ni feuilles ni branches. Il est fait mention dans les contes allemands d'esprits maudits qui rasent les champs sous forme de feux follets pour avoir déplacé les bornes des Marches lorsqu'ils étaient en cette vie. (*Ibid.*)

Les Coutumes allemandes établissent des peines cruelles contre ceux qui en labourant déplantent les bornes : — On est d'avis que c'est justice d'enterrer un tel homme jusqu'à la ceinture dans le trou même où était sa pierre, puis de passer sur lui avec une charrue et quatre chevaux; c'est bien là son droit. (G. 547.) — Si quelqu'un déracine des bornes, son bœuf, sa charrue et sa voiture sont acquis au roi. On payera de plus au roi pour le pied droit de celui qui mène la charrue, et pour la main gauche de celui qui pousse. (Probert, *Lois galloises*, 193-4 ; G. 547-8.)

Droit du Nord (G. 539) : Quand un bien est parvenu à une forme symétrique et à une juste division solaire, c'est alors la *terre habitée* qui devient comme mère de la *terre cultivable ;* c'est d'après celle-là qu'on divise celle-ci, et il est fait au propriétaire limitrophe une bonification d'un pied comme Sentier de l'oiseau, de deux pieds comme Sentier de l'homme, de trois pieds comme Route de troupe. L'étendue du champ détermine la part de prairie, celle-ci la part de forêt, celle-ci la part de roseaux, celle-ci enfin divise l'eau d'après les filets ; et là où des pierres ne pourraient être placées de manière à être vues, qu'on se serve de perches ou bâtons pour diviser la part des roseaux.

Document de l'an 1185 : ... *Delà vers le Rhin, on voit encore au sommet d'un rocher la ressemblance de la lune* (similitudo lunæ), *gravée par l'ordre du roi Dagobert et en sa présence, pour déterminer les limites de la Bourgogne et de la Rhétie.* (G. 542.)

Planter des clous dans les arbres de la vallée où nous avons fait tailler des croix sur l'arbre et enfoncer des pierres au-dessous[1] (année 528). En Touraine, et sans doute aussi dans d'autres provinces, *on met à chaque borne quatre moellons qu'on appelle les témoins*[2].
— En Bretagne, *on mettait*, dit-on, *quelquefois des épées pour bornes des champs* (?)[3].

Un manuscrit de l'église de Mayence contient la bénédiction d'une pierre itinéraire. D'abord l'évêque trace du pouce avec de l'eau bénite, un jour de dimanche, une croix au milieu de la pierre et aux quatre angles[4].

1. *Script. Rer. fr.*, IV, 1.
2. *Almanach des villes et des campagnes*, 1832, par M. Lorrain. Ce petit livre, fait avec beaucoup de soin, mérite plus de confiance que la plupart des ouvrages du même genre.
3. Lobineau, I.
4. Carpentier, verbo *Acies*, 43.

Quant au point de départ de la mesure et du poids, les divers peuples l'empruntent à divers objets. Les uns le prennent dans la nature ; par exemple, le Gallois part du grain d'orge ; l'Indien, de l'atome de poussière qui tourbillonne dans un rayon de soleil. Les peuples héroïques, Grecs, Romains, Germains, partent de l'homme même, et prennent un membre, le bras, la main, le doigt, pour point de départ.

Quand le soleil passe à travers une fenêtre, dit Manou, cette poussière fine que l'on aperçoit est la première quantité perceptible. Huit grains de poussière pèsent comme une graine de pavot ; trois de ces graines sont égales à une graine de moutarde noire ; trois de ces dernières à une de moutarde blanche. Six de moutarde blanche sont égales à un grain d'orge de moyenne grosseur, trois grains d'orge sont égaux à un crichnala, cinq crichnalas à un mâcha, seize mâchas à un souvarna. Deux cent cinquante panas sont déclarés être la première amende, cinq cents panas doivent être considérés comme l'amende moyenne, et mille panas comme l'amende la plus élevée[1].

Lois galloises : Dynwal Mœlmud mesura toute l'île en partant de la longueur d'un grain d'orge. Trois grains font un pouce, trois pouces une palme, trois palmes un pied. Il y a trois pieds dans un pas, trois pas dans un saut, trois sauts dans un sillon ; mille sillons forment un mille, etc. C'est encore une coutume de mesurer l'acre légal en partant du grain d'orge... Un aiguillon dans la main du conducteur, de

1. Manou, p. 270-1, § 132-138.

hauteur égale à sa taille, l'autre main au sommet du joug, donnent la largeur d'un acre ; pour sa longueur il faut trente fois cette mesure. Il doit y avoir quatre acres dans chaque tenement, quatre tenements dans un héritage, quatre héritages dans chaque tenure, quatre tenures dans chaque township, quatre townships dans chaque manor, et douze manors et deux townships dans chaque commot. Le commot doit avoir une centaine de townships, dix fois dix dans chaque centaine… Quatre acres légaux doivent entrer dans chaque tenement, seize dans chaque héritage, quatre dans chaque tenure, deux cent quatre-vingt-seize dans le township, mille vingt-quatre dans le manor, douze mille deux cent quatre-vingt-trois dans douze manors. En un mot, il y a douze mille huit cents acres dans un commot, et tout autant dans un autre. Les acres de la centaine sont au nombre de vingt-cinq mille six cents, ni plus ni moins.

Le point de départ pour les mesures de longueur c'est, chez les Grecs, le doigt et le pied. Les Romains ont de même le digitus, le palmus, le pes, le palmipes, le cubitus et le passus.

Le roi des Lombards, Luitprand, avait les pieds d'une longueur telle qu'ils ne faisaient pas moins d'une coudée ; son pied, répété quatorze fois sur perche ou corde, faisait une verge ; c'est d'après la longueur de son pied que les Lombards déterminèrent la mesure de leurs terres. (G. 541.)

Le système décimal et centésimal semble avoir dominé chez les Germains : — Ils habitent par cent cantons, dit Tacite… On en prend cent dans chaque canton. — On connaît le dixenier et le centenier de la loi salique (*tunginus*, *centenarius*), et les hundred anglo-saxons, dont l'institution fut rapportée au roi Alfred, etc.

Chez les Allemands, la mesure de la plus petite propriété c'est le siège ou le berceau de l'homme : — La plus petite propriété est celle que peut couvrir le berceau d'un enfant et l'escabeau de la petite fille qui berce l'enfant. — ... Mais quel bien avez-vous donc là, vous autres? pas même de quoi y poser un siège à trois pieds. — Tout homme qui a du bien peut être appelé au jugement, n'eût-il qu'assez de terre pour y placer un siège à trois pieds (année 1579). — Si quelqu'un ne possédait plus pour tout avoir qu'un foyer sous un toit où il pût s'abriter, assis sur un siège à trois pieds, qu'il s'en serve pour refaire son bien. — On laissera aussi dans ce ressort un pauvre homme s'établir sur son bien, pourvu qu'il en ait assez pour se tenir sous un bouclier qui puisse servir de baignoire. (G. 80, 81.) — Si l'homme dont la terre est emportée par les eaux, en garde assez en branches et gazon pour qu'une oie puisse s'y poser avec ses petits, et qu'il lui en revienne par alluvion, l'alluvion est pour lui et ses héritiers (1452). (G. 80.) — L'eau sera dirigée, et le meunier élèvera sa barrière de telle sorte que si une abeille se pose sur la tête du clou au milieu du poteau, elle puisse s'y tenir, et, sans mouiller dans l'eau ses pattes et ses ailes, y goûter et boire. (G. 79.)

Pour déterminer la largeur d'une route, un cavalier la parcourait avec une lance posée horizontalement sur la selle. (Voy. la *Chevauchée-le-roy*.) La route devait avoir en large la longueur de la lance. Pour la largeur d'un chemin, il fallait qu'une femme pût marcher avec un long manteau des deux côtés d'une voiture qui roulerait sur la route, sans risquer d'être blessée, ou bien encore qu'elle pût marcher avec un voile blanc de chaque côté du chariot. — La route qui conduit de la ville à la frontière doit être assez large pour que deux femmes puissent y passer côte à côte avec leurs cruches. Celle qui conduit à des biens particuliers sera assez large pour que deux bêtes de somme qui se rencontreraient, puissent passer sans embarras. La mesure d'un chemin de traverse, c'est que deux chiens y passent sans se gêner. (G. 104.) — *Item*, un chemin de traverse sera assez large pour que s'il venait à passer un corps mort chargé sur une voiture ou sur un char, et qu'une fiancée, ou quelque autre femme en coiffure le rencontrât, elle pût passer à côté sans se souiller. (G. 552.)

Le chemin seigneurial sera large et devra l'estre de deux verges à navets, et chaque verge à navets sera large 19 1/2 pieds de mouton. (Record de Nyel.) — La grande route *doit estre assez large pour y passer avec herse et rouleau.* (*Ibid.*; G. 552.) — Établiss. de saint Louis : *Gentishons, se il n'a que filles, tout autretant prendra l'une comme l'autre, mais l'aisnée aura les héritages et avantages, et un coq, se il y est*[1]... C'est-

---

1. *Établ. de saint Louis.* liv. 1, c. 10. — *Vol d'un chapon :* On appeloit ainsi quatre ou deux arpents de terre autour des fossés du château, qui appartenoient à l'aîné. Coutume de Tours, art. 260. — Par la Coutume de Clermont est estimé à un arpent de terre et de même par les Coutumes d'Orléans, de Berry et de Loudunois. — On appelle aussi le vol d'un chapon, chèze. — On déterminoit aussi un espace de terre par un trait d'arc, un jet de pierre, une portée d'arquebuse. (*Coutume de Bourbonnais*, art. 524. Laurière, *Gloss.*, II, 252, 468, 426.)

à-dire, l'espace de terre appelé le *Vol du chapon*. Cette mesure, que M. Grimm n'a rencontrée nulle part dans les Coutumes de l'Allemagne, se retrouve dans plusieurs des nôtres, et se prend, selon les cas, pour un, deux ou trois jours de terre.

En France, les mesures sont généralement empruntées aux membres de l'homme (pouce, pied, etc.), ou bien encore aux armes (lancea, lancea sartatoria). *Ils m'ont donné un filet de la longueur de dix lances* (lanceis sartatoriis), Charte de l'an 1193. — *Le champ qui va de Brancort à Harchias est large de dix lances* (lanceis sartatoriis), *et s'étend en longueur tout autant que le bois*. Charta Phil. nom. Fland., anno 1180. — *Et le contrée de le fowée* XXXIII *moyes et* XII *lances.* Charte de l'an 1272. — La pique, Hasta, figure souvent aussi parmi nos mesures. *La pique est la mesure du champ* (hasta modus agri). — *Ils attribuèrent à cette maison une pique de pré* (hastam prati). — Astadia et Astadius ont le même sens dans deux actes de Toulouse[1].

Quelle que soit la sévérité du propriétaire dans la fixation des limites, dans l'exclusion du vagabond et de l'étranger, on trouve pourtant dans les vieilles lois quelques dispositions humaines en faveur du pauvre, du pèlerin, du voyageur.

Loi de Manou : Le Dwidja qui voyage, avec de chétives provisions, s'il vient à prendre deux cannes à sucre ou deux petites racines dans le champ d'un autre, ne doit pas payer d'amende. — Prendre des

---

1. Pour cet exemple et les précédents, voy. *Ducange*, I, 794.

racines ou des fruits à de grands arbres non renfermés dans une enceinte, ou du bois pour un feu consacré, ou de l'herbe pour nourrir des vaches, selon Manou, ce n'est pas un vol. — Un brahmane qui a passé six repas (trois jours) sans manger, doit, au moment du septième repas (c'est-à-dire le matin du quatrième jour), prendre à un homme dépourvu de charité de quoi se nourrir la journée sans s'occuper du lendemain [1].

Quand vous entrerez dans la vigne de votre prochain, vous pourrez manger des raisins autant que vous voudrez, mais vous n'en emporterez point dehors avec vous. — Si vous entrez dans les blés de votre ami, vous en pourrez cueillir des épis, et les froisser avec les mains, mais vous n'en pourrez couper avec la faucille [2].

Les Grecs permettaient de prendre du fruit d'autrui : jusqu'à une charge d'homme. — Qu'on ne prenne pas du fruit d'autrui plus qu'un homme ne puisse porter, disent aussi les lois du Nord. — Il était défendu, dans les lois des Laurentins, de prendre du fruit d'autrui sur son bras, c'est-à-dire ce qui peut faire la charge de l'épaule (*in armum, id est, quod humeri onus sit*). — (Festus, verb. *Armata*; G. 554.)

Loi des Lombards : Si quelqu'un enlève plus de trois grappes de raisin dans la vigne d'autrui, qu'il paye pour composition six solidi; s'il en prend jusqu'à trois seulement, cela ne lui sera pas imputé. — En Alle-

---

1. Manou, p. 302-3, § 339, 341 ; p. 395, § 16.
2. *Deutéronome*, c. 23, § 24-25.

magne, un passant pouvait impunément cueillir trois pommes à l'arbre d'autrui, arracher trois raves dans le champ d'autrui. — Celui qui coupe des raisins est-il un malfaiteur ? S'il s'est coupé trois ou quatre grappes dans la main, et les a mangées, il ne sera pas considéré pour cela comme un mauvais sujet ; mais s'il s'en était coupé dans son sein, dans ses bras, ou dans ses poches, et que cela fût trouvé ainsi par le garde, celui-ci ne lui devrait pas de réparation pour les paroles qu'il pourrait lui adresser, et l'autre n'en vaudrait pas mieux pour cela. (G. 554.) — *Item*, un homme qui se trouve en route, et qui vient de chevaucher dans la plaine, peut ramasser autant de gerbes qu'il pourra en saisir au grand galop avec sa lance, mais pas autrement. (G. 107.)

Les lois des Brehons d'Irlande permettent de prendre du bois pour certains usages : excepté dans les bois sacrés[1].

Ils ont droit de prendre les branches sèches avec un croc de bois ou de fer. Arrêt de l'année 1271. — *Ils ont droit de prendre dans la forêt d'Andelau le bois mort et les branches aussi haut qu'ils pourront les atteindre, montés sur leur chariot*[2].

Le seigneur roi a ordonné qu'on ne pratiquât plus une injuste coutume usitée dans quelques parties du Vermandois; selon cette coutume, *un homme dont le chariot verse ne peut le relever sans l'assentiment du seigneur sous la dépendance duquel se trouve cette terre; ou s'il le relève, il est tenu de payer soixante*

---

1. *Collect de rebus Hib.*, III, 102. — Voyez aussi, dans les *Triades galloises*, certains cas où le pauvre prend sans voler.
2. *Ducange*, verbo *Branca*, I, 1281.

sols à ce même seigneur. (Ch., année 1257; Carpentier, verbo *Quadriga*, 3; G. 354.)

Item, que chaque paysan conduise deux voitures de bois, et qu'il n'y ait pas plus de quatre chevaux attelés à la voiture; que ce soit tout bois gâté, bois mort, mauvais bois, de telle façon que sept chiens puissent courre un lièvre à travers, ou qu'une pie puisse voler à travers, les oreilles droites. (G. 93.)

CHAPITRE III

TRADITION

Chez les Indiens, celui qui vend ou donne un fonds, répand sur la terre un peu d'eau que l'acquéreur recueille dans sa main et boit pour indiquer que désormais la propriété lui appartient. — La tradition d'une terre, disent ailleurs les lois indiennes, se fait avec six formalités : Consentement des gens du lieu, des parents, des voisins, des héritiers, et livraison d'or et d'eau[1].

Ainsi les éléments servent de symboles à la tradition. Celle de la terre se fait souvent par la terre même, souvent encore par l'eau et la terre. Xerxès envoie demander aux Athéniens qu'ils lui donnent la terre et l'eau. Darius explique en ce sens le présent que lui font les Scythes. (Hérod., 4, 126.) — Dans un vieux chant sur l'invasion hongroise, l'envoyé d'Arpad

---

1. *Digest. Hindu*, II, 161.

remplit une bouteille de l'eau du Danube, prend un peu de terre et d'herbe, et porte le tout à Arpad, qui, en vertu de ces symboles, marche en Hongrie, et revendique le pays comme sien. (G., 121.)

La terre servait aussi comme symbole à la vindication romaine. *Aul. Gell.*, 20, 10 : Ils allaient au champ même qui faisait l'objet du litige, y prenaient de la terre, et en portaient une glèbe à la ville devant le préteur ; sur cette glèbe, comme sur le champ tout entier, avait lieu la vindicatio. Voy. aussi Festus, verbo *Vindiciæ*. — *Document hongrois de* 1360 : Sous le susdit poirier, Thomas et Michaël Chapy, déceints et pieds déchaux, plaçant la glèbe sur leurs têtes, comme c'est la coutume de jurer sur la terre, ils ont juré que la terre qu'ils foulaient (*reambulassent*) et circonscrivaient (*sequestrassent*), des premières bornes aux dernières, était bien de leur possession et en dépendait. (G. 120.) — Voyez plus loin les frères d'armes du Nord, qui se juraient fraternité sous la terre. L'ordalie scandinave se faisait de même.

Dans les traditions et les poèmes allemands, les héros qui font un serment enfoncent l'épée dans la terre jusqu'à la poignée. — C'était un usage dans plusieurs parties de l'Allemagne de prêter serment sur le blé vert. — Dans une ballade écossaise (*Minstrelsy*, II, 416), on lit : Elle jura par l'herbe verte; elle en fit autant par le blé. — Serment dans l'*Iliade*, 14, 274 : D'une main il toucha la terre toute féconde, de l'autre main la mer brillante.

Tite-Live, I, 24 : Il n'est mémoire d'aucun traité plus antique : le fécial demanda au roi Tullus : M'ordonnez-vous, ô roi, de *frapper traité*[1] avec le *pater patratus* du peuple albain. Le roi l'autorisant, il dit : Roi, je vous demande les *sagmina*. Le roi dit : Prends-la pure (*puram tollito*). Et le fécial apporta une herbe pure du gazon de la citadelle. — Cette *herba pura* des Romains se retrouve dans une des formules des plus originales de la loi des Francs, *Lex salic.*, tit. 61 ; la *chrenecruda* (reines kraut), qu'y prend le banni, signifie herbe pure. — Pline dit (*Hist. nat.*, 22, 4) : Chez les anciens, le signe suprême de la victoire, c'était que les vaincus tendissent l'herbe, cédant ainsi la terre, terre nourrice, terre des tombeaux ; je sais que cette coutume subsiste chez les Germains. — Festus : Ce mot de Plaute, Je donne l'herbe, signifie, Je m'avoue vaincu. — Dietmar, *Mers.*, 6, 65 : Les Lusaciens vaincus viennent tête rasée, rendent les mains et tondent le gazon. (G., 109.)

On trouve fréquemment dans les formules franciques et saxonnes : Tradition par herbe et terre, par le gazon, par le gazon et le vert rameau : — Hériolt amena ses parents et ses proches, apporta du lieu susdit des gazons verts, et semblablement de vertes boutures pour planter dans le cloître de la vierge Marie ; étant donc venu par-devant le Seigneur évêque Hitton, en présence de tout le clergé et du peuple assemblé pour cette solennité, il s'approcha de l'autel de la très sainte Marie, et y posa les gazons et boutures en mémoire éternelle de la chose ; le prêtre Oadalpald et le moine Otolf les emportèrent pour les planter dans le cloître (année 828). — Je concède les

---

1. *Ferire fœdus*, comme les Allemands disaient *bâtonnier jugement*.

susdits biens et terres à l'église Sainte-Marie. J'en fais légitime cession par paille et couteau, gant et gazon, et rameau d'arbre, et ainsi je m'en mets dehors, m'en expulse et m'en fais absent. (D. Calmet, *Hist. de Lorraine*, I, preuves, p. 524; année 1107; G. 112.)

En Flandre ces usages durèrent très longtemps. Le maître du fonds donné ou vendu y coupait avec un couteau une motte de gazon de forme circulaire et large de quatre doigts; il y fichait un brin d'herbe, si c'était un pré; si c'était un champ, une petite branche de quatre doigts de haut, de manière à représenter ainsi le fonds cédé, et il y mettait le tout dans la main du nouveau possesseur. (G. 112.) — Ces signes pouvaient être produits en justice. Aussi on les gardait avec soin dans les églises. (*Ducange*, 3,1522) : On a conservé jusqu'aujourd'hui dans beaucoup d'églises des signes de ce genre; on en voit à Nivelle et ailleurs, de forme carrée, ou semblables à des briques.

Chez les Alamans, en cas de controverse sur les limites, on coupait une motte du champ en litige, on 'apportait devant le comte, enveloppée d'un drap; le duel décidait, mais auparavant les combattants touchaient cette terre de leurs épées[1].

Que les deux voisins en dispute sur leurs limites, apportent au mallum une pièce de gazon du lieu contesté, et jurent en la touchant de leurs épées[2].

Dans la loi des Bavarois, le vendeur obligé de confirmer la possession du bien à l'acheteur qu'un tiers inquiétait, devait renouveler la tradition de la manière

---

1. Je ne sais où j'ai lu que, dans certains cantons de la Bretagne, on avait quelquefois planté pour bornes des épées.
2. *Dagoberti Capitul.*, Baluze, I, p. 81, art. 34.

suivante : Aux limites, aux quatre coins du champ, il enlèvera de la terre avec la charrue, ou si c'est un bois, il y cueillera herbe et rameau ; il dira à son acheteur : Je te l'ai transmise légitimement, je te la garantirai. Il répétera ces mots trois fois, en lui présentant l'herbe ou la terre de la main droite, tandis que de la gauche il tendra son gage à celui qui dispute la terre. Si celui-ci disait : Injustement tu as garanti, le combat déciderait. (G. 114.)

Usage du Nord : Après la troisième publication, l'acheteur doit inviter le roi, et le traiter, lui et les compagnons du roi, à trois tables. En leur présence, le roi fait tomber quelque peu de la terre vendue dans le giron de l'acheteur, en signe que toute la terre lui est transmise. Anciennement les particuliers entre eux contractaient aussi de cette manière : Les assistants tendaient le manteau de l'acheteur, et le vendeur y jetait un peu de terre, en prononçant la formule solennelle de l'aliénation. (G. 116. — Voy. Innoc. III, *Decretal.*, I, 4; anno 1199 : *Roma in Daniam...*) — On a vu plus haut comment les Saxons prétendirent avoir acquis la Thuringe.

Au Moyen-âge, l'investiture se faisait aussi par la pierre : — Il l'investit par la tradition d'une petite pierre (charte de l'année 1394)[1]. — Les Romains connaissaient ce symbole : il est mieux de l'empêcher par la main, c'est-à-dire par le jet de la pierre, qu'en lui dénonçant nouvel œuvre. (*Digest.*) — Un document du midi de la France (an 1407) donne des détails plus précis : Il dénonçait nouvel œuvre, et,

---

1. *Ducange*, III, 1532.

en signe de dénonciation et de défense, il jetait une pierre, en disant aux habitants de la maison : Je vous dénonce nouvel œuvre. Il jetait de même une seconde pierre en disant : Je vous dénonce nouvel œuvre. Et ainsi faisait-il encore une troisième fois en jetant une troisième pierre[1]. — A ceci se rapporte le proverbe allemand : Le diable a jeté sa pierre dessous, lorsqu'on parle d'une construction qui ne peut s'achever. (G. 181.)

A Rome, la tradition pouvait encore se faire avec la paille : — Celui qui revendique, prend la chose en tenant une paille, il place cette paille sur la chose en litige, disant : Elle est à moi. (Gaïus, 1, 19.) — *Stipuler*, c'est lever de terre une paille, puis la rejeter à terre, en disant : Par cette paille, j'abandonne tout droit ; et ainsi doit faire l'autre, lequel prendra la paille et la conservera... Et lorsqu'ils auront ainsi fait, si quelqu'un d'eux ou de leurs héritiers veut contester le droit, la même paille sera représentée en justice devant témoins. (*Lex romana*, Paulus, 2, 2 [Canciani, 4,509]. G. 128.)

La donation de la liberté, l'affranchissement, se faisait par la paille. Les Grecs, dit Plutarque (*De his qui sero puniuntur*), jettent sur le corps de l'esclave un mince fétu. Plaute (*Miles gloriosus*) indique ce même usage. L'homme libre par la paille (*festucæ liber*) était le serf affranchi. Plus tard, il semble que la paille ait grandi ; c'est une baguette dont le licteur touche la tête de l'esclave. (Boethius, II, *in Topic. Cic.*)

---

1. Ducange, verbo *Nuntiatio*.

D'après la loi salique (tit. 49), c'était au tribunal que devait se faire la tradition des biens : Il *convient d'observer ceci : le dixenier et le centenier indiqueront l'assemblée ; et il y aura dans l'assemblée un bouclier... Ensuite ils requerront dans l'assemblée même l'homme à qui le bien n'appartient pas encore ; et il jettera un fétu dans le sein (in laisum) du donataire et lui dira combien il lui veut donner... Ensuite, celui dans le sein duquel il a jeté le fétu, se tiendra dans sa maison et prendra trois hôtes... Il doit tout faire avec les témoins qu'il a rassemblés... Puis, en présence du roi ou dans une assemblée légale, il remettra son bien à celui qu'il a choisi et recevra le fétu dans l'assemblée même. Et dans le sein de celui qu'il a choisi pour héritier, il jettera ni plus ni moins que ce qu'il lui donne.* — *Les témoins diront que celui dans le sein duquel le donateur jeta la paille, a demeuré dans la maison du donateur, y a réuni trois hôtes au plus, qu'il les a nourris, et qu'ils lui ont rendu grâce en cette maison* (et in beudo suo pultes manducassent). — Dans l'ancien droit français *laissier* et *guerpir* sont synonymes. Or, *guerpir* (d'où *déguerpir*) est le même mot que *werpire*, qui signifie jeter. (G. 121.)

Le fétu qui avait servi dans un contrat, était conservé avec soin : — *Si l'un des contractants ne remplit pas ses engagements, l'autre ira vers le comte, prendra le fétu et dira la parole* (la formule de la plainte). (*Lex salica*, 53, 3.) — Le maître qui cautionnait le serf, devait, en signe d'engagement, jeter un brin de paille. (*Lex ripuar*, 31.) — De même pour confirmer un serment : *Il a promis par le fétu* (année 691). (*Script. Rer. fr.*, IV, 74.) — Par la transmission du fêtu, on remettait à un autre le droit de poursuivre son affaire devant le tribunal. (Marculf., I, 21.)

Dans une supplique où l'on demande à Charlemagne d'exempter les prêtres du service militaire, il est dit : *Nous tous, tenant la paille dans la main droite et la rejetant de la main, nous protestons...* (Baluz., I, 408, 989 a. 803.) — *Les grands de la France, réunis selon l'usage, pour traiter de l'utilité publique du royaume, ont, par conseil unanime, jeté le fétu et rejeté le roi* (Charles-le-Simple), *pour qu'il ne fût plus leur seigneur.* (Ademarus Caban., p. 164.) — *L'hommage et foi, nous les condamnons, repoussons, rejetons par le fétu* (ex estucamus)... *Cette réponse faite, ils prirent des fétus et dépouillèrent leur foi* (exfestucaverunt). (Galbertin, *vita Caroli, com. Fland.*, 66 ; G. 123.) Ainsi un brin de paille suffisait pour décider d'un champ ou d'un royaume.

Le brin de paille, suivant le cours de sa végétation juridique, devient noueux : — De toutes les choses dites ci-dessus, je fais légitime investiture par le couteau, la paille noueuse, le gant, le gazon et le rameau. (Ughelli, III, 49.) — *J'ai fait tradition, selon la loi salique, par la paille noueuse*[1]. (Mabillon, *Annal.*, IV, 116, a. 997.) — On renonçait aussi à une propriété par le fétu noueux. Puis, ce symbole, paraissant trop léger encore, on employa non plus un brin, mais une paille entière (*calamus*). Et jetant une paille (*calamus*), selon l'habitude du peuple, ils renoncèrent à tout droit sur cette terre. (G. 124, a. 1185). — Résignant et abdiquant par la bouche, la main et le jet

---

[1]. Il y avait de même en Écosse des tenures par la paille. Logan, I, 192.

de la paille, tous nos droits sur lesdites propriétés en faveur desdits acheteurs. (*Ecc. Fr. orig.*, I, 572, a. 1344).

Dans l'île de Man, dit Spelman (*Coll.*, 156), c'est encore l'usage qu'on ratifie la vente des chevaux ou de toute autre chose, en donnant la paille. — On lit dans le poème flamand de Reinaert, lorsque le lion gracie la renard : Alors le roi, prenant un brin de paille, pardonna à Reinaert de toute offense, la ruse de son père et son propre crime. — Reinaert, rendant au roi le trésor d'Ermeling, prit un brin de paille, le présenta et dit : Tiens, seigneur roi, je te rends le trésor. Le roi accepta le brin.

Rompre la paille, c'était chez les anciens faire une promesse; les deux contractants reconnaissaient leurs promesses en rapprochant les deux brins rompus. (*Orig.*, IV, 24.) Dans l'ancien français, *rompre le festu*, voulait dire évacuer le pays, y renoncer. — *Va-t'en en ta contrée, rompus est le festu.* (Roquefort, *Roman d'Alexandre*, 1, 563.) — *Qui jadis rompi le festu*, désigne celui qui a renoncé au siècle. (*Ducange*, 3, 411.) — M. Grimm pense que *rompre* ne veut pas dire ici briser la paille en deux, mais arracher le brin du sol. — Encore aujourd'hui les enfants tirent *à la courte paille.*

Le brin de paille est déjà un signe plus abstrait que la motte de terre ou de gazon. Il y a plus : la terre et le gazon devaient être tirés du champ même dont on voulait disposer; la paille peut être prise partout, même sur le lieu du jugement. Aussi est-elle un symbole d'une application plus variée; elle est le signe le plus général de la tradition. C'est chez les Francs surtout que ce symbole était en usage ; les Frisons et Saxons le connaissaient à peine : — Il renonça au pré de Budenesheim, d'abord par les doigts recourbés, selon la coutume saxonne ; ensuite avec la main et la paille, d'après l'usage des Francs. (G. 128.)

Si est Roboarius (Ripuarius), si est Francus, si est Gothus vel Allemannus venditor, pone cartam in terra, et super cartam mitte cultellum, festucam nodata, wantonem, wasonem terræ et ramum arboris et atramentarium et Allemanni wandelanc, et levet de terra et, eo cartam tenente, dic tradictionem, ut supra diximus, et adde in istorum carta et Bajoarorium et Gundebaldorum ; nam in Gundebalda et Bajoaria non ponitur insuper cultellum. Si Salichus et ceteri elevent atramentarium tantum supra pergamena de terra, non tribuunt eis terram ; si vero tribuunt, tunc elevent cultellum et cetera, exceptis Bajoariis et Gundebaldis. Carta in terra posita, et super calamario, cultello, festuca nodata, wantone, cleba, ramo arboris, donatio salicha ita sit, carta cum omnibus supra scriptis rebus sursum levata donatore teneatur ; et orator dicat : etc. (Formule lombarde dans Canciani; G. 558.) — Ainsi les Bavarois et les Bourguignons ne mettaient pas les symboles sur la charte; les Goths, les Francs, les Alamans, les y plaçaient.

A Rome, la prescription d'une terre était interrompue par la rupture d'une branche. On enfonçait des branches en terre pour limiter les champs. Ceux qui demandaient la paix portaient des branches d'olivier. C'étaient aussi des branches d'olivier que prenaient les suppliants chez les Grecs. Nous retrouvons aussi le rameau chez les Francs : — *Gondebaud envoya au roi deux députés avec des rameaux consacrés selon la coutume des Francs.* (Grégoire de Tours, VII, 32.) — Notre dimanche des Rameaux rappelle l'entrée pacifique du roi spirituel à Jérusalem.

La branche d'arbre était employée, comme la motte de terre ou gazon, pour la tradition d'un fonds. C'était sur le fonds même qu'on prenait le rameau. Pour les jardins, on choisissait une branche de pommier; pour les bois et les forêts, une branche de coudrier et de bouleau. — Par la tradition du rameau à trois branches, coupé sur le bouleau. — Lorsque les arbres du fonds vendu étaient en fleur ou avaient déjà leurs fruits, la branche choisie portait, ce semble, les fruits ou les fleurs : — Coudrier chargé de noisettes. (Ducange, III, 1524.)

La tradition par le rameau se trouve dans la loi des Bavarois, 17, 2; elle dit : ... Ou bien par le rameau, s'il s'agit d'un forêt. — La loi des Alamans, 84, porte : On enfoncera dans la terre même des branches d'arbre. — Wolfheri ayant coupé un rameau d'arbre en présence de tous, et l'ayant mis dans la main de Wagon, lui livra tout... Puis il tira par l'oreille les témoins légitimes (année 825). — (G. 131.)

On rapporte que le susdit Eso prit à un arbre de cette terre un petit rameau qu'il entoura de gazon, et par ce rameau il doua son épouse du pré de Brunvilrense... Cette petite branche resta longtemps aimable aux yeux par sa gracieuse verdure. (Leibniz, I, 315 (dixième siècle). — ... De plume et d'encrier, de paille et gazon, de branche et de fruits. (Murat., *Antiq.*, II, 248.) — Ce texte présente, ainsi que le passage cité plus haut, un singulier mélange de civilisation et de barbarie.

Le bâton, c'est encore la branche, mais dépouillée de feuilles; c'est le rameau travaillé.

Conrad donna l'investiture du bien par le bâton impérial et laissa ce même bâton en témoignage perpétuel (année 1029). — Ce qu'entendant, le seigneur Empereur donna audit évêque la terre par le bâton qu'il tenait à la main. (*Ducange*, III, 1526, année 712). — Ouïs les uns et les autres, le susdit archiprésident Walpert, par le conseil de tous les assistants, prit un bâton et par lui donna lesdites chapelles année 963). — Le duc de Bavière, Tassilon, rendu à Charles son duché avec le bâton... *in cujus capite similitudo nominis erat.* (*Annal. Quelferb*, année 787; G. 133-4.)

> Tenez la terre, que quitte la vos rent,
> Par cest baston vos en fas le présent.
>
> (*Rom. de Garin.*)

Dans la Suisse, on se servait du bâton pour les fiefs des paysans. L'amman prenait un bâton de la main de l'ancien possesseur et le mettait dans celle de nouveau. (Arx., *Hist. de S. Gall.*, II, 183 (an. 1376).

Loi Salique, 63 : *Si quelqu'un veut se séparer de sa parenté et renoncer à sa famille, qu'il aille à l'assemblée devant le dixenier ou le centenier, que là il brise sur sa tête quatre bâtons de bois d'aulne en quatre morceaux, et les jette dans l'assemblée en disant : Je me dégage de tout ce qui touche ces gens, de serment, d'héritage et du reste.* — Le bâton joue dans les jugements le même rôle que le brin de paille dans la tradition. (Voyez plus loin.)

Droit des officiers de Saint-Pierre de Cologne (treizième siècle) : — Si le chevalier ne veut point recevoir les arrérages de sa solde, il placera à l'approche de la nuit, en présence des serviteurs, un bâton dépouillé de son écorce sur le lit de son seigneur. Personne ne dérangera ce bâton jusqu'à ce que l'archevêque venant pour dormir le trouve sur son lit. Si l'archevêque demande qui a fait cela et si le chevalier reçoit par ce moyen sa solde, qu'il continue de marcher avec son seigneur; sinon, le chevalier viendra au matin vers son seigneur, et fléchissant devant lui le genou, il baisera le bord de son manteau, et alors il pourra légalement revenir dans son pays (*repatriabit*)... Mais, si l'archevêque irrité l'empêche de baiser son manteau, il prendra en témoignage deux de ses serviteurs, et alors il pourra encore se retirer sans forfaire. — Il s'agit dans ce texte du serviteur d'un archevêque de Cologne, qui l'a suivi au delà des Alpes, et qui sans doute, après avoir accompli le temps de son service militaire, veut regagner ses foyers. Ce bâton dépouillé dont il se sert est analogue à celui des prisonniers et des suppliants : — Le seigneur de Pinzenau envoya au camp deux pages portant des habits blancs et des bâtons. Il offrit sa soumission et demanda liberté de partir. (*Miroir d'honneur d'Autriche*, année 1504.)

— ... Dans la ville de Welda les confrères de l'Arc... viennent devant les statues des saints, tenant dans leurs mains des baguettes blanches en signe de dépendance. (Grameye, *Antiq. d'Anvers.*) — Après leur condamnation, les révoltés, à genoux sur la place du marché, et ayant des bâtons blancs à la main, juraient fidélité à la nouvelle seigneurie, et s'engageaient sous peine de mort à porter toute leur vie ce bâton blanc. (*Annales de Gœrlitz*, année 1516.) — Partir avec petit bâton, et du bien faire l'abandon. (*Archives de Bade;* G. 133.) — Aujourd'hui en Hollande les servantes sans place vont dans les rues avec des bâtons blancs. — Je ne plains pas les garçons, dit Luther, un garçon vit partout pourvu qu'il sache travailler. Mais le pauvre petit peuple des filles doit chercher sa vie un bâton à la main[1].

Le bâton n'est pas toujours le signe de la tradition, de la renonciation ou de la dépendance. Il est souvent le sceptre, le signe du commandement. Les pasteurs des peuples, prêtres ou rois, à qui les ans ont donné la sagesse, s'appuient sur un bâton; ils ne le quittent jamais, c'est le signe de leur pouvoir. L'augure étrusque est armé du bâton recourbé, du *lituus*, pour diviser le ciel; l'évêque porte la crosse, le magicien son bâton bariolé et couvert de signes.

> Ut sceptrum hoc (dextra sceptrum nam forte gerebat)
> Numquam fronde levi fundet virgulta neque umbras :
> Quum semel in silvis imo de stirpe recisum
> Matre caret, posuitque comas et brachia ferro...[2]

Les consuls à Rome ne portaient point de sceptre; des faisceaux composés de baguettes d'orme ou de bouleau étaient le signe du pouvoir consulaire, dic-

---

1. *Tischreden*. Michelet, *Mémoires de Luther*.
2. Virg., *Æneid.*, XII.

tatorial et prétorien. Les licteurs du consul qui n'avaient point les faisceaux étaient armés d'une simple verge, comme la baguette noire et blanche de nos huissiers. Au Moyen-âge le sceptre reparaît; le juge germanique est armé du bâton blanc.

La main devait naturellement servir de symbole dans la tradition. C'est par la main que l'homme montre sa force, c'est l'instrument, le signe de la puissance; c'est *en la main* de l'homme que le droit romain place la femme, les enfants et les biens; la main consacre la transmission du droit de propriété. — Le gage se contractait en fermant le poing. — On formait le contrat de mandat en donnant la main. — Pour accepter une hérédité, l'héritier faisait claquer ses doigts. — Le père de famille émancipait son fils en lui donnant un soufflet. — Ceux qui se disputaient la possession d'un fonds se saisissaient les mains, simulaient une espèce de combat, puis allaient devant le préteur; de là l'expression *manu consertum* pour les débats judiciaires. — Lorsqu'on réclamait un meuble, on le saisissait avec la main. On enchérissait à une vente publique en élevant un doigt. — Au cirque, le doigt levé était le signe de salut que donnait le peuple au gladiateur vaincu; le doigt renversé était le signe de mort. — Dans les camps et à l'armée, les sentinelles tenaient un doigt levé.

Si quelqu'un trouve son bétail en la possession d'autrui et qu'il veuille le reprendre, il est nécessaire qu'il y ait mainmise; d'ordinaire il touche les reliques de la main droite, et de la gauche il touche l'oreille gauche de l'animal. (G. 140.) — Dans l'Antiquité comme au Moyen-âge, les fiancés se donnaient l'un à l'autre en se donnant la main. — Le vassal fait foi et hommage en plaçant ses mains dans celles du seigneur : — Quelques-uns ajoutent, dit un vieux feudiste, que le vassal doit remuer ses mains comme si elles tremblaient. Est-ce que tout son corps n'est pas ému lorsqu'il approche de son seigneur? Que ses mains tremblent donc aussi. — Dans l'ancien droit du Nord comme dans l'usage de nos paysans, un contrat n'est valable que lorsque les deux contractants l'ont confirmé en frappant dans la main l'un de l'autre. (G. 137.) — C'étaient chez nous des locutions juridiques : *Par main et bouche*, et encore : *Asseoir la main du roi, main assise, main levée, férir la paumée, palmoiier le marché*[1]. *Palmées, palmans*, sont synonymes de prenants ; — on trouve aussi *héritier palmier*[2].

Mais souvent la main n'est pas nécessaire. A Rome un doigt suffisait. — Sa mère, conformément à la loi saxonne, loua de bouche le don qu'il faisait, et le confirma par le doigt (année 1088). — D'après les lois de Goslar, celui qui rompt un contrat ou un serment sera puni par le doigt qui a fait le serment. (G. 139, 141.)

C'est par les doigts que la main parle et précise ses actes. Pour un serment, il fallait lever les deux doigts antérieurs de la main droite. Une simple promesse se faisait en étendant un seul doigt : — Élevant un doigt de sa main droite, en la forme

---

1. Laurière, *Glossaire*, I, 73.
2. Beaumanoir. Voy. aussi *Coutumes de Mons de Flandre*.

et manière qu'on appelle vulgairement *assurement* (sichern), il promit en bonne foi de donner ses biens. (G. 141. — Voyez la *Procédure*.)

Par la main l'on transmet et l'on consacre la transmission ; par le pied, l'on prend ou l'on réclame possession de la chose transmise. — Voy. ci-dessus, aux *Fiançailles*, l'usage du soulier et la coutume de mettre le pied dans la chaussure. — Dans plusieurs cours féodales, le seigneur qui donnait l'investiture appuyait son pied droit sur celui du vassal. — Lorsqu'on baptisait un enfant, on posait son pied sur le pied du parrain. — Dans les revendications d'immeubles, on mettait le pied droit sur le bien réclamé.

Une charte tirée des archives d'Autun (Duc., I, 870), montre que cet usage existait au douzième siècle en Bourgogne. Aujourd'hui encore, il y en a quelque trace en Dauphiné aux exécutions[1], et en Allemagne, lorsqu'on pose les bornes des champs[2].

La bouche (os sacrum) confirme et scelle d'un baiser les actes les plus importants ; c'est quand toutes les cérémonies sont accomplies que le baiser se donne comme dernière et irrévocable confirmation. De tous les organes extérieurs de l'homme, la bouche est, en quelque sorte, le plus intime ; c'est par elle que passe la pensée qui vient de l'âme, le souffle qui vient du cœur. L'époux douait sa fiancée par un baiser : *Que ma femme conserve ce que je lui ai donné dans le baiser* (in osculo).

---

1. Valence. *Gazette des Trib.*, 20 avril 1828. De plus, des soufflets et des coups de pieds.
2. Dumgé, *Quelques coutumes légales des peuples de l'Allemagne*. Heidelberg, 1812.

Notre vieux droit en avait fait un mot, l'*osclage*, qui signifie le douaire constitué à la femme, et quelquefois le prix de sa virginité[1]. — Dans les contrats on baisait quelquefois le crucifix et la main du prêtre : *Moi, Isembert, j'accorde de mes biens ce qui a été donné à la Sainte Vierge et à saint Cyprien, sans abandonner cependant tout droit seigneurial; j'ai promis en baisant le crucifix dans l'église de Saint-Just, et j'ai confirmé cette promesse par un baiser*[2] — ... *J'ai promis en offrant cette petite charte sur l'autel de Luriac et en baisant le crucifix et l'abbé*[3]. — Dans les cérémonies de l'hommage, le seigneur et le vassal s'embrassent. Quand le seigneur est absent, le vassal baise le *verroul*, la *serrure de l'huis* ou la porte du fief seigneurial. C'est ce qu'on trouve dans les coutumes d'Auxerre, de Berry, de Sens[4]. — Au siège de Trani (1495), Villeneuve, sur le point d'être pris, s'adressa à un Esclavon *et lui demanda s'il estait homme pour lui sauver la vie, lequel Esclavon lui répondit que ouy et lui bailla la foy en le baisant à la bouche*[5].

Dumoulin prétend que *bouche* et *mains* sont synonymes de foi et hommage. Selon Laurière, les roturiers juraient, mais ne baisaient point.

Dans le Code d'Alphonse X on lit : Le vassal peut dire : Je me dépars de vous et vous baise la main ; je ne suis plus votre vassal[6]. — Le pape ayant,

1. Ducange, ad verb. *Osculum, oscleia, oscleum.*
2. Laurière, *Glossaire*, II, 167.
3. Besly, *Episc. pictav.*, p. 59.
4. Voy. Laurière, *Glossaire.*
5. *Mém.* de Villeneuve, coll. Petitot, XIV, 273.
6. Siete partidas.

selon l'usage. présenté le pied à l'envoyé turc pour qu'il le baisât, celui-ci toucha des lèvres, non le pied, mais le genou du pape[1], On connaît les traditions sur le Sabbat, sur les gnostiques du Moyen-âge et les Templiers. Voyez aussi plus loin, *Baiser donné à la terre, Communion.*, etc.

Ainsi chaque organe a son rôle à part dans la tradition : la main transmet, la bouche confirme, l'oreille entend et retient, le baiser scelle, le pied prend possession. Mais ce n'est pas assez, il faut que le donataire emporte quelque chose de la personne du donateur : — Sous le sceau du contrat, de la charte, il placera un peu de la barbe du donateur *pour que cet écrit reste à toujours fixe et stable, j'y ai apposé la force de mon sceau* (robur sigilli), *avec trois poils de ma barbe*[2]. Voyez l'article *Adoption*

Après les symboles naturels, tirés de la nature ou de la personne, doivent venir les symboles artificiels, ceux que l'on tire d'objets créés par l'industrie.

Le chapeau est un de ces derniers symboles, mais il est rarement employé seul. Ce symbole artificiel semble avoir besoin des symboles naturels ou personnels : — Le plus ancien des échevins présents mit au milieu de la salle un chapeau, puis donnant une paille à chacun des légitimes, il les informa que chacun d'eux devait placer et jeter (ponere et jactare) leur paille sur le chapeau, en signe de résignation et de renoncement; selon cet avertissement, les susdits jetèrent les pailles sur le chapeau. (G. 148.) —

---

1. *Infessura*, ap. *Eccard.* II, 1987.
2. Ducange, verbo *Barba*.

A Saint-Gall, lorsqu'on achetait un fonds, le juge et le vendeur tenaient un bonnet noir. L'acheteur devait le leur arracher des mains. — Selon la coutume hessoise, une réclamation solennelle se faisait par le jet du chapeau ou du bonnet. (G. 150.)

Les symboles artificiels correspondent souvent aux symboles naturels, le gant à la main, le soulier au pied. Ainsi, l'on transmet par le gant; l'on prend possession par le soulier. On a vu plus haut que les gants servaient aussi dans la transmission de la propriété ; on les présentait ou on les jetait : — L'empereur Henri II, appelant près de lui Meinwerk..., prit son gant : Reçois, lui dit-il. Meinwerk demandant quelle chose il recevait : L'évêché de Paderborn, répondit l'Empereur. — Avant son exécution, Conradin légua tous ses droits à Pierre d'Aragon en jetant publiquement son gant sur la place. (Contin. Martini Poloni, *Ecc.*, I, 1424.) — *Roman de Rou* : *Vostre terre, dit-il, vous rend par cest mien gant*. — L'avoué de l'Église enleva le gant de la tradition, placé selon l'usage sur les saintes reliques. (Lindenb., *Privil. Hamburg.*, 33.) — L'investiture par le gant existait aussi chez les Francs. (Voyez Chifflet, *Lumina salica*, 249, années 1109, 1121. (G. 152-3.)

Pour le soulier, voyez *Adoption* et *Mariage*. On se rappelle le passage où il est dit que Luther plaça le soulier de l'époux sur le ciel du lit en signe de domination. — Les vassaux étaient quelquefois obligés de porter les souliers du prince, pour témoigner soumission. On lit, dans une chronique des rois de l'île de Man, que le roi de Norvège Olaüs Magnus envoya ses souliers à Murecard, roi d'Hibernie, lui ordonnant de les mettre sur ses épaules le jour de la naissance du Sauveur, de les porter dans sa demeure en présence de ses envoyés, et de se reconnaître ainsi pour sujet du roi Magnus. — Dans la révolte des paysans de Souabe, un soulier leur servit d'enseigne (*bundschuh*). — (G. 155-6.)

Le symbole du soulier se retrouve chez les Juifs : — Or c'était une ancienne coutume dans Israël, entre les parents, que s'il arrivait que l'un cédât son droit à l'autre, pour que la cession fût valide, celui qui se démettait de son droit ôtait son soulier et le donnait à son parent. Booz dit donc à son parent : Otez votre soulier. Et lui l'ayant aussitôt ôté de son pied, Booz dit devant les anciens et tout le peuple : Vous êtes témoins aujourd'hui que j'acquiers tout ce qui a appartenu à Élimelech, à Chelion et à Mahalon, l'ayant acheté de Noémi[1].

Dans cette grande action juridique de la Tradition, l'homme fait tout intervenir comme acteur ou témoin ; les diverses parties de son corps, de son costume ou de sa maison, les ustensiles dont il se sert, les aliments dont il se nourrit, ce qu'il porte ou possède, ce qu'il voit et touche sans cesse, tout reçoit de lui la vie et la parole. La maison, la porte, les verroux, les meubles, fournissent naturellement plusieurs symboles. — Lorsqu'il y avait vente d'une maison, le percepteur enlevait un copeau du poteau de la porte, et le déposait entre les mains du nouveau possesseur. (G. 172.) — Rostagus donna son bien à Adon, en prenant la porte, le gazon et l'an-

---

1. *Ruth*, c. IV, § 7, 8, 9.

delanc (?). (Mabillon, *Acta Bened.*, IV, *sæcul.*) — Moi, Alexandre, fils d'Ardamunde, de la nation des Bavarois, selon la loi bavaroise, je t'ai vendu et livré de ma main par le fétu, le gazon, le rameau et la porte[1]..... — Le seigneur de Regimpert vint avec une troupe de nobles hommes, et investit légalement de ses droits par la porte et les linteaux ledit Amalpert (année 829). — Tradition *par les gonds de la porte*, dans les formules de Lindenbrog pr. 154. — *Par le seuil de la maison. Anciennes formules*. Bignon, p. 134. — Le proverbe : laisser l'anneau à la porte, veut dire être obligé de quitter sa maison et ses biens. — La tradition doit se faire par le seuil et par l'anneau, et alors on sera en possession du tout. (Bracton, *De legib. et cons. Angl.*, II, 18; G. 174-6.)

Il lui livra en présence d'hommes probes et par *terre* (aratoria) *et porte* toutes ces choses[2]. — En ce jour, en présence de gens probes, il fit par l'intermédiaire d'un homme qui se présentait en son nom, tradition dudit bien par *porte et terre*, ou *terre et herbe*.

Lesdits frères Crafto, le juge et le burgrave Hertwinn, le mirent et le placèrent en possession de cette maison par le siège à trois pieds, le tout avec proclamation et paix publique, selon la coutume et droit de Mayence (année 1316).

Voyez plus loin l'investiture par le chapeau, l'épée, la lance, la flèche, la corde des cloches, etc.

---

1. Ducange, III, 1535.
2. *Idem*, I, 628, verbo *Aratoria*.

La tradition se fait encore par le denier. *Pendant qu'on chantait la messe du matin, il vint, et en présence de tous il déposa par huit deniers sa maison sur l'autel du Seigneur. De concert avec eux, il plaça sur l'autel le don et l'écrit, par le couteau et le denier d'Anjou.* (*Ducange*, III, 1530; G. 180.)

Nous avons vu, au commencement de ce chapitre, la terre et l'eau employés, surtout dans les âges primitifs, comme symboles de la tradition. Plus tard on les trouve encore d'une manière moins solennelle, et sous la forme d'aliments : — Pour confirmer leurs promesses, ils donnèrent solennellement le vin du témoignage (vinum testimoniale, anno 1245). — Dans le poëme de Parcival, on voit une réclamation de terre faite par du vin répandu dans le sein. (G. 192.) — Selon l'usage des Barbares, ils firent pendant huit jours des festins pour confirmer leur pacte. (Adam de Brême; G. 160.) — Aujourd'hui encore, après les achats, on *boit un coup*. Le *pot-de-vin* se donnait autrefois en nature. Voyez plus loin les libations de bière dans la réception des compagnons allemands.

C'est un usage général chez nous d'attacher une croix de paille à un bâton planté dans un champ qui est à vendre. L'on attache de même un *bouchon* de paille aux vieux meubles qu'on expose en vente, et à la queue des chevaux que l'on mène au marché. L'usage est ancien ; il désignait, dans le vieux droit français, la saisie féodale. Le seigneur se transportait sur le fief, y posait la main et y plantait un bâton garni de paille ou d'un morceau de drap. — Quelquefois les *bouchons* de paille étaient flambés au feu. Ils prenaient alors le nom de *brandons.* Voyez plus loin *Saisie brandonnée.* — Nous donnerons au livre *Jugement et Guerre,* des détails sur la croix de feu des Écossais, etc.

LIVRE III

ÉTAT.

CHAPITRE PREMIER

LE ROI. — LE NOBLE. — LE LIBRE

Lorsque l'empereur du Mexique montait sur le trône, on lui faisait jurer que, pendant son règne, les pluies auraient lieu selon les saisons, qu'il n'y aurait ni débordement des eaux, ni stérilité de la terre ni maligne influence du soleil[1].

Sept choses, disaient les Brehons d'Irlande, témoignent de l'indignité du roi : Opposition illégale dans le conseil, infraction aux lois, disettes, stérilité des vaches, pourriture du fruit, pourriture du grain mis en terre. Ce sont là sept flambeaux allumés pour faire voir le mauvais gouvernement d'un roi[2].

Nos rois modernes, qui ne descendent pas des

---

1. *Solis*, liv. III.
2. *Collect. de rebus Hib.*, III, 90.

dieux, comme les rois et chefs barbares, n'ont pas puissance sur la nature, et ne répondent pas de ses phénomènes. Mais, par la vertu de leur sacre, ils ont, comme oints du Seigneur, une puissance curative ; ils ne préservent pas, ils guérissent. On sait avec quel succès le roi de France touchait les écrouelles. *Les autres royaumes,* dit le bon Mathieu, *ont bien eu de pareilles grâces gratuitement données, mais elles n'ont pas duré. Les rois d'Angleterre guérissaient l'épilepsie, ceux de Hongrie la jaunisse, ceux de Castille les démoniaques*[1]. — Les rois exercent un autre pouvoir, un pouvoir tel que Dieu lui-même n'en a point un pareil, celui d'annuler, de supprimer le temps[2]. Charles VIII dit dans ses lettres de pardon au duc d'Orléans : *A l'égard du temps que le duc peut avoir passé en Bretagne avec l'armée qui marchait contre les troupes du roi, lequel temps nous declarons non avoir eu cours*[3]...

Devant Dieu même et aux autels, les rois ont des privilèges particuliers : *A aller à l'offrande, l'Empereur s'excusa, pour ce que ne povoit aler ne soy agenoullier. Si fu l'offrande du Roy telle : trois de ses chambellans tenoyent haultement trois couppes belles dorées; en l'une y avoit or, et en l'autre encens, et en l'autre mirre*[4]. Voyez aussi *Sépulture,* à la fin de ce volume.

Le roi barbare, l'homme des races héroïques, en

---

1. Mathieu, *Hist. de Louis XI*, liv. XI, p. 472. Éd. 1610.
2. Horace: *Numquam diffinget infectumque reddet, quod fugiens semel hora vexit.*
3. Archives du royaume, K. 91.
4. Christine de Pisan, éd. Petitot, VI, 81.

général le héros, le noble, le libre[1], est beau, comme fils des dieux : — Theuderic craignait, s'il devenait borgne, qu'on ne fît un autre roi[2]. — Tyrtée considère la beauté comme un caractère essentiel du héros[3]. Sparte, qui ne voulait que des héros, proscrivait l'enfant difforme à sa naissance.

Ce héros, ce guerrier, ce roi, est l'homme rouge[4] et bien nourri. Le brave a le cœur rouge ; le serf, le lâche ont le foie pâle[5]. Dans les lois galloises, les hommes d'Arvon obtiennent comme dixième privilège, pour avoir combattu vaillamment à l'avant-garde, de ne jamais boire de bière à demi-brassée[6].

Le vrai nom du guerrier, c'est le mâle, celui qui a la force virile : *baro*[7], *karl* (Kral, Krol, Karolus, nom des chefs ou rois, chez les Slaves et chez les Francs). (G. 282.) — Peut-être le mot primitif, d'où les Quirites de Rome ont tiré leur nom, le mot de *quir*, pointe, lance, indique-t-il aussi la force virile, le culte du pieu, de Palès et du Phallus[8].

Cette force virile est attestée par la longue cheve-

---

1. Le roi barbare ne diffère pas essentiellement du noble et du libre Voyez dans l'*Odyssée* les cinquante rois d'Ithaque, etc.
2. Flodoard., lib. I, c. 24.
3. Tyrt. ultim. frag., *sub finem*.
4. Voy. Michelet, *Hist. de France*, t. II, note sur les rois d'Angleterre, à l'occasion de Guillaume-le-Roux.
5. Voy. la fin des *Niebelungen*.
6. Probert, p. 144.
7. *Baro*. Voy. Ducange.
8. L'homme libre s'appelle *Harimann* chez les Lombards (de Hari, Heer, qui signifie, l'armée, la foule), chez les Francs *Rachenburg*. M. Grimm considère la première partie de ce mot comme purement augmentative, et donne à la seconde le sens de bourg, ou celui de protection. (G. 294.) — Les Anglo-Saxons appelaient Freoman le membre d'un freoborg ou réunion de dix hommes libres. (Grimm, 291.)

lure, dont la tête du héros est ornée. Samson perd sa force avec sa chevelure ; mais dès qu'elle est repoussée, il ébranle et renverse un temple. Homère nomme les Grecs : Ceux qui soignent leur chevelure[1]. Aux Thermopyles, ce fut l'un des derniers soins qui occupèrent les Spartiates, lorsque d'avance ils célébraient leurs jeux funèbres. Les Romains portaient les cheveux courts, mais ils rasaient les esclaves pour les distinguer des hommes libres.

Une coutume particulière aux Suèves, dit Tacite, c'est de retrousser leurs cheveux et de les attacher avec un nœud. Ainsi se distinguent les Suèves des autres Germains, et parmi les Suèves, l'homme libre de l'esclave... Chez eux, l'on continue jusqu'à la vieillesse de ramener cette chevelure hérissée, que souvent on lie tout entière au sommet de la tête. Les chefs y mettent quelque recherche ; c'est la seule qu'ils connaissent, et celle-là est innocente... ils ne veulent que se donner une taille plus haute et un air plus terrible ; avant d'aller en guerre, ils se parent comme pour les yeux de l'ennemi[1].

Chez la plupart des tribus germaniques, l'homme libre n'a point d'autre signe extérieur de sa condition que sa longue chevelure. *Loi des Burgundes* (6, 4. G. 284) : *Celui qui sans la volonté des parents aura tondu un enfant chevelu, payera soixante-douze solidi. — Quiconque aura laissé croître la chevelure à un esclave ou à un ingénu fugitif, donnera pour amende cinq solidi et sera tenu de payer le prix même du fugitif.*

1. *Iliad.*, passim.
2. Tac., *Germ.* Trad. de M. Burnouf.

Il est certain que les Langobards sont ainsi appelés à cause de la longueur de leur barbe que le fer ne touche jamais. (Paul Diac., 1, 9.) Ils portent la tête nue jusqu'à l'occiput ; de là partent de longs cheveux qu'ils séparent au milieu du front, et qui descendent jusqu'à la bouche. (*Idem*, 4, 23.) — Les Bavarois, comme les Lombards, laissaient croître leurs cheveux sur le devant du front, à la différence des Suèves, qui les rejetaient en arrière. (G. 285.) Quant aux Saxons, ils se rasaient presque la tête, pour que l'ennemi vît bien tous les traits de leur visage[1].

Un droit des libres Anglo-Saxons, dans la loi d'Éthelbert, c'est que leurs filles peuvent, quand elles se marient et vont à l'église, laisser retomber et flotter leur chevelure sur le dos. La fille du serf n'a pas ce droit. — Dans les lois anglo-saxonnes et lombardes, une fille libre porte le nom de Capillata, *Libera femina capillata*, *Filia in capillo*. — Chez les Souabes et les Bavarois, les femmes faisaient serment, la main sur leurs tresses. — Les Frisons juraient en touchant les boucles de leur chevelure. (G. 206.)

Quand le roi meurt, disent les Goths, que personne ne monte au trône, si, sous forme religieuse, on l'a fait chauve et honteusement tondu. (Concil. Tolet., can. 17.) — *C'était l'usage chez les rois des Francs de ne jamais se laisser tondre et de garder leurs cheveux intacts dès l'enfance.* (Agathias, lib. I. Voyez aussi Greg. Tur., VIII, 10; Aimoin, IV, 8; Flodoard, 1, 24.) — *Bertoald, duc des Saxons, ayant révoqué en*

---

1. Voy. Sidon. Apollin. dans le tableau de la cour du roi Théodoric.

doute l'arrivée et l'existence de Clotaire, roi des Francs, Clotaire se montra en silence près du Weser. Il ôta le casque de sa tête; or, une noble blancheur couvrait sa longue chevelure. A ce signe, les ennemis reconnurent le roi. (Gesta Dagob., I, 14; G. 239.)

Entre le guerrier chevelu et le moine tondu, le prêtre observe un milieu. Il ne garde qu'une étroite couronne de cheveux, et se rase la barbe, du moins le prêtre de l'Église latine. Les Normands, soldats du Saint-Siège, peuple de culture tout ecclésiastique, adoptèrent de bonne heure ce dernier usage. Lorsque les Saxons les virent débarquer à Hastings, ils *s'étonnèrent de voir ces hommes d'armes tout rasés, et ils se demandaient si ce n'était pas une armée de prêtres*[1].

L'homme libre a seul le droit de porter les armes, particulièrement aux assemblées (Voy. le livre du *Jugement*). Sa vie est estimée plus haut que celle du serf. Nous parlerons plus loin des compositions diverses du serf, du libre, du noble et du roi.

---

1. Guill. Malmesbur., apud *Scr. fr.*, XI, 183.

CHAPITRE II

ÉLECTION, COURONNEMENT DU ROI, DUC, ETC.

La formule la plus originale et la plus complète est celle de l'intronisation du duc de Carinthie. Elle était observée au treizième et au quatorzième siècle ; mais elle porte les caractères d'une haute antiquité :

Chaque fois qu'un nouveau duc vient recevoir hommage, un paysan de la race des Edlinger, qu'on appelle le paysan-duc, vient s'asseoir à Zollfeld sur le siège ducal de marbre. Autour de la pierre, en dehors de l'enceinte, se tient rangé, à perte de vue, le peuple de la contrée. Le duc revêt un surtout gris à ceinture rouge et gibecière velue ; du pain, du fromage et des instruments d'agriculture se trouvent dans cette poche. Il a aux pieds des souliers lacés, à nœuds rouges, sur la tête un chapeau gris à la façon des Wendes, un manteau gris sur les épaules, et à la main un bâton de pâtre. Escorté de deux seigneurs du pays, il s'approche du siège ; à ses côtés marchent un taureau noir et un maigre cheval de paysan ; derrière lui la noblesse, les chevaliers en habits de fête et dans le plus grand éclat, portant les insignes et le drapeau du duché. Dès que le cortège arrive à la pierre de marbre, et que le paysan aperçoit le duc, il s'écrie en langue des Wendes : Et qui donc si fièrement entre ici ? — C'est le prince du pays, répond la foule. — Le paysan : Est-il un juste juge ? a-t-il le bien du pays à cœur ? est-il né libre et chrétien ? — Il l'est et le sera, répond la foule tout d'une voix. — Je demande alors de quel droit il me fera quitter cette place. Là-dessus le comte de Gœrz prend la parole : Il t'achètera la place pour soixante pfennings, les bêtes de trait (cheval et taureau) que voici seront tiennes, comme aussi les habits du prince ; libre sera ta maison et ta personne ; tu ne payeras ni dîme ni redevance. — Le paysan alors donne au duc un petit coup sur la joue, l'invite à faire bonne justice, puis descend du siège et emmène le cheval et le taureau.

Alors le nouveau duc prend place sur le siège, brandit l'épée nue de tous les côtés, et promet droit et justice au peuple. Et, en signe de simplicité, il boit un coup d'eau fraîche dans son chapeau. Le cortège se dirige ensuite vers l'église Saint-Pierre, située non loin de là sur une colline, pour y assister au service divin. Le duc laisse ses habits de paysan, pour revêtir les insignes de prince, puis il s'assied à un festin splendide avec la noblesse et les chevaliers. Au sortir de table, il se rend au penchant de la colline. Là se trouve un autre siège à double place, mais à dos commun. Sur la place de devant, et le visage au soleil, se trouve le duc, qui, le chef nu, les doigts levés, jure de maintenir les droits du pays. Puis il reçoit à son tour le serment et l'hommage héréditaire, et il distribue les fiefs. Assis à la place opposée, le comte de Gœrz répartit les fiefs qui relèvent de lui, comme comte palatin héréditaire. Aussi longtemps que le duc siège et fait les investitures, aussi longtemps ceux de Gradneke ont le droit antique de faucher du foin, à moins qu'on ne veuille se racheter envers eux. Les Raüber (brigands?) ont, dans le même temps, liberté de piller; et les Mordaxter (meurtriers de la hache?) peuvent mettre le feu dans le pays partout où ils veulent, à moins qu'on ne compose avec eux. (G. 252

En Écosse, on faisait asseoir le nouveau roi sur la fameuse pierre de Scone, que les Anglais ont transportée à Londres, et qu'on voit à Westminster[1].

En Suède, les électeurs s'assemblaient près d'Upsal, dans une prairie où de vieilles pierres étaient entassées. Sur la plus grande, on élevait le nouveau roi. Il s'y tenait, non de lui-même, mais soutenu par les chefs... Les électeurs siégeaient sur des pierres, et de là donnaient leurs suffrages ; la stabilité des pierres désignait la stabilité de l'acte. (*Saxo gramm.*) Puis l'on immolait et l'on mangeait un cheval, et le bois du sacrifice était teint de son sang. (G. 236.)

Les empereurs romains, comme les rois barbares, sont élevés sur un bouclier. Nous en trouvons des exemples pour Gordien[2] et Julien, pour Vitigès, *pour Clovis, Sigebert, Pépin,* etc. L'un des derniers exem-

---

1. Voy. Michelet, *Hist. de Fr.*, t. I, livre I*er*, *sub fine*.
2. *Herodian*, lib. VIII.

ples est probablement celui de Baudoin de Flandre, porté sur le pavois en 1204, comme empereur de Constantinople[1].

L'empereur grec est, comme nous l'avons dit, élevé sur un bouclier. Le patriarche et les grands dignitaires y portent la main. Le patriarche oint l'empereur en disant : *Sanctus;* et le peuple répète trois fois. En lui posant la couronne sur la tête, le patriarche dit : *Dignus*... A la communion, l'empereur boit le vin, non dans une cuiller comme le reste des fidèles, mais dans le calice même du patriarche. — Durant la cérémonie, la mère du nouvel empereur tient un rameau d'or couvert de perles placées en cercle. Avant d'entrer dans le trésor où sont conservées les choses saintes, l'empereur prend le diadème et revêt un sac... De la main droite il tient une croix, de la gauche une férule[2].

Après le couronnement, ceux qui sont chargés de la construction des tombeaux prennent quatre ou cinq petits morceaux de marbre de diverses couleurs. Puis s'approchant de l'empereur, ils disent : Seigneur, de quel métal ta Puissance veut-elle que soit construit ton tombeau[3] ? — Un homme se présente devant le nouvel empereur, tenant d'une main un vase plein de cendres et d'ossements, et de l'autre une étoupe de fin lin recouvert d'un duvet léger. On en approche la flamme qui dévore tout en un clin d'œil[4].

Au couronnement du roi de Germanie, l'archevêque

---

1. Raumer, *Hohenstaufen*, II, 23.
2. Martène, II, 569-574.
3. Leontius, *Vita S. Joannis Alexand. episc.*, c. 17. Martène, II, 565.
4. Petri Damiani, *epist.* 17, lib. 1. Martène, II, 565.

de Cologne dit : Reçois ce glaive de la main des évêques ; reçois l'anneau de la dignité royale. Puis en lui donnant le sceptre : Reçois la verge de vertu... Et enfin : Reçois la pomme d'or, qui signifie la monarchie de tous les royaumes. — Lorsqu'il a reçu le glaive, il le brandit, puis le remet dans le fourreau. — Le glaive que le pape attache au côté de l'empereur le fait soldat de saint Pierre [1]. — L'empereur reçoit trois couronnes, une d'argent, à Aix-la-Chapelle, comme roi de Germanie, une de fer à Modène, comme roi de Lombardie, la troisième d'or, à Rome, comme empereur [2]. — Celui qui venait se faire couronner à Rome, devait recevoir deux couronnes durant son voyage, une de paille à Modène (?), l'autre de fer à Milan [3].

Roger de Hoveden donne des détails bizarres et peu vraisemblables sur le couronnement de Henri VI : — Le seigneur pape était assis dans la chaire pontificale, tenant entre ses pieds la couronne d'or. L'empereur et l'impératrice, prosternés, reçurent de ses pieds la couronne. Aussitôt qu'elle fut placée sur leur tête, il frappa du pied la couronne et la jeta à terre, voulant signifier par là qu'il avait pouvoir de détrôner l'empereur s'il déméritait. Mais aussitôt les cardinaux la ressaisirent et la replacèrent [4].

L'empereur (en 1495), ayant prêté le serment, embrassa de ses deux bras ladite colonne de marbre, symbole de l'Italie ; de même que cette colonne est

1. Martène, II, 581-589.
2. *Ibid*, II, 565.
3. Granzius Saxoniæ, lib. 4, c. 37.
4. Martène, II, 568.

droite, de même sera droite aussi la justice de l'empereur[1].

Lorsque l'empereur Sigismond visita notre Charles V : *A la chapelle descendi l'Empereur, et fu montez sur le destrier que le roy lui ot envoyé, lequel estoit morel* (bai brun foncé) *et ne fu mie sanz avis envoyé de celluy poil, car les empereurs, de leur droit, quant ilz entrent ès bonnes villes de leur seigneurerie, ont accoustumé estre sus chevals blancs; si ne voult le roy qu'en son royaume le feist, affin qu'il n'y peust estre noté aucun signe de domination*[2].

Le jour de son ordination, l'empereur sert la messe du pape, et lui offre le calice comme sous-diacre[3]. — Le pape doit chanter la messe, l'empereur lire l'évangile et le roi de Sicile l'épître. *Mais si le roy de France s'y trouve, il la doit dire devant lui*[4]... *Oudit échafaud fut ledist roy Loys dépouillé de cette cote blanche, et fut vestu de tunique et dalmatique, comme sous-diacre et diacre*[5].

La cérémonie hébraïque du sacre par l'huile fut renouvelée par l'Église en faveur des rois de France. Pépin fit consacrer sa royauté nouvelle par l'onction sainte. Charlemagne fut oint par tout le corps des pieds à la tête, selon les rites juifs[6]. Les rois des autres nations prétendirent aussi à cette consécration;

J. Burchardi, *Diar. In. Ecc.*, II, 2074.

2. Christine de Pisan, VI, 70. Voy. plus bas l'Entrée féodale et l'importance du cheval blanc comme signe de suzeraineté.

Guill. Durand, *Ration.*, lib. II, c. 8.

4. Martène, II, 593.

5. *L'Ordonnance du sacre et coronation du roy Loys de Sicile, faite à Avignon en* 1389, ap. Labbe, 640-199.

6. Martène, II, 568.

l'Église fut pour eux moins prodigue : *Les rois d'Angleterre reçoivent l'onction sur la tête, sur la poitrine et sur les bras. Les rois de France la reçoivent sur neuf parties du corps, à la tête, à la poitrine, entre les épaules, sur les épaules, sur les jointures des bras, enfin sur les mains*[1].

Adonc li archevesques doit prendre l'ampole de la main de l'abbé (de saint Remi), *et si li doit promettre en bonne foy que il la rendra... Sur l'autel doivent être la couronne, l'épée, les éperons, le sceptre, la main de justice, les chausses de soie violette brodée de fleurs de lys d'or, et la cote de celle couleur et de cel œuvre mesmes faitte en manière de tuniques, dont les soudiacres sont vestus à la messe.* Le chambrier la reçoit des mains de l'abbé de Saint-Denis pour en revêtir le roi : *Et aussi li doit le chambrier vestir par-dessus le devant dit sercot, en telle manière que il doit avoir la main destre delivre devers l'ouverture du sercot, et sur la senestre main doit estre levé le sercot aussi comme la chasuble d'un prêtre*[2].

Le caractère féodal domine dans le couronnement du roi d'Angleterre. A son sacre, on portait devant lui des éperons d'or. Il donnait à l'offrande un marc d'or pur. Il prenait lui-même la couronne sur l'autel et la donnait à l'archevêque de Cantorbéry, qui la lui rendait. Au banquet, ceux de Londres servaient les mets, ceux de Winton les vins[3].

1. Martène, II, 595.
2. L'ordonnance à enoindre et à couronner le roy, écrite du temps de saint Louis, publiée dans le *Cérémonial françois*, et mieux dans *l'All. chron.* de Labbe, p. 619, 199.
3. *Sacre de Richard*, apud Roger de Hoveden. — Martène, II, 600.

L'entrée du souverain et la prise de possession reproduisent parfois certaines cérémonies du mariage. Ce sont comme les fiançailles du prince avec le peuple : — *Charles arrivé à Rouen, ceulx de ladicte ville le receurent et le menèrent en l'ostel de leur ville, où illec l'espousèrent à leur duc, et en ce faisant lui baillèrent un anneau qu'ils luy mirent au doy, que à ce faire est ordonné; lequel depuis mondit seigneur Charles porta* (année 1465)[1].

Les Assises de Jérusalem nous donnent les détails de l'intronisation d'un roi féodal. Elles lui imposent l'obligation de prouver son droit à ses vassaux, et de s'engager par serment à respecter leurs privilèges et les coutumes du royaume : *Quant le royaume de Jérusalem escheit à aucun heir costeer, mais que il soit le droit à avoir ledit royaume, il doit assembler le plus et les meaus de ses homes liges dou royaume, et lor doit faire assavoir coment ledit royaume li est escheu, et raconter coment et por quel raison... Les homes doivent tuit aler, en une part, et recorder ce que le seignor lor a requis et offert, et se il sont certain que il soit droit heir, enci com il s'en advoüe, il doivent maintenant venir devant le seignor, et dire li : Sire, nous conoissons bien que estes tel com vous nous avez dit, et somes prests et apareillés maintenant de faire ce que vous avés requis, faisant vous premier, si com vous l'en avés offert, ce que vous devés... Lors doit estre aportée l'Évangile, et le seignor se doit agenoüiller, et metre la paume destre dessus, et un des homes doit deviser et dire enci : Sire, vous jurés, sur*

---

1. Lenglet-Dufresnoy, *Preuves de Comines* (?)

Saintes Évangiles de Dieu, com crestien, que vous garderés et sauverés et aiderais et maintendrais et deffendrais de tout votre loyal pooir sainte Yglise, veves et orphelins, en lor raison et en lor droiture, par cestui royaume, et encore par vostre dit serement, rendrés et fairés tenir et maintenir et acomplir de tout vostre leal pooir les bons us et les bones coustumes, et les assises qui furent ordenées et faites audit royaume... que vous rendrez et fairez tenir et maintenir les dons et les priviléges que vos devanciers ont doné et fait en cestui royaume. Et aprez ce que lesdites choses seront complies, le seignor feir, et les homes l'un aprez l'autre, ils doivent faire homage, si com est divisé en cestui livre[1].

Les rois furent quelquefois obligés de déposer les insignes de leur dignité en signe de pénitence. Théodose, exclu de l'Église par saint Ambroise, après le massacre de Thessalonique, se dépouilla sept mois des ornements impériaux. Le roi d'Angleterre, Edgar, s'abstint sept ans de porter la couronne, pour expier le viol d'une jeune fille[2]. D'autres princes, par humilité ou par politique, refusèrent toujours de porter la couronne : Godefroy de Bouillon, Henri-l'Oiseleur, Henri-le-Saint, Hugues Capet, etc.

Le signe participait au caractère sacré de la chose ; de là le soin que prennent les rois pour conserver leurs couronnes. Les Hongrois firent aux Allemands de longues guerres pour forcer Frédéric III à leur rendre la couronne de saint Étienne, et Mathias

---

1. *Assises de Jérusalem*, ch. 284-5, p. 188-9.
2. Martène, II, 596.

Corvin ne parut vraiment roi que quand il eut contraint l'Empereur à cette restitution[1]. Lorsque saint Louis confie la couronne et les ornements royaux à la garde de l'abbé de Saint-Denis, il stipule qu'elle sera placée près de l'autel, avec les couronnes des rois ses prédécesseurs. *L'abbé et les moines ont formellement promis*, disent les lettres du roi, *de nous les rendre à nous ou à nos successeurs, sans difficulté, ni contradiction, toutes les fois qu'elles leur seront demandées*[2]. (Année 1261.)

Rapprochons du couronnement des rois l'intronisation du pape, des archevêques, etc.

Lorsque le pape est arrivé à la tour de Saint-Étienne, quelqu'un de sa maison jette de la monnaie d'un lieu élevé, puis encore viennent les Juifs avec leur loi, pour le complimenter et lui présenter la loi à adorer. Lorsqu'il arrive au palais Emchius, quelqu'un de sa maison jette encore du haut de ce palais; même cérémonie à Saint-Marc, même à Saint-Adrien. Quand enfin on est parvenu à la place de Latran, on fait asseoir le pape sur certaine chaise de marbre qu'on appelle Stercoraria; tous les cardinaux doivent l'y élever, de manière à pouvoir vraiment dire : Il tire l'indigent de la poussière, il élève le pauvre du fumier, l'asseoit avec les princes et lui fait occuper le trône de la gloire. Cependant le pape prend dans le sein du chambellan trois poignées de deniers qu'il jette au peuple en disant : Je n'ai à moi ni or ni argent, mais

---

1. Voyez Bonfinius, *Rerum Hungaicarum*, etc.
2. *Meslanges curieux de Philippe Labbe*, p. 659.

ce que j'ai, je vous le donne... A la porte de l'église Saint-Sylvestre, se trouvent deux sièges de porphyre ; le pape va d'abord s'asseoir sur celui de droite, où le prieur de la basilique de Saint-Laurent lui donne une férule comme signe de correction et de direction, ainsi que les clés de ladite basilique et du palais sacré de Latran ; les clés désignent le pouvoir d'ouvrir et de fermer, de lier et de délier. Avec cette férule et ces clés, il va vers le siège de gauche et il rend au prieur les clés et la férule, et il s'asseoit... Le même prieur ceint au pape une ceinture de soie rouge où doit pendre une bourse de pourpre renfermant douze pierres précieuses, des cachets et du musc... Et le pape doit se tenir sur ces chaises de manière à y paraître couché plutôt qu'assis. Aucune ne peut être couverte ou parée ; elles doivent être nues. Ensuite il est conduit vers la basilique de Saint-Laurent, puis reconduit à la chapelle de Saint-Sylvestre, où il fait aux cardinaux et au premier des prêtres le don accoutumé. Il est assis sur son siège ; chacun d'eux s'agenouille, ôte sa mitre, et la tient ouverte ; le pape y met de la monnaie que lui présente le chambellan dans une coupe d'argent ; celui qui reçoit l'argent baise le genou du seigneur pape. Le chambellan a devant lui une grande table couverte de monnaie, et il est assisté du clerc de la chambre et de deux marchands. Le pape est assis seul à une table élevée, où sont placés de grands vases d'or et d'argent... et remarquez que pendant qu'il mange, il se tient debout, vêtu, chaussé et mitré [1].

1. Marlène, II, 248-249.

Lorsque l'archevêque de Tours avait reçu le don de consécration, il allait à pied du monastère de Saint-Julien à l'église Saint-Martin, d'où il était porté à la cathédrale sur les épaules des barons. Il existait dans l'église de Rouen quelque trace de cette ancienne coutume : *L'archevêque nouvellement ordonné venait à pied de l'église d'une ville voisine, marchant sur la paille semée devant lui*[1].

Quelquefois on donnait au nouvel élu l'investiture de son église : *L'archidiacre de Reims doit conduire l'évêque au son des cloches et lui présenter une des cordes qui les mettent en branle. L'évêque la saisit aussitôt et l'agite ; c'est ainsi qu'il est investi de l'église*[2].

Confirmation de l'évêque par le pape : — Le pape : Tout ceci a-t-il lieu parce que vous avez dignement travaillé ? — *Rép.* Mes frères que voici ont bien voulu m'élire, moi indigne, pour les présider comme leur pasteur. — *Dem.* Êtes-vous de cette Église ou d'une autre ? — *Rép.* De cette Église même. — *Dem.* De quel honneur êtes-vous revêtu ? — *Rép.* Je suis prêtre. — *Dem.* Combien avez-vous d'années de prêtrise ? — *Rép.* Dix années. — *Dem.* Avez-vous été en mariage ? — *Rép.* Jamais. — Avez-vous pourvu à votre famille ? — *Rép.* J'y ai pourvu. — *Dem.* Quels livres lit-on dans votre église ? — *Rép.* L'Heptatique, les Prophètes, l'Évangile, l'Apocalypse, les Épîtres de saint Paul et le reste. — *Dem.* Connaissez-vous les Canons ? — *Rép.* Enseignez-nous, Seigneur[3].

---

1. Martène, II, 82.
2. *Ibid.*, II, 81.
3. *Ibid.*, II, 238. *Rituel de Lyon*, antérieur à l'an 300 (?).

Dans la cérémonie du sacre d'un évêque, on ouvrait le livre afin de savoir ce qu'on devait attendre de son pontificat. Une fois le livre s'ouvrit à ces mots : *Ipsius animam pertransibit gladius* (une épée lui traversera le cœur). Guibert de Nogent, qui raconte ce fait, dit qu'*on tira aussi son pronostic lorsqu'il prît posesssion de l'abbaye de Nogent.* — *Si la page qui se présentait à l'ouverture du livre était vide,* c'était, dit le même Guibert, *un très mauvais présage.* — Au sacre d'Albert, évêque de Liège, l'archevêque qui officiait ouvrit l'Évangile et lut : « Le roi Hérode envoya un des gardes avec ordre de lui apporter la tête de Jean, et ce garde, étant entré dans la prison, lui coupa la tête. » Mon fils, dit le prélat au nouvel évêque, en le regardant avec des yeux baignés de larmes, vous entrez au service de Dieu ; tenez-vous-y toujours dans les voies de la justice et de la crainte, et préparez votre âme à la tentation, car vous serez martyr. » Il fut en effet assassiné par des émissaires de l'empereur Henri VI, et l'Église l'honore comme martyr [1].

A la réception d'un moine, tous les frères agenouillés lui doivent répondre : *La société Dieu et la vostre veuil avoir..* Et l'abbé leur dit : *Que voulez-vous dire?* Eux, à genoux, doivent répondre : *Nous demandons et voulons avoir la société de Dieu et la vôtre.* — Le nouveau moine dit : *Sire, de ce je ne me fie en moi, mais en Dieu et madame sainte Marie, et en tous les saints et saintes, et en vous, Sire, et de saint Convent*

---

1. Voy. Acad. des Inscr., XXXI, Disc. de l'abbé Du Resnel sur les sorts des saints, et l'excellent Mémoire de M. Nicias Gaillard, avocat général à la cour royale de Poitiers, *Mém. de la société des antiquaires de l'Ouest*, I, 73.

de chiens (de céans, d'ici) : *que je serai obédient jusqu'à la mort. Et se le diable me voulait de ce retraire, je vous prie, Sire, que me fissiez tenir à force*[1].

Rituel de l'église de Saint-Martin de Tours : — *Pendant qu'on lit l'épître, le sénéchal le mène à l'autel en habit de chœur, la serviette au cou, ayant dans la main des ciseaux ; là, le prêtre de semaine lui coupe un peu de ses cheveux ; puis le baise. Ainsi font le diacre et le sous-diacre, puis le sénéchal le conduit dans le chœur, près du doyen et du trésorier, ensuite vers le chanoine, et tous lui coupent quelques cheveux et le baisent. Les ciseaux sont au sénéchal, et la serviette à la fabrique*[2].

Un passage curieux et touchant de la vie de saint Odon, abbé de Cluny, nous apprend que les prêtres ayant une fois reçu l'étole à leur ordination, la portaient le jour et la nuit : *Le saint s'étant éveillé la nuit qui suivit son ordination, et voyant pour la première fois l'étole suspendue à son cou, se prit à pleurer*[3].

---

1. Martène, II, 465 A, d'après le *Rituel de Saint-Ouen de Rouen.*
2. *Ibid.*, II, 513.
3. *Ibid.*, 64. S. Odon. Clun. Vita, lib. I, n. 37.

CHAPITRE III

LA CHEVAUCHÉE-LE-ROI, LA COUR, LES GRANDS OFFICIERS

De même que la déesse Hertha, sur son char attelé de bœufs, parcourait chaque année la Germanie, et ramenait partout la paix sur son passage, ainsi le roi barbare ouvre son règne en *chevauchant* son royaume ; il en parcourt les limites pour en prendre possession et pour assurer la paix publique. Dagobert visite ainsi la Neustrie, la Bourgogne et l'Ostrasie. Hugues Capet, à la fin du dixième siècle, observe la même Coutume [1]. — La *Chevauchée-le-roy*, comme inspection des routes, se faisait naguère encore à Jersey, cette petite île anglaise en face de nos côtés, que le roi d'Angleterre possède personnellement comme duc de Normandie.

Les rois de Suède faisaient aussi la chevauchée ; mais ils devaient aller dans la direction du sud, à l'encontre du soleil. (G. 238.)

---

1. *Gesta Ambasiensium*, apud *Script. rer. fr.*, X, 238.

Les Mérovingiens semblent avoir hérité du char de la déesse Hertha. Lorsqu'ils se rendaient au Champ de Mars, et partout où ils paraissaient en public, on les voyait sur un char attelé de bœufs[1]. Aussi, dans l'échelle des compositions, le bœuf du roi est placé plus haut que son warannio ou cheval de guerre. Qui tue le warannio, paye soixante solidi ; qui tue le bœuf ou le taureau du roi, en paye quatre-vingt-dix. — Cette Coutume des rois mérovingiens semble avoir aussi appartenu à d'autres races de rois barbares. On voit encore sur une colonne, à Constantinople, le char d'un roi captif, auquel des bœufs sont attelés. — Vopiscus in *Aureliano*, 33 : L'on prit aussi un autre char attelé de quatre cerfs, que l'on dit avoir appartenu au roi des Goths. (G. 263.)

Dans les républiques italiennes, c'était le Christ et l'étendard de la cité que l'on plaçait les jours de bataille sur le chariot ou caroccio. Les bœufs qui le traînaient portaient des couvertures blanches ou rouges ; ils étaient consacrés exclusivement à ce service. Arnolphe de Milan (Muratori, IV) parle le premier, pour l'année 1039, du caroccio. Corius, *Hist. Mediol.*, part. 1 : Quatre paires de bœufs traînent ce char ; une soie blanche les couvre avec des draperies marquées d'une croix rouge. Le maître (*magister*) du caroccio est un homme honorable, auquel la cité est tenue de fournir cuirasse, épée et solde annuelle. — Les Souabes avaient un char semblable, lorsqu'ils marchèrent en 1086 contre

---

1. Éginhard, *Vita Caroli magni*, initio.

l'empereur Henri IV. Othon IV en avait un à Bouvines : *Il éleva sur son char un pieu, et au haut de ce pieu il mit un dragon.* (*Guill. Armor. Philipp.*) Un autre historien fait mention du *carrosche* avec la bannière des Pays-Bas, et de celui de Mayence sous Albert Ier. (G. 263-4).

Le roi féodal n'est point traîné sur son char comme les Mérovingiens. Le faible et maladif Charles V chevauche lui-même à la tête de ses serviteurs. — *L'acoustumée manière de chevauchier estoit de notable ordre : à très grant compaignie de barons et princes et gentilz hommes bien montez et en riches abis, luy assis sus palefroy de grant eslitte, tout temps vestu en abit royal, chevauchant entre ses gens, si loing de luy par telle et si honorable ordonnance, que, par l'aorné maintien de son bel ordre, bien peust sçavoir et cognoistre tout homme, estrangier au autre, lequel de tous estoit le roy; ses gentilzhommes devant lui ordenez, et gens d'armes, tous estoffez comme pour combattre, en nombre et quantité de plusieurs lances, lesquels estoyent soubz capitaines, chevaliers notables, et tous recepvoyent beauls gages pour la desserte de cel office; les fleurs de lys en escharpe portez devant luy, et par l'escuyer d'escuierie le mantel d'ermines, l'espée et le chapel royal, selons les nobles anciennes coustumes royales. Devant et après les plus prochains du roy chevauchoient les princes et barons de son sang, ses frères ou autres; mais nul jà ne l'approchast, se il ne l'appelast : après luy, plusieurs groz destriers, moult beaulz en detre, estoyent menez, aornez de moult riches harnois de parement; et quant il entroit en bonnes villes, où à grant joye du peuple estoit receus ou chevauchoit parmy Paris, où toute ordonnance estoit gardée, bien sembloit estat de très hault, magnific, très poissant et très ordené prince*[1].

La chevauchée faite, le roi ouvre sa cour, et tient son banquet royal. La disposition du palais et de la salle des festins, l'ordre de la cour barbare, la hiérarchie des serviteurs, ne sont présentés nulle part avec des détails plus circonstanciés et plus originaux que dans les monuments de l'Irlande et du pays de Galles[2].

Le palais de Tamar (en Irlande) était antérieurement la résidence de Conn aux cent batailles ; c'était le siège de tout roi qui gouvernait dans Tamar du temps de Niall aux neuf tours. Il était construit sur le nombre trois; car ce roi avait fait vœu de bâtir trois tours. Le palais de Laogaire n'était que la troisième partie du palais de Cormac. Du temps de Laogaire, il avait seulement trois cents pieds carrés, cinquante appartements et cinquante hommes dans chacun, cinquante chambres pour les gardes, et vingt hommes dans chacune. La hauteur était de trente coudées ; le diamètre de l'enceinte qui entourait le palais était de sept jets d'un javelot. La circonférence du palais était égale au diamètre de l'enceinte. Il y avait sept entrées. On y voyait cent cinquante coupes ordinaires; cinquante cornes à boire curieusement dorées ; cinquante coupes curieusement gravées pour l'usage particulier des nobles... La hauteur des chandeliers était de cinq

---

1. Christine de Pisan, t. VI de la *Coll. des Mém.*, p. 282.
2. Description de la salle des festins de Tamar ou Tara, d'après un ancien mss. irlandais du collège de la Trinité à Dublin. *Collect. de rebus Hibern.*, II, 514-520.

coudées, et dans chacun il y avait quatre flambeaux. Il y avait sept astrologues, sept historiens, et un druide seulement, un seul mime ou comédien et professeur de musique. Il n'était pas permis d'en avoir davantage dans ce palais ; et dans la cour pas plus d'une voiture ou chariot à la fois pour éviter la confusion. Sous le règne de Cormac, le palais de Tamar avait neuf cents pieds carrés ; le diamètre de l'enceinte qui entourait le palais avait sept portées de javelot : il contenait cent cinquante appartements, cent cinquante dortoirs pour les gardes, et soixante hommes dans chacun ; la hauteur était de vingt-sept aunes... Douze porches, douze portes, et mille hôtes par jour, outre les princes, les orateurs et les hommes de science, les graveurs en or et argent, les graveurs en pierre, les modeleurs et les nobles.

La salle des banquets offrait douze divisions de tables de chaque côté avec seize serviteurs ; huit pour les astrologues, historiens et secrétaires, au bout de la salle, et deux pour chaque table à la porte. Il y avait en tout cent convives. A chaque repas deux bœufs, deux brebis, deux porcs, étaient distribués également. Le nom de la salle était Bruidhean. Les quantités d'hydromel et de beurre qui s'y consommaient chaque jour surpassent tout calcul ; il y avait vingt-sept cuisines et neuf bassins pour laver les mains et les pieds, cérémonie dont n'était dispensé ni le plus grand ni le plus petit... Énumérons maintenant les ordres divers de Filé (philosophes et poètes), etc.

Il y a, disent les *lois de Galles,* quatorze hommes

dans le palais du roi : quatre ont leur place dans l'étage d'au-dessous, dix dans l'étage supérieur. Le premier est le roi qui doit être assis près du feu. Auprès de lui le porteur de torche; puis vient l'hôte, l'étranger, ensuite le maître des faucons; ensuite le *teneur de pieds* (Voy. plus loin). Près du feu, de l'autre côté, s'assied le chapelain de la maison pour bénir la nourriture et chanter les prières du Seigneur; et le hérault doit frapper le pilier au-dessus de sa tête. Auprès de lui est assis le juge de la cour, ensuite le barde de préséance. Le forgeron de la cour est assis au bout du banc avant le prêtre. Le maître d'hôtel doit être au bas bout de la salle, ayant la porte à main gauche. Ceux de la famille qu'il invite doivent siéger avec lui... Le barde de la maison se tient à l'autre côté du maître d'hôtel. Le maître du haras doit être proche du feu avec le roi, tandis que le chasseur en chef doit être de l'autre côté du roi avec le prêtre [1]... Le huitième serviteur est le barde de la maison. Il doit posséder un champ en toute franchise et avoir un cheval à sa disposition. Il reçoit de la reine son vêtement de linge, et son vêtement de laine du roi. Il doit être assis à côté du maître d'hôtel dans les trois grandes fêtes, afin qu'il puisse faire résonner la harpe sous sa main : il réclame les habits du maître d'hôtel dans ces trois fêtes. Si un chant est désiré, le barde de préséance commencera. Le premier chant est pour Dieu, et le second pour le roi qui tient la cour : s'il

---

1. Probert, p. 92. — Voyez aussi l'*Histoire du pays de Galles*, par Warington.

n'y a rien à lui chanter, on chantera en l'honneur d'un autre roi. Après le barde de préséance, le barde de la maison a la charge de chanter trois chants. Si la reine désire un chant, que le barde de la maison aille et lui chante tout chant qu'elle désire, mais à voix basse, pour ne pas troubler la joie dans la salle. Il a droit à un bouc ou à un bœuf sur le butin que la famille peut enlever au royaume voisin, lorsque le roi a choisi son tiers. Il doit aussi chanter la monarchie de Bretagne, pendant qu'on partage le butin. Il a droit à une table d'échecs, faite de l'écaille d'un poisson de mer, et à un anneau de la reine. Son logis est chez le maître d'hôtel. Sa protection est confiée au maître d'hôtel. Quand il chante avec d'autres bardes, il a droit aux parts de deux hommes. Qui l'insulte paye six vaches et cent vingt sous d'argent; qui le tue, doit payer une amende de cent vingt-six vaches [1].

Le page de la chambre couche dans la chambre de la reine; son lit est dans le cabinet, afin qu'il puisse être prêt à la défendre d'un guet-apens. La fille d'honneur a son lit dans la chambre de la reine, afin de pouvoir entendre le moindre mot qu'elle dit.

Serviteurs inférieurs : Le second est le *teneur de pieds*... son office vient du privilège de sa terre. Il doit tenir le pied du roi dans son sein, depuis le moment où il commence à s'asseoir au banquet jusqu'à ce qu'il aille coucher. C'est lui qui doit frotter le roi. Durant ce temps, il a charge de veiller

---

[1]. Probert, *Lois galloises*, p. 104-5.

à ce qu'il ne lui arrive mal. Son droit de garde dure depuis le moment où il prend les pieds du roi jusqu'à ce qu'il aille à sa maison, et il peut emmener le criminel qu'il protège. Il a le privilège de manger au même plat que le roi, le dos tourné au feu. — Le dixième serviteur est le chef du chant : il doit avoir sa terre en toute franchise. Il commencera par chanter à la louange de Dieu, et ensuite à la louange du roi qui tient la cour... Personne ne peut demander gratification, si ce n'est le chef du chant ; il partage avec ses compagnons, et deux parts lui appartiennent. Il réclame vingt-quatre sous de chaque ménestrel lorsqu'il a clos ses leçons. Il réclame quatre sous de chaque femme qui a dormi avec des hommes. A lui reviennent les droits de mariage des filles des autres ménestrels... Il doit coucher avec l'héritier présomptif. Son droit de garde dure depuis le moment où il a commencé à chanter dans le palais jusqu'à ce qu'il ait fini son dernier chant[1].

Un empereur grec a décrit l'intérieur du palais de Constantinople. Luitprand l'a fait aussi dans son ambassade. Guillaume de Tyr nous a laissé une description très curieuse du palais des Fatemites,

---

1. Voici les trois degrés du Bardisme. Au premier est le chef barde ou le libre barde privilégié, qui obtient sa dignité en étudiant sous un maître légalement autorisé, sous un barde de l'assemblée bardique. Il doit conserver tous les souvenirs des arts et des sciences, tant qu'il continue d'exercer son office de barde. Il doit aussi garder les souvenirs et gestes de l'état et de la tribu concernant les mariages, les généalogies, les armes, les héritages et les privilèges de l'État et tribu des Cambriens. Au second degré est l'ovate, qui obtient son privilège pour son génie poétique et ses connaissances précieuses, après avoir donné des réponses justes devant l'honorable assemblée des bardes ;

au Caire. (Voy. mon *Histoire de France, Croisades*.)

Chez les Barbares, la domesticité s'anoblit par le dévouement volontaire du serviteur envers son chef; c'est comme un souvenir de l'ancienne fraternité des compagnons dans la bande guerrière. La cour du roi mérovingien est composée de ses *fidèles* et de ses *convives;* tous s'asseoient à la table royale.

Au bout est placé le Major-Domus ou maire du palais, le premier des serviteurs du roi, le juge et chef des leudes, qui plus tard prendra la place du roi lui-même. — La féodalité, adoptant l'hérédité des charges, donna à la domesticité une sorte de caractère politique. Les anciens serviteurs du palais eurent leur place dans la hiérarchie féodale, et les plus grands seigneurs se firent honneur d'être sénéchaux, connétables ou maréchaux d'un roi. Ainsi, au couronnement des empereurs d'Allemagne, les princes Électeurs servaient à table le nouvel élu :

Au couronnement, l'empereur s'étant assis à table dans un lieu un peu élevé, les officiers de l'Empire vinrent selon l'usage pour revendiquer les droits de leurs charges. D'abord les archevêques avec les sceaux de l'Empire, car ils sont chanceliers. Puis le duc de Saxe, archi-maréchal, vint sur un haut des-

---

ou s'il n'y a pas d'assemblée, devant les sessions judiciaires du chef de district ordonnées par la tribu; ou devant douze des juges ou des jurés. Au troisième degré, est le druide-barde, barde gradué par l'assemblée, versé dans les sciences et la sagesse, et capable de communiquer son jugement et ses vues... il est élu par scrutin... (Probert, p. 36.) — Chaque chef de la harpe a droit d'exiger vingt-quatre pences des chantres qui délaissent la harpe garnie de cheveux, pour s'unir à la société des ménestrels. (Quelques bardes ont maudit l'introduction des cordes modernes comme inférieures à celles qui étaient faites d'un long cheveu de femme.) Probert, p. 259.

trier jusqu'à la table, portant dans un plat d'argent l'avoine pour les chevaux de l'empereur ; il fit asseoir les princes à la table, chacun à la place qui lui était préparée. Après lui vint le margrave de Brandebourg, archi-chambellan ; de sa main droite il portait un bassin d'or et de belles serviettes, et il donna à laver à l'Empereur assis sur son trône. Après vint le comte palatin portant les mets dans des plats d'or ; ayant fait l'épreuve, il les plaça devant l'Empereur. Vint ensuite le duc de Luxembourg et de Brabant, représentant du roi de Bohême, auquel appartient la charge de grand Échanson ; il portait le vin dans des coupes d'or. Ayant fait l'épreuve, il donna à boire à l'Empereur. Enfin vinrent, à grand bruit, les princes de Tchwartzbourg, grands Veneurs, avec trois chiens de chasse et nombre de cors ; ils portèrent à la table impériale un cerf et un sanglier..., etc. [1].

Nous avons aussi de nombreux tableaux des cours féodales. Les plus remarquables peut-être sont ceux qui ont été conservés de la cour du comte de Foix [2], de celles des ducs de Bourgogne [3], et du roi Charles V [4].

Mangeoit en sale communement le sage roy Charles ;

---

1. Ludewig, ap. Str., 629 B.
2. Froissart, IX, 314, 7.
3. Olivier de La Marche.
4. Voyez dans Christine de Pisan, une longue description du banquet royal de Charles V, et de la réception de l'empereur Sigismond (Coll. Petitot, VI, 84). Voy. aussi l'*Inventaire général des joyaux du roy Charles-le-Quint*, dans les monuments de la monarchie française, par Montfaucon (quatorzième siècle) ; et aux Archives du royaume, l'inventaire des joyaux du duc de Berry et du duc d'Orléans.

semblablement lui plaisoit que la royne feist entre ses princepses et dames, se par grossesse ou autre impédiment n'en estoit gardée; servye estoit de gentilz hommes de par le roy à ce commis, sages, loyaux, bons et honestes. Et durant son mangier, par ancienne coustume des roys, bien ordonnée pour obvier à vaines et vagues parolles et pensées, avoit un preudomme en estant au bout de la table, qui sans cesser disoit gestes de meurs virtueux d'aucuns bon trespassez.

Le premier des grands offices que nous trouvions en France est celui de Maire du palais[1]. Dans les temps féodaux, nous y voyons une hiérarchie de grands officiers analogues à celle de l'Empire; mais le cérémonial était généralement moins solennel. Au onzième siècle, le comte d'Anjou, plus puissant alors que le roi (Philippe Ier), faillit lui faire une guerre dangereuse parce que le roi lui refusait la charge de Sénéchal de la couronne.

Toutes voies nostre entention n'est pas que en noz dites ordonnances noz officiers fiesvez, qui ont aucune juridiction ou cognoissance de cause en nostre dite ville de Paris, comme le connestable, le chamberier, le pannetier et le bouteiller de France, et autres officiers fiesvez, etc..

Ce fut Henri Ier qui supprima la charge de comte du palais, dont il partagea les fonctions entre quatre officiers, savoir : le *chancelier*, le *bouteiller*, le *connétable*, le *grand panetier*[3]. Il y avait aussi le *grand queux* de France, surintendant de tous les officiers

---

1. Sur le Maire du palais, voyez la dissertation de M. Zingeisen.
2. Carpentier, III, 77.
3. *Art de vérifier les dates*, V, p. 507.

des cuisines du roi. Il tenait son office à vie, et à foi et hommage du roi[1].

Les *Assises de Jérusalem* nous donnent beaucoup de détails sur les charges et les privilèges des grands officiers de ce royaume[2].

Le jour du couronnement, le Seneschau, si tost com le roy istra de sa chambre où il sera vestu pour aler au mostier, le Seneschau doit tenir le septre, et porter le devant lui jusques dedans l'yglise et le tenir jusques à tant que il le porgne en sa main... se il (le roi) *ne veut tenir le septre au mangier, il le doit doner au Seneschal. Le Séneschal doit servir le cors dou roy le jour dou couronement, et quand le roy aura mangié, se il ne veau tenir le septre en sa main, le Séneschal le doit tenir devant le roy, et porter le devant lui, jusques en la chambre où il se vodra depouiller de la robe royalle ; et puis doit le Seneschau mangier, et toutes les escueles et les greaus en que il aura servi le cors dou roy dou premier més doivent estre soues* (siennes), *plaines de tel viande com le cors dou roy aura esté servi celui jour. Et il y doit mangier as quatre festes annuels de l'an ou as autres grans solemnités, ou quant le roy vodra porter corone.*

Ci dit l'office dou Conestable. Le jour dou coronement, le Conestable doit venir le matin en la chambre dou roy, et le Mareschal en sa compagnie, et faire porter le gonfanon royal devant lui, et si tost com il sera descendu en pié, le Mareschal doit porter le gonfanon devant lui jusques à la porte de la chambre en quoi

---

1. Laurière, II, p. 257.
2. *Assises de Jérusalem*, ch. CCLXXXIX-CCLXCII.

le roy se vestira, et quant le roi istra hors de la chmbre, le Conestable doit prendre le Gonfanon dou Mareschal et aler devant le roy entre le cheval et autres qui portent les autres offices devant lui jusques au mostier, et tenir le devant le roy tant com il sera devant l'yglise et raporter devant lui à loisir jusques à la porte dou mostier, et là bailler le au Mareschal, prendre le cheval au roy, et tenir le par les reignes et par l'estrier tant que il soit, et puis doit le Conestable commander au Mareschal par quel voye il ira. Quand le roy sera dessendu, le cheval doit estre dou Conestable... Et doit faire à faire droit par l'usage dou royaume à ceaus qui se clameront pour lors sodées (solde) *à lui, soient chevaliers ou sergens ou Escuiers... Se le roy est en ost ou en chevauchée, ne homme en son leuc, le Conestable doit et peut estre chevetaine* (capitaine) *de tous les gens de l'ost qui vivent d'armes et qui pour faire d'armes sont en l'ost, et sur la justice d'eaus, faisant la faire par conseill des homes le roy, sans le tort des hommes liges le roy, et il en areaut peut ferir ou pousser de masse ou de baston tous ceaus qui sont de la chevetainerie ; sauf les chevaliers homes liges, mais à ceaus peut il ferir les chevaus et occire de honte ceaus de chevaliers ou d'autres gens que le roy....*

Ci dit l'office dou Mareschal. Le jour dou couronement, le Mareschal doit venir en la herberge dou Roy en la compagnie dou Conestable, et faire porter le gonfanon royal devant lui et si tost com il sera dessendu à pié, il doit prendre le gonfanon et porter le devant le Conestable jusques à la porte de la chambre en quoi le roy se vestira, et là se doit arrester a tout (avec) *le gonfanon, et si tost com il istra hors de sa chambre, il doit bailler le gonfanon au Conestable, et doit aler tenir le cheval le roy par les reignes et mener le jusques au mostier. Et quand le roy sera monté, le Mareschal si doit monter sur le cheval dou Conestable tout court, et porter le gonfanon devant le roy à cheval, et si tost com le roy sera dessendu, il doit dessendre et porter le gonfanon devant li si com le Conestable le li ordonera jusques à leuc où il devra mangier, et tant com le roy mangera il doit tenir le gonfanon devant lui, et quant il aura mangié il doit porter le gonfanon devant lui jusques en la chambre où il devra entrer pour oster ses vêtements royaus, et puis doit aler devant le Conestable sur le chevau dou Conestable, et doit estre sien chevau. Et quant le Conestable sera dessendus en son Hostel, le Mareschal doit faire porter le gonfanon devant lui jusques en son hôtel... et doit avoir le Mareschal toutes les bestes grosses qui seront venües dou gaing, et doit avoir tous les chevaux rendus qui seront à costéer dou roy sauf ceaus de son hostel, et doit faire homage au Conestable, sauf le roy et les autres personnes à qui il est tenu de foi.*

Ci après nous dirons l'office dou Chamberlain. Le jour dou couronement, le Chamberlain doit venir le matin en la Chambre dou roy, et attirer tous les vestements royaux en la chambre dou roy, que le roy doit vestir pour faire soi coroner. Et quant le roy vait au mostier, le Chamberlain doit aler avec les offeciaux devant le seneschal, et doit porter l'espée, et entrer o les offeciaux au cœur, et tenir l'espée tant que le roy la preigne, et puis doit prendre les autres que les offeciaux tiegnent, et doner les au roy. Et quant le roy est coroné, il doit aler en l'ostel et faire apareiller ce que besoing li sera, ce est à savoir l'aigue que il doit doner as mains dou roy quant il vodra mangier,.... et avant et aprez il doit servir le roy de sa coupe, et quant le roy aura mangié, il doit aler o les autres offeciaux mangier, et la coupe de quoi il aura servi le roy doit estre soue, et doit boire le jour dedens et tenir li devant à table; as quatre festes annuels et grans solemnités le doit il encin faire et servir com il est dessus dit. Et quant aucun veaut faire homage, le Chamberlain est tenus de deviser l'omage à lui ou celui qui sera en son leuc, et doit avoir toutes les depouilles et robes de ceans qui font l'omage au roy.

On voit que ces charges n'étaient pas de simples titres; certains privilèges y étaient attachés. Le Chambellan de la cour d'Eichstadt avait droit au pied gauche de chaque cerf ou autre bête de venaison; mais il ne pouvait rien réclamer si la bête avait moins d'un an.

A l'élection d'un évêque, le maréchal héréditaire doit chevaucher à ses côtés, jusqu'à la pierre des fiefs (lehenstein); là ce seigneur doit descendre de cheval et tenir l'étrier à l'évêque, puis monter à son tour le cheval qui a porté l'évêque. Ce cheval devient le sien... Le maréchal enfoncera son bâton dans la meilleure huche à avoine...; ce bâton doit avoir une aune et demie de longueur... Il a droit à la tête de chacune des vaches qu'on abat dans le voyage... *Item*, on donnera encore au maréchal les chevaux qu'on aura épuisés... s'il en meurt, le maréchal en a bride, selle et peau. — Le maître de cuisine a le pouvoir de prendre les clès aux paysans, de les garder jour et nuit; mais il doit les rendre quand il s'éloigne...

Item, s'il arrivait qu'il y eût du blé battu sur l'aire, il pourrait y faire entrer son cheval, dût le blé monter jusqu'au ventre, ou même plus haut... *Item*, il retire annuellement à la Saint-Étienne un pain blanc de chaque ferme ; ce pain doit monter du sol aux genoux et plus haut. (G. 277.) —... *Item* (le drossart) sera présent lorsque le cuisinier de Madame l'abbesse tranchera le saumon que Madame a coutume de donner aux baillis investis de sa maison et son abbaye ; et le drossart dira où l'on tranchera le saumon. La moitié de la tête reviendra au drossart, l'autre moitié au maréchal de l'abbesse ; le chambellan et l'échanson auront la partie qui suit [la tête ; ensuite viendra le tour des autres baillis investis dans la maison abbatiale, et les entrailles resteront dans la cuisine de l'abbesse. (G. 251.)

L'Investiture est la tradition féodale. Une grande partie des formes et des symboles de la Tradition que nous avons indiqués, pourraient également se placer ici. Il y a toutefois cette différence que l'Investiture n'est pas seulement la tradition d'une propriété, mais celle d'une juridiction, quelquefois celle d'une souveraineté. Les signes de l'Investiture rappelleront tantôt la transmission de la propriété, tantôt celle de la puissance. Nous retrouvons ici la Terre, le Fétu, le Bâton, la plupart des symboles dont nous avons déjà parlé.

Nous avons vu au chapitre *de l'Adoption* le roi Gontran investir son neveu par la lance. — *Fief tenu par livrement de fust* (bâton) *et terre* [1]. — Guerpire

---

1. Laurière, I, 1512.

cum lapide, *investir par la pierre* (acte de Marseille année 1085)[1]. — *Nous avons établi que les bâtons marqués du signe de la commune de Marseille seraient gardés dans les curies* (curiis) *de Marseille, et que celui à qui son adversaire ou tout autre aura montré le bâton sera tenu aussitôt et immediatement de venir à la curie*[2].

C'est, dit Othon de Frisingue, la coutume que les empires soient livrés par le glaive, les provinces par l'étendard[3].

Par la pointe de cette épée de douze livres pesant d'or, je te rends le royaume que tu m'as volontairement donné. (Dudo, de morib. Normann., lib. 2; G. 466?) — Dans le *Roman de Rou*, on dit même : *Au roi rendi son règne, nen vout avoir jornée, — Fièrement l'en saisi par une soe espée, — El pont de l'espée out d'or dix livres pesant.*

Quand la chambre légale de Flandre se tient en présence du comte, on fait mettre au milieu du parquet sur un petit lit ou coussin une épée nue en signe de souveraineté[4].

Une épée était envoyée par la ville de Nuremberg à celle de Bruxelles, en signe des immeubles dont elle jouissait dans le Brabant[5].

---

1. Ducange, IV, 52.
2. Carpentier, p. 415.
3. Otto Freys. *De gestis Frid*, I, c. 5.
4. Oudegherst, in-4°, 285 verso.
5. Ulmann, *Stædtwesen*, p. 390. — *Comme les gens de la suite du roi s'inclinaient pour faire leur prière, un d'eux eut la témérité de poser son épée sur l'autel; ses compagnons, épouvantés d'une semblable audace, repoussèrent l'épée et se répandirent en reproches contre l'auteur d'une action si coupable; mais il leur répondit orgueilleusement :*

Le marteau, la vieille arme du Nord, semble, comme l'épée, un signe d'investiture militaire. Le couteau, les ciseaux et l'anneau paraissent être des symboles ecclésiastiques : *Un jeune seigneur de Troyes, frappé de la mort subite de son père, qui avait volé les biens de l'abbaye de Notre-Dame, rendit le prieuré de Saint-Julien aux religieux, en s'approchant de l'autel, sur lequel il mit un couteau noir*[1] (année 1087). — On gardait à Notre-Dame de Paris, dans le trésor des châsses, *un couteau pointu*, sur le manche duquel était l'acte par lequel un certain Guy avait investi le chapitre de plusieurs portions de terre. — Sous Louis-le-Gros, ce couteau fut remis comme signe d'investiture à Drogon, archidiacre de Notre-Dame[2].

Odon, comte de Corbeil, concéda à Dieu et à Saint-Germain de Pontoise une voirie qu'il avait dans la terre de Morissart, à l'aide de ciseaux qu'il tenait à la main; le moine Robert le réinvestit avec les mêmes ciseaux; sur-le-champ le comte tondit une brebis qui appartenait à Guillaume Fosard, en se servant desdits ciseaux.

En 1249, Jean, frère d'Anselle, chevalier, sire de Tournon, fit hommage à son évêque, qui voulut l'investir par le bâton ou le fétu, selon l'usage. Jean refusa

---

Quelle est donc cette nouvelle religion qui fait que pour vous un tas de pierres, de sable et de chaux est plus sacré que mon épée? Et en même temps la ramassant, il l'a replaça sur l'autel. Aimoin, Mirac. S. Bened., lib. I, 6. — *Telle fut la manière dont Clotaire dompta par les armes les Saxons soulevés contre lui : il fit mourir parmi eux tous les mâles qui dépasseraient la longueur de l'épée que par hasard il portait.* Gesta Dagoberti, p. 580; Script. Rer. fr., 2.

1. Baugier, Mém. sur la Champagne, II. 236.
2. Dulaure, Hist. de Paris, II, 224.

cette investiture disant qu'il ne pouvait accepter une autre investiture que celle par l'anneau d'or[1]. — Charte citée dans l'histoire de Beauvais : *Il restitua par son anneau d'or les mêmes villes à l'évêché de Beauvais occupé alors par son fils Foulques, et il fit suspendre cet anneau attaché à une chaîne de fer sur l'autel de Saint-Pierre comme un monument de sa restitution. De plus, il fit percer deux sols que le jour même il avait reçu desdites villes, en signe de restitution et de pénitence*[2]. — *En signe d'hommage féodal* (astæ feudalis), *il l'investit par la remise d'un anneau d'or comme son féal vassal*[3].

Le beffroi et la corde du beffroi trouvent naturellement leur place dans les investitures ecclésiastiques. — Il investit légalement l'archiprêtre par la corde de la cloche de l'église. (Voy. dans Martène, l'investiture toute semblable d'un évêché.)

La cloche et la tour de la cloche jouent un grand rôle dans l'histoire des communes. Item, *nous avons donné et accordé échevinage, ban clocque grande et petite.* Charte de 1376 pour la commune de Saint-Valery[4]. — *Une ordonnance de Charles-le-Bel (1322) prive les bourgeois de Laon, pour un sacrilège commis à l'église de Laon, des droits de commune, échevinage, mairie, collège, sceaux, cloche et beffroi*[5]. — *Et le dict serment fait, le comte* (de Flandre) *tire la cloche deux ou trois coups en prenant par ce possession*[6]. — Dans

1. Ducange, III, p. 1528.
2. Louvet, *Hist. de Beauvais*, II, 213.
3. Duc., I, 794.
4. *Id.*, 1097.
5. *Id., ibid.*
6. Oudegherst, in-4°, p. 292.

un autre passage d'Oudegherst, un comte de Flandre se croit dégagé de son serment et regarde les privilèges comme annulés, *parce que le beffroi a brûlé.*

On peut ranger encore, parmi les symboles de l'investiture ecclésiastique, l'encrier, la plume et le papier; les clercs écrivaient seuls au Moyen-âge [1]. — Voy. *la Tradition.*

Charles d'Anjou investit son fils aîné de la principauté de Salerne par la couronne au cercle d'or, du comté de Lésine par l'étendard, et des droits honorifiques du mont Saint-Ange, par l'anneau [2]. — Hommage de Baliol à Édouard III : Il lui présenta de sa propre main la couronne royale, de la terre et des pierres du sol de l'Écosse, qu'il disait être sien [3]. — Voyez au chapitre de *la Tradition* l'exemple de Xerxès, etc.

Le chapeau est analogue à la couronne. Les nobles parmi les Goths s'appelaient les Pileati. Symbole de la liberté chez les Romains, le chapeau est au Moyen-âge celui de la puissance et de la domination. Le roi garde le chapeau sur la tête, tandis que tout le monde autour de lui reste découvert. — Le chapeau que Gessler avait mis au bout d'une lance, et que Guillaume Tell refusa de saluer, était le signe de la puissance autrichienne. Aujourd'hui encore, dans l'abbaye de Kloster-Neubourg, est déposé le chapeau électoral d'Autriche, qui ne sert qu'une fois par règne, et que l'on vient chercher en grande pompe pour la céré-

1. Carpentier (1360) donne divers exemples, tous italiens.
2. *Giannone,* liv. XX, introd.
3. Fordun, ad annum 1355.

monie de l'hommage à prêter au nouvel Empereur. Une imitation colossale de ce chapeau surmonte le dôme le plus élevé de l'édifice[1]. — C'est par le chapeau que Richard Cœur-de-Lion fit hommage à l'empereur Henri VI du royaume d'Arles. — La vie de saint Menou parle d'une donation que Pepin aurait faite par le chapeau, et elle ajoute qu'il laissa le chapeau en témoignage. — Celui qui veut vendre sa ferme doit comparaître au tribunal et tenir à la main son chapeau; le juge demande par trois fois aux assesseurs si le vendeur quitte sa ferme selon droit, et ceux-ci répondent : Oui. Le vendeur ôte la main du chapeau; puis le juge dit à l'acheteur : Touche ! et il touche. Le juge ajoute : Je te transmets la ferme pour la première, seconde et troisième fois; puis l'acheteur doit racheter le chapeau au prix d'un schelling, que le juge lève en disant : Que tout le monde sache que c'est le schelling pour lequel la ferme a été cédée; le vendeur prend son chapeau et le serviteur du juge reçoit le schelling. — Aujourd'hui, dimanche après la Saint-Jacques, l'an 1642, est comparu par-devant tous les habitants de Bruchhagen l'honorable Anne Dales, lequel a fait à Gerdt Linhop cession de sa terre patrimoniale par l'acte d'enfoncer la main dans le chapeau; jamais il n'y aura réclamation tant que pousseront herbe et feuillage. (G. 149.)

Lorsque le donateur était un évêque, la mitre remplaçait le chapeau. Dans le Brandebourg, les fiefs étaient conférés aux nobles par la mitre. (G. 150.)

Investiture et hommage sont corrélatifs. Le suze-

---

[1]. *Voyage de M. Alfred Gros*, feuilleton du *Temps*, 2-3 janvier 1836.

rain investit en transmettant au vassal le symbole des fiefs ; le vassal fait hommage par acte corporel et formule verbale. *Doit l'homme joindre ses deux mains en nom d'humilité, et mettre ès deux mains de son seigneur en signe que tout lui vouë, et promet foy ; et le seigneur ainsi le reçoit, et aussi luy promet à garder foy et loyauté, et doit l'homme dire ces paroles : Sire, je viens à vostre homage et en vostre foy, et deviens vostre homme de bouche et de mains, et vous jure et promets foy et loyauté envers tous et contre tous, et garder votre droit en mon pouvoir*[1].

On demande dans le *Jus feudale Alemanicum* s'il est permis à un vassal de cracher, tousser, éternuer ou se moucher, en présence de son seigneur? S'il mérite d'être puni pour ne pas s'être tenu droit, ou avoir chassé les mouches en sa présence[2] ? — Un vieux feudiste allemand examine la question suivante. (G. 139) : Certains disent que le vassal doit trembler des mains (dans l'acte d'hommage). Mais tout son corps ne doit-il pas être agité, quand il aborde son seigneur? que ses mains tremblent donc aussi.

L'hommage noble était souvent reçu par un baiser : *Je vous reçois et preing à bons, et vous en bese en nom de foy, et sauf mon droit et l'autruy*[3]. — Les roturiers qui étaient investis d'un fief, *juraient mais ne baisaient pas.*

Une lettre de Robert d'Artois (an 1329) indique une forme d'hommage toute particulière : *Come nostre amée cousine, madame Marie de Brebant, dame d'Arschot*

1. Bouteiller, *Somme rurale*, liv. 1, tit. 81.
2. Schmidt, *Hist. des Allemands*, VI, c. 15.
3. *Établiss. de saint Louis*, II, 18.

et de Virzon nous, fust tenue a faire deux hommages... Nous et la dame de Vierzon devons estre à cheval, et nostre cheval, les deux piés devant en l'eauë dudit gué, et les deux piez derrière à terre sèche pardevers nostre terre de Meun : et le cheval à ladite dame de Vierzon, les deux piez derrière en l'eauë dudit gué, et les deux devant à terre sèche par devers nostre terre de Meun, etc.[1]

Si le vassal ne trouvait pas son seigneur en sa maison, il devait heurter trois fois à la porte et appeler trois fois. Si l'on n'ouvrait pas, il baisait le verrou de la porte, et récitait les formules de l'hommage, comme si le seigneur eût été présent[2].

Les signes qui consacrent la formation du contrat féodal président souvent aussi à sa dissolution. Comme la tradition, la renonciation se fait *par la paille;* elle s'appelle alors *Abfestucatio*[3]. Nous en avons donné des exemples au chapitre de *la Tradition*.

L'argent que le roi avait donné à Pandolphe comme arrhe de vassalité (*in arrham subjectionis*), il le foula aux pieds, malgré la douleur et les réclamations de l'archevêque de Dublin[4].

L'hommage se faisant quelquefois par la simple parole, la renonciation pouvait se faire de la même manière. *Sire, j'aye esté une pieche en vostre foy et en vostre hommage, et ai tenu de vous tex heritages en fief : et à l'hommage et à le foy je renonce, parce que vos*

---

1. Ducange, verbo *Hominium*, III, 1163.
2. Loysel, *Instit. du droit coutumier*, liv. 4, t. III. — *Établiss. de saint Louis*, II, 18. — Salvaing, *Usage des fiefs*, c. 4.
3. Voyez dans Carpentier, I, 13, verbo *Abfestucatio : Charta Math. ducis Lothar.*, anno 1032.
4. Mathæus Paris, anno 1212.

m'avez meffet, duquel meffet, j'entens acquérir vengence par appel[1].

Nulle part l'indépendance féodale ne s'est marquée avec plus d'originalité et de fierté que dans le passage suivant du *Fuero viejo* de Castille. Le dernier exemple de l'application de cette étrange formule est, je crois, du temps de Charles-Quint : — Lorsque le roi exile un Rico home, son vassal, les vassaux et amis de l'exilé peuvent partir avec lui ; ils doivent même le suivre jusqu'à ce qu'il trouve un autre seigneur qui lui soit gracieux... Si le roi donne congé à un Hidalgo, vassal d'un Rico home, le Rico home peut, s'il le veut, quitter le pays, et chercher un autre seigneur qui leur fasse du bien à tous deux... Si le roi exile un Rico home, il lui accordera trente jours et trois jours en sus, et il lui donnera un cheval ; tout Rico home qui reste dans le pays lui donnera aussi un cheval ; si l'un d'eux ne lui en donne pas, et que l'exilé le fasse prisonnier dans quelque combat, il ne sera pas obligé de lui rendre la liberté. Si un Rico home est obligé de quitter le pays, le roi lui donnera un guide qui le conduira à travers tout le pays, et lui fournira des vivres pour son argent... Et le roi ne lui fera pas de mal, ni à ses amis, ni aux biens qu'il laisse. Que si un tel Rico home fait la guerre au roi ou au pays, pour son compte, ou pour celui d'un autre seigneur, le roi pourra détruire tout ce qu'il possède, abattre les maisons et tours de ceux qui

---

1. Beaumanoir, c. 61.

sont avec lui, et couper leurs arbres; mais il ne pourra endommager les biens de famille et héritage qui leur resteront à eux et à leurs héritiers; tiers; les dames, leurs épouses, ne souffriront pas de dommage en leur honneur... Si le Rico home exilé fait la guerre au roi, pour son nouveau maître, et que, ses vassaux faisant invasion chez le roi, ils enlèvent quelque chose, comme prisonniers, armes, bestiaux, le partage fait, ils prendront un lot entier, et l'enverront au roi, leur seigneur, et celui qui le portera, dira : Sire, tels et tels chevaliers et vassaux du Rico home que vous avez exilé vous envoient cette part de ce que chacun d'eux a gagné sur vos vassaux, et vous prient de faire grâce et d'amender le tort que vous avez fait à leur seigneur. A la seconde invasion, chacun n'enverra que la moitié de sa part, et après cela ils ne seront plus tenus de rien envoyer. Lorsque de cette manière ils se seront mis en règle, le roi ne leur fera pas de mal, ni à eux, ni à leurs femmes, enfants, amis ou biens... — Pour renoncer ainsi à son souverain naturel, il suffisait qu'un des hommes du Rico home se présentât devant le roi et lui dît : Sire, au nom de tel, je vous baise les mains, et dès ce moment il n'est plus votre vassal[1].

Les nobles du Moyen-âge ne prétendent pas seulement au droit de renoncer à l'hommage; quelques-uns se déclarent libres de toute vassalité et se placent fièrement en dehors de la hiérarchie féodale : — Qu'on sache ceci d'abord, c'est que la maison et

---

1. Fuero viejo. — Schœll, *Cours d'hist. des États européens*, t. III.

seigneurie de Richolt n'est fief de qui que ce soit; qu'elle n'a pas non plus d'impôts, de deniers turcs (pour la guerre des Turcs) à payer, ni rien à faire avec personne (année 1469). — (Record de Niel.) Le Hainaut était de même un fief tenu de Dieu et du soleil : *Nous échevins susdits tenons que le seigneur de Nyel* [près de Liège] *ne tient la même seigneurie en fief ou tout autrement de personne d'autre que de Dieu et du soleil et de lui-même, comme seigneur foncier du même endroit, et qu'en conséquence, il est Voué héréditaire de la hauteur d'Anden, située sous Gingelom. Nous les échevins tenons que le même seigneur de Nyel recevant la même seigneurie en possession d'icelle doit être mené à la cloche, semer argent et or contre le soleil et faire le serment comme leur propre seigneur foncier et comte de Nyel, recevoir le serment des échevins et sujets du même endroit et leur faire aussi pareil serment sur leurs privilèges* (année 1569). — Document allemand de 1629 : — Schœnau, près d'Aix-la-Chapelle, est tenu de Dieu le Tout-Puissant et du soleil ce magnifique élément, lorsque le seigneur a jeté publiquement, comme signe spécial, un pfenning d'or et un d'argent à la foule desdits sujets. — Dans un acte de même teneur, on trouve *saint* au lieu de *magnifique*, ce qui vaut mieux. Pour affirmer fortement, l'on disait en Allemagne : Ainsi soit avec moi la sainte lumière (*Sam mir daz heilige licht*). (G. 278-9[1].)

Lors de la prise de possession de la seigneurie de

---

1. Ces *fiefs du soleil* rappellent la formule, *Dieu et le soleil*, qu'on prononçait au couronnement du duc de Carinthie, et la cérémonie de Rienzi au Capitole (voy. plus haut). Les rois de Hongrie, à leur couronnement, brandissaient aussi une épée vers les quatre points cardinaux.

Warberg, le nouveau possesseur, en cuirasse et l'épée nue, chevauchait dès l'aube vers l'Orient, et dès que le soleil se levait, il frappait trois coups en l'air en croisant les coups et jetait des pièces de monnaie au peuple.

L'empereur Frédéric-Barberousse traversant un jour sa ville de Tongue, le seigneur de Kreuchingen, assis et immobile, refusa expressément de se lever; seulement, il remua le chapeau, mais par simple politesse; et comme l'Empereur s'enquérait et voulait savoir quel était donc cet homme qui, ainsi placé sur sa route, ne lui témoignait point la déférence due à la majesté impériale, on répondit que c'était un baron tellement indépendant de sa personne, de ses biens et possessions, qu'il ne tenait aucune propriété ou jouissance féodale ni de l'Empereur ni d'autres princes. (G. 279.) — On dit qu'en Bretagne, certains paysans revendiquaient le droit de ne pas se lever devant leurs seigneurs. — Le royaume d'Yvetot est devenu en France un article de foi populaire. Cependant rien n'en démontre l'existence, si ce n'est cinq vers d'un poète normand du quinzième siècle :

> Au noble pays de Caux
> Y a quatre abbayes royaux,
> Six prieurés conventuaux,
> Et six barons de grand arroi,
> Quatre comtes, trois ducs, un roi.

Il n'y a nulle apparence qu'Yvetot ait été érigé en royaume par Clotaire; mais il est constant que longtemps après, en 1370, Yvetot était un franc-fief libre de tout service et hommage. Les marchands d'Espagne, de Castille et autres, se rendaient d'Harfleur à Yvetot avec leurs marchandises, qu'ils échangeaient contre celles de France. — Il était de tradition générale, en 1461, qu'anciennement les sires d'Yvetot battaient monnaie[1].

---

[1]. Sur le royaume d'Yvetot, voyez Froissart, Cenalis, Gaguin, Duhaillan. Dumoulin, Chopin, etc. En 1774, le comte d'Albon, dernier roi d'Yvetot, adressa à Louis XV un mémoire pour faire confirmer les privilèges de la principauté. *Archives du royaume, K. Série des villes et provinces.* — Le savant et modeste éditeur du nouveau Froissart, M. Lacabane, nous promet un travail spécial sur ce point singulier de notre vieux droit féodal,

CHAPITRE IV

COMMUNION. — FRATERNITÉ. — CHEVALERIE

A la bataille de Courtrai, les Flamands firent venir un prêtre sur le champ de bataille avec le corps de Christ, de sorte qu'ils pouvaient tous le voir. En guise de communion chacun d'eux prit de la terre à ses pieds et se la mit dans la bouche[1].

Je revenais à la vie, dit Cellini; j'aurais même commencé à parler, si des soldats imbéciles ne

---

1. Feciono venire per tutto il campo uno preto parato col corpo di Christo, si che ciascuno il vide, et in luogo di communicarsi, ciascuno prese uno poco di terra, et la si mise in bocca. (G. Villani, l. VIII, ch. 55, p. 335.) — Le Syrien Naaman dit au prophète Élisée : Je vous conjure de me permettre d'emporter la charge de deux mulets de la terre de ce pays, car à l'avenir votre serviteur n'offrira plus de victimes aux dieux étrangers, mais ne sacrifiera qu'au Seigneur. (*Rois*, liv. IV, ch. 5.) — Les soldats de Lahore emportent avec eux de la terre de la patrie. C'est sur ce peu de terre qu'ils font leur cuisine, etc. Ce fait m'a été garanti par une personne digne de toute confiance, comme recueilli de la bouche de M. le général Allard. — Au Moyen-âge, les Pisans emportèrent sur des galères *la terre sainte* qu'ils ont déposée au Campo Santo. — On amena le coupable sur la place publique, on enleva la terre (wegstechen und wegstoffen) couverte par son ombre, et on le bannit. Luther, *Tischreden*, Wittemberg, p. 213.

m'avaient rempli la bouche de terre, croyant m'avoir donné la communion ; mais ils m'avaient plutôt excommunié, car cette terre m'étouffait[1].

L'escarmouche se dressa après que nos Suisses eurent, comme ils ont accoustumé, baisé la terre[2]. — *Les Lansquenets, aiant baisé la terre à leur mode, firent promesse de mourir en gens d'honneur*[3]. — *Et à donc lesdicts Lansquenets et le jeune Adventureux avecques eulx baisèrent la terre, comme ils font de coutume, et marchèrent tout droit contre leurs ennemis*[4].

En Islande quand deux hommes voulaient s'unir d'un lien fraternel, on plantait droit un javelot plus haut qu'un homme ; sur la pointe du javelot posait par le milieu une bande de gazon, dont les extrémités étaient attachées à la terre ; puis ceux qui devaient jurer, passaient dessous la tête levée. — Ils vinrent au promontoire Eyrarhval, et là coupèrent une bande de gazon, assez longue pour que, les deux extrémités étant attachées à la terre, le milieu pût être soutenu par un javelot ciselé dont ils touchaient le clou de leurs mains. Tous quatre, se plaçant sous le gazon, firent couler leur sang qui se répandit sur la terre d'où le gazon avait été coupé ; et lorsque leur sang se fut mêlé, ils fléchirent le genou, et, unissant leurs mains droites, jurèrent par tous les dieux de venger la mort l'un de l'autre comme celle d'un frère. Mais au moment de joindre les mains, Thor-

---

1. *Mémoires de Benvenuto Cellini*, p. 83 de la traduction.
2. Martin Du Bellay, ch. XVIII, 55.
3. D'Aubigné, éd. 1616, I, 305, bataille de Moncontour.
4. Fleuranges, dit l'*Adventureux*, p. 225, année 1512. — Voy. aussi Vieilleville, t. XXVI, p. 31 de la Collection Petitot, année 1528.

grim retira la sienne, disant qu'il y aurait péril pour lui à conclure un tel traité avec ses parents Thovkel et Gisly[1]. — Dans un autre passage, il est parlé de trois pièces de gazon. — Voyez plus loin les Ordalies islandaises.

Formule d'association scandinave : — Ils partageront entre eux rôts et couteaux, et toutes choses, comme amis, non comme ennemis. Que si l'un d'eux y manque, il doit être chassé, banni de la contrée, aussi loin qu'homme peut être banni et que chrétiens vont à l'église, païens aux temples ; aussi loin que feu brûle, que terre fleurit; aussi loin que l'enfant crie après la mère, et que la mère enfante; aussi loin que le bois nourrit le feu, que le vaisseau vogue, que le bouclier brille, que le soleil fond la neige, que la plume vole, que le pin croît, que l'autour vole toute une longue journée de printemps[2] et que le vent bat dessous de ses deux ailes ; aussi loin que le ciel est une voûte et la terre une route ; que le vent mugit, et que l'eau fuit vers la mer ; aussi loin que l'homme sème le blé. A lui seront interdites les églises et maisons de Dieu, la communauté des bonnes gens et toute demeure, excepté l'enfer. Mais il y aura amende pour le mal qu'on lui ferait à lui ou aux siens, enfantés et non enfantés, nés et à naître, nommés et non nommés encore, tant que terre sera, tant qu'homme vivra... Partout où les deux amis se rencontreront sur terre ou sur mer, sur vaisseau ou sur écueil, sur eau ou cheval,

---

1. Note de P.-E. Müller sur le *Laxdæla-Saga*, sive *Historia de rebus gestis Laxœdlensium*. Hafniæ, 1826, in-4°, p. 59.
2. A sommer day. Milton, *Paradise lost*, I.

ils partageront ensemble rames et seaux, terre et planches, partout où besoin sera. En toute occasion, ils auront mutuelle amitié, comme le père au fils, et le fils au père. (G. 39.)

Boire le sang l'un de l'autre, c'était pour ainsi dire se faire même chair. Ce symbole si expressif se trouve chez presque un grand nombre de peuples : — La foi jurée, dit Hérodote, n'est, chez aucun autre peuple, plus respectée que parmi les Arabes; voici les formalités qu'ils observent pour la donner ou la recevoir. Au milieu des deux parties se place un témoin armé d'une pierre tranchante, avec laquelle il fait une incision dans l'intérieur des mains de chacun des contractants, au-dessous des pouces; prenant ensuite un flocon de laine, tiré de leur manteau, il le trempe dans le sang qui coule de la blessure et enduit avec ce sang sept pierres placées au centre de l'assemblée. Pendant qu'il accomplit cette cérémonie, il invoque Bacchus et Uranie. Lorsqu'elle est terminée, celui qui donne la foi offre ses amis pour garants à l'étranger ou à son concitoyen, si c'est avec un concitoyen qu'il traite, et ses amis, de leur côté, se considèrent comme liés et gardent la foi jurée [1].

Hérodote parlant du traité que firent Cyaxare et Alyatte après la bataille de l'Éclipse : — Les serments en usage parmi ces peuples se font à peu près avec les mêmes cérémonies que chez les Grecs ; ils y ajoutent seulement de s'inciser la peau du bras, et de lécher réciproquement le sang qui en

---

[1]. Hérod., l. III, c. 8, traduct. de M. Miot.

COMMUNION. — FRATERNITÉ. — CHEVALERIE 265

découle[1]. — Tacite (*Annales*, XII, 47), en dit autant des rois arméniens et des Ibères du Caucase. — Les Scythes, dit encore Hérodote, observent quelques cérémonies particulières pour se lier réciproquement par des serments. On verse du vin dans une grande coupe, et on y mêle du sang que les contractants tirent de leurs corps avec la pointe d'une alène, ou en se coupant une petite portion de chair. Chacun trempe dans la coupe son sabre et ses flèches, sa sagare et son javelot : cette cérémonie est accompagnée de grandes imprécations. Ensuite ceux qui ont fait serment boivent le vin et le sang, et en donnent à boire aux personnages les plus distingués de leur suite[2].

Le sang chez les anciens Latins s'appelait Assir, et Assiratum désignait l'action de boire du sang mêlé avec du vin. (Festus, ad verb. *Assir.*; G. 190.) — Les fils de Brutus et les autres conjurés qui avaient formé le projet de ramener les Tarquins à Rome, furent tous d'avis de s'obliger les uns les autres avec un grand et horrible serment, en buvant tous ensemble du sang et touchant des mains aux entrailles d'un homme qu'ils immoleraient[3]. — Au dire de quelques-

---

1. Hérod., liv. I, c. 74. — Chez les Arabes modernes, les alliances se font par la main, ou par les aliments. L'un des contractants dit à l'autre : Frappe ta main dans ma main. Alors celui-ci applique la paume de sa main sur celle du premier en sens contraire, et les faisant tourner aussitôt l'une sur l'autre, ils entrelacent leurs doigts et disent : Par le droit des dix que le Très-Haut institua, je ne te trahirai point. Ou bien on frotte sur du sel de petits morceaux de pain, que les contractants se mettent dans la bouche les uns des autres, en disant : « Par le droit du pain et du sel, je ne trahirai point. » *Les Bédouins*, par Mayeux, page 65, 67.
2. Hérod., liv. 4, c. 70, trad. de Miot. Voyez aussi Lucien, *Toxaris*. Édit. Bip., VI, 100.
3. Plutarq., *Vie de Publicola*, c. 4, trad. d'Amyot.

uns, lorsque Catalina voulut s'attacher ses complices par un serment, il remplit les coupes de sang humain mêlé avec du vin, et lorsque tous y eurent goûté...[1].

On lit dans les *Gesta Romanorum*, c. 67 : — Veux-tu faire convention avec moi? qu'on nous ouvre la veine du bras droit; moi je boirai ton sang, et toi le mien. Personne désormais ne nous ouvrira la veine à l'un ou à l'autre dans l'adversité ou dans la bonne fortune, et tout ce que l'un acquerra, l'autre en aura la moitié. (G. 190.)

Les Siamois veulent-ils se jurer une amitié éternelle : ils se piquent une partie du corps pour en faire sortir du sang, qu'ils boivent réciproquement[2]. Presque tous les peuples modernes de l'Orient observent cet usage.

... Ces Barbares (les Irlandais) et leurs chefs s'ouvrirent la veine (*vena præcordialis*), et répandirent du sang goutte à goutte dans un grand vase. Ce sang, ils l'agitèrent pour le mêler, et en burent les uns après les autres en signe qu'ils étaient maintenant et à toujours, dans la bonne ou mauvaise fortune, unis jusqu'à la mort par une alliance indissoluble et pour ainsi dire *consanguine*[3]. — De même, les Slaves mêlaient et buvaient leur sang lorsqu'ils concluaient des alliances.

L'empereur de Constantinople Baudouin, faisant un traité avec les Comans, fut contraint de se soumettre à leur usage, et de boire son sang mêlé avec celui du chef ennemi.

1. Sallusto, *Catilina*, 22.
2. *Hist. civile et naturelle du roy de Siam*, I, 63.
3. *Mathæus Paris.*, ad annum 1236.

Souvent aussi on se contentait de teindre les armes avec du sang, comme le dit Boethius dans son *Histoire d'Écosse*. — C'est la coutume dans les Hébrides, quand on veut faire une promesse solennelle, que les contractants plongent leurs mains dans le sang, et que, les unissant, ils jurent en même temps [1]...

Lorsque Henri III entra en Pologne pour prendre possession de ce royaume, il trouva à son arrivée trente mille chevaux rangés en bataille. Le général, s'approchant de lui, tira son sabre, s'en piqua le bras, et recueillant dans sa main le sang qui coulait de sa blessure, il le but en lui disant : Seigneur, malheur à celui de nous qui n'est pas prêt à verser pour votre service tout ce qu'il a dans les veines; c'est pour cela que je ne veux rien perdre du mien (?) [2].

Plus tard ce vieux et énergique symbole devient une simple affaire de galanterie et, comme dit le cardinal de Retz, un enfantillage. La duchesse de Bouillon, en présence de son mari, obligea le cardinal à signer de son sang la promesse qu'il faisait de s'unir à M. de Bouillon contre le Parlement [3].

Chez les Barbares, l'adoption du guerrier se fait souvent par les armes. Le roi des Goths, Théodoric, fut adopté comme fils d'armes par l'empereur Zénon. Théodoric lui-même écrit au roi des Hérules (Cassio-

---

1. Quelquefois la chose était simplement dite et figurée : Joinville dit des Comans (1251) : *Ils faisoient passer un chien entre leur gent et celle de saint Louis, et descopèrent le chien de leur épée, et notre gent aussi dirent qu'ils vouloient ainsi être descopés s'ils failloient les uns les autres.*

2. *Hist. de France* du Père Daniel, 2ᵉ édit., t. X, p. 352. Je ne retrouve pas en ce moment de meilleure autorité.

3. *Mém.* de Retz, février 1649.

dor, var. 4, 2) : « Pouvoir devenir fils par les armes, c'est, comme on sait, grande gloire parmi les nations. Donc, selon cette coutume, et comme guerrier (*conditione virili*), nous te procréons fils par le présent que tu reçois. »

Dès le temps de Charlemagne, si l'on en croit un texte qui ne présente point, il est vrai, tous les caractères de l'authenticité, on agrégeait à la milice par un soufflet donné à l'aspirant : — *Nous établissons que, si un Frison veut servir comme soldat, le chef lui ceindra son épée, et lui donnant de sa main, suivant l'usage, un soufflet, le fera ainsi soldat. Ensuite il lui enjoindra formellement de ne plus porter des armes, comme font les soldats, dans le royaume de France. En effet, si les Frisons avaient ce droit, ils surpasseraient en audace et en courage tous les autres soldats du monde, à cause de la haute taille, de la force de corps que la nature et Dieu leur ont donnée*[1].

La chevalerie est une sorte d'adoption. La cérémonie de la réception du chevalier, la purification par le bain, la veillée des armes, etc., présentent plus d'un curieux symbole; mais ce sujet est trop connu pour qu'il soit nécessaire de nous y arrêter. Remarquons seulement qu'au temps de Charles VI, on ne savait déjà plus ce que c'était que chevalerie. — Voyez le tome III de mon *Histoire de France*.

L'empereur Sigismond, assistant à une séance du Parlement, fit un des plaideurs chevalier, pour mettre fin à un incident qui menaçait de prolonger les débats. Toutes les cérémonies semblent ici se

---

1. Carpentier, verbo *Arma*, I, 295. *Carolus rom. rex diplom.*, 802.

réduire à trois coups de plat d'épée : *Oyant qu'on proposait contre ledit Signet par le conseil de Pestel, que iceluy Signet n'estoit pas chevalier, et Pestel l'estoit, présens tous, luy assis pardessus les président, et au plus haut, appellé ledit Signet, en disant, que à luy appartenoit bien de faire chevaliers, et print d'un de ses gens son espée, et ledit Signet mis à genoux près du greffier, frappa trois grands coups ledit roy sur le dos dudit Signet : puis fit deschausser l'un de ses esperons dorez, et lui fit chausser par l'un de ses gens, et l'y ceindre une ceinture où estoit pendu un cousteau long pour espée. Car ainsi avoit-il par avant recommandé l'avancement de la cause dudit Signet*[1].

Quelques années auparavant, le héraut de Berry, Gilles le Bouvier, se plaignait, dans son livre d'Armoiries, de la décadence de la science du blason : *Ils ne savent de présent quelles armes ils portent. Par icelles guerres et divisions ont estés perdus les livres qui anciennement avoient estés faits par roys d'armes...*, etc.[2].

Dans la France déjà si peu chevaleresque du quatorzième siècle, les associations d'armes se faisaient en style de chancellerie : *A tous ceux qui ces lettres verront... C'est à sçavoir que nous Bertran du Guesclin, voulons être aliez et nous alions à toujours à vous, messire Ollivier, seigneur de Cliçon, contre tous ceulx qui pevent vivre et mourir, excepté le roi de France, ses frères, le vicomte de Rohan et nos autres seigneurs de qui nous tenons terre, et vous promettons aidier et*

---

1. Ducange, 267, d'après les *Acta parl. Paris.*, anno 1415.
2. Extrait du liv. mss. de Gilles-le-Bouvier, apud Labbe. *All. chron.*, p. 690.

conforter de tout notre povoir, toutefois que mettier en aurez et vous nous en requerrez. Item, voulons et consentons que de tous et quelconques profitz et droictz qui nous pourront venir et échoir dore en avant, tant de prisonniers pris de guerre par nous ou nos gens, dont le prouffit nous pourroit appartenir, comme des païs rançonné, vous aïez la moitié entièrement. Item, ou cas que nous sçaurions aucune chose qui vous peust porter aucun dommage ou blasme, nous le vous ferons sçavoir et vous en accointerons le plustost que nous pourrons. Item, garderons vostre corps à nostre pooir, comme nostre frère, etc... Toutes lesquelles choses dessus dites, et chacune d'icelles nous, Bertran et Ollivier dessuz nommez, avons promises, accordées et jurées, promettons, accordons et jurons sur les seintz évangiles de Dieu, corporellement touchiez par nous et chacun de nous, et par les foys et sermens de nos corps baillez l'un à l'autre, tenir, garder, entériner et accomplir, sans faire ne venir encontre par nous ne les nostres ou de l'un de nous, et les tenir fermes et agréables à toujours. En tesmoins desquelles choses nous avons fait mettre nos sceaux à ces présentes lettres, lesquelles nous avons fait doubler. Donné à Pontorson, le vingt-troisième jour d'octobre de l'an de grâce *MCCCLXX*[1].

1. Tiré des pièces justificatives à la suite des *Anciens mém. sur Duguesclin*, pub. par Petitot, p. 182 du cinquième volume de la première série. (L'éditeur ne dit pas où il a pris cette pièce.)

SUITE DU CHAPITRE IV

COULEURS. — DRAPEAUX. — ARMOIRIES. — DEVISES
CRIS D'ARMES

Déjoces, dit Hérodote fit bâtir par les Mèdes, une ville grande et forte; elle avait sept enceintes circulaires, s'élevant les unes au-dessus des autres et peintes chacune d'une couleur différente. La première était blanche, la seconde noire, la troisième pourpre, la quatrième bleue, la cinquième écarlate, enfin les deux dernières étaient l'une argentée, l'autre dorée [1].

A Rome et à Constantinople, les factions du cirque étaient désignées par leurs couleurs; c'étaient les blancs, les rouges, et plus tard les bleus et les verts. Remarquons que les verts étaient protégés de Caligula, de Caracalla, de Commode, etc., c'est-à-dire des empereurs barbares, de ceux qui avaient moins exclusivement l'esprit romain; le jurisconsulte Justinien favorisait au contraire les bleus. Nous verrons plus loin que le vert est la couleur préférée des Allemands

---

[1]. Hérodote, l. I, c. 98.

du Moyen-âge dans leurs armoiries et peut-être leurs vêtements : — *Il y avait alors à Bruxelles le comte de Nuche, neveu de l'empereur d'Allemagne, lequel tenoit grand et noble état, et alloient lui et aucuns de ses gens, les têtes nues, chacun un chapel verd sur son chef en signifiant qu'il étoit chaste, ja soit ce qu'il faisoit moult fort et dur temps* (année 1430)[1].

Les juges à Athènes et à Platée, à Rome les candidats et presque tous les magistrats étaient revêtus d'une robe blanche. La pourpre était la couleur des dieux et des rois. — Le Seigneur dit aussi à Moïse : Parlez aux enfants d'Israël et dites-leur qu'ils mettent des franges aux coins de leurs manteaux et qu'ils y joignent des bandes de couleur d'hyacinthe, afin que les voyant ils se souviennent de tous les commandements du Seigneur[2].

Mahomet avait un manteau noir que les califes revêtaient et qui est conservé dans le trésor de Constantinople (?). Un turban vert désigne encore aujourd'hui parmi les Turcs un descendant du prophète. — Au Moyen-âge les juifs étaient astreints à coudre sur leurs habits une rouelle de drap jaune.

Les Croisades, qui ont tant fait pour constituer les nationalités européennes, ont amené l'établissement des signes généraux par lesquels les peuples se sont distingués les uns des autres, aussi bien que l'usage des signes particuliers ou armoiries qui ont distingué les nobles entre eux. A une conférence entre Gisors et Trie, *il fut convenu*, dit Raoul de Diceto, *que les*

---

1. Monstrelet, V, 339.
2. *Nombres*, xv, 37-8.

Français porteraient la croix de couleur ROUGE, *les Anglais de couleur* BLANCHE *et les Flamands de couleur* VERTE (année 1187)[1]. — Cependant au douzième siècle, le drapeau des Normands était de drap rouge[2]; le blanc, au contraire, redevint plus tard la couleur des rois de France. — Le blanc et le bleu, *qui étaient les couleurs de Gargantua, sont celles de l'écu ancien de France*[3], *puisque le rouge, qu'on y a ajouté depuis, ne figure que la couleur du revers de l'écu doublé de gueule ou de rouge, à moins qu'on ne suppose que cette doublure forme une espèce de retroussis qui borde le tour du parement de l'écu*[4].

Le rouge semble préféré par les seigneurs flamands, à la bataille de 1304, contre Philippe-le-Bel : *Philippe de Flandre, comte de Thiette, Jean de Namur, son frère, et Guillaume de Jullers son cousin, avoyent faict rendre leurs pavillons et tentes sus le Mont en Peuele, toutes couvertes de drap rouge*[5].

Le blason emploie les sept couleurs de l'arc-en-ciel : l'or et l'argent, la pourpre, la rouge ou gueules, l'azur, le noir ou sables, le vert ou sinople. Le vert, comme nous l'avons dit, fut surtout en honneur dans les armoiries de la noblesse allemande[6].

---

1. *Art de vérifier les dates*, édition in-octavo, V, 530.
2. Robert Wace, I, 201.
3. Le bleu était la livrée de nos rois. Le *bleu de roi* est proverbial. — Le bleu est en Angleterre la couleur préférée des Torys, du parti de la *loyauté*, comme ils disent. — Bonaparte, l'homme de la nation (contre le droit divin), avait pris le *vert* pour livrée.
4. *Rabelais*, liv. I, c. 9. Note du commentateur.
5. Oudegherst, *Chr. de Flandre*, folio 232.
6. Spener, pars I, ch. IV, *de Tincturis*, passim. Voyez aussi la Colombière, passim.

Le Père Chifflet a remarqué [1], que sous Louis VII, les armoiries ne furent d'usage qu'à la guerre. Elles étaient d'abord sur les habits; quand ils étaient d'or et d'argent, les figures étaient travaillées avec l'étoffe, et quand ils étaient de peaux, on formait les figures en les découpant [2]. Les métaux et les couleurs, dans le blason, ont tiré leurs noms des fourrures. Ce qu'on appelle *gueules* étaient des peaux rouges [3]. Le *sable* était la martre zibeline. Le *sinople*, une peau teinte en vert [4].

Les couleurs de la ville de Paris étaient le bleu et le rouge; le blanc, la couleur royale de France, était aussi celle de Gand. Lorsque les deux villes, au quatorzième et quinzième siècle, échangèrent leurs chaperons en signe d'alliance, elles mêlèrent ces trois couleurs, qui devaient reparaître à la fin du dix-huitième, comme symbole de l'union du peuple et du roi.

Les peuples affectionnent aussi certaines couleurs pour leurs vêtements. Rome, dit Martial, aime les couleurs sombres : *Roma magis fuscis vestitur*, *Gallia russis*. Dans la Bretagne (comme dans l'Espagne), les vêtements noirs dominent; les autres populations celtiques préfèrent les couleurs voyantes et bigarrées [5]. Le tartan écossais se retrouve chez les anciens Gaulois : *scutulatæ, virgatæ vestes* [6]. Chez les Irlandais

---

1. *Appen. ad diatrib. de illustri genere S. Bernardi*, cap. 18, p. 670.
2. Voyez le *Roman de la Rose*.
3. Horrcant et murium rubricatas pelliculas. *Gulas* vocant, manibus circumdare sacratis. *Epist. S. Bernardi ad Henric. archiep. Senon.*
4. Laurière, *Gloss.* verb. *Écusson.*
5. Voyez les premiers volumes de mon *Histoire de France*.
6. Pline, Virgile, *passim*. Les Romains, au dire de Juvénal, avaient des vête-

et les Calédoniens, le roi avait le droit de porter sept couleurs, le druide six, le noble quatre[1].

En France, le blanc était réservé pour le deuil des veuves de rois. La veuve de saint Louis fut appelée *Blanche* à cause de son long veuvage[2]. Dans un acte de 1398, tiré des *Olim* du Parlement, Charles VI appelle *Blanche* sa mère Jeanne de Bourbon[3]. — Il semble que ce fut d'abord une chose particulière aux Espagnols de porter le deuil en noir; Pierre-le-Vénérable témoigne sa surprise d'avoir trouvé parmi eux cet usage[4].

Les anciens préféraient pour étendards des figures d'animaux, soit pour rappeler d'anciennes traditions, soit pour inspirer la terreur. Les Romains eurent la louve, le corbeau, puis l'aigle. Les Gaulois auxiliaires

ments peints. Les Thraces de l'armée de Xerxès portaient des robes de diverses couleurs. Hérodote, VII, ch. 75.

1. M. Logan a fait les plus minutieuses recherches pour donner le modèle exact des *tartanes* propres aux divers clans. Il est admirable que ces clans les aient conservées malgré les lois les plus sévères... Le mot *tartane* vient du gallique *tarstin* ou *tarsuin*, de travers; de là le français *tyretaine*, qu'on trouve déjà dans *le Roman de la Rose* comme faisant partie de l'habit des femmes. Le moine de Saint-Gall nous dit que les Francs adoptèrent le sagum rayé des Gaulois, de préférence au long manteau germanique. Les Bretons communiquèrent leur sagum aux Saxons, selon Whitaker. Le carac-challamh, ou *caracalla*, était une sorte de longue robe gallique, *gallica palla* dans Martial. — Spener dit à la louange du plaid : *C'était une maison toute prête pour un banni* (an outlaw), *un lit tout à point pour un rebelle, un déguisement pour un voleur.* Il dit encore que les Irlandais jetaient le plaid sur leur bras gauche, de manière à imiter parfaitement le vêtement écossais. En 1585, le Parlement défendit de paraître aux assemblées en habit irlandais; toutefois les Irlandais, au milieu du dix-septième siècle, ont quitté plus aisément leur ancien costume que les montagnards d'Écosse. « J'ai, dit M. Logan, vu dans un journal écossais de 1750 un meurtrier acquitté, parce que sa victime portait la tartane écossaise. » Logan, I, 237-255, 271.

2. *Ducange*, I, 1194.
3. *Carpentier*, 557.
4. Petri Venerab. *Epist.*, l. I, p. 1631.

de César avaient pour signe l'alouette, symbole de la vigilance ; leurs boucliers étaient aussi ornés de figures d'animaux. Quelquefois les animaux nationaux étaient vivants et nourris aux frais de l'État, comme les animaux sacrés de l'Égypte, comme les fétiches des nègres. Gand nourrissait des lions ; Bavon, ainsi que Berne, des ours. Dans un monastère de Flandre[1], on entretenait un aigle immortel (*perpetua aquila*)[2].

Aux Thermopyles, dit Pausanias, les Gaulois ne pouvaient se reconnaître, la nuit étant trop sombre pour qu'ils distinguassent les figures peintes sur leurs boucliers. Les Germains, selon Tacite, avaient de semblables insignes. Les légions bretonnes, au service de Rome, portaient sur leurs boucliers l'étoile, le croissant, le griffon, le dragon à deux têtes, le serpent à deux têtes, et autres figures héraldiques[3]. Le symbole des Daces était un dragon. Les premiers Gaulois qui parurent à Rome comme gladiateurs avaient un poisson (un dragon?) au cimier de leur casque, et étaient appelés mirmillons (Festus). Le lion est l'arme de l'Écosse. Cependant à la bataille de l'Étendard, c'était une espèce de dragon[4].

Les armes des clans écossais sont des plantes, le gui, l'if, le pin, le jonc, etc. — Trois plumes de l'aile d'un aigle distinguent le chef, deux le capitaine, une le simple guerrier. — Saladin faisait peindre sur ses étendards des plantes, des fleurs, des abricots et

---

1. Sanderi *Gandavensium rerum libri sex*, lib. I, p. 39, 40.
2. Comme l'*homme immortel* que Xerxès donna au platane pour en avoir soin. Voy. Hérodote.
3. Voyez la *Notitia imperii*.
4. Logan, I, p. 287, 293.

d'autres fruits de couleur d'or[1]. Une fois, raconte Emad-Eddin, il fit servir des abricots au prince de Singar. « Ces fruits sur les assiettes brillaient comme des étoiles ; on les eût pris pour des boules d'or natif, et l'éclat qu'ils jetaient ressemblait à celui des fruits peints sur les drapeaux du sultan[2]. »

Le drapeau des rois de France[3] porte aussi des fleurs : *Et si portez les armes de trois fleurs de lys en signe de la benoite Trinité*[4].

Li roy de France accoustumèrent en leur armes à porter la fleur de liz paintes par trois fuellies, aussi comme se ils deissent à tout le monde : foys, sapience et chevalerie, etc... Les deux fuellies de la fleur de liz qui sont oeles (comme ses ailes), *seignefient sens et chevalerie, qui gardent et défendent la tierce fuellie qui est ou milieu d'elles, plus longue et plus haute, par laquelle foys est entendue et senefié*[5].

L'*Oriflamme* était une espèce de bannière rouge, fendue par en bas, et suspendue au bout d'une lance dorée ; les comtes du Vexin, comme avoués de l'abbaye de Saint-Denis, le portaient à la guerre et ce fut en cette qualité que Louis VI le porta[6].

On voit par un passage de Raoul de Presles que l'oriflamme, *la bannière Charlemainne*, comme on l'appelait, restait ordinairement à Saint-Denis, et l'on en faisait faire une pareille, qu'on portait à la guerre.

1. Michaud, *Hist. des Crois.*, I, 450.
2. *Id.*, *Bibl. des Crois*, t. IV, p. 224.
3. Voyez l'*Histoire des drapeaux, des insignes et couleurs de la monarchie française,* par M. Rey.
4. *Mémoire sur Raoul de Presles*, Acad. des Insc., XIII.
5. *Nangis,* p. 169, édition de 1761.
6. *L'Art de vérifier les dates*, t. V, p. 515. —Voy. *Nangis*, éd. 1761, p. 269.

Aussi, quand les Flamands prirent l'oriflamme à Mons-en-Puelle, on ne s'en affligea pas.

> ... *Et l'oriflamme contrefaite*
> *Chaï à terre, et la saisirent*
> *Flamens qui après s'enfuirent* [1]:

Guillaume Martel, sire de Bacqueville, est le dernier chevalier que l'on voie chargé de la garde de l'oriflamme. Il fut tué à Azincourt. — Cependant, en 1465, Louis XI prend encore cette bannière à Saint-Denis pour aller combattre les Bourguignons [2].

Robert Wace, auteur normand du douzième siècle, dit que le drapeau des Normands était de *drap rouge* [3]. D'un autre côté, Albert d'Aix assure que l'étendard de Bohémond, au siège d'Antioche, était de la même couleur [4].

Cette dernière circonstance prouve que les Normands avaient importé en Italie leur couleur nationale [5], qui du reste était aussi celle de l'oriflamme de Saint-Denis.

Le *panonceau* ou *pennon* était l'étendard du bachelier et finissait en pointe. — Quand un *bachelier* prenait bannière, devenait *banneret*, la cérémonie était de couper la queue de son panonceau [6]. Les armes en carré n'étaient portées à la guerre que par

---

1. Guill. Guiot, cité par Galland, *Enseign. de France*, p. 38, 39.
2. *Mémoire sur Raoul de Presles*, par Lancelot, Acad. des Inscr., XIII.
3. Tom. I, p. 201, et notes de M. Auguste Prevost.
4. Sanguinei coloris. Albert. Aquens. *Hist. Hieros.*, 246.
5. Gauthier d'Arc, p. 37.
6. Voy. Oliv. de La Marche, l. 6, cap. 25, p. 408 et suiv.

les comtes, vicomtes et barons. L'écusson servait aux simples chevaliers.

Les deux pays où la féodalité s'est trouvée sur son sol natal sont la France et l'Allemagne ; c'est là seulement qu'elle a produit son art, sa science, le blason, cette langue si féconde, ce système de mystérieux symboles où se jouait le génie du Moyen-âge. On l'importa en Angleterre ; on l'imita en Italie et en Espagne[1].

Le dauphin avoit un moult bel étendard, tout battu à or, où avoit un K, un cigne et une L. La cause estoit pour ce qu'il y avoit une demoiselle moult belle en l'ostel de la reyne qu'on nommoit la Cassinelle, de laquelle ledit seigneur faisoit le passionné[2].

Les Parthes dessinaient des lettres sur leurs habits[3]. L'empereur d'Allemagne, Othon II, avait un vêtement où l'on pouvait lire toute l'Apocalypse.

Les Plantagenets avaient d'abord pour armes des lions ; Henri III y substitua les léopards de Normandie[4]. *Henri V avait dans sa devise une queue de renart de broderie*[5]. A l'entrée d'Henri VI à Paris : *Il y avoit sur la porte Saint Denys ung escu si grant, qu'il couvroit toute la maçonnerie de la porte et estoit à moitié de rouge, et le dessus d'azur semé de fleurs de lis, et au travers de l'escu avoit une nef d'argent, grande comme trois armes*[6].

1. Voyez Spener.
2. Juvénal des Ursins, p. 275, ad annum 1414.
3. Pline, XIII, 2.
4. *Hist. Gaufredi ducis Normann.*, ap. *Scr., fr.* XII, 521. — Math. Paris, ann. 1235.
5. *Journal du Bourgeois de Paris*, p. 62.
6. *Ibidem*, p. 144, année 1431.

Les armes du cardinal de Lorraine étaient *un lierre embrassant une pyramide*[1]. Le lierre embrasse l'arbre pour l'étouffer. On connaît l'ambition de la maison de Guise.

A côté des armoiries, dans les armoiries mêmes, se placent les devises. Celle des Bourbons offrait un augure de la haute fortune de cette maison ; c'était une épée avec ce mot : *Penetrabit,* elle entrera[2].

François Ier avait, comme on sait, la salamandre pour emblème ; Louis XIV eut le soleil, Henri, en l'honneur de Diane, avait seulement le croissant, mais avec une devise que les Français de son temps espéraient bien le voir remplir : *Viendra ung temps que la pronostique sera accomplie, et plus Henry n'aura à sa devise ung croisant, car tout le croysant sera rempli et ne dira plus :* Donec totum impleat orbem. *Les astres luy promettent toute l'Italie de brief*.[3]

Dans les querelles sanglantes des Armagnacs et des Bourguignons, le duc d'Orléans avait dans ses armes un bâton noueux ; Jean-sans-Peur mit dans les siennes un rabot. Sa devise était : *Ich houd*, je le tiens ; celle du duc d'Orléans : *Je l'envie*. Le duc de Berry, oncle de Charles VI, avait pour emblème un ours et un cygne avec cette devise : *Orsine, le temps venra*. On la lisait naguère sur les vitraux de la chapelle souterraine de Bourges, qu'il avait fondée.

Sur le beau Froissart de la Bibliothèque royale[4] :

---

1. *Mém. de Condé*, I, p. 322.
2. Voyez le magnifique ouvrage de M. Allier, sitôt enlevé aux lettres (*Ancien Bourbonnais*, etc.).
3. Perlin, p. 6-7.
4. Froissart, Mss. N° 8320.

Plus est en vous. — Sur les manuscrits d'Olivier de La Marche : *Tant a souffert* [1]. — A Brou-en-Bresse, sur le tombeau de Marguerite d'Autriche enterrée près de son époux, Philibert-le-Beau, qu'elle pleura si longtemps, on voit la devise de cette princesse : *Fortune, infortune, fortune* [2]. — Chez une autre veuve, dans la maison de Louise de Savoie, mère de François Ier, à Angoulême, on lit encore ces deux devises placées dans sa bibliothèque : *Libris et liberis*, Mes livres et mes enfants ; *Ferendum ac sperandum*, Souffrir mais espérer [3]. — On voit partout sur les murs de la chapelle si curieuse et si mondaine des Saint-Gelais, à Angoulême, *Spero*, j'espère. — Aucune devise peut-être n'a des applications plus belles et plus variées, que celle du duc de Bourgogne Philippe-le-Bon : *J'ai hâte !*

Devise des Saint-John : *Data fata secutus* : J'ai suivi mon destin ; — des Saltoun : *In God is all*, Tout en Dieu ; — des Byron : *Crois Byron*. — On lit encore en France, au-dessus du guichet de la prison de la maison seigneuriale de Tourville : *Sileto et spera ;* en Irlande, sous l'écusson qui surmonte la grande porte du château de Fortescue : *Forte scutum, salus ducum ;* en Angleterre, sur l'entrée principale du manoir hospitalier des comtes Cowper : *Tuum est* [4].

Les cris d'armes, moins nombreux que les devises, sont probablement plus anciens. Chaque nation,

---

1. *Mélanges d'une grande Bibl.*, V.
2. Voyez l'intéressante *Notice* de MM. Quinet et Marmier sur l'église de Brou.
3. Maison de M. Mourier, professeur de philosophie à Angoulême.
4. Victor Hugo, *Notre-Dame de Paris*.

chaque grand fief, chaque grande maison féodale, a son cri.

Franceis crient : Monjoe, e *Normans* : Dex aïe ;
Flamens crient : Asraz, e *Angevin* : Valie [1].

Les seigneurs de Montmorency : Dieux aieue, ou selon les autres : Dieu aide au premier chrétien. — Les Bauffremont de Lorraine : Bauffremont au premier chrétien. — Les ducs de Bourgogne : Nostre-Dame-Bourgogne. — Ceux de Bourbon : Bourbon-Nostre-Dame. — Les comtes de Foix : Nostre-Dame-Biern, ou Béarn. — Les Vergy : Vergy à Nostre-Dame. — De même, les comtes d'Auxerre, les Sancerre et Duguesclin. — Le roi de Portugal : Nostre-Dame-Portugal. — Le duc de Gueldres : Nostre-Dame-Gueldres. — Le sire de Coucy : Nostre-Dame au seigneur de Coucy. — Le comte de Hainault : Nostre-Dame-Hainault. — Les papes : Nostre-Dame-Saint-Pierre. — Les rois de Castille : San Iago. — Les rois d'Angleterre : Saint-Georges. — La maison de Vienne, en Bourgogne : Saint-Georges au puissant duc. — L'on conférait la chevalerie : Au nom de Dieu et de monsieur saint Georges. — Les ducs de Bretagne : Malou ou Saint-Malo au riche duc. — Les comtes de Champagne et de Sancerre : Passavant li meillor ; ou Passavant la Thibaut. — Les ducs de Brabant : Lembourg à celuy qui l'a conquis. — La maison d'Anglure : Saladin, ou Damas. — Les Chauvigny, en Berry : Chevaliers pleuvent. — Le vicomte de Villenoir, en Berry : A la belle. — Les anciens seigneurs de Préaux en Normandie : César-Auguste. —

---

1. R. Wace, t. I, p. 238-246.

Les sires de Coucy : Coucy à la merveille, ou Place à la bannière. — L'empereur Othon, à Bouvines : Rome. — Les Gascons : Bordeaux[1].

Timbre du comte de Sancerre : Un roy à grands cheveux et à grande barbe, avec le cri : *Passavant!* Le sire de Saint-Sévère crie : *Brosse!* — Le sire de Prie porte pour timbre une tête d'aigle, et crie : *Cans doyseaux !* — Le sire de Cullent crie : *Notre Dame ou pigne d'or!* — Le sire de Vauldenay crie : *Au brut!* — Le sire de La Chastre crie : *A l'attrait des bons chevaliers !* — Le sire de Bar crie : *Au feu ! au feu !* — Le sire de Jars crie : *Rochechouart!* — Le sire de Vervins crie : *Roussy à la Marveille!* — Le sire de Genlis crie : *Au guet au guet!* — Le sire de Boulogne crie : *Bologne belle !* — Les sires d'Aufremont et de Gaucourt crient : *Clermont!* — Le sire de Waurin crie : *Mains que le pas!* — Le sire de Saint-Pol crie : *Lesignen!* et sur son heaume un serpent qui se baigne. — Le sire de Tournon crie : *Au plus druz !* — Charles Ier, duc de Bourbon, crie : *Montjoye-Saint-Denis*[2] *!*

Les roturiers ont aussi des armoiries, des devises et des cris d'armes. Lorsqu'ils sont réunis en associations, ils s'enhardissent à faire aussi les gentilshommes, ils se créent peu à peu un blason. D'abord toute corporation a sa bannière et sur sa bannière le saint qui la protège. Qui oserait leur interdire la

---

1. Ducange, *Éclaircissements au Joinville.*
2. Apud Labb. *All. Chron.*, p. 690. Suivant Ducange, *Montjoie* vient de *montjoie*, qui est en vieux français le diminutif de colline, et doit s'entendre de Montmartre, où saint Denis souffrit le martyre. Je crois l'étymologie plutôt toute mystique. *Monte di gioia*, chez Dante.

reconnaissance qu'ils doivent à saint Éloi ou à saint Fiacre, leurs patrons ? A côté, à la place du saint, se mettent peu à peu les insignes du métier que la corporation imprime aussi sur ses actes et grave sur son sceau. Ainsi la corporation des épiciers-apothicaires de Paris a armoiries et devises ; c'est une main qui sort d'un nuage dans un ciel étoilé et qui tient un fléau avec des balances, et au-dessous cette devise : *Lances et pondera servant*. — A Florence, les plumes étaient l'attribut des Arts, ou corporations de la soie et de la laine [1].

Dans le soulèvement de 1525, les paysans de la Souabe avaient généralement adopté pour signe de ralliement une croix blanche. Certains corps avaient des bannières sur lesquelles était représentée la roue de la Fortune [2]. D'autres avaient des sceaux sur lesquels on voyait un soc de charrue avec un fléau et un râteau, ou avec une fourche et un sabot formés en croix [3].

Les roturiers avaient aussi quelquefois des armes individuelles : — La Balie de Sienne reconnut dans le pape Jules II un descendant d'une noble famille éteinte, qui avait, comme lui, pour armes parlantes un chêne ; mais cette descendance ne pouvait guère se prouver que par le rapport du rouvre des Rovère avec les glands des Ghiandaroni. Le pape, qui dési-

---

1. Voyez la description du tableau de Gautier de Brienne dans le *Machiavel* de M. Artaud, II, 122-3.

2. Des témoignages précis font voir que ces roues, quoique formées comme les roues de charrues, n'étaient point employées comme symbole de l'agriculture.

3. Gropp, *Chronique de Wurtzbourg*, I, p. 97. — Wachsmuth, *Histoire de la guerre des paysans*, p. 36.

rait ardemment donner de l'illustration à sa famille plébéienne, se prêta avec joie à ce rapprochement. Il comprit dès lors Sienne dans toutes ses alliances, et embrassa la défense de tous les intérêts de cette république [1].

Dans les contrats, les artisans qui ne savaient point signer leur nom, figuraient souvent les instruments de leur métier. Il reste un grand nombre d'actes souscrits d'un marteau, d'une clé, d'un fer à cheval, d'une roue, à côté desquels le notaire a écrit le nom du maçon, du serrurier, etc.[2]. Le père de Luther avait pour marque et pour signe un marteau.

Dans le beau et curieux Cartulaire de Clermont-en-Beauvoisis, les tenants d'arrière-fiefs (en villenage) ont tous des armes parlantes : Le Serrurier, *une clé*, p. 191 verso ; Lefebvre, Faveriau, *un fer à cheval*, 160, 270, etc. ; le Tonnelier, *un tonneau*, 160, etc. ; le Carpentier, *une hache*, 203, 163 v. ; Carbonnier, *un feu d'or en champ noir*, 177, 208 ; le Maçon, *un marteau et une équerre ;* le Charron, *une roue*, 118 ; le Queu (cuisinier), *une marmite*, 126 ; le Marchand, *un sac*, 265 v. ; le Boucher, *une hache*, 268 v. ; Cerclier, *un cerceau*, 365 ; le Barbier, *deux rasoirs*, 256 ; Lescripvain, *un livre ouvert*, 266 ; le Clerc, *un rouleau écrit*, 201 ; le Forestier, *un arc*, 189 ; le Prévost, le Maire, *une épée*, 165, 166, etc. ; Ducange, *une balance* (de changeur), 105 ; le Candelier, *trois chandelles allumées*, 305. — D'autres équivoquent sur le nom, et forment une sorte de

---

1. Sismondi, *Rép. it.*, XII, 133.
2. Voyez *Monteil*, quatorzième siècle, chapitre des *Six couleurs*, note 50.

rébus : Fauquet, *une faux*, p. 43, 193 ; Boterelle, *trois bottes*, 160 ; Duquesne, *un chêne*, 178, 185 ; Delourme, *un orme*, 293 ; Herenc, *un hareng*, 198 ; Cornelle, *une corneille*, 212 ; le Coq, *un coq*, 224 ; Gouvjon, *un goujon*, 229; Poulet, *un poulet;* Soriz, *cinq souris*, 280 ; Dars, *un arc*, 314. — D'autres armoiries roturières font une allusion plus ou moins directe au nom : Dubrulé, *une marmite*, 170, 205 ; Malepart, *des dés*, 179 ; Leblond, *tête d'argent à cheveux d'or*, 183, 118 ; Laffilé, *couteau*, 187-8 ; Lesac, *sac*, 189 ; Lermitte, *tête d'hermite*, 189 ; Langle, *tête d'ange*, 201 ; Lorens, *grille*, 206 ; Dumoustier, *cloche*, 208 ; la Dame du Monche, *tête de religieuse avec crosse*, 209 ; Pierre Sarazin, *tête noire*, 109 ; Jehan le pelé, *tête chauve*, 231 ; Margue, *trois pies*, 212 ; Legay, *un geai*, 215 ; Jehan le coq, *un coq*, 224 ; Thorian de Fores, *un taureau dans un fourré*, 225 ; Malin, *une tête noire* (de diable), 231 ; Bontemps, *gerbes d'or*, 245 ; Jehan Courtefoy, *trois mains coupées*, 254 ; Jacque Lempereur, *trois couronnes d'or*, 256 ; Pierre Toussains, *une tête avec auréole*, 259 ; Gorgedieu, *idem*, 363 ; Triquotel, *des dés*, 260 ; Cuer de roy, *un cœur rouge sous une couronne d'or*, 265 ; le Moine, *tête capuchonnée de noir*, 289 ; Hardy, *trois épées*, 311 ; le Preux, *trois épées*, 259 ; le Brun, *ours ou sanglier*, 312 ; le Villain, *vilaine figure, capuchon bleu*, 331 ; le Pelé, *tête avec serre-tête*, 338 ; Campdaveine, *trois bottes d'or*, 346 ; Loys, *deux L*, 353 ; Durpain, *trois pains*, 362 ; Morel, *trois têtes de sanglier noir*, 366 [1].

---

1. Archives du royaume, L. 25. *Cartulaire de Beauvoisis.*

Les noms des roturiers sont généralement tirés de la *qualité*, de l'*accident* individuel : Le noir, Le roux, etc. Ceux des nobles dérivent plutôt de la *substance*, de la terre, du bien (*res*) : De-ville, Du-roc, Mont-aigu, etc. — Dans la liste des sergents de Paris (*Ordonn.*, t. I), beaucoup de noms se rapportent aux difformités, aux défauts physiques : Le borgne, etc. — Voyez aussi les Montres, ou listes de Gens d'armes, que possèdent aussi les Archives du royaume.

On a remarqué avec raison que beaucoup de noms s'accordaient réellement avec le caractère moral ou physique de l'individu qui les porte; c'est vraisemblablement qu'ils indiquaient des qualités héréditaires dans la famille : Petit, etc.

L'importance symbolique du nom se retrouve dans toute l'Antiquité : Hector l'appelait Scamandrios, mais les autres Astyanax... — *Meli vocant superi* [1].

Les villes avaient des noms mystérieux, distincts de leurs noms vulgaires. Roma-Amor-Flora, d'où Florentia [2].

Le sobriquet de l'Anglais est John Bull, celui de l'Allemand, Michel [3], celui du Français (du moins autrefois) Jacques ou Jean [4]. Dans l'initiation allemande du compagnonnage des tonneliers, dont nous avons donné ailleurs les belles formules, on demande à l'apprenti : Comment veux-tu t'appeler de ton nom de rabot? Choisis un joli nom, court, et qui plaise

---

1. *Iliad.* Z. — Ovid., *Métam.*
2. Voy. mon *Hist. romaine*.
3. Pfister, *Hist. d'Allemagne*, I, p. xxvii, trad. de M. Paquis.
4. Voyez le tome III de mon *Histoire de France*.

aux filles. Celui qui porte un nom court plaît à tout le monde, et tout le monde boit à sa santé un verre de vin ou de bière¹. — La loi de Manou dit de même : Que le nom d'une femme soit facile à prononcer, doux, clair, agréable ; qu'il se termine par voyelles longues et ressemble à des paroles de bénédiction. Que le nom d'un Brahmane exprime la faveur propice ; celui d'un kchatriya, la puissance ; celui d'un vaisya, la richesse ; celui d'un soudra, l'abjection. Le nom d'un Brahmane doit indiquer la félicité ; celui d'un guerrier, la protection ; celui d'un marchand, la libéralité ; celui d'un soudra, la dépendance².

Chez les Grecs, le petit-fils porte le nom de son grand-père : Cimon, fils de Miltiade, petit-fils de Cimon. A Rome, il n'y a qu'un nom pour toute la Gens, celui du père de famille ; ainsi les dix mille Cornéliens de Cornélius Sylla étaient dix mille esclaves affranchis par lui. Souvent au nom de son maître l'esclave ajoute la terminaison Por : Marcipor, Caipor, etc. Les musulmans n'ont point de noms de familles ; ils ont bien des armoiries, mais elles sont personnelles et meurent avec celui auquel elles appartiennent³. Au Moyen-âge, les noms de famille ne semblent dater que des croisades.

Dans le *Credo* de Pierre Plowman, les moines disent aux fidèles qui leur font des donations : Votre

---

1. Grimm. Altd. Wælder, 3 heft, 1813, tr. dans les notes de Michelet, *Introd. à l'Hist. univ.*
2. *Lois de Manou*, p. 32, § 31-33.
3. Reinaud, *Description des monuments musulmans du cabinet de M. de Blacas*, I, 119.

nom sera richement écrit sur les fenêtres de l'église du monastère, où les hommes le liront à jamais ; et ailleurs : Il y brillera avec les marques (marks) des marchands. — En Angleterre, les commerçants plaçaient leurs marques sur un écusson, formant ainsi hardiment une sorte de blason roturier [1].

Les foires de Champagne avaient un sceau avec cette devise : *Passavant le meillor* [2].

On a trouvé, en creusant des fondations à Lyon, une plaque de cuivre de six pouces de diamètre représentant la figure d'un empereur (Louis-le-Débonnaire?), tout autour deux ou trois lignes en caractères hébraïques ; sur le revers, cette légende : *Post tenebras spero lucem — Felicitatis judex dies ultimus*. C'était la devise des juifs de Lyon et de Genève, comme celle des Vaudois ou pauvres de Lyon [3].

Luther s'était fait graver un sceau qui portait une croix noire avec un cœur au milieu ; le cœur reposait sur une rose blanche placée dans un champ d'azur et entourée d'un cercle d'or [4].

Walter Scott, dans un de ses romans, attribue à un des inventeurs de l'imprimerie la devise suivante : *Kunst macht gunst* [5].

L'université d'Oxford a pour devise : *Dominus illuminatio mea*, Dieu est ma lumière ; à l'entrée de l'un

---

1. Warton, *Hist. of the English poesy*, II, 137.
2. Voyez *Trésor de numism. et glyptique*, 40e livraison, planche XIX, p. 22 de l'Explication, d'après un sceau du Trésor des chartes.
3. Ménestrier, *Histoire de Lyon*, p. 220.
4. Voyez l'explication qu'il donne lui-même de ces symboles. Michelet, *Mém. de Luther*.
5. Walter Scott's, *The Antiquary*.

des collèges d'Oxford, on lit : *Manners makyt man*.

A la porte de la chambre dorée du palais de justice de Paris, on avait placé un lion couchant[1].

Les roturiers avaient leurs cris d'armes. Dans le Midi, c'était le mot *Allot;* chez les habitants du pays de Comminges, *Ablot* : — *Icelui Vidal banda son arbaleste en criant à haulte voix : Ablo, ablo, ribaux, car ne sont pour nous.* En Bourgogne, c'est le mot *Aboc* : *Lequel Perreau et sa femme commencèrent à crier, Aboc, Aboc, qui est à dire ainsi comme, A la mort.* — *Ahors* a le même sens dans d'autres provinces. *Hahay, hahay,* ou *Ahors* : — *Ahors les meurdreurs qui ont tué Jehan de la Vigne*[2].

Les roturiers comme les nobles eurent leurs associations. Je parle des corps de métiers, des confréries de toute espèce, dont quelques restes subsistent encore dans les *Compagnons du devoir*, etc. L'on trouve peu de coutumes symboliques dans les corporations de l'ancienne France. Tout y est clair, précis, sans équivoque ; ces bourgeois règlent leur corporation comme leur commune, comme une institution politique dont la charte doit être sérieuse et ne rien contenir d'inutile. Les boulangers sont peut-être les seuls qui se soient écartés un peu de la sécheresse ordinaire des statuts de corporation.

Lorsqu'un jeune garçon a été successivement vanneur, blutteur, pétrisseur, gindre ou maître-valet, il peut, en payant au roi le tonlieu, être aspirant boulanger et en

---

1. L'Hospital, *Réform. de la justice*, I, 69, éd. de 1825.
2. *Lettres de rémission* de 1362, 1457, 1397, 1385. — Voy. Carpentier, II 164, sub verbo *Allot*.

exercer le métier pour son propre compte. Quatre ans après il passe maître, et voici de quelle manière il est reçu : au jour fixé, il part de sa maison suivi de tous les boulangers de la ville, il se rend chez le maître des boulangers, auquel il présente un pot neuf rempli de noix, en lui disant : Maître, j'ay faict et accomply mes quatre années; veez-ci mon pot remply de noix. Alors le maître des boulangers demande au clerc écrivain du métier si cela est vrai; sur sa réponse affirmative, le maître des boulangers rend le pot à l'aspirant qui le brise contre le mur, et le voilà maître[1].

[1]. *Monteil*, quatorzième siècle, t. II, p. 47 et 467, d'après Delamarre, *Traité de la police*, liv. V, tit. 12, ch. 3.

CHAPITRE V

DROITS FÉODAUX. — JURIDICTION. — REDEVANCES

Il faut reconnaître comme droit de la maison-Dieu d'Echternach ban et convocation (*mannum* et *bannum*), bêtes privées et sauvages, cens et dîme, tenue et maintenue, oiseau dans l'air, poisson dans l'eau, ordonnance et défense, et ce, en long et en large aussi loin que s'étend la maison-Dieu du bon seigneur Saint-Willibrot. (G. 46.)

— Le seigneur a droit *sur le feux, le cheche* (chasse), *le sons de la klock, losiaux alle aer et le peschon sur graviet.* (Record de Malmedy.) — *Le feu, la chaisse, le son de la cloiche, loiseaux en lair et le poisson sur le gravier.* (Rec. de Stavelot.) — *Recorde li eschevins de Veismes mesire labbé de Stavelot et de Malmedy de dens li bans de Weismes si long et si large qu'il sextent, la haulteur et seingnorie, le feu, la cloch et loiseaux els ayre et le pechon sur le graviet.* (Rec. de Weismes. *Ibidem.*)

Dans l'origine, ces juridictions des princes et seigneurs étaient fort restreintes. On a vu plus haut quelle était l'indépendance des hommes de la Marche. Or primitivement les Marches comprenaient presque toutes les forêts et les rivières. Mais l'envahissement fut rapide. Dès le commencement du treizième siècle, on entend des plaintes :

> Les princes saisissent violemment
> Champs et rochers, eaux et forêts,
> Bêtes fauves et bêtes domestiques;
> Ils nous prendraient volontiers l'air,
> L'air, la commune propriété;
> Ils voudraient nous ôter le soleil,
> Même le vent et la pluie. (G. 248[1].)

Quid regum est? æther, flumina, terra, fretum. Reinardus et Isangrinus. (G., *Supplem.*)

Ces plaintes pourraient paraître exagérées ou satiriques. Cependant elles ne sont que trop justifiées par les formules de juridictions seigneuriales; plusieurs effraient l'esprit de leur audacieuse briéveté :

— Ils sont seigneurs à Aldenhoven du ciel à la terre et ils ont juridiction sur et sous terre. — ... Le seigneur enferme les habitants, sous porte et gonds, du ciel à la terre, l'oiseau dans l'air, le poisson dans l'eau. — ... Il est le seigneur suprême dans toute l'étendue du ressort, sur cou et tête, eau, vents et prairies. — ... Droit de prononcer sur ventre et cou, droit de sauf-conduit, son de cloche, cours d'eau, poisson dans l'eau, gibier sur pays, oiseau dans la

---

[1]. Voyez aussi les griefs des paysans de Souabe, dans les *Mém. de Luther.*

verte forêt, poids et mesures, taxe et poursuite. — A nous et à notre chapitre de Trèves seront assignés et jurés chaque année par les gens domiciliés et par toute la communauté, les eaux et pacages, la forêt chenue, l'homme qui vient, la cloche qui sonne, le cri public et le droit de poursuite (1507). — Nous reconnaissons à notre gracieux Seigneur le ban et la convocation, la haute forêt, l'oiseau dans l'air, le poisson dans l'eau qui coule, la bête au buisson, aussi loin que notre gracieux Seigneur ou le serviteur de Sa Grâce pourra les forcer. Pour ce, notre gracieux Seigneur prendra sous son appui et protection la veuve et l'orphelin, l'homme qui vient avec sa lance rouillée, comme aussi l'homme du pays. — ... La cloche qui roule, l'eau qui coule (*glockenklank, wassergang*), le poisson dans l'onde, le gibier dans la plaine, l'oiseau dans la verte forêt ; donc qu'on se garde de le faire lever ou le prendre sans permission du souverain Seigneur. (*Ibidem.*)

Que personne ne prenne de poisson dans la pêcherie entre Genshofen et Rupach, sans l'ordre de Sa Grâce. Que si cependant quelque bon compagnon du comté, entrant dans l'eau avec bas et souliers, y prend un poisson et le mange avec de bons amis, ce ne sera pas un délit ; mais qu'il ne le prenne pas au filet, qu'il ne le porte pas au marché... De même, si un berger, allant à ses brebis avec un chien, saisit par hasard un lièvre au passage, s'il le prend ouvertement sur son cou, s'il le cuit sans herbes ni choux, mais que le traitant selon son droit, il le poivre, le rôtisse, et convie au repas le schulteiss ou un serviteur du seigneur, il n'aura pas commis de délit.

Mais qu'il ne poursuive pas le lièvre, qu'il ne le recherche pas, qu'il ne le tire ni le vende.

... *Item*, un bourgeois enfant de bourgeois pourra prendre avec un chien un lièvre ou un sanglier, et nul seigneur ne l'en empêchera, pourvu qu'il envoie la hure à Monseigneur de Ziegenheim à Ziegenheim, (G. 250.)

La juridiction se limite parfois d'une manière analogue aux mesures de la propriété dont nous avons parlé plus haut. Ainsi la juridiction de l'archevêque de Mayence sur le Rhin, vers Waldassen, s'étendra jusqu'à l'endroit où l'eau du fleuve touchera le poitrail d'un cheval et sera assez forte pour le repousser. (G. 102.)

L'attribut le plus odieux de la puissance féodale était le droit de dépouiller les naufragés, le droit de bris. Lewellyn, prince des Gallois du nord, dit dans une charte : J'ai concédé aux moines le droit d'user et jouir (*gaudere et uti*) des naufrages dans toutes leurs terres, sur tous leurs rivages, et cela de la meilleure manière, de celle même dont je jouis dans mes terres ; c'est à savoir que de tous les biens et effets qui par submersion, perte de navire ou autre infortune, seront jetés par la mer sur leurs terres ou sur les rivages qui y touchent, deviendront en totalité la propriété de ces moines [1]. — *Blanche dit que ausit com ceans que l'en a deffié sus la mer est privé, ausit ce que la mer souprent est commun* [2].

---

1. Ducange, IV, 22, sub verbo *Lagan*, et *Wrecum*.
2. Livre Mss. de Justice et de Plet dédié à la reine Blanche, fol. 21 vers., col. 2, cité dans le *Mémoire* de M. Klimrath *sur les monuments inédits de l'histoire du droit français*.

Dans les âges primitifs, l'homme paye de son sang; il l'offre aux dieux, comme sa vie; aux hommes, comme sa plus précieuse richesse[1]. Ainsi, les Athéniens furent soumis, selon les poètes, au tribut de sept jeunes garçons et de sept jeunes filles, qui devaient être livrés au Minotaure. L'impôt de la vie se trouve aussi chez les Scandinaves; dans leurs Sagas, il est parlé de trente servantes et de trente serviteurs que l'on tire au sort. — Ailleurs, nous trouvons dans les traditions le tribut de l'honneur et de la chasteté. Le roi d'Oviédo, Mauregat, est contraint d'envoyer les plus belles filles au sérail du calife[2].

L'impôt de la vie ne profite point à celui qui en reçoit le sacrifice; aussi se change-t-il naturellement en une redevance utile. Les Saxons, vaincus par les Francs, fournissent à Clotaire un *tribut annuel de cinq cents vaches;* au temps de Pépin, ils envoyaient un *présent d'honneur de trois cents chevaux.* Les Thuringiens payaient leur tribut en porcs, la denrée la plus précieuse de leur pays[3], les Frisons en peaux de bœufs. Ils se révoltèrent, parce qu'on exigea des peaux de buffles. (Tacite, *Annales*, IV, 72.) — Lorsque l'empereur Henri II se préparait à visiter l'évêque de Paderborn, l'évêque fit prendre par tout le pays

---

1. Voyez les *Religions de l'Antiquité*, de Benjamin Constant, dans la table des matières, au mot : *Sacrifices humains*. Il a réuni tous les passages avec un soin proportionné à sa haine pour le sacerdoce.
2. Condé, *Histoire des Maures d'Espagne*, t. I.
3. Chez les Anciens on estimait surtout les jambons de Westphalie, des Pyrénées et du pays des Marses. Voyez l'édit de Dioclétien, qui fixe le maximum du prix des denrées. On l'a retrouvé il y a quelques années dans l'Asie Mineure.

les brebis pleines, afin de pouvoir présenter à l'Empereur un manteau fait avec les peaux des agneaux qui allaient naître[1]. — Qu'on fasse au maire un présent tel qu'à sa mort sa femme puisse avoir une pelisse neuve de peau d'agneau qui lui descende bien sur les pieds. — Le centenier (*centgraf*) qui aura été élu, devra donner au seigneur deux gants de peau de mouton blanc, suspendus à un bâton de coudrier. Le seigneur l'investira alors du bailliage, sans or ni argent, mais seulement avec le bâton, qu'il lui rendra. (G. 379.)

Quand un serf venait à mourir, le seigneur avait droit à la *meilleure tête* de son troupeau. — Le serviteur de l'abbé devra prendre un bâton blanc et s'avancer à reculons vers les chevaux ou les vaches, et toucher une bête avec le bâton ; celle qu'il atteindra appartiendra au seigneur, rien de plus. (G. 369.) Cette redevance s'appelait Koehr. — *Demande :* Que doivent-ils donner pour le Koehr ? *Réponse :* Le laboureur donnera le cheval qui vient après le meilleur ; le fermier, la vache qui vient après la meilleure ; la femme, la robe qui vient après la meilleure. — Bien que toute personne mariée doive cette redevance, il y a cependant exception pour les femmes qui laisseront une fille assez grande pour souffler une lampe allumée. (Delbrücker, *Landr.*; G. 370.)

Le Koehr allemand répond au *relief* des lois françaises et anglo-normandes[2]. *Si un homme de la paroisse possède, au moment de sa mort, trois têtes ou*

---

1. Voy. au chapitre *du Mariage*, le don du fiancé espagnol.
2. Voy. Ducange, verbo *Mortuarium*.

plus de quelque bétail que ce soit, la meilleure sera réservée pour qui de droit. — De releif à vilain : *Le meilliur aveir, qu'il avera, u chival, u buf, u vache, donrat à son seignor de releif.* (*Leges Henrici.*) — L'expression usitée en Angleterre est *chattel*, en français *cheptel*. Les lois de Knut fixent ainsi cette redevance : Un eorl doit fournir huit chevaux, quatre sellés, quatre non sellés, quatre casques, quatre cuirasses, huit lances, huit boucliers, quatre épées, etc. (G. 373-374.)

... *S'ensuivent le dénombrement des héritaiges et aussi les noms des possesseurs, lesquels à cause d'iceulx doivent chacun an, la nuit de l'Ascension à vespres, présenter et payer, au cuer de l'église de Condé, au seigneur du chapitre, ung mouton cornu, lainu et dentu...* A la suite de ce dénombrement d'héritages, se trouve un jugement qui condamne au payement de six livres un des possesseurs qui avait présenté au chapitre un mouton qui n'était pas *dentu de quatre dents*[1].

Les poules étaient la redevance la plus ordinaire. On les désigne diversement : poules de corps, poules de cou, poules du foyer, de la fumée ; poules du carnaval, de la Pentecôte, de la Saint-Martin ; poules du faucon, etc. Le coq devait être grand et rouge ; de là l'expression allemande : rouge comme un coq de redevance. L'on disait aussi pour exprimer qu'un serf, devenu bourgeois, ne payait plus la redevance au seigneur : Poule ne vole au-dessus de la muraille. (G. 374.)

---

1. *Cartulaire de Notre-Dame de Condé,* manuscrit. *Monteil,* quatorzième siècle, II, 512.

On ne trouve point de redevances de chien ou de faucon ; on en trouve rarement d'abeilles (si ce n'est pour la cire et le miel), quelquefois de sangsues. (G. 863.) Celles de bière, d'avoine, de farine, sont fréquentes. — Les chevaux du bailli auront de l'avoine jusque par-dessus les narines et de la litière jusqu'au ventre. (G. 102.) — Le pain doit être de grandeur telle, qu'un homme assis le mettant sur son pied, il lui passe le genou, et de telle grosseur qu'on puisse en couper le pain du matin pour le berger. (G. 103.)

Loi des Brehons d'Irlande : Tout chef a droit d'épuiser chez chacun le lait d'une vache[1]. Pour la table de Monseigneur, deux fromages d'une grandeur telle que, mettant le pouce au milieu du fromage, et tournant autour avec le dernier doigt, on puisse à peine atteindre au contour du fromage. (*Droit de Cologne.*) — Et la viande devra dépasser le bord du plat, de la largeur de quatre doigts. (G. 101.)

Nous avons un droit appelé le droit de bassin, qui est tel que le sieur et dame Vidame peuvent par chacun an prendre un bassin d'environ un sestier plain de raisins, en quelque vigne qu'il voudroit, ès environ de Saint-Michel[2].

Les redevances suivantes ont moins pour but l'utilité que le plaisir du seigneur : — On fait savoir qu'à la mi-mai, les hommes de la banlieue auront à apporter de la mousse à la cour, afin que

---

1. *Collectanea de rebus Hib.*, III, 85.
2. Ducange, 906. *Charta vicedomni Catalaunensis*, anno 1381. Cf. Laur., I, 147.

l'abbé et ses propriétaires assistants soient en propreté. — Le premier jour de mai, celui qui occupe une emphytéose concédée par les orphelins de Lucques, est soumis à cette charge, qu'il doit leur apporter un arbre de mai, orné de nombreux rubans, dans lesquels seront trois épis de blé. Faute de quoi, l'emphytéote est déchu aussitôt du bénéfice de la possession. (Muratori, *Antiq.*, III, 67; G. 381.)

L'argent étant rare et le commerce nul, le seigneur n'achetait rien; il se faisait tout fournir, même les meubles et ustensiles, par ceux qui lui payaient redevance. Fers de cheval, socs de charrue, voitures, etc., tout lui venait de cette façon, jusqu'aux verres ou cornes à boire; encore fallait-il, en certains lieux, que cette corne fût apportée par une jeune fille de dix-huit ans tout juste, ni plus ni moins.

Les redevances d'argent sont plus rares. Il y avait en Frise un impôt de ce genre, appelé le Klipschild (bouclier sonnant). Voici comment il se payait. On construit, dit *Saxo Grammaticus* (liv. VIII, p. 167), un édifice de deux cent quarante pieds de long, divisé en douze parties de vingt pieds chacune. Dans la partie supérieure du bâtiment se trouve le collecteur du roi; au bas, un bouclier rond du pays. C'est dans ce bouclier que chacun vient jeter sa pièce de monnaie. Si elle rend un son clair, et que le collecteur entende distinctement, elle compte pour le tribut; sinon, il en faut une autre. (G. 76.) — Chaque année, les anciens propriétaires de l'église de Saint-Romain à Lucques, qu'ils avaient cédée, à titre d'emphytéose, à des dominicains, venaient y chanter la messe, prendre un dîner composé d'un nombre de plats déterminé, et recevoir un gros d'argent bien sonnant. (G. 387.)

On lit dans une *Vie rimée de saint Amand*, du onzième ou douzième siècle (*Essais historiques sur le Rouergue*, par de Gaujal, Limoges, 1825; G. 300) :

> *Fel cabalagre gran del comtat que crompet,*
> *Quatre deniers d'argen lou poboul n'aleuget*
> *Cad an percept qu'era del rey honorat César*
> *Als homes de Rovergue sul cap de cap ostal.*

Dans un de nos vieux poèmes français, Charlemagne dit à son vassal Ogier (G. 382) :

> *Fel cuivers renoiés !*
> *Sers de la teste, rendant IIII deniers !*
> *En une borse le cers soient loie*
> *Ce doit vos pères le mien qui France tient*
> *Soient pendu au col d'un blanc lévrier.*
> *Se li envoie à Rains u à Orliens.*

Les non-libres payent... : au grand forestier la chaise d'honneur avec un coussin, un verre rempli de vin, une verge pour défendre la Marche, une bourse pour y garder les amendes. (*Droit d'Osnabruck;* G. 381-2.) — A Weissensée, le jour de la Saint-Jacques-Philippe, on se rassemblait au village de Scherndorf avant le coucher du soleil, et chacun déposait un gros sur une large pierre exposée sous le ciel; celui qui tardait d'une heure payait deux gros, de deux heures quatre, de trois heures huit, et la somme montait toujours dans la même proportion. (G. 387.) — Le bailli devra, à la Saint-Martin de chaque année, percevoir, à la lumière du soleil, l'impôt royal pour la justice du roi; et si quelqu'un ne le paye pas à la lumière du soleil, il sera grevé du double, tant que la cloche tinte, que le coq chante, que le vent vente, que soleil ou lune se lève et se couche, que flux et reflux vient et va. (*Ch. Hildeboldi Bremensis*, anno 1259; G. 387.)

On dit encore en France : *écus au soleil, argent sonnant*; *il a tant de bien au soleil.*

Un paysan irlandais qui a cinq trébas, doit payer les amendes et délits, et doit donner un tiers de ses profits pour nourrir le chef. Les cinq trébas sont : une grande maison, une étable à bœufs, une étable à pourceaux, une bergerie, une étable à veaux[1].

Le village de Salzberg, dans le bailliage hessois de Neuenstein, avait à payer chaque année, à la Saint-Walpert, six kneken (monnaie de six liards) aux barons de Buchenau. On appelait Petit homme de la Walpert l'homme de la communauté qui portait cet argent. Il devait, dès six heures du matin, se trouver à Buchenau, et, quelque temps qu'il fît, s'asseoir devant le château sur une certaine pierre du pont. Si le Petit homme tardait, la redevance croissait toujours, de sorte qu'au soir la commune eût été hors d'état de payer; aussi le bailli avertissait chaque fois, et le village avait soin de donner deux compagnons au porteur, de crainte qu'il ne lui arrivât quelque accident. Si le Petit homme de la Walpert arrivait à point, les barons de Buchenau devaient le faire saluer et recevoir l'argent. On lui servait certains plats déterminés. Il avait de plus un droit : c'est que s'il pouvait passer trois jours sans dormir, les seigneurs devaient le nourrir sa vie durant. S'il s'endormait, il était à l'instant renvoyé du château.

---

1. *Collect. de reb. Hib.*, III, v. 118.

Cet usage a duré trois cents ans, et jusqu'à ce siècle. (Hersfelder, *Intelligenzblatt*, 1802; G. 388.) — Un village de la Thuringe avait à payer chaque année, à un seigneur qui demeurait à douze milles, trois pfennings de trois heller (liards) qu'un cavalier borgne devait apporter sur un cheval borgne. (G. 385.) — Dans un village du comté de Mansfeld, à Stangerode, treize maisons payèrent, jusqu'en 1785, la redevance du Kuttenzins (du capuchon?) au bailliage d'Endorf. On devait la payer chaque année, à la Saint-Thomas (21 décembre), avant que la journée ne fût commencée, c'est-à-dire avant minuit. Le 20 décembre, le maître-paysan (*bauermeister*) sortait de sa maison à huit heures du soir, et allait criant devant chacune des treize maisons imposées : « Donnez à notre seigneur le pfenning de la Saint-Thomas, le kuttenzins. » — Le maître de la maison était tout prêt sur la porte, et remettait son pfenning d'argent. Durant la perception, la foule grossissait et criait sans interruption : « Nous portons à notre gracieux seigneur le pfenning de la Saint-Thomas, le kuttenzins. » On arrivait à onze heures au bailliage d'Endorf. Vers minuit, les paysans se trouvaient dans la maison du bailli, et y payaient les treize pfennings. Le bailli donnait quittance en toute hâte et remettait au maître paysan un pourboire qui dépassait de beaucoup la valeur de la redevance, en l'avertissant bien de sortir du village avant le coup de minuit. Ils reprenaient alors leur refrain : « Nous avons apporté à notre gracieux seigneur le pfenning de la Saint-Thomas », et se retiraient chez eux pour boire l'argent du bailli. De son côté, le bailli devait envoyer sur l'heure le montant de la redevance, sous peine de fournir pour chaque pfenning une tonne de harengs frais. Si, au moment du payement, la salle du bailliage se trouvait fermée, c'était le bailliage qui devait payer à la commune une blanche couveuse avec douze poussins blancs (treize pour les treize pfennings). (G. 386.)

Pour les Francs-Alleux, les redevances se payaient *à la grille* de la maison. Le collecteur devait attendre tout le jour, c'est-à-dire tant qu'il pouvait voir le verrou de la porte; si la redevance n'était point payée ce jour-là, elle était doublée pour le lendemain. (G. 389.) — Si le seigneur censier refuse ou diffère de percevoir la redevance, le censitaire est en droit de la déposer publiquement sur la pierre de la cour, sur les poteaux de la porte, ou sur un siège à trois pieds placé en face de la porte. Dès ce moment sa redevance est acquittée. (G. 389.) — De même si le seigneur qui reçoit la dîme tarde à la faire prendre, celui qui la doit monte sur la roue de la voiture et crie trois fois : Seigneur Dixmeur! seigneur Dixmeur! seigneur Dixmeur! Si personne ne se présente, il prend deux voisins, compte les gerbes, laisse la dixième et s'en va. (G. 393.) — Si le sergent du seigneur vient pour percevoir les redevances, et que le pauvre homme qui aurait tardé de partir avec l'argent ou la redevance rencontre le sergent la bride à la main dans la cour, avant qu'il n'ait passé la porte, le sergent devra faire grâce au pauvre homme. (G. 384.) — Si le shilling heuer (locataire du shilling) n'acquitte point sa redevance, le seigneur viendra suspendre le shilling à la crémaillère, ou le mettre dans le foyer; le paysan devra alors déguerpir, lui, sa femme et ses enfants. (G. 392.) — Le fermier aura mis une table à trois pieds, deux pieds hors le seuil de la maison, et un dedans; sur cette table, le propriétaire ou seigneur censier lui payera l'argent pour le fumier rapporté. Les deux pieds hors du seuil signifient que le bien doit être cédé trois jours avant la Saint-Pierre. (G. 187.)

On trouve, dans certains villages du Brunswick, de petits fermiers appelés Enfants du soleil, parce qu'ils sont tenus de travailler chaque jour, depuis la Saint-Martin jusqu'à la Saint-Michel, tant que luit le soleil. Les hommes de la lune sont ceux qui doivent, à chaque lune (à chaque mois), travailler pour le maître, ou cultiver les champs appelés lunaires [*lunares*]. (Duc., IV, 288; G. 388.) — Il y a aussi des services de trois jours par semaine, de neuf jours par an, etc. Enfin des services d'animaux. Celui, dit Laurière, qui ne devait pas le service militaire personnel, devait cependant, mais une seule fois en sa vie, le service du cheval. *Établissements de Saint-Louis*[1] : — *Se aucuns avoit un hons qui li deust roncin de service, et il le semonsit, et li deist : Rendez-moi mon roncin de service, car je le viel avoir, je n'en vieil nie avoir deniers. Adonc il li doit amener son roncin de service dedans soixante jours, se cil ne li en veut donner plus long terme, et cil li doit amener o frain et o selle, et o quanque mestiers est, et ferré de tous les quatre piés; et se li sire dist, je ne le viel mie, car il est trop*

---

1. *Établiss.*, p. 217, ch. CXXXI, dans le recueil des Ordonn. Voy. aussi *Glossaire* de Laurière, 1, 242.

foibles, cil li pouroit respondre : Sire, fêtes-le essayer si comme vous devez. Li sires püet faire monter un escuier dessus si grand comme il l'aura, et un haubert, troussé derrier, et une chausse de fer, si l'envoier douze lieües loin; et se il les püet bien aller en un jour, et lendemain retorner, li sires ne le püet pas refuser par droit. Et se il ne püet fere les deux journées, li sires le pourroit bien refuser.

Souvent le seigneur paye pour les services auxquels il a droit : — Si le pêcheur apporte ses poissons par-devant le bailli, celui-ci devra lui donner un bon pain; si le pêcheur fait mieux et apporte davantage, il aura un rôti de bœuf. — Quand les pêcheurs viendront vider leurs paniers, on les traitera si bien qu'ils reviendront avec plaisir. — Tout pêcheur de Crotzenbourg doit aux schœffen ce qu'il faut de poissons pour un repas. Chaque pêcheur portera tout ce qu'il aura pris en quatorze jours, des meilleurs de ses poissons et non des pires; et il en donnera aux schœffen jusqu'à ce qu'ils disent : « Assez, tu as bien servi. » Cela fait et dit, les pêcheurs mangeront avec eux le pain, le vin et les autres choses. Et si l'un des pêcheurs, à cause du nombre de ses filets, a un valet ou une servante, il pourra les amener manger avec lui. (G. 947.) — Item, *la noblece du haule, que le seigneur d'Ault a de deffendre à vendre poissons, jusques il en y ait pris ce que à lui en appartient pour son hotel... Item, la noblece que lidiz sires a sur les poissons royaulx et sur les gros poissons.* (Charte de l'année 1353 [1].) — *Derechef lidis religieus ont*

---

1. *Carpentier*, III, 27.

accordé as dis habitans de grace especial, que il voisent ès marés dessudis desclos soyhier de l'erbe à le fauchille, tant seulement les samedis et les nuits de festes gardables. (Charte de l'année 1310[1].)

Souvent le don du seigneur surpasse la valeur de la redevance. Le cheval du messager borgne qui apportait les dîmes à Hirschhorn, avait toute la nuit de l'avoine jusqu'au ventre. Le messager lui-même avait largement à boire et à manger dans de la vaisselle blanche, et, en le congédiant, on lui remettait quelque argent. On a vu plus haut comment le Petit homme de la Walpert pouvait gagner son entretien pour sa vie durant. Quelquefois même on régalait les redevables de danse et de musique : — Que le bailli se procure ensuite des râteaux : ceux qui ne sauront pas faucher, ramasseront au râteau pendant une journée ; il en sera ainsi des veuves et de ceux qui doivent demi-redevance. On sonnera ensuite les grandes cloches pour ceux qui travaillent au râteau ; au son des cloches, les travailleurs viendront en la cour du bailliage, et il y aura en avant un fifre qui *fifrera;* puis ils s'en retourneront. Quand le charbonnier et le menuisier payeront la redevance, qu'on leur mette de la paille autour du feu, et qu'on leur donne un joueur de violon, qui leur joue du violon, afin qu'ils s'endorment, et un serviteur qui veille à leurs effets, afin qu'ils ne brûlent point. — *Item*, le maître-paysan recevra de la dame une paire de gants, et il dansera le premier pas avec la dame (année 1322). — (G. 395.)

1. *Carpentier*, III, p. 42.

Quelquefois aussi le seigneur paye généreusement, mais aux dépens d'autrui : *Il y avait sur la place de Péronne un grès long de quatre pieds, large de deux, haut de quatre ou cinq pouces au-dessus du pavé. Ce grès à lui seul était un fief. Quand le roi entrait à Péronne, le tenancier de ce fief devait ferrer d'argent sur ce grès le cheval du roi, puis le présenter au roi. Mais, en retour, il avait d'importants privilèges : 1° la desserte et la vaisselle du roi après le repas d'entrée ; 2° une redevance sur la bière qui se buvait à Péronne ; 3° un droit sur les baraques qui s'établissaient à la foire. Il choisissait dans les boutiques d'instruments tranchants une pièce qu'on nomme* le premier taillant, *c'est-à-dire le meilleur couteau ou rasoir chez les couteliers, la meilleure hache chez les taillandiers ; il recevait des autres marchands une redevance en argent. Enfin son fief était un asile ; un homme décrété de prise de corps ne pouvait être enlevé de la pierre, s'il s'y réfugiait*[1].

L'entrée solennelle du seigneur féodal est ordinairement remarquable, soit par la bizarrerie du cérémonial, soit par les redevances auxquelles il a droit à cette occasion :

Le margrave de Juliers montera sur un cheval blanc, qui sera borgne, qui aura une selle de bois et une bride d'écorce de tilleul. Et le margrave aura deux éperons d'aubépine et un bâton blanc, et ainsi il chevauchera jusqu'au lieu d'où sort la Ruhr. — Si le bailli a affaire au prieur, il doit y aller avec onze chevaux et demi, c'est-à-dire onze chevaux

---

[1]. Piganiol de La Force, *Picardie*, II, 204.

et une mule ; il aura de plus un faucon et un chien borgne ; on donnera à ses chevaux de la nourriture par-dessus les narines et de la litière jusqu'au ventre ; on suspendra une barre ou bâton derrière les chevaux pour le faucon, et les chiens on les mettra coucher, près du faucon, derrière les chevaux. Quant au bailli, on lui mettra une table avec une nappe blanche, et dessus un pain blanc et un verre blanc plein de vin. S'il veut quelque chose de plus, ce sera à lui de le commander. — Un lit sera préparé pour le Vogt, en cas qu'il veuille passer la nuit, un lit à draps secs et craquants, et avec cela on préparera un feu sans fumée. (*Droit de Francfort*, année 1485.) — Quand les seigneurs enverront leurs serviteurs recevoir l'avoine, on devra à ceux-ci bonne volonté, chambre chaude et table couverte de linge blanc, mais rien dessus ; un pot de vin et rien dedans, deux broches au feu et rien après. — Le messager du seigneur d'Odenheim sera borgne et aura un cheval borgne à poil blanc. (G. 256.) — Voici le droit du pays ; lorsque le bailli de notre seigneur l'évêque viendra traiter avec le pays de Rhingaw, au sujet du siège de Lutzelnaw, il devra entrer comme un puissant seigneur et placer la bride de son cheval entre ses jambes ; dans sa main devra être un petit bâton blanc et sur sa tête un chapeau à plumes de paon, et il tiendra jugement d'un coucher du soleil à l'autre. — C'est un droit du seigneur de Diepurg que s'il veut chasser, il devra avoir un arc d'if à cordes de soie, à rayons d'argent, à flèches de laurier, empennées de plumes de paon. Il se rendra à cheval dans la forêt, chez le maître forestier ; il y devra trouver sur un tapis de soie et retenu par une corde de soie, un chien de chasse blanc aux oreilles pendantes, et il poursuivra le gibier, et s'il parvient à le prendre aux rayons du soleil, il devra, aux rayons du soleil aussi, remettre en leur lieu le droit de venaison et le chien de chasse. S'il ne réussit point, il pourra recommencer le lendemain (année 1338). — (G. 24-57.)

Ils décident d'abord que l'Empire est, en droit de Marche, souverain maître de la forêt. Ensuite, si la cour vient résider dans le bourg de Geilinghausen, un maître forestier, à ce destiné par sa naissance, tiendra de droit pour l'Empire et le bourg de Geilinghausen un chien de chasse blanc à oreilles pendantes, et ce chien sera couché sur un tapis de soie et sur un coussin de soie; de soie sera la laisse, et d'argent doré son collier... et il devra avoir aussi une arbalète à arc d'if (suit une description magnifique de cet arc, où apparaissent tour à tour la soie, l'ivoire, l'argent, les plumes de paon et d'autruche). — Et s'il arrivait que l'Empereur et les impériaux voulussent aller au delà des monts et qu'ils le fissent savoir au maître forestier, il devra alors fournir un cheval blanc aux risques et frais de l'Empire, et ainsi il aura servi son fief (année 1380). — (G. 260.) — Que personne là-bas dans ladite vénerie n'aille chasser ou giboyer sans le consentement de l'évêque de Mayence; que si cependant il se présentait un cavalier ayant chapeau de zibeline, vêtements aux diverses couleurs, arc d'if à corde de soie, à flèches d'autruche et traits d'argent emplumés de plumes de paon, ayant de plus un chien de chasse blanc à laisse d'argent et pendantes oreilles, on lui permettra de se distraire et on ne l'empêchera en rien (année 1423). — (G. 257.)

Si Monseigneur veut venir avec ses amis, les voisins doivent lui donner bêtes qui volent et nagent, bêtes sauvages et privées, et on le traitera bien. On donnera au mulet de l'orge d'été, au faucon une poule, et au chien de chasse un pain; aux lévriers aussi on donnera du pain en suffisance, lorsqu'on l'emporte de table, et on devra donner aussi, pendant qu'on sera à table, foin et avoine en suffisance aux chevaux. S'il arrive qu'on serve trois sortes de vin dans le ressort de Monseigneur, on devra servir à Monseigneur et à ses amis celui de moyenne qualité; si deux, on lui donnera le meilleur; si un, ce sera celui-là même qu'on lui donnera; et Monseigneur et ses amis devront se trouver contents. (G. 256.) — Et il devra, le seigneur de la cour, entrer à cheval dans la cour du fermier, avec un cheval et demi, et un homme et demi, et la femme du fermier devra lui donner une botte de foin et le fermier mettre ses chevaux à l'écurie... et la femme du fermier fera coucher le seigneur de la cour sur un lit écorché (tout prêt) et sur des draps qui craquent (secs). Si mieux elle agit, mieux il remercie. —. Le seigneur envoyé entrera à cheval avec quatre chevaux et demi (quatre chevaux et un mulet) avec cinq chevaux et demi (cinq hommes et un garçon); on lui préparera un lit écorché avec des draps qui craquent et un feu sans fumée. (G. 258.) — Les seigneurs justiciers devront, la veille du jour d'assemblée, à l'heure du repas, se présenter avec deux hommes et demi, deux chevaux et demi, deux chiens et demi, et demander le repas; s'il est prêt, ils descendront de cheval et boiront chopine; si, au contraire, il ne l'est point, ils se retireront dans la premtère auberge, s'y feront préparer un repas, et ce repas, c'est la petite propriété [*das niedere eigenthum*] qui le payera (année 1575). — (G. 259.) — Si donc notre gracieux seigneur de Wertheim voulait séjourner à Husen, le prieur ou les siens auraient à déloger et à se retirer. Et s'il arrivait que notre gracieux seigneur ne voulût permettre au prieur ou aux siens de sortir par la porte de devant, ils devront alors (le prieur et les siens) faire abattre un mur et sortir par la porte de derrière. — (G. 259.)

La liste des redevances bizarres serait longue. Dans une seigneurie de France, les paysans devaient pour redevance *conduire jusqu'au château un serin placé sur une voiture à quatre chevaux*[1]. En Autriche, un vassal noble devait chaque année, à la Saint-Martin, apporter à son seigneur deux pots de mouches; un autre, en Franconie, lui offrait un roitelet ou saute-buisson. (G. 378.) — *Quand l'abbé de Figeac fait son entrée dans la ville, le seigneur de Montbrun et Laroque le reçoit habillé en arlequin, une jambe nue, etc. Lorsqu'il descend de cheval, il lui tient l'étrier et se place à table derrière lui pour lui verser à boire*[2]. — *Le seigneur de Pacé a droit de faire travailler les chaudronniers qui passent, de prendre aux marchands de verres le plus beau verre, en leur donnant chopine. Il fait amener le jour de la Trinité, par ses officiers, toutes les femmes jolies* (sages) *qu'ils trouveront à Saumur et dans les faubourgs; elles payeront chacune*

---

1. Je crois, en Lorraine. Je ne puis retrouver le texte.
2. *Piganiol de La Force.*

quatre deniers et un chapeau de roses. Celles qui refuseront de danser avec ses officiers, seront piquées aux fesses d'un aiguillon marqué aux armes du seigneur. Celles qui ne seront pas jolies (qui seront ribaudes) *viendront chez la dame de Pacé, ou payeront cinq sols*[1]. — Péages de Provence : *Histrions, baladins, mimes et ménestrels feront jeux, exercices et galantises, la dame du château présente. — Une charrette, conduisant larrons au prévôt, payera une corde valant six deniers; — un pèlerin dira sa romance sur un air nouveau, et couchera sur la paille fraîche, s'il veut passer la nuit au manoir; — fourgonniers, lippeurs et gens faisant bonne chère laisseront une pièce cuite pour le fermier; — Un homme à pied, chaussé ou non, mendiant ou aventurier, sera logé, quitte de tout droit, s'il fait quatre soubresauts; — Un Maure jettera en l'air son turban, et comptera cinq sous trébuchant à la porte du château; — Un Juif mettra ses chausses sur sa tête, et dira bon gré, mal gré, un* Pater, *dans le jargon du pays; — Un homme à cheval fera une demi-veille d'armes pour le service du seigneur; — un* mareyeur *doit poisson à mettre en sauce verte, l'espèce au choix du seigneur; — meneurs de chevaux doivent un sou par chaque pied, si mieux ils n'aiment porter le seigneur jusqu'au château; — fille folle de son corps est à la disposition du page des chiens courants; — conducteur d'animaux en foire doit faire gambader les singes, et danser l'ours au son du flageolet.*

Saint Louis exempta les jongleurs qui arrivaient à Paris du droit de péage qui se payait à l'entrée de

---

1. Piganiol de La Force, *Anjou*, XII.

la ville sous le petit Châtelet. *Li singes au marchant doit quatre deniers, se il pour vendre le porte; se li singes est à home qui l'ait acheté por son déduit, si est quites, et se il singes est au joueur, jouer en doit devant le paagier, et por son jeu doit estre quites de toute la chose qu'il achète à son usage, et aussitôt li jongleur sont quite por un ver de chanson*[1].

On trouve diverses mentions de redevances non seulement bizarres, mais impossibles : Quiconque osera contredire le roi sera tenu de fournir cent cygnes noirs et cent corbeaux blancs. (G. 377; Carpentier, I, 930.) — Quelquefois aussi la redevance semble être une mystification pour celui qui la reçoit. Muratori cite le texte suivant (III, 187) : A Bologne, l'emphytéose que concédaient les moines bénédictins de Saint-Procule payait, à titre de redevance, la fumée d'un chapon bouilli. C'est-à-dire que chaque année, à un jour déterminé, l'emphythéose s'approchait de la table de l'abbé, apportait le chapon dans l'eau bouillante entre deux plats, et le découvrait de telle sorte que la fumée s'en échappât; cela fait, il emportait le plat, et il était quitte. — La redevance de l'Asina curta semble du même genre : — *Ledit Jean réclamait dans toute l'étendue du bois d'Antoniac, pour le service de chaque jour, deux ânes et une ânesse à laquelle on avait coupé la queue*[2].

Il y avait à Roubaix, près Lille, une seigneurie du prince de Soubise, où les vassaux étaient obligés de

---

1. *Establissements des mestiers de Paris*, par Estienne Boileau, prévost de Paris, Ms. fonds de Sorbonne, f° 204, col. 3, chap. *Del péage de Petit pont.*
2. Carpentier, I, 325.

venir à certain jour de l'année faire la moue, le visage tourné vers les fenêtres du château, et de battre les fossés pour empêcher le bruit des grenouilles. — Devant le château du seigneur de Laxou, près Nanci, se trouvait un marais que les pauvres gens devaient battre la nuit des noces du seigneur, pour empêcher les grenouilles de coasser. On les dispensa de ce service au commencement du seizième siècle, lorsque le duc de Lorraine épousa Renée de Bourbon. Le même usage existait à Monturcux-sur-Saône. (*Mémoires des antiquaires de France*, 6, 128; G. 356.)

Lorsque l'abbé de Luxeuil séjournait dans sa seigneurie, les paysans battaient l'étang en chantant :

Pâ, pâ, renotte, pâ (paix, grenouille, paix).
Veci M. l'abbe que Dieu gâ! (garde).

... L'homme de la maison devra alors préparer un lit pour Monseigneur, afin que sa Grâce Monseigneur de Prum puisse y reposer. S'il ne peut reposer à cause du coassement des grenouilles, il y a dans la paroisse des gens qui possèdent leurs biens et héritages sous cette condition qu'ils doivent faire taire les grenouilles, afin que Sa Grâce puisse reposer. — Le géographe de la Wetteravie dit en parlant de Freiensenn : « Ce village, prétendant à beaucoup de liberté, a donné bien à faire à la seigneurie. Les habitants assurent, en effet, que certain Empereur avait passé la nuit dans leur village; que le coassement des grenouilles ne lui permettant pas de s'endormir, les paysans s'étaient tous levés pour donner la chasse aux grenouilles, et que l'Empereur en récompense leur avait accordé la liberté. » (G. 356.)

Au nombre des obligations imposées comme redevances se trouvait celle d'héberger les chiens du seigneur. C'est ce qu'on appelle le *Bernage*. — *Brenaige vaut quinze muits d'avoine par an* [1]. — On raconte que l'abbé de Murhart vint à Stuttgard se plaindre à l'avoué du couvent, Udalric de Wurtemberg : Je pensais, disait-il, que le monastère du Murhart avait été fondé pour les religieux; je vois maintenant que c'est un chenil à chiens; il n'est plus possible à mes moines de chanter et de psalmodier, lorsque des chiens aboient sans cesse. Tant qu'ils resteront dans mon couvent, moi je demeurerai ici; le seigneur avoué me nourrira plus aisément que moi ses chiens [2]. — S'il arrive que le chien de Madame l'abbesse et le chien de la Seigneurie viennent à se quereller pour leur pitance, on chassera le chien de la Seigneurie, jusqu'à ce que le chien de Madame ait goûté du tout; alors seulement on y laissera goûter le chien de la Seigneurie (année 1462). — (G. 352.)

Une espèce particulière de redevance est celle qu'on payait aux juges, aux officiers du roi, aux hérauts et sergents. Les trésoriers de France et généraux des finances avaient le droit de *busche et chauffage*. — *Ce droit de busche appartient aussi aux officiers de la chambre des comptes, comme le droit de robbe de Pâques, le droit de Toussaint, de roses, de harenc, de sel blanc, de verre, d'écurie, et autres, outre leurs gages* [3]. — Le 1er mai, sur la table du roi, au bord de la forêt

---

1. Ducange, I, sub verbo *Brenagium*.
2. Laurière, I, sub verbo *Past de chien*.
3. *Id.*, I, 192.

de Fontainebleau, *le maître des forêts recevoit les hommages et redevances qui consistaient en gâteaux, jambons, vin, etc.*

Quand les seigneurs investissoient et ensaisinoient les acquéreurs de quelque fond, ils se servoient toujours de gants qui restoient au sergent des seigneurs; et dans la suite, ces formalitez s'étant abolies, les gants ont été dus aux sergents en argent, et ont fait partie des droits seigneuriaux. En d'autres lieux, les gants appartenoient aux seigneurs comme une redevance. Cette redevance a été réduite depuis en argent, et elle leur est encore due [1]. — *Quant le comte de Flandres fait hommage, les héraults et sergents à manche du roi, ont droit à sa robe, son chapeau et bonnet, sa ceinture, sa bourse et son épée* [2].

Le vassal noble donnait à son seigneur pour droit de relief et de rachat une paire d'éperons dorés [3]. — *Il y a plusieurs fiefs qui ont été donnez à certains devoirs annuels, ou à chacune mutation de seigneur ou de vassal, comme de bailler par chacun an une hure de sanglier, un espervier, un faucon, une couple de chiens, un chapelet de roses, porter la busche au feu de la veille de Noël de son seigneur feudal; de bailler un quintal de cire par an, comme à l'église de Mascon, sous le nom de* Clypeus ceræ, *pour la seigneurie, ou comté de Baulgey; ou bien soixante livres d'huile d'olives par an pour faire le Chresme, dont le domaine de Mehun-sur-Eure est chargé envers l'archevêque de*

---

1. Laurière, au mot *Gant*.
2. Oudegherst, f° 285.
3. *Coutumes de Senlis*, art. 154, et *de Mantes*, art. 103.

Bourges, au lieu du devoir de foy et hommage : ou à la mutation, un cheval de service, un destrier, un roncin, deux arçons de selle de cheval, des armes, tirer la quintaine, dire la chanson à la dame, et autres choses pour relief, ou pour prestation de foy et service feudal : comme aussi plusieurs fiefs, seigneuries et héritages ont été donnez à l'Église en pure et simple aumône, à divin service, prières et oraison, à la charge de quelques pains de chapitre, ou de jallages de vin par chacun an envers le seigneur, pour reconnoissance[1]. *Bouteillier*, Somme rurale, *écrit que certains fiefs doivent blancs gants, blanche lance de relief, selon les usages des lieux, et appert par la* Coutume de Béarn, *qu'aucuns vassaux doivent fer de lance, esparvier, vaultour, gants et autres devoirs ; plus, par le second livre des teneures, au seigneur est dû une paire de gants par an, ou des roses la feste saint Jean-Baptiste*[2].

Parfois la redevance est un baiser : *Les chanoines de la sainte chapelle de Dijon étaient obligés d'aller l'un après l'autre baiser la joue de la duchesse de Bourgogne*[3].

Un feudataire, nommé Arnaud de Corbin, était tenu, quand le roi passait par Tuyosse, de l'accompagner jusqu'à un arbre indiqué. Il devait avoir une charrette chargée de fagots, attelée de deux vaches sans queues, et quand cette voiture était parvenue à l'arbre, y mettre la feu et la laisser brûler jusqu'à ce que les vaches pussent s'échapper[4].

Charte de 1391 : *Octroyons audit d'Estouteville et à*

---

1. Laurière, *Glossaire*, I, 416.
2. Laurière, I, 527.
3. *Monteil*, quatorzième siècle.
4. *Carpentier*, II, 779.

DROITS FÉODAUX. — JURIDICTION. — REDEVANCES 319

ses hoirs successeurs qu'il leur laisse avoir et tenir ces haies et censes... en nous païant une sayette peinte en vert et un bougon blanc. — Reg. de Louis, duc Anjou et roi de Sicile, fol. 73-81 : *Le séage de Bossart, en Anjou, estoit tenu du duc, au devoir d'un bouson empenné d'une plume d'aigle, ferré et coché d'argent aux deux bouts, à muance de seigneur. Jean de Sepeaux, chevalier, tient en foy et hommage simple du duc d'Anjou la justice de Vielleville, au devoir d'un bouson empenné de plume d'aigle, encornouaillé d'argent, à nuance de seigneur*[1].

Nul droit féodal n'a donné lieu à des dispositions plus bizarres, à des interprétations plus honteuses que le *Maritagium*, ou droit du seigneur de marier l'héritière ou de lui vendre l'autorisation de se choisir un époux. Ce droit fondé au Moyen-âge sur la nécessité

---

1. Carpentier, verbo *Bolzonus*. — Autres redevances bizarres : *Le seigneur de Chourée est obligé, lorsque la dame de Montreuil-Bellay va la première fois à Montreuil-Bellay, de la descendre de sa monture ou voiture, et de lui porter un plein sac de mousse ès lieux privés de sa chambre.* Aveu de la terre de Montreuil-Bellay, extrait des registres du Châtelet de Paris. (Pig. de la Force, XII, 203.)

On nous dispensera de traduire le texte suivant, cité par Ducange, II, p. 1224, sub verbo *Bombus ;* — Vetus charta hominii apud Cambdenum in Britannia, et Spelmannum, de quodam Baldino, qui tenuit terras per sejanciam, pro qua debuit facere die Natali Domini singulis annis coram domino rege unum saltum, unum suffletum, et unum bombulum. Id est, ut, idem Camdenus interpretatur, ut salturet, buccas inflaret, et ventris crepitum oderet. Spelmannus habet : Saltum, sufflum et pettum. Atque inde eidem Baldino cognomen inditum *le pettour*. — Charta anni 1398 : Pro loco de Breuil in Burbon, ex Camera comput. Paris : Item in et super qualibet uxore maritum suum verberante unum tripodem. Item insuper qualibet filia communis sexus videlicet viriles quoscumque cognoscente de novo in villa Montis Lucii eveniente 4 den. aut unum bombum, sive vulgariter *pet*, super pontem de Castro Montis Lucii solvendum.

d'assurer au seigneur un vassal fidèle et capable de servir le fief, n'apparaît dans l'Antiquité que comme un caprice odieux de la tyrannie. — L'empereur Maximin, dit Lactance (*De mortibus persecut.*, cap. 38), s'était fait une habitude de ne permettre à personne de se marier sans son autorisation, comme pour cueillir les prémices de tous les mariages. Il enlevait les filles de condition moyenne pour satisfaire au caprice du premier venu. Celles de condition plus élevée que l'on ne pouvait enlever, on les demandait comme bénéfices et dons militaires. Et l'on ne pouvait refuser cette demande appuyée de l'Empereur, c'eût été s'exposer à périr ou à prendre pour gendre je ne sais quel barbare. (G. 436.) — Les Francs, maîtres de la Gaule, paraissent en avoir souvent usé ainsi à l'égard des vaincus. Constitution de Clotaire Ier (anno 560) : *Que personne n'ait l'audace de prétendre s'unir, en vertu de notre autorité, à une jeune fille ou à une veuve sans leur consentement.* — Édit. de Clot. (anno 615) : *Nul ne doit prendre une femme de force, sous prétexte qu'il a notre consentement; nul ne doit épouser les filles ou les veuves qui se sont faites religieuses.* Ces exemples de violence ne disparaissent point au Moyen-âge. *Comme Gérardin de Roncourt escuier eust plevie par mariage... eust empetré une commission... par vertu de laquelle main fut mise par deux sergents à icelle demoiselle* (année 1376)[1].

Dans le droit féodal, la violence se régularise; le seigneur force sa vassale, vierge ou veuve, à contracter mariage : il faut que son fief soit servi.

---

1. *Carpent.*, I, 348. *Lettres de rémiss.*, 1376, reg. 109., ch. 350.

Coment feme qui est semonse de baron (mari) *prendre, coment elle doit respondre :* ... *Se le seignor li die : Dame, il est voir que vous devés service de vous marier, etc.* — ... *Se seroit contre Dieu et contre raison, se Signor pour detrece de service peust marier les femmes qui auroient quatre-vingts ans ou quatre-vingt-dix ou cent, qui seroient si descheues comme se elles feussent la moitié pories...* — *Elle doit le mariage à celui sans plus de qui elle tient le fié que elle desert de son cors*[1].

Se aucuns des homes dou seignor espose feme qui tien fié dou seignor et s'en saisit dou fié, quel amende le seignor en peut avoir, et coment un des homes dou seignor le peut appeler de foi mentie... : *Duquel fié la feme a meffait vers vous pour ce que elle s'est mariée sans vostre congié, de quoi je dis que il a sa foi mentie vers vous, et se il veaut le néer, je suis prest que je li prove de mon cors contre le sien, et que je le rende mort ou recreant en une oure dou jour, et vées ci mon gage. Et s'agenouille devant le seignor et li tent son gage.* — *Quant le seignor veaut semondre ou faire semondre, si com il doit, feme de prendre baron, quant elle a et tient fié qui li doit service de cors, ou à damoiselle à qui le fié escheit que il li doit service de cors, il li doit offrir trois barons, et tels que il soient à lui afferans de parage, ou à son autre baron, et la doit semondre de deus de ses homes ou de plus, ou faire la semondre par trois de ses homes l'un en leuc de lui, et deus com court, et celui que il a establi en son leuc à ce faire doit dire enci :* « *Dame, je vous euffre de*

---

1. *Assises de Jérus.*, p. 163-5, c. 243-4-5.

par monseignor tel, et les nome, trois barons tel et tel, et les nome, et vous semons de par monseignor que dedans tel jour, et motisse le jour, aies pris l'un des trois barons que je vous ay només... et encie li die par trois fois[1].

Si le vassal noble n'a pas liberté de mariage, le serf ne l'a pas à plus forte raison. Quelquefois même, il est stipulé que le serf affranchi ne se mariera pas : *L'abbé et l'abbaye de Saint-Germain affranchissent Nicolas et Odon, à cette condition que s'ils se marient, ils retourneront à leur premier état de servitude* (année 1262). Cette clause se retrouve fréquemment dans les titres de l'abbaye de Saint-Germain-des-Prés[2].

Quand le serf se marie et que son conjoint est de condition libre, la loi frappe celui-ci (*Lex Rip.*, 58, 18) : *Si une ripuaire libre a suivi un ripuaire esclave, que le roi ou le comte lui présente une épée, et une quenouille. Si elle accepte l'épée, qu'elle tue l'esclave; si la quenouille, qu'elle reste serve*. De même dans la loi salique. C'est un dicton féodal : — Si tu montes ma poule, tu deviens mon coq. — Main non libre, entraîne main libre. — *En for-mariage, le pire emporte le bon*. (G. 336.)

Le serf qui épousait une serve ne pouvait la prendre que dans le domaine sur lequel il vivait lui-même, à moins que son seigneur ne consentît à rendre à l'autre seigneur une serve de valeur égale. — Assises de Jérusalem : *Se aucun vilain de que que ce soit se marie avec vilaine d'autre leu sans le com-*

---

1. *Assises de Jérusalem*, c. 242-248.
2. *Archives*, L.

mandement du seignor de la vilaine, le seignor dou vilain à qui sera marié la vilaine étrange, rendra au seignor de la vilaine une autre en échange à la vilaine, de tel âge par la connoissance de bonnes gens, et se il ne trouve vilaine qui la vaille, il li donnera le meillor vilain, qu'il aura d'âge de marier; et se cil qui sera marié à la vilaine étrange meurt, le seignor dou vilain doit avoir son eschange se la vilaine torne à son premier signor; et se la vilaine est allée en la terre de l'autre, son seignor a pooir de prendre la, et son seignor y met différence, celuy qui l'aura donnée la doit garantir et se le seignor dou vilain dit au seignor de la vilaine, que elle est mariée par son commandement, le seignor de la vilaine doit jurer sur sains Évangile, que elle fut mariée par son commandement, et se il ne veut jurer, le seignor dou vilain est quitte et nul restorne doit donner.

En France et en Angleterre, les enfants qui naissaient de ces mariages, étaient (conformément aux *Novelles*) partagés entre les seigneurs. Le registre des Grands-Jours de Troyes porte : *Nous avons toujours accoutumé à partir au roy les enfants qui issent de nos hommes et de nos femmes, qui se meslent par mariage aux hommes et aux femmes le roy*[1].

Le serf paye le *congé de mariage :* — Pour le mariage, il n'y aura qu'un écu d'or ou une peau de bouc à payer; mais s'ils meurent, tout ce qu'il y aura de meilleur dans leurs meubles, servira à nos usages (anno 1166)... *Item*, l'homme qui ne sera pas possesseur d'une manse, payera à l'église, pour pouvoir

---

1. Laurière, I, 398.

contracter mariage, un solidus ou une peau de bouc (anno 1224). — C'est ainsi qu'en Russie le fiancé serf est tenu de livrer au seigneur de la future une martre noire. (G. 330.) — On appelait cette redevance Maritagium, quand la future était de la même famille; dans le cas contraire, Forismaritagium.

La forme la plus choquante du Maritagium était la Marquette (cazzagio, *culage*, *braconage*). Rien n'indique au reste que ce droit honteux ait jamais été payé en nature... : — Notre avis est que ceux qui viennent célébrer ici leurs noces doivent inviter le maire et son épouse. Le maire, de son côté, prêtera au futur un pot où il puisse facilement faire cuire une brebis; le maire amènera encore une voiture de bois, et le jour des noces le maire et son épouse apporteront en outre le quart d'un ventre de laie (*swinbachens?*) Quand les convives se seront retirés, le nouvel époux laissera coucher le maire avec sa femme, sinon il la rachètera pour cinq schellings quatre pfennings. (G. 384.)

Ce droit, appelé en Angleterre et en Écosse Marquetta, se rachetait, dans ce dernier pays, par un certain nombre de vaches. Au dernier siècle, on payait encore à Ulva la Mercheta mulierum [1].

En France, les ecclésiastiques, comme seigneurs, percevaient quelquefois ce droit bizarre. *J'ai vu, dans la cour de Bourges, devant le métropolitain, un procès d'appel où le recteur ou curé de la paroisse prétendait que, de vieille date, il avait la première connaissance charnelle avec la fiancée, laquelle coutume*

---

[1]. *Regiam majestatem*, lib. 4, cap. 31. — Bracton, folio 26. — Voy. aussi Johnson, *Voyage aux Hébrides*, p. 291.

avait été annulée et changée en amende. J'ai ouï dire encore que quelques seigneurs gascons avaient droit la première nuit des noces de poser une jambe nue au côté de la jeune épouse, ou de transiger avec eux[1]. — Un arrêt du 19 mars 1409 défend à l'*évêque d'Amiens* d'exiger une indemnité des personnes nouvellement mariées pour leur permettre de coucher *avec leurs femmes la première, seconde et troisième nuit de leurs noces;* il est dit : *que chacun des habitants pourra coucher avec sa femme la première nuit de ses noces sans permission de l'évêque*[2].

Les seigneurs de Prelley et Persanni, en Piémont, jouissaient d'un pareil droit; les vassaux, ayant demandé en vain à s'en racheter, se révoltèrent et se donnèrent à Amé VI, comte de Savoie[3].

Les seigneurs consentirent généralement à convertir ce droit en prestations diverses. Un accord de ce genre fut conclu entre Guy de Châtillon, seigneur de la Fère, et la communauté des habitants[4]. — *Comme sire de Mareuil puet el loit avoir droit de braconage sur fille et fillette en medite seigneurie : si se marient, et si ne les bracone, échent en deux solz enver ledite seigneurie*[5].

Parfois aussi le droit se payait aux jeunes amis et compagnons du mari. — Litt. remiss. an. 1375, in reg. 108. Chartoph. reg., ch. 172. *Comme en la ville de Jallon-sur-Marne et ou pais d'environ, il soit acous-*

---

1. Boerius, *Decis.* 297, n° 17. — Laur., II, 190, v° *Marquette*.
2. Laur., I, p. 398.
3. *Id.*, I, 307.
4. *Id.*, *Ibid*,
5. Carpentier, I, 1228.

tumé et de longtemps, que un chascun varlet, mais qu'il ne soit clerc ou nobles, quant il se marie, soit tenuz de payer aux autres compagnons et varlez à marier son Becjaune, appellé oudit pays Coullage[1].

Les seigneurs limousins percevaient aussi le droit de gendrage, *calculé sur l'argent qu'apportaient les époux lorsqu'ils allaient demeurer chez le beau-père, ou lorsque le nouvel époux allait demeurer chez sa femme*[2].

Un droit moins odieux dans la forme, mais analogue dans le principe, c'est le *mets* ou *régal de mariage*. Servin (*Actions notables et plaidoyez*, t. II, 166), mentionnant l'usage suivant de la seigneurie du Souloire, en Anjou : *Son sergeant doit estre convié huict jours d'y aller avec deux chiens courant couplez et un levrier, et que ce sergeant doit seoir devant la mariée au disner et estre servi comme elle, et lui dire la première chanson, et que les mariez doivent donner à boire et à manger au chien et au levrier.* (G. 384).

— *Nous avons droit de mets de mariage... lequel se doit apporter jusqu'au chasteau par l'espouse avec les joueurs d'instruments. Ledit mets doit être composé d'un membre de mouton, deux poulets, deux quartes de vin vallants quatre pintes, quatre pains, quatre chandelles et du sel, le jour des espousailles, en peine de soixante sols parisis d'amende.* Tel était l'usage des seigneuries de Caenchi, de Saulx et de Richebourg.

— *Et quand aucun se marie audit lieu, il est tenu, le jour de ses espousailles, nous aporter à nostre manoir de Genesville ung plat de viande, deux pains et un pot*

---

1. *Carpentier*, I, 1224.
2. *Laur.*, I, 543.

de vin, les menestriers précédans, qui s'appelle le plat nuptial[1].

Le prêtre ou chapelain, après la célébration du mariage, aura ses plats, et il exigera, si besoin est, publiquement et sous peine d'excommunication[2]. — On rencontre encore cette redevance en 1615 : *On doit au seigneur de La Boullaie le régal de mariage, c'est-à-dire que l'époux est tenu, le jour des noces, de venir avec des musiciens offrir deux brocs de vin, deux pains et une épaule de mouton. Avant de se retirer, il doit sauter et danser*[3].

Le droit de mariage payé, les mariés ne sont pas quittes. Le seigneur s'adjuge les enfants qui résultent du mariage, lors même que l'un des conjoints est de condition libre.

... Femme franche de Monseigneur, mariée à un serf, a quatre enfants, dont deux sont à Monseigneur, deux à la mère[4]. — On lit dans un document de 821 : Il est dans la onzième maison un certain artisan libre dont nous donnons l'épouse et les enfants. (G. 325.) — Cependant de nombreuses exceptions sont faites à ce droit odieux. Ainsi dans certains pays, le puîné des jumeaux qu'enfante une serve est libre; ailleurs, c'est le premier-né. — L'homme né libre, devenu serf, pouvait affranchir son premier enfant. Souvent aussi c'est l'aîné qui suit la condition présente de son père (années 1101

---

1. In *Chartul. Gemmet.*, t. 1, p. 52.
2. *Statuta eccles. Meldens.* Ann. circit., 1346.
3. Chart. de Ludov. de Sainte-Maure, ann. 1615. Laur. II, 112.
4. *Archives du royaume* (K, Villes et provinces): *Comptes du comte de Blois et de Chartres.*

et 1134). Dans le droit suédois, tous sont libres ; mais dans l'ancien droit des Germains et dans celui des Anglo-Saxons, « l'enfant suit la pire main[1] ». (G. 324.)

— Le droit d'héritier n'existe pour les gens de condition servile que quand ils sont communs en biens. — Ce droit ne leur a été accordé, dit le jurisconsulte Coquille (*Observ. sur la coutume de Nivernois*), que *pour inviter les parsoniers des familles de village à demeurer ensemble, parce que le ménage des champs ne peut être exercé que par plusieurs personnes*. Beaumanoir dit (chapitre XXI) : *Compaignie se fet selonc notre Coutume, pour seulement manoir ensemble à un pain et à un pot un an et un jour, puisque li muebles de l'un et de l'autre sont meslez ensemble*. De là les expressions : *Être en pain et pot. Hors de pain et pot.*

Du moment que la communauté était dissoute, les seigneurs rentraient dans leur droit d'hériter de leurs serfs. Aussi, établirent-ils qu'elle l'était sitôt qu'un des contractants vivait à pain séparé. De là ce proverbe : *Un parti, tout est parti;* et, *Le chanteau* (c'est-à-dire, le pain) *part* (sépare) *Le vilain.* — *Le feu, le sel et le pain partent l'homme morte-main.* (Cout. du comté et du duché de Bourgogne, du Nivernais, de la Marche et de l'Auvergne[2].) — Dans la Coutume de Mons, les mots : *Mise hors de pain, hors de celle* (*cella,* maison paternelle), signifient émanci-

---

1. La Coutume de Châlons suivait le principe contraire, dans les mariages d'une noble et d'un roturier: *La truie anoblit le pourceau. Coutume de Châlons,* art. 2, etc. (G. 37.)

2. Laurière, I, 220.

pation[1]. — *Comme l'enfant* en celle (en puissance de père et mère) *excluoit de leurs successions son frère qui était* hors de celle (émancipé), *les seigneurs exclurent les enfants* hors de celle *de la succession de leurs pères*[2].

1. Voy. Laurière, II, 171. — 2. Laurière, I, 208.

SUITE DU CHAPITRE V

LE SERF

« ... Un jour, quelqu'un des Grecs aux cuirasses d'airain, t'enlevant la lumière et la liberté, t'emmènera pleurante... Captive dans Argos, tu tisseras de la toile pour une autre, ou tu porteras l'eau de Messéide ou d'Hypérie, hélas! bien malgré toi ; mais la nécessité pèsera implacable. Et te voyant verser des larmes, quelqu'un dira peut-être : La voilà, la femme d'Hector[1]. »

Ces vers de l'*Iliade* donnent en quelque sorte la formule des servitudes antiques. Nous voyons de même Cambyse condamner la fille du dernier roi d'Égypte à porter de l'eau. Les Gabaonites de la Judée, les Brutiens de la Calabre, sont chargés de porter l'eau et de couper le bois. Les Pélages de l'Attique furent employés à construire les murs de l'Acropolis[2], les Juifs à bâtir les pyramides d'Égypte.

1. *Iliad.*, Z.
2. Voyez Hérodote.

« ... Les Gabaonites, ayant appris comment Josué avait traité Jéricho, usèrent d'adresse ; ils chargèrent leurs ânes de vieux sacs, d'outres à vin rompues et recousues ; ils prirent de vieux souliers, de vieux habits, des pains durs et rompus en morceaux, et ils dirent : Voilà les pains que nous prîmes tout chauds quand nous partîmes de chez nous pour venir vous trouver, et maintenant ils sont tout secs et se rompent, tant ils sont vieux. Ces outres étaient neuves quand nous les avons remplies de vin, et maintenant elles sont rompues ; nos habits, nos souliers se sont usés dans un si long voyage, et ils ne valent plus rien. — Et Josué, ayant pour eux des pensées de paix, fit alliance avec eux, il leur promit qu'on leur sauverait la vie : ce que les princes du peuple lui jurèrent aussi. Josué, s'étant plus tard aperçu de la ruse, appela les Gabaonites, et leur dit : Pourquoi nous avez-vous surpris par votre mensonge, disant : Nous demeurons bien loin de vous, puisqu'au contraire vous êtes au milieu de nous? C'est pour cela que vous serez sous la malédiction, et qu'il y aura toujours dans votre race des gens qui couperont le bois, et qui porteront l'eau dans la maison de mon Dieu[1]. »

Celui qui aura frappé son esclave ou sa servante d'une pierre ou d'une verge, de telle manière que le patient soit mort dans ses mains, sera coupable. S'il a survécu un jour ou deux, le maître ne sera pas soumis à la peine, car c'est son argent[2]. Si

---

1. *Josué*, IX, 12, 13, 15, 22, 23.
2. *Exod.*, cap. 21, § 20, 21.

votre serviteur vous dit qu'il ne veut pas sortir parce qu'il vous aime, vous et votre maison, et qu'il trouve son avantage à être avec vous, vous prendrez une alène, et vous lui percerez l'oreille à la porte de votre maison, et il vous servira pour jamais. Vous ferez de même à votre servante[1]. — Même disposition dans la préface des lois d'Alfred. (G. 339.) — On perçait aussi l'oreille à l'esclave romain (*aures perforatæ*); il avait le pied *gypsatus*.

Le servage est un adoucissement du droit de vie et de mort que le vainqueur croit avoir acquis sur les captifs. S'ils ne sont pas tous massacrés, du moins on en immole quelques-uns aux dieux (Polyxène au tombeau d'Achille, etc). Mêmes usages chez les Celtes et les Germains[2]. Les Cimbres précipitèrent dans le Rhône tout ce qu'ils avaient pris dans le camp de Cépion[3]. — Lorsque les Saxons, mettant à la voile (Sidonius Apollinaire, liv. 8, ép. 6), arrachent l'ancre de la terre ennemie, ils font, tel est leur rite barbare, ils font périr dans des tourments cruels le dixième des captifs, et dans la foule des victimes ils corrigent par l'équité du sort l'iniquité du trépas.

Les Germains égorgeaient ceux qui avaient lavé le char d'Hertha, lorsqu'après sa promenade annuelle la déesse rentrait dans son île sacrée. Voyez aussi, à la fin de cet ouvrage, les captifs immolés, les gladiateurs des jeux funèbres, etc. — Hannibal, descendant en Italie, fit combattre, en présence de

---

1. *Deutéron.*, cap. 15, 16, 17.
2. Voyez les autorités citées dans mon *Hist. de France*.
3. Paul. Oros., V, 16.

son armée, des montagnards des Alpes, qu'il avait faits prisonniers, soit pour animer la valeur des siens par ce spectacle guerrier, soit pour en tirer un présage, une sorte de *jugement de Dieu*. A Sparte, la cryptie, ou chasse aux hélotes, aurait été, s'il n'y a sur ce point quelque méprise, une sorte de guerre annuelle entre les maîtres et les serfs qui cultivaient les campagnes[1]. Il est inutile de rappeler ici les caprices féroces de l'esclavage romain, et les lamproies de Pollion engraissées de chair humaine.

En Allemagne, le peuple a longtemps conservé ces locutions proverbiales : Il est mien, je puis le bouillir ou le rôtir. — Nous lisons dans une Coutume allemande (année 1332) : S'il n'aime mieux mettre le serf aux fers, il peut le jeter sous un tonneau, placer dessus un fromage, une miche de pain et un pot d'eau, et le laisser ainsi jusqu'au troisième jour. (G. 345.)

Le serf, comme nous l'avons vu, a souvent l'oreille percée. Il porte les vêtements courts, étroits; le libre les porte longs et larges. Le serf a la chevelure rase, le noble et le libre la portent longue. (G. 284, 339.) — *Il le prit avec son fils, il les enchaîna et leur rasa la tête.* (Greg. Tur. 2, 41.) — Après une bataille de l'an 711, on reconnut, dit un chroniqueur, les cadavres des Goths à leurs bagues; celles des nobles étaient d'or, celles des libres d'argent, celles des serfs de cuivre. *Capitul.*, 5, 247; 6, 271 : — Les serfs ne porteront point

---

1. Heracl., *de Polit.* Plutarch, *in Lycurgo.*

de lances; s'il en est un que l'on rencontre hors le ban, qu'on lui brise son arme sur le dos. — Le nom même du peuple serf est un outrage, tel que le nom de Vendes, Windes, que portaient certaines tribus slaves soumises par les Allemands. Celui de Slave (*slava*, victoire ?) désigne presque chez tous les peuples modernes l'état de servage; c'est en italien Schiavo, Esclavo en espagnol, en français *Esclave*. (G. 322.)

Les empereurs saxons avaient déjà régné avec gloire, et néanmoins l'empereur Henri IV, de la maison de Franconie, leur répétait que tous les Saxons étaient de condition servile et demandaient pourquoi ils ne voulaient pas, comme leurs ancêtres, servir servilement (*cur serviliter non servirent*). — (Lamb., anno 1073; G. 322.)

Quelles que soient ces rigueurs de l'esclavage, les esclaves nés dans la famille en font en quelque sorte partie. Le Verna des Romains prend part et ajoute au bien-être de la famille. *Positosque vernas ditis examen domus, circa renidentes lares*[1]. — La première femme de Caton nourrissait son fils de son lait; souvent même elle donnait le sein aux enfants de ses esclaves, afin que, nourris du même lait, ils conçussent pour son fils une bienveillance naturelle[2].

Le mariage, ainsi qu'on l'a vu plus haut, peut être, comme la naissance, une cause de servitude.

---

1. Horat., *Epod.*
2. Plutarch, *in Cat.* c. XXIX.

L'air rend serf, disait-on de certains pays; s'y établir, c'était se soumettre à la servitude. — G. 327 : On appelait Wildfange, Wildflugel, Wildfliegel, Bach-stelzen (gibier sauvage, oiseau sauvage, volatile sauvage, hoche-queue) les serfs que le seigneur acquérait de cette manière.

Quelquefois la servitude était acceptée et consentie. Telle était celle des Dedititii de Rome. Tacite parle (*German.*, c. 24) des Germains qui se jouent eux-mêmes sur un coup de dé. On trouve au Moyen-âge de nombreux exemples de servitude volontaire. On se rendait serf de l'église en plaçant sa tête sur l'autel (*caput altari imponere*, Duc., I, 351), ou bien en mettant la tête sous la corde de la cloche. — Quelquefois le débiteur se mettait en servage jusqu'au payement (form. Bignon., p. 297) : *J'ai placé votre bras sur mon cou et par la chevelure de ma tête j'ai voulu me livrer, en ce sens que, jusqu'à ce que je puisse vous rendre votre argent je subirai votre service.* Aimoin., 3, 4 : *et plaçant son bras sur son cou, il lui donna ainsi le signe de sa future domination.* — Autre cas remarquable; l'homme qui se livre a fait un vol : *Il est arrivé*, dit-il, *que... j'ai brisé votre grenier à blé, que j'en ai volé le froment et autre butin* (raupam) *pour la valeur de tant... Vous, sur ce, vous m'avez fait traduire devant le comte que voici, et moi je ne puis en aucune manière nier le fait... il a donc été jugé que... je devais en payer la composition, c'est-à-dire tant de solidi... mais comme je n'ai pas du tout ces solidi pour m'acquitter; ceci m'a paru convenable* (aptificavit mihi) : Suit une formule de servage analogue à celle du débiteur.

Les noms du serf sont tirés, tantôt de l'âge, tantôt de l'origine du servage, tantôt des fonctions, des redevances, etc.

Le serf reste toujours, par rapport au maître, dans l'infériorité d'un enfant par rapport au père. Il ne vieillit pas; il est toujours Puer, παῖς, le garçon, le varlet, etc. — Dans le nord, la Familia des serviteurs s'appelle Varnadr (analogue au Verna des Latins?). — (G. 320.)

Quelquefois son nom indique un captif, un prisonnier : *Manucaptus, Mancipium*. — Ou bien, c'est une tête d'homme : Manahoupit. *Sers de la tête, rendans* IV *derniers;* les Danois tributaires sont ainsi désignés dans le vieux roman français d'Ogier. (G. 301). — Le Siniscalcus, *sénéchal*, est originairement le plus ancien serviteur (*servus super duodecim vasso infra domum*), le serviteur qui commande à douze autres. Le Mariscalcus, *maréchal*, a charge de douze chevaux. (G. 302.) — Meier, Meiger, Majores, les principaux (d'où nos Maires du palais), ceux qui sont chargés de la surveillance de la maison, du patrimoine. — Les Villici, Archivillani, sont les premiers entre les gens de la Villa.

Les paysans sont appelés chez nous *manans, levans et couchans* (levantes et cubantes) : — ... Et s'il n'a aucun seigneur lige, qu'il paye à celui sur le fief duquel il aura demeuré *levans et cubans*, la dîme de sa propriété mobilière. (Bracton, 1, 10, § 3; Duc., IV, 132.) — LEVANT ET COUCHANT *est dit quand les beastes ou catel d'un estranger sont venue en la terre d'un autre home et là ont remainé un certaine bone espace de temps.* —

On appelait encore les serfs, *gens de corps, de corsage, de main-morte*, etc.

L'état intermédiaire entre l'esclave et le libre est celui du Litus, Lidus, Lida de la loi Salique et de celle des Alamans. — On lit dans un document français de 1354 (Ord., 4, 301) : *Pour les nobles contre les las ou leurs subjis* (sujets). Ces liti semblent analogues aux Læti, Leti, c'est-à-dire aux Germains qui s'étaient donnés aux Romains, et qui en avaient obtenu des terres à cultiver, sans doute sous condition de tribut et de service militaire. (G. 306, 307.)

Les nuances intermédiaires entre la liberté et la servitude se graduent à l'infini. Voyez dans Ducange et dans Grimm, les mots *Colonus, Barscalcus. Mansionarius, Accola, Accolaberta, Ligius,* etc. — *Gens advolez qui n'avaient menaige, feu ne lieu*[1]. — On trouve dans les lois d'Henri Ier, roi d'Angleterre, mention des Acephali (sans tête), gens qui n'ont ni roi, ni baron, ni église, ni seigneur, gens si pauvres qu'ils n'ont pas de terre pour laquelle aucun seigneur puisse les reconnaître pour des têtes à soi (?). (Duc., I, 92.) — Voyez plus haut le Wildfang, et plus bas, le Wargr, Wargus, Outlaw, Ex-lex.

L'homme bienveillant, dit la loi indienne, qui voudra affranchir un esclave, prendra un vase d'eau de dessus ses épaules, et le mettra immédiatement en pièces. Il lui versera sur la tête de l'eau

---

1. Carpentier, I, 91-3, 1400, reg. 155. *Trés. des ch.*, I, 29.

où se trouveront des fleurs et du riz, l'appellera trois fois libre ; cela fait, le maître le renverra le visage tourné vers l'est. Dès ce moment on l'appellera l'homme chéri de son maître. On pourra manger de son manger, accepter ses dons, et il sera considéré parmi les honnêtes gens[1].

Chez les Hébreux, les règles de l'affranchissement ne sont pas moins humaines. D'abord, en principe, point d'esclavage perpétuel. L'esclave affranchi ne se retire pas les mains vides : — Vous compterez sept semaines d'années, c'est-à-dire sept fois sept, qui font en tout quarante-neuf ans ; et au dixième jour du septième mois, qui est le temps de la fête des expiations, vous ferez sonner du cor dans toute votre terre. Vous sanctifierez la cinquantième-année, et vous proclamerez liberté générale à tous les habitants du pays, parce que c'est l'année du Jubilé. Tout homme rentrera dans le bien qu'il possédait, et chacun retournera à sa première famille[2].

Lorsque votre frère ou votre sœur, Hébreux d'origine, vous ayant été vendu, vous aura servi six ans, vous les renverrez libres la septième année ; et vous ne laisserez pas aller les mains vides celui

---

1. *Dig. of Hindu law*, II, 248, 258, 276. — Le maître qui laisse sur la route un serviteur rendu de lassitude ou malade, et qui ne le fait pas soigner dans un village pour trois jours, doit payer amende. — L'homme qui traite en esclave la nourrice d'un enfant ou une femme libre ou la femme d'un de ses gens, encourt une première amende. — Celui qui tente de vendre une esclave soumise, et sans qu'il soit contraint à cette vente par le besoin et la nécessité de subsister, doit payer une amende de deux cents panas. *Digest of Hindu law*, II, 258.

2. *Lévit.*, c. xxv, § 8, 9, 10.

à qui vous donnerez la liberté ; mais vous lui donnerez, pour subsister dans le chemin, quelque chose de vos troupeaux, de votre grange et de votre pressoir, comme des biens que vous avez reçus par la bénédiction du Seigneur votre Dieu. — Souvenez-vous que vous avez été esclave vous-même dans l'Égypte, et que le Seigneur votre Dieu vous a mis en liberté : c'est pour cela que je vous ordonne ceci maintenant. — Que si votre serviteur vous dit qu'il ne veut pas sortir parce qu'il vous aime, vous et votre maison, et qu'il trouve son avantage à être avec vous, vous prendrez une alène et vous lui percerez l'oreille à la porte de votre maison, et il vous servira pour jamais. Vous ferez de même à votre servante[1]. — Si vous achetez un esclave hébreu, il vous servira durant six ans; à la septième année il sortira libre sans vous rien donner. Il s'en ira de chez vous avec le même habit qu'il y est entré; et s'il avait une femme, elle sortira aussi avec lui. Mais si son maître lui en fait épouser une dont il ait eu des fils et des filles, sa femme et ses enfants seront à son maître, et pour lui il sortira avec son habit. Que si l'enfant dit : J'aime mon maître, et ma femme et mes enfants ; je ne veux point sortir pour être libre, son maître le présentera devant les dieux, et ensuite, l'ayant fait approcher des poteaux de la porte, il lui percera l'oreille avec une alène, et il demeurera son esclave pour jamais[2].

L'esclave était dit, selon Festus, *manumissus*, lors-

---

1. *Deutéronome*, c. xv, § 12-17.
2. *Exod.*, c. xxi, § 2.

que son maître, tenant la tête ou un membre de l'esclave, disait : Je veux que cet homme soit libre, et qu'il le renvoyait (*e manu*) de la main. (G. 331.) — A ces mots : *Je veux qu'il soit libre*, on ajoutait volontiers : *et qu'il aille où il voudra*. C'était aussi la formule des Francs (Baluz., II, 466) et des Lombards. En conséquence, l'affranchissement avait lieu souvent *Aux quatre chemins*, dans un carrefour ; s'il avait lieu dans une maison, on laissait les portes ouvertes.

Il y avait un autre mode d'affranchissement, qui rappelle les formes de l'adoption : *Celui qui veut par hantrada* (tradition par la main) *renvoyer un homme libre, doit, lui douzième, dans un lieu réputé saint, le renvoyer libre de la douzième main* (Capitul., anno 813). Ce qui signifie qu'il devait passer par douze mains, celles des témoins et du maître. (G. 332.) — Dans le Nord, on plaçait le serf sur un coffre pour l'affranchir. En Norvège, l'affranchi devait faire préparer un banquet solennel ; on y tuait un bélier ; un homme libre coupait la tête, et le patron la recevait. (G. 333). — L'affranchissement se faisait encore par une pièce de monnaie (comme signe d'achat ou de vente) : — *Nous avons affranchi un serf à nous appartenant, du nom d'Albert, en lui faisant sauter de notre propre main, selon la loi salique, un denier placé dans la sienne, et l'avons ainsi délié de tout lien de servitude*. (Duc., 4, 470 (année 888) ; G. 180[1].)

---

[1]. La monnaie paraît encore dans une autre occasion ; c'est en jetant une pièce d'or que les anabaptistes envoyés comme apôtres par Jean de Leyde

Dans les symboles qui précèdent, on a vu l'affranchi devenir homme et libre. Maintenant, on va en faire un guerrier : — Si quelqu'un veut rendre son serf libre, qu'il le livre en pleine assemblée et de la main droite au vicomte; qu'il le déclare quitte du joug de son servage par le renvoi de la main; qu'il lui montre les voies et les portes ouvertes devant lui, et qu'il lui remette les armes des libres, c'est-à-dire la lance et l'épée; ainsi devient-il un homme libre. (*Leg. Guilielmi*, cap. 64; G. 332.) — Chez les Lombards, le symbole était une flèche. (G. 161.) — Le serf ingrat pouvait être rendu à l'esclavage. Il déposait l'épée et s'inclinait en signe de servitude.

La prescription (de l'an et jour, par exemple) était souvent pour le fugitif un moyen d'affranchissement. (*Ch. Ottonis*, IV (anno 1209); G. 387.) — L'homme dont on va parler, le *pauvre homme*, sort de l'état de demi-servage, lorsqu'il part de la terre du seigneur, et que le *soleil* qui se lève ensuite le retrouve libre avant qu'on l'ait atteint; ou bien encore, lorsqu'il ne peut plus subsister, et que le seigneur lui permet de se retirer ailleurs. Cet adoucissement au servage semble particulier à l'Allemagne : — ... Ils établissent aussi en droit que, s'il se présente un homme de Schaffheim, demandant à entrer dans la cour (du seigneur), un schultheiss (maire) devra prendre avec lui deux membres du tribunal de Schaffheim, et accueillir le pauvre homme avec un demi-quart de vin : puis, avertir

---

protestent contre l'incrédulité de ceux qui les écoutent. (Michelet, *Mém. de Luther.*) — La monnaie figure de même dans la renonciation à l'hommage.

sur-le-champ le seigneur auquel il est échappé, et il hébergera cet homme pendant la nuit. Si alors le seigneur ou quelqu'un de ses gens vient le matin, *avant le lever du soleil*, le réclamer, qu'on le lui rende; mais s'il n'est point réclamé avant que le *soleil* n'ait paru sur lui, alors il n'est plus au seigneur, et c'est justice; il est homme de la cour, comme les autres. (G. 945.) — De même, si un pauvre homme, placé sous la juridiction de notre très honoré seigneur, ne pouvait plus subsister, et qu'il voulût émigrer; s'il arrivait ensuite que notre très honoré seigneur rencontrât ce même pauvre homme, que ce pauvre homme ne pût plus avancer, notre très honoré seigneur devra alors quitter la selle, descendre d'un étrier, demeurer sur l'autre et aider cet homme de telle sorte qu'il puisse avancer jusqu'où il trouvera à vivre. — ... S'il est si durement chargé qu'il ne puisse avancer, et que le prévôt collecteur avec son valet vienne à le rencontrer, le valet devra descendre et l'aider à avancer; si le secours du valet ne suffit pas, ce sera au prévôt même à descendre; laissant un pied dans l'étrier, il l'aidera de l'autre, et dira : Pars, puisses-tu être assez heureux pour revenir en voiture!

... On devra souffrir aussi dans cette juridiction un pauvre homme établi sur son bien, pourvu qu'il ait assez de place pour se tenir sous une baignoire (badschild, bouclier où l'on se baigne). S'il arrivait ensuite qu'il ne pût plus s'y tenir, qu'il chargeât sur une charrette tout son avoir, qu'il se mît en route, qu'il fût arrêté, et que nos seigneurs vinssent à le rencontrer, ils devront lui porter aide, afin qu'il

puisse avancer, et se nourrir lui ses enfants.
(G. 346-347.)

... Le centenier, frappant trois fois sur sa lance, crie : Écoute! écoute! écoute! S'il y a dans cette libre juridiction quelque homme qui ne puisse ni s'y nourrir ni s'y entretenir, qu'il paye d'abord mon gracieux seigneur l'Électeur, puis la sainte Église et la commune, et il éteindra son feu à la lumière du soleil. S'il advenait ensuite que le pauvre homme eût chargé son petit avoir, qu'il arrivât dans une plaine ou une ville, et que mon gracieux prince-électeur vint à passer à cheval, deux de ses serviteurs devront descendre et aider le pauvre homme en poussant la roue de derrière. Ce faisant, mon gracieux prince-électeur aura fait son devoir et le pauvre homme le sien. Mais si ce pauvre homme ne peut pas mieux se nourrir au lieu où il s'est retiré, et qu'il ait l'intention de revenir sous la même juridiction, on devra le laisser rentrer, lui rendant part à la culture, à l'impôt et à la terre, telle qu'il l'eut auparavant. (G. 348.) — S'il arrivait que quelqu'un passât la Diez et la Sulze, et qu'il voulût se retirer dans la principauté de notre gracieux seigneur et prince de Hesse, et qu'il se trouvât arrêté dans l'eau de la Diez ou de la Sulze, ce sera à ceux de Nassau à lui porter aide; mais si quelqu'un voulait passer de la principauté de notre gracieux seigneur et prince de Hesse dans le pays de Nassau, ce sera à ceux du Landgraviat de Hesse à lui donner aide. Les gens du pays qu'il veut quitter doivent l'aider à gagner la rive opposée. (G. 347.) De plus, c'est leur avis : si un pauvre homme venait demander secours à Sa Grâce, et que Sa Grâce ne voulût pas le secourir, le pauvre homme pourrait se retirer chez un autre seigneur qui pût l'aider. Si le même homme s'en va, qu'il demeure embourbé sur la route, et que Sa Grâce le rencontre, elle doit descendre de cheval, elle ou ses gens, et l'aider à se tirer de là; le pauvre homme ne sera pour cela regardé comme un homme sans foi ni honneur. (G. 945.)

S'il arrivait que quelqu'un eût l'intention de ne plus demeurer ni séjourner dans notre libre juridiction, qu'il possédât cependant maison et héritage dans cette même juridiction, il pourra les vendre moyennant le quatrième pfenning, que l'acheteur devra nous laisser à nous et à nos héritiers ; il devra aller ensuite, en compagnie du maire et des juges, vers la croix de la libre juridiction, et y dire ouvertement : Messeigneurs, Dieu vous bénisse ! je veux partir. Les juges doivent alors prononcer, en appelant cet homme par son nom, ces trois mots : Il veut partir! S'il advenait alors que quelqu'un l'interpellât pour une dette, une caution ou autre affaire, il serait tenu de demeurer jusqu'à ce qu'il se fût acquitté. Cela fait, il lui sera loisible de partir en plein jour, d'emmener son bien, et, s'il y a nécessité, la justice l'accompagnera au delà même du ressort. Mais quiconque se retirera d'une autre manière doit, s'il est saisi, nous être dévolu corps et bien. (G. 287.)

Dans quelques contrées, l'émigration ne pouvait se faire que vers un lieu déterminé. — Il règne à Ottenheim, sur l'émigration, un usage ancien, et que nos ancêtres ont toujours observé : Quiconque voulait quitter Ottenheim devait se diriger vers Schutter ou vers Lare, et vers quelque côté qu'il se retirât, il devait servir une année entière le même seigneur, et lui demeurer attaché pendant ce temps, et il devait également, pendant l'an et jour, éviter le ressort et juridiction d'Ottenheim avant le lever et après le coucher du soleil. (G. 348.) — *Loi des Brehons d'Irlande* : Quand le paysan quitte son chef, il dit : Je demande ma liberté et le bétail que j'ai donné pour avoir protection. Il ne quittera pas la terre du chef jusqu'à ce qu'il soit satisfait [1].

J'ai parlé ailleurs de l'asile que le serf français trouvait dans les villes, et des ordonnances par lesquelles nos rois arrêtèrent la population des campagnes qui s'y serait réfugiée tout entière, comme il était généralement arrivé dans une grande partie du monde romain. Mais cette partie de notre vieux droit ne présente, que je sache, aucun symbole, aucune formule remarquable.

1. *Collect. de rebus Hib.*, III, 110.

LIVRE IV

GUERRE. — PROCÉDURE. — PÉNALITÉ.

CHAPITRE PREMIER

DÉFI. — SOMMATION. — CONVOCATION.

Lorsque le Vieux de la montagne, le chef des Assassins, fit demander à saint Louis de l'exempter du tribut qu'il payait aux hospitaliers et aux templiers, son envoyé devait présenter au roi, en cas de refus, trois poignards et un linceul[1].

Pour déclaration de guerre, le fécial romain lan-

1. *Darière l'amiral, avoit un bacheler bien atourné qui tenoit trois coutiaus en son poing, dont l'un entroit ou manche de l'autre; pour ce que se l'amiral eust été refusé, il eust présenté au roy ces trois coutiaus pour le deffier. Darière celi qui tenait les trois coutiaus, avoit un autre qui tenait un bougueran* (pièce de toile de coton) *entorteillé entour son bras, que il eust aussi présenté au roi pour li ensevelir, se il eust refusée la requeste au Vieil de la montagne.* Joinville, édition de 1761, p. 95. — Dans les dernières années, un chef nègre des côtes d'Afrique envoya à un chef un cercueil pour figurer déclaration de guerre. M. Ed. Corbière (*Le Négrier*, t. IV), garantit ce fait comme authentique.

çait sur le territoire ennemi un javelot durci au feu et ensanglanté [1].

Lorsqu'en 1284, les Pisans vinrent jusqu'à Gênes provoquer les Génois au combat, ils lancèrent dans le port des flèches d'argent [2]. — En Transylvanie, on présentait, en signe de défi, une épée sanglante.

Au Moyen-âge, la loi règle elle-même les formalités du défi. Formule lombarde : — Pierre, Martin te fait un appel parce qu'il a la pensée que tu as honteusement vécu et conversé avec Alda son épouse. — Je veux, dit Martin, essayer (*adardire*) avec lui. — Entrez en combat (*vadite ad pugnam*). Assises de Jérusalem, ch. 65 : *Et le quarent que l'on lieve, si com est dit ci-dessus, comme espariur, doit respondre maintenant à celui qui ensi le lieve : Tu mens, et je suis prest, que je m'en aleaute* (que je prouve ma loyauté) *contre toy et défende mon cors contre le tien. Et se le quarent, qui est ensi levé et torné, com est avant dit, ne s'en aleaute, si com est dessus divisé, il y a toujours perdue*

---

[1]. Les Carthaginois refusant satisfaction aux Romains, Quintus Fabius, l'un des ambassadeurs, releva un pan de sa toge et dit : Je vous apporte ici la paix et la guerre ; choisissez. — Choisissez vous-même, crièrent les Carthaginois. — Je vous donne la guerre, dit-il, et il laissa retomber sa toge. — Il semble que le roman de Garin le Loherain ait conservé ce souvenir classique.

> *Il prist deus pans del pelion hermin,*
> *Envers Girbert les rua et jali,*
> *Puis li a dit, Gibert, je vos deffi.*

Voyez dans l'*Odyssée* l'arc d'Ulysse que personne ne peut tendre, dans Hérodote l'arc du roi d'Éthiopie, et le présent menaçant des Scythes à Darius : cinq flèches, une souris et une grenouille.

[2]. Giovani Villani, apud Muratori, XIII, 294.

vois et respons en court, et sera tenu à faus et desloiau toute sa vie[1].

Artois, roi d'armes de Bourgogne, ayant vainement prié ceux qui gardoient la porte Saint-Antoine de recevoir les lettres du duc de Bourgogne, bouta les dites lettres en un bâton fendu, lequel il ficha en terre et les laissa[2].

Le sire de Severac envoya au sire d'Arpajon lettres de deffiance parties par A, B, C, c'est à sçavoir qu'elles étaient écrites dessus et dessous d'une feuille de papier et au milieu étaient les dites lettres parmy (demi) *coupées contenant deffiances.* (Année 1425[3].)

Le duc de Bourgogne fit publier par tous les pays la guerre contre les Liégeois; et ceulx qui faisaient les dictes publications, en icelle publiant, tenaient en une main une épée toute nue et en l'autre une torche alumée qui signifiait guerre de feu et de sang. (Année 1467[4].)

Quelquefois celui qui défie et menace montre sa colère en mordant son doigt, comme s'il voulait broyer son ennemi : — Robert, duc de Calabre, faisant un jour une reconnaissance près d'un château qu'il attaquait, faillit être tué par les assiégés; il se mordit le doigt en signe de menace[5].

Les bourgeois de Genève refusèrent en 1519 de recevoir dans leurs murs le duc de Savoie; *le hérault d'armes de ce prince revêtit sa cotte d'armes et dit : Je vous déclare rebelles à votre prince, à feu et à sang, et*

---

1. *Assises de Jérusalem*, c. 45.
2. Monstrelet, III, 138. Voyez aussi Lefèvre de Saint-Remy, p. 55.
3. Petitot, VIII, 116, *Mém. concernant la Pucelle.*
4. Jean de Troyes, *Mém.*, XIII, 360.
5. Infessura apud Eccard., II, 1960. Voy. aussi dans *Roméo et Juliette*.

pour marque de cela, je vous jette cette baguette; qui la voudra lever la lève[1] *!* — Les chevaliers, comme on sait, jetaient leurs gants en signe de défi.

Le défi doit être fait en présence de témoins. *Il est mestier de prouver la deffianche, pour soi oster de le traison*[2].

Le droit romain, qui substitue partout l'action froide et régulière de la loi aux passions individuelles, a conservé cependant une espèce de défi juridique dans la dénonciation de Nouvel œuvre par le jet d'une pierre. Le texte du Code se trouve développé d'une manière remarquable dans une charte du midi de la France : — *Il dénonça donc nouvel œuvre aux Carmes; et en signe de ces dénonciations et prohibitions, ledit seigneur recteur ou son vicaire jetant incontinent une petite pierre en cet endroit a dit : Je vous dénonce nouvel œuvre. Le même jetant une seconde petite pierre, il a dit : Je vous dénonce nouvel œuvre. Jetant encore une troisième petite pierre, il a dit : Je vous dénonce nouvel œuvre, et je fais défense à vous, susdits Carmes, et à qui que ce soit d'entre vous... autant que légitimement je le puis et le dois... de plus à l'avenir construire ou bâtir dans ledit hospice*[3].

Le défi porté et reçu, les parties se rassemblent et se préparent; c'est l'appel aux armes : — Quand un chef des montagnards d'Écosse recevait une injure ou une provocation, où bien encore s'il

1. Spon., *Hist. de Genève*, I, 148.
2. Beaumanoir, p. 301.
3. *Charta occitanica*, année 1017, Ducange, IV.

craignait une invasion du territoire, il faisait une croix de bois léger dont il passait les bouts au feu, puis il l'éteignait dans le sang d'un animal (d'une chèvre ordinairement); il donnait cette croix à un messager rapide et fidèle. Celui-ci courait au bourg le plus proche, et remettait la croix au premier frère de Clan, lui indiquant le rendez-vous; le second courait au prochain village; partout même ponctualité, mêmes paroles. La croix voyageait ainsi avec incroyable rapidité. La mort frappait ceux qui ne se conformaient pas à la sommation. En 1745, le cranntair ou crostair, comme on l'appelait, traversa le vaste district de Breadalbane, plus de trente milles, en trois heures. (Armstrong, *Gaëlic dictionary*, 1825; G. 164.) — Quand l'ennemi menace, un bâton à trois branches (*tripalmatus*) est envoyé à tel bourg ou village... afin que sous trois, quatre ou huit jours, un homme ou deux, ou trois, ou même tous... prenant armes et vivres pour dix ou vingt jours, sous peine de voir brûler leurs maisons, se rendent sans retard dans la plaine ou la vallée. (*Olaüs magnus*, lib. 7. *Ibid.*)

En Hongrie, un homme à cheval armé de toutes pièces et un homme à pied tenant une épée ensanglantée parcouraient le pays en poussant le cri de guerre, selon l'ancien usage transylvain[1]. — Dans le Nord, en cas de guerre imminente, on envoyait à chaque homme une flèche de bois, ayant l'apparence d'une flèche de fer. (G. 162, d'après *Saxo Grammaticus*.) — En Suisse, lorsque le danger était immi-

---

1. Béchet, *Histoire de Martinusius*, p. 324.

nent, on enfonçait l'enseigne dans un puits, et l'on jurait de ne pas retourner que l'ennemi ne fût battu ou que l'enseigne n'eût séché à l'air. (G. 161.)

Quand la société est menacée, non par un ennemi étranger, mais par le crime d'un de ses membres, on voile de même l'enseigne nationale : — Lorsqu'un homme est traduit en jugement pour un crime, le porte-enseigne devra rouler l'enseigne, en enfoncer la pointe en terre, et ne la déployer qu'après le prononcé de la sentence. (G., *ibid.*)

En Frise et en Suisse on convoquait le peuple *par feu et paille.* (G. 195.) — Ès marches de Scotland en la frontière d'Angleterre sont fiefs tenus par cornage pour avertir à cor et à cri public le pays que les Écossais ou autres ennemis viennent ou veulent entrer en Angleterre[1]. — Ancienne coutume de Bretagne : *Tous et toutes doibvent aller au cry communément, quand cry de feu ou de meurtre oyent, et aider au besoin*[2]. — Dans nos provinces méridionales, le mot *biafora* désignait le cri par lequel le plaignant, le juge ou le témoin du crime appelait la commune. En Catalogne, quand ce cri est fait sur les terres du roi, on sonne les cloches ; sur les terres des barons, on sonne le cor. — En Normandie et dans le nord de la France, le cri s'appelait *clameur de haro.*

---

1. Laurière, I. Voy. aussi Houard, *Institutes de Littleton*, t. I, VI, 179.
2. Laur., II, 4. — Lorsque la Gaule entière se leva contre César, le *signal parti de Genabum fut répété par des cris à travers les champs et les villages, et parvint le soir même à cent cinquante milles chez les Arvernes.* (Cæsar., *Bell. gall.*, VII, 3.)

En Allemagne, jusqu'aux derniers temps, on convoquait les juges et jurés en faisant circuler un marteau ou battant de porte : — A Lindenthal en Saxe, le juge fait tenir ce marteau à la ferme du voisin; celui-ci à la ferme d'un autre, et ainsi de suite. (G. 840 et 162.) Il est à remarquer que le signe de convocation circulait toujours d'Orient en Occident, selon la marche du soleil.

Le tribunal réuni, le défendeur absent doit s'y présenter sans retard : — Celui qui est à l'étranger sur terre ou sur mer, et auquel on fait savoir que son bien a été frappé d'un jugement, doit, s'il est à table, ne pas essuyer son couteau, mais se lever et partir. Il ne passera pas la seconde nuit où il a passé la première, et ce, jusqu'à ce qu'il arrive à la cour et s'y présente. — S'il arrivait que les héritiers d'un bien aliéné ne fussent pas au pays, et que dans l'an et jour ils voulussent revenir à la maison et réclamer le bien, alors, s'ils avaient ôté un soulier, ils ne devraient pas ôter l'autre, mais remettre le premier. (G. 98-99.)

La loi, en certains lieux, ne souffre pas plus de retard quand il s'agit de la protection que le seigneur doit ses vassaux : — Si un homme du pays est fait prisonnier, le seigneur d'Ohsenstein devra, eût-il un pied nu, monter à cheval, quand même son cheval ne serait pas sellé, et, sans s'arrêter à mettre l'autre soulier, il courra à la poursuite de l'ennemi jusqu'à ce qu'il délivre l'homme. (G. 99.)

La loi indienne, en certains cas, ne veut pas que l'accusé attende la sommation. Elle lui prescrit de se présenter lui-même. Ainsi Platon, dans le *Gorgias*, a dit que le coupable devrait courir au magistrat[1], comme le malade au médecin, pour se faire guérir de la maladie de l'iniquité. — Celui qui a volé de l'or à un Brahmane doit courir en toute hâte vers le roi, les cheveux défaits, et déclarer son vol en disant : « J'ai commis telle action, punis-moi. » Il doit porter sur ses épaules une masse d'armes ou une massue de bois de Khadira, ou une javeline pointue de deux bouts, ou une barre de fer. Le voleur, qu'il meure sur le coup, ou qu'il soit laissé pour mort et survive, est purgé de son crime; mais si le roi ne le punit, la faute du voleur retombe sur lui[2]...

Généralement le coupable est moins soumis, et la loi est obligée de le traîner au tribunal. — *Loi des Douze Tables :* — Appelle-le en justice. S'il n'y va, prends des témoins, contrains-le. S'il diffère et veut lever le pied, mets la main sur lui. Si l'âge ou la maladie l'empêche de comparaître, fournis un cheval, mais point de litière[3].

Dans la loi salique, le demandeur doit, accompagné de témoins, aller trouver le défendeur et dire : *Puisque tu ne veux pas me rendre ce qui m'appartient, garde-le pour cette nuit, temps que la loi salique accorde; et ainsi il fixera le jour.* — *Si l'emprunteur refuse de rendre, ou de payer, voici comment le créancier doit l'assigner : Je te prie, ô juge, d'astreindre, pour moi, d'après la loi salique, cet homme* (meum

---

1. Plato,, *Gorgias*, t. IV, éd. Bipont., p. 73 : αὐτὸν ἑκόντα ἰέναι ἐκεῖσε ὅπου ὡς τάχιστα δώσει δίκην, παρὰ τὸν δικαστὴν, ὥσπερ παρὰ τον ἰατρον... .
2. Manou, p. 298, § 314-6.
3. *Lois des Douze Tables,* voy. le texte dans Dirksen.

gasachionem ?) *lequel m'a fait promesse. Et le juge doit dire : J'assigne pour le délai fixé par la loi salique ledit homme* (tuum gasachium). *Alors celui à qui promesse a été faite... doit en toute hâte, et avec témoins, aller vers la maison de l'autre et le prier de lui payer son dû; s'il ne veut pas, il lui fixera jour* (solem collocet). — *Que si un esclave s'est trouvé présent, aussitôt celui qui réclame devra fixer jour* (solem collocet) *au maître de l'esclave, et il lui apportera le plaid pour sept nuits.* (G. 844.)

D'après le droit de Freyberg, le demandeur qui voulait légalement prendre le défendeur, devait le saisir de ses deux doigts à la partie supérieure de son habit. *Question* : Si un autre doigt vient à toucher par hasard, cela peut-il porter atteinte à son droit ? *Réponse* : Non. (G. 141.) — Les schoeffen ont fait cette question : Si un homme qui n'a point fait assigner un autre homme devant justice le rencontre quelque autre part, cet homme est-il tenu de lui répondre? On est d'avis que oui (*ist gewist ja!*). Mais, s'il se trouvait à quelque distance du tribunal, et qu'il y eût le dos tourné et que le heimburge l'appelât, il pourrait, pourvu qu'il ne regardât pas derrière soi, s'en retourner sans être molesté. S'il a regardé autour de lui, il faut qu'il réponde. — *Item.* Ils ont fait cette question : Une femme veut faire réclamation à un des compagnons (logés chez elle ? et lui, il a le dos tourné au tribunal, et le procureur de la femme de dire : Entends-tu ? cette femme te réclame quatre-vingt-seize florins. Et lui ne regarde pas derrière, et passe son chemin. Que perdra-t-il pour cela ? Rien, c'est la réponse indiquée. (G. 843.)

Quand l'accusé refuse de comparaître, le demandeur le fait citer par messagers. S'il y a empêchement à ce que ceux-ci puissent remplir leur mission, ils pourront ficher ou pendre l'assignation à la porte du défendeur, ou la pousser dessous. — Toute assignation devait se faire de jour. Les messagers wehmiques pouvaient seuls assigner de nuit. Ils fixaient, au moyen d'un pfenning, l'assignation au verrou de la porte, et, pour preuve, emportaient trois copeaux de la barrière ; ils criaient au veilleur qu'ils avaient apporté un message à son seigneur et qu'ils l'avaient fixé au verrou. (Wigand, 510 ; G. 845, 815.)

Des amendes, souvent des peines graves, sont prononcées contre les jurés retardataires : — Si un homme libre refusait de venir au jugement, Monseigneur pourrait envoyer près de lui l'un de ses baillis ou serviteurs. S'il demeurait ainsi de son plein gré trois ans sans comparaître, on logerait chez lui deux garçons, trois chevaux, deux lévriers et un faucon. — ... Et s'il se refusait à payer l'amende, et qu'une troisième fois il ne vînt point au jugement, il perdrait la main. Cependant il lui sera permis de la racheter du seigneur du pays moyennant dix livres. (G. 842.) — Dans le *Droit de Francfort*, celui qui ne comparaît point est tenu, les mains liées, devant un repas et une bouteille de vin, jusqu'à ce qu'il se rachète.

Les lois antiques admettent des excuses pour le service de l'*ost* ou du *plaid*. Dans les Capitulaires de Charlemagne, tous les hommes libres doivent se rendre à l'armée, mais le nouveau marié obtient un délai d'une année. Cette disposition semble empruntée aux lois juives : — Lorsqu'un homme aura épousé une femme depuis peu, il n'ira point à la guerre, et on ne lui imposera aucune charge publique; mais il pourra s'occuper de sa maison, et passer une année en joie avec sa femme. — Les officiers aussi crieront, chacun à la tête de son corps, en sorte que l'armée l'entende : Y a-t-il quelqu'un qui ait bâti une maison neuve, et qu'il n'y ait pas encore logé?... Y a-t-il quelqu'un qui ait planté une vigne, dont on ne puisse encore manger le fruit ?... Y a-t-il quelqu'un qui ait été fiancé à une fille, et qui ne l'ait pas encore épousée? Après avoir dit ces choses, ils ajouteront encore ce qui suit, et diront au peuple : Y a-t-il quelqu'un qui soit timide, et dont le cœur soit frappé de frayeur? Qu'il s'en aille et qu'il retourne en sa maison, de peur qu'il ne jette l'épouvante dans le cœur de ses frères[1].

Bien doit souffrir humanité et debonnaireté de droit, ke cil ki est là où on tient son père, se feme, ses enfans, son frère, le candelle en la main pour cremeur de mort, puisse son jor contremander, ainsi comme s'il fust mors. — Cil n'avoit mie grand talent de finer sa besoigne, ki contremande por se feme ki travailloit d'enfant, encore en ait on veu mainte mourir. Car il n'est mie honneste cose à home d'abiter entor feme, ki est en tel point. Se on propose engrossement, li demanderes qui dist ke li contremans ne fu mie loians, ki fu fais de le mort un enfant, et fust mors ains ki fust nés. Mais certes graindes doleurs doit cil engenrer en cors d'oume, ke de le mort de deus bautisiés et leués, pour le kel li contremans est loiaus. — Il y a excu-

---

1. *Deutéronom.*, c. XX.

sance d'aler plaidier, pour la femme qui est à deus mois, ou à là entor près de l'accoukier. Car la grant volontés k'eles ont d'aler, leur fait légièrement porter leur frais juskes à tel terme, et lors doivent contremander leurs plais sans termes..., etc. — Cil ne contremande mie sagement ki pour la mort de son enfant ki n'avoit que trois mois contremanda k'il morut celui jor. Car teus enfans ne fait mie à plourer à home, tant ki s'ahert à la mamele se mere, se ainssi n'est ki fust mort de mort vilaine, ou ars, ou noiés, ou estains, ou d'autre mort ki fust plourable : et lors puet contremander et noumer l'ensoine, et devera ensi dire, je contremanderai le jor par le mort de mon enfant, ki iera bien plourables, ne outre ne le doit ou mie à presser de dire[1].

Tu me demandes une cose c'on ne voit mie souvent avenir, savoir mon : Se uns Rices hom est ajornés en le cort le Roi, et il muet de sa maison bien apoint pour ataindre son jor par droites jornées, et il treuve le pont de le droite voie de fait, et la riviere si espanduë, ke on n'i puist passer, fors ke par plankes, en tel maniere ke chevaus n'y peut passer, nis navie illecque près, mais gens à pié i passoient bien, se il doit aler au plait aussi kome tout esbaniant, aler i doit : et s'il n'i puet aler sans travaill, pource ke on n'i puist aler à pié, son ensoine doit faire à savoir, et remanoir puet. — Tempeste de pierres excuse bien l'oume d'aler à son jor, ou de contremander, se eles cheent u lieu où il est, et tele ke perill de cors fust de lui mettre fort de s'ame.

[1]. Pierre de Fontaines (à la suite du *Joinville* de Ducange), éd. 1668, p. 80, 83, 84.

Si un juré est appelé au jugement, et que, voulant s'y rendre, il arrive à une eau qu'il soit obligé de traverser, il y entrera jusqu'aux genoux, et placera son bâton devant lui. Si l'eau est telle qu'elle lui aille aux genoux, il montera et descendra un demi-mille encore; puis il entrera dans l'eau jusqu'aux genoux, et placera son bâton devant lui; si elle lui paraît trop profonde, il pourra s'en retourner, et personne ne l'en punira. (G. 107.)

Les coutumes de Metz et de Dijon accordent à l'acusé un délai *de sept nuits*[1]. Dans celle de Normandie, il y a le délai remarquable *de deux flots et d'une ebbe*, c'est-à-dire du temps qui s'écoule entre deux marées complètes[2].

1. Laurière, II. Ducange, verbo *Nox*.
2. Houard, *Cout. anglo-norm.*, I, 471-2. *Fleta*, IV, 2, 2.

CHAPITRE II

LIEU ET TEMPS DU JUGEMENT

Les Semnons, dit Tacite, se réunissent dans la forêt consacrée par les augures paternels, et par la vieille Terreur.

... Près du temple se trouve un très grand arbre qui étend ses branches au loin, et qui verdoie été comme hiver. De quelle espèce est cet arbre, c'est ce que personne ne sait; il y a aussi au même lieu une fontaine où l'on a coutume de faire les sacrifices païens et de plonger vif un homme. En le plongeant ainsi, on consacre le vœu du peuple. (*Lindenbrogii Script.*, ed. Fabr., p. 61 ; G. 798.)

Le jugement a souvent lieu sous les arbres : — Aux trois chênes, Aux cinq chênes. — Ce sont, plus souvent encore, des tilleuls. Ainsi : Le lieu des sept tilleuls[1]. Aujourd'hui encore, on voit dans la plupart des villages d'Allemagne, dans la Hesse par exemple,

---

1. En France, la seigneurie de *Septchênes*.

un tilleul planté sur une colline où se rassemblent les paysans; la colline est entourée parfois d'une muraille, et des degrés y conduisent.

Jugement du sapin sur la grande route impériale (année 1324); Sous le bouleau (année 1189; — Sous le noyer; Sous le sureau; — Devant l'aubépine, sous le ciel bleu; Tribunal de l'aubépine; — Le siège des libres, sous le poirier (année 1443); — Sur la hauteur, au lieu appelé le Hêtre de fer, où un franc juge doit siéger (année 1490). — (G. 197.)

Il y avait des *jugements sous l'orme*, par exemple dans un village du bailliage de Remiremont[1]. A Paris, les vassaux y venaient payer leurs redevances[2]: *A l'orme Saint-Gervais. — Attendez-moi sous l'orme*, dit un proverbe français.

Les anciennes Assemblées des champs de mars et de mai se tenaient vraisemblablement dans les prairies, près des fleuves. On trouve aussi des exemples de jugements tenus sur les fleuves, sur un pont, sur un bateau. — C'était l'usage dans la basse Allemagne, jusqu'au dix-huitième siècle, de faire sur le pont les fêtes et les banquets publics[3]. — *Le lac de Grand-Lieu avait haute, basse et moyenne justice. Le tribunal siégeait dans un bateau à deux cents pas du rivage; lorsque le juge prononçait la sentence, il devait de son pied droit toucher l'eau du lac.* (*Mém. de l'Acad. celtique*, V, 143; G. 800.) En Bretagne, les lacs étaient et sont encore en grande vénération; on y apporte à certains jours du beurre et du pain. — Les

---

1. *Piganiol de La Force*, XIII.
2. Saint-Victor, *Histoire de Paris*, II, 2, 814.
3. *Cambry*, III, 35.

jugements se rendaient quelquefois dans des souterrains ou sur les tombes : Le tribunal sur la fosse rouge de Leipsick (année 1559). (G., *ibid.*) — Mais le plus souvent, on jugeait sur la montagne. La loi salique parle plusieurs fois du Mallberg, ou *Montagne de l'assemblée*. — *Il a été décidé, pour le bien commun et la commune utilité du pays* (patriæ), *que les assises de France, qui se tenaient en deçà de l'eau, près de Gisors, seraient transférées, jusqu'à ce que le roi en décide autrement, près de Chaumont* (calvum montem, le mont chauve), *où l'on avait coutume de les tenir anciennement*[1]. — Dans le Nord, le Lœgberg, c'était le mont de la loi, la roche *où l'on disait droit : Juris dicundi rupes.* — Le duc d'Athol, descendant des rois de l'île de Man, siège encore aujourd'hui le visage tourné vers le levant, sur la terre de Tynwald[2].

Montagne se dit *puy* en langue romane : c'est sur les *puys* que les Rederiker de la Picardie et de la Flandre tenaient leurs assemblées. *Puy* est rendu, dans le latin du Moyen-âge, par *podium*, *pogium*; en provençal, *pueg*, *puei*, *puoi*, *pug*. (Baluz., II, 1552); en italien, *pog*, *poggio*. Par exemple, le Poggio impérial, près de Florence.

Les jugements avaient souvent lieu dans un cercle de pierres : — Et les hérauts contenaient la foule; puis les vieillards se rangèrent en un cercle sacré sur des pierres polies[3].

1. *Carpentier*, I, 344-4.
2. *Logan*, I, 208.
3. *Iliad.*, XVIII, 503.

Les cercles de pierres druidiques continuèrent à servir de tribunal, partout où le christianisme ne les avait pas détruites[1]. — En Upland les jurés s'assoient sur douze pierres, en Sudermanie sur treize, la treizième pour le président. (G. 804.) — Le jugement était tenu à ciel ouvert sur une grande pierre plate, le tribunal (juges et jurés) prenait place autour d'une table, un collier de fer était attaché par une chaîne à la pierre, en signe du droit d'ordonnance et défense. (G. 803.) — En 1380, Alexandre, lord de Stewart Bradenach, tint cour aux *pierres debout* (the standing stones) du conseil de Kingusie[2]. — A Cologne, la pierre bleue, la pierre noire, à Worms. — On trouve encore des pierres de ce genre dans l'Allemagne du Nord[3]. — Rangées dans un certain ordre, les pierres marquaient la lice de bataille[4]. En *France, dans la Bresse, le juge mage de Bourg siégeait devant la halle, jusqu'au quinzième siècle*[5]. — On appelait *siège de la pierre hardie*[6] la juridiction du chapitre de Saint-Dié, sur la Meurthe. Il y avait à Bourges et ailleurs *la pierre de la Crie*. On trouve quelque chose d'analogue chez les Romains : Tu es là, debout sur la pierre où le crieur crie (*præco prædicat*) les ventes[7]. Voyez, dans Laurière, *Breteshes*, chaire de pierre où se font les criées.

... Quant au lieu du jugement du Veme (fems-

---

1. *Logan*, II, 325.
2. *Id., ibid.*
3. Haussmann, Comment. societ. Gœtting, c. 17, p. 29.
4. Egills saga. ch. 67. Warton, I, p. xxxvii, Introd. du dernier éditeur.
5. Guichenon, *Hist. de Savoie*, c. 17, p. 29.
6. *Piganiol de La Force*, XIII.
7. Plaut., in *Bacchidibus*.

taette), il a été déclaré qu'il serait là-haut sur la route, là où sont les croix, et où se séparent la route et le sentier. (G. 805.) — On rendait aussi des jugements dans les cimetières, sous le porche et dans la cour de l'église, ou bien devant le château seigneurial. En 1688, il existait encore, dans le Rhingau, un tribunal civil qui se tenait dans la cour à ciel ouvert, devant la grange tapissée de mais verdoyants; le sergent y allumait un feu sans fumée, tout de braises. — A Nordheim, il y avait un tribunal qui se tenait devant la porte du moulin sous le tilleul; en hiver, dans une 'grange, dans la cour du moulin. (G. 807.)

Dans certains lieux, le seigneur siégeait *sur le perron*, pour rendre la justice. Voyez Legrand, *Fabliaux*, I, 119; III, 404. — Joinville tint souvent, par ordre du roi, des *plaids de la porte*. C'est sans doute le sens du *staplus regis* (escalier du roi) dans la loi des Ripuaires. (G. 804-5.)

Quand les tribunaux deviennent réguliers et permanents, on construit des salles d'assemblées, des maisons de justice. — *Que les lieux où doivent se tenir les assemblées* (placita) *soient bien disposés, de telle sorte qu'on puisse s'en servir pour tenir l'hiver et été les* placita. (Capit., années 809, 825.) — *Que dans les lieux où doit se tenir l'assemblée publique, il y ait un toit, afin que l'assemblée puisse se tenir en hiver et en été.* (Cap., 2, année, 809, § 13.) — *Nous voulons que le comte fasse construire une maison dans le lieu où il doit tenir la grande assemblée* (mallum), *de manière qui ni pluie ni soleil n'entrave l'utilité publique.* (Capit., années 819, 814; G. 807.)

Dans le Nord, on formait avec des branches légères de coudrier un cercle autour duquel on tendait des cordons, quelquefois un simple fil, pour arrêter la foule. (G. 810, 182.)

Les peuples qui orientaient leurs terres et leurs villes ne manquaient pas de soumettre au même mode d'orientation les lieux où se rendait la justice. — Dans la matinée, en présence des images des dieux et des Brahmanes, le juge purifié invitera les dwidjas, également purifiés et la face tournée vers le nord ou vers l'est, à dire la vérité[1]. — Un tribunal a été, par le consentement des Thuringiens, érigé sur le terrain du village de Mittelhusen. Dans la dépendance des terres du bourg d'Epleben, près de Gera, sont deux manses de terre labourable; le possesseur de ces terres devra, aux temps déterminés, construire ce tribunal avec des planches placées derrière et des deux côtés en hauteur, de sorte que le juge et ses assesseurs puissent être vus de la tête aux épaules. L'entrée en sera ouverte du côté de l'orient; mais fermée pourtant de barre et verrou, de crainte que quelque cavalier peu respectueux ou quelque intrus ne vienne et violente le juge. — L'abbé du mont Saint-Pierre d'Erfurth est tenu de veiller aux dossiers et tapis sur lesquels doivent siéger le juge et les siens. (G. 807.) — A Lutzelnau, le juge, debout sur la pierre, ganté et cuirassé, l'épée nue dans la main droite, et le visage tourné vers l'orient, dit à haute voix... (G. 39,808.) — Sur la hauteur au lieu appelé le Hêtre de fer, siégera le franc-comte, le dos tourné

---

1. Manou, p. 262, trad. de M. Loiseleur-Deslongchamps.

vers la terre de la Marke située à l'occident et le visage vers le pays de Bilsten (situé à l'orient). — (G. 808.) — D'après les lois du pays de Galles, le juge doit tourner le dos au soleil pour ne pas être gêné par ses rayons. Il siège à l'orient, mais la face tournée vers l'occident. (Wotton, 123. Voyez aussi plus bas. G. 809.)

C'est vers le nord que sont placés les prévenus; les plaignants se mettent au sud. En matière criminelle, quand on se purgeait par serment, on tournait le visage au nord. C'est encore vers le nord que l'exécuteur tourne la tête du condamné. On appelait le gibet : L'arbre tourné au nord. (G. 809.)

Le lieu du jugement fixé, quel jour s'ouvrira le tribunal ? D'abord, les affaires des hommes après celles des dieux : point de tribunal les jours de fêtes. Les anciens Germains se réunissaient le jour de la nouvelle ou de la pleine lune. (Tacite.) — A Otterndorf on fait droit et justice chaque mois, à la pleine lune. (G. 82.) Les Francs se rassemblaient aux Champs de Mars, plus tard aux Champs de Mai.

Les fêtes servent souvent à déterminer les époques de réunions. — *Nous échevins tenons que ceux qui possèdent des biens au Keur, comme dit est Keurgoet, sont obligés de venir trois fois par an, aux plaids généraux, savoir :* 1. *Le troisième jour après treize jours* (douze jours entre Noël et les Rois); 2. *Le troisième jour après la Saint-Jean-Baptiste;* 3.)*Le troisième jour après la Saint-Remi* (1ᵉʳ oct.). Record de Nyel ; G. 825 : — *Les différents seigneurs de Pierrefitte en Barrois faisaient rendre justice, chacun, pendant un temps proportionné à la part qu'ils y avaient; ce qui faisait une période solaire de dix-huit mois; et ensuite on recommençait*[1].

Quant à l'heure, le lever et le coucher du soleil la déterminent. A Rome, le soleil ouvre et ferme le tribunal : *Solis occasus suprema tempestas esto.* — De même en Allemagne : — Il fait grand jour, et le soleil est si avancé que vous pouvez bien, si Dieu vous en accorde la grâce et notre gracieux seigneur la force et la puissance, ouvrir, tenir et dresser un public jugement des limites. — Il devra venir avec des témoins de poids au lieu déterminé, et s'y tenir avec d'autres prud'hommes, jusqu'à ce qu'apparaisse l'étoile. (Document de 1247 de Huesca en Aragon; Ducange, VI, 729; G. 815.) — Même principe chez les Francs : *Injuriosus se rendit à l'assemblée en présence du roi Childebert, et il attendit pendant trois jours jusqu'au coucher du soleil.* (Greg. Tur., 7, 23; G. 815.) — *Et d'estre aux plaids généraux aussi longtemps que le soleil luit.* (Record de Nyel, § 20.) — Ailleurs : *Jusqu'à heure d'estoiles.* — *Ils doivent venir en celui leue au jour que la court lor aura dit avant que le souleil soit il couché, ou au moins avant que les estoiles soient apparans au ciel*[2]...

Le temps accordé au plaideur est strictement déterminé. Le jour a sa mesure. — *Loi de Manou :* Dix-huit nimechas (clins d'œil) font une câchthâ; trente câchthâs, une calâ; trente calâs, un mouhoûrta : autant de mouhoûrtas composent un jour et une nuit[3].

---

1. *Piganiol de La Force*, XIII.
2. *Assises de Jérus.*, c. 50, p. 41
3. Manou, p. 15, § 64.

A Athènes, on mesurait au sablier le temps que devait parler l'orateur. Chez nous, les enchères se font encore pendant que les bougies brûlent. *La faculté des arts décide que lorsqu'il faudra élire un Recteur, les électeurs seront renfermés dans une salle où ils devront délibérer. A leur entrée, ou y allumera une chandelle de cire d'une longueur déterminée, et l'élection devra être terminée avant qu'elle ne soit consumée entièrement.* (Année 1280[1].) — En 1494, les Pisans ordonnent à tout Florentin de sortir de leur ville, avant qu'une bougie allumée sous la porte soit consumée[2]. — ... Ledit Ludovic (le More) fit allumer un bout de bougie, jurant qu'il leur ferait trancher la tête s'ils ne rendaient la place avant la chandelle brûlé[3].

1. Bulæus, III, 451.
2. Sism., XII, 247, d'après Scipion Ammirato, lib. XXVI, 207.
3. Comines, liv. VII, ch. 2.

CHAPITRE III

JUGES ET JURÉS

Dans l'origine, les chefs du peuple, le prêtre et le guerrier, sont aussi ses juges : — Samson jugea pendant vingt ans le peuple d'Israël[1]. — Il y avait en ce temps-là une prophétesse nommée Débora, qui jugeait le peuple. Elle s'asseyait sous un palmier qu'on avait nommé de son nom[2]. — Samuel jugeait Israël tous les jours de sa vie : il alla chaque année à Béthel, à Galgala, à Masphat, et il y rendait la justice[3].

A Rome, les consuls des premiers siècles de la république ; chez les Francs, le maire du palais, et plus tard les grafs ou comtes, jugent le peuple et le conduisent au combat. Il faut que le juge soit fort et vaillant, car le plus souvent il doit exécuter lui-même sa sentence. En même temps qu'il défend

1. *Juges*, XV, 20.
2. *Ibid.*, IV, 4-5.
3. *Rois*, VII, 15-17.

le peuple contre l'ennemi extérieur, il doit frapper l'ennemi intérieur, le coupable.

... Et le prévôt doit tout un jour et une nuit galoper, le cou tendu, où nécessité presse, en tout lieu, ferme ou village. — Et s'il arrivait qu'un bourg du Rhingaw fût forcé ou souffrît dommage, le bailli devra empêcher, se tenir près des portes, combattre devant et s'escrimer, et ne pas lâcher qu'il ne soit atteint de la pointe ou du tranchant, ou ne tombe sur ses genoux. (G. 752.)

Quand la société est peu nombreuse, tous les membres assistent au jugement et à l'assemblée; ils y viennent en armes. Cet usage des Quirites de Rome primitive, des anciens Celtes et Germains, des sauvages de l'Amérique et de tous les peuples barbares, se retrouve dans l'Allemagne du Moyen-âge. Les Saxons se rendaient à l'assemblée, armés de leurs couteaux. Dans le pays de Delbruck, le conseil était composé de vingt prud'hommes qui se rendaient au lieu du jugement, chacun muni d'une lance de conseil. (G. 791.) — Souvent les jurés plantaient leurs couteaux en terre, sans doute pour figurer la stabilité que devait avoir leur décision : — Tous les gens de la Marche plantent leurs couteaux au milieu d'un cercle décrit dans la terre ; puis, à l'appel de leurs noms les en retirent et disent : Je tire pour justice, ou bien : Je tire pour grâce du Seigneur. Ailleurs, c'était le prévenu qui disait : J'enfonce mon couteau pour grâce ; ou : J'enfonce pour justice ; suivant qu'il se reconnaissait coupable ou innocent. (G. 771.)

Le bouclier était le signe de la tenue d'une assemblée : — *Loi salique : Le dixenier ou le centenier indi-*

quera *l'assemblée* (mallum), *et dans l'assemblée même ils devront avoir un bouclier.* — Lorsque l'Empereur tenait l'assemblée solennelle de Roncaglia, on suspendait un bouclier au bout d'une lance. Selon la tradition populaire, Frédéric-Barberousse doit revenir un jour, et suspendre son bouclier. (G. 851.)

Les jurés sont ordinairement au nombre de sept ou de douze[1]. Selon une des lois primitives des Brehons d'Irlande, il fallait pour ordonner restitution d'une terre usurpée par un homme de même tribu le jugement *de douze langues;* une seule *langue* d'avis contraire empêchait la restitution[2].

Un serment garantit l'impartialité du juge et des jurés : — Le schœffe wehmique jure de garder le saint mystère, de le tenir devant homme et femme, devant blé et gazon, pierre et bâton, devant grand et petit, devant toutes choses de Dieu, excepté devant l'homme qui garde et maintient le mystère wehmique; il ne s'en écartera pour peine ni amour, pour gage ou vêtement, pour or ou argent, ni pour cause quelconque. (G. 52.)

Le franc-juge jure : De garder, tenir et maintenir la loi wehmique devant homme et femme, tourbe et branches, pierre et bâton, herbe et verdure; devant tous hardis coquins, devant toutes choses de Dieu, devant tout ce que Dieu a fait entre ciel et terre, si ce n'est devant l'homme qui garde la loi wehmique; de porter aussi devant le franc-siège, au banc secret

---

1. Voyez, pour l'importance des nombres, l'*Introduction* de Grimm et mon *Histoire romaine*, t. I.
2. *Collect. de rebus Hib.*, III, 114. — Pour le Nord, voyez *Ducange*, IV, verbo *Nembda*.

et sacré du roi, tout ce que vrai il croirait ou des gens véridiques il entendrait qui fût justiciable de la cour wehmique, afin qu'il en soit décidé d'après le droit de l'Empire et des Saxons, ou à l'amiable, au gré du plaignant ou du tribunal; et de ne point déserter cela pour peine ni amour, pour or, argent ou pierreries; ni pour père, mère, sœur, frère, parenté ou alliance; ni pour chose d'aucune main, de ce que Dieu a créé ; d'avancer, fortifier, autant qu'il sera en lui, ce tribunal et la justice; et, sur ce, que Dieu et les saints lui soient en aide. (G. 51.)

Le juge doit siéger à jeun (*Miroir de Saxe*). Son attitude doit être grave, mais terrible, menaçante pour le méchant : — Que le juge soit assis sur son siège comme un lion en courroux (*gris grimmender læwe*); qu'il jette le pied droit sur le pied gauche ; et s'il ne peut asseoir un jugement sain sur l'affaire, qu'il y réfléchisse cent vingt-trois fois. (G. 763.)

La loi indienne recommande au juge une tout autre attitude : — Un roi désireux d'examiner les affaires judiciaires, doit se rendre à la cour de justice dans un humble maintien, accompagné de Brahmanes et de conseillers expérimentés [1].

Lois de Galles : — ... D'abord siège le roi ou son représentant, le dos tourné au soleil ou au vent, de peur que le vent n'incommode son visage; le juge le plus vieux doit être placé devant lui ; à main gauche de celui-ci quelque autre juge doit se placer dans le champ et à sa droite un prêtre ou des prêtres; près du roi, de chaque côté, doivent siéger ses

---

1. Manou, p. 249, § 1.

anciens et ensuite ses chefs; près des juges, et la face tournée au côté par lequel ils arrivent au tribunal, est placé celui qui parle pour le plaignant, ensuite le plaignant lui-même, avec son avocat à l'autre main et un appariteur derrière. De l'autre côté est le défendeur; à côté de lui son *plaideur*, et ensuite un avocat avec un appariteur derrière[1].

Comme le roi, le juge a son sceptre; c'est le bâton de justice : c'est en frappant avec le bâton que le juge imposait silence : — Si le tribunal n'a pas fini avant midi, et qu'il se lève pour faire collation, le bâton doit rester pendant, en signe que l'audience n'est pas close. (G. 762.) On mettait la main sur le bâton quand on faisait promesse devant le juge; c'est avec le bâton *qu'il frappait* (mot à mot, *bâtonnait*) *le serment*.

Que chacun, sous peine de payer un setier de vin, se tienne calme et demeure en silence. (G. 853.) — Souvent, comme symbole de pouvoir du tribunal, on plaçait sur un banc un gantelet de fer, une épée, une corde, des ciseaux, un marteau et une hache. La séance levée, on renversait les bancs. (G. 761, 613, 851.) — Si le cas se présentait que ledit juge (du Landgrave de Hesse) ne voulût pas être un juste juge, qu'il ne voulût pas interroger l'un comme l'autre, et n'écoutât que la faveur ou la haine, alors celui qui se trouve placé près de lui, comme délégué de notre gracieux Seigneur de Mayence, doit lui dire : Passe-moi le bâton; tu ne veux pas être un juste juge; moi je veux interroger le pauvre comme le

---

1. Probert, p. 164.

riche. Il saisira donc le bâton et le lui prendra de la main. Puis, lorsqu'il aura questionné et jugé comme il lui semble bon, et qu'il voudra laisser aller l'autre juge, il lui rendra le bâton, car il ne peut le garder comme un bien héréditaire. (G. 761.) — Si un juge a prévariqué, qu'on le traîne par-dessous le seuil de sa maison. (G. 792.) — Les Frisons et les Ditmarses brûlaient au mauvais juge sa maison jusqu'à rase terre. (G. 729.)

Les gens du pays offraient de dire leur avis à Sa Grâce, toutefois non sous serment; ils priaient, ils demandaient qu'on les dispensât d'un tel serment. Prêter un tel serment leur paraissait dangereux, attendu que depuis nombre d'années la Seigneurie forestière n'avait déterminé ni le droit ni le règlement de la Marche; attendu ensuite que des anciens qui en auraient vu et entendu davantage, il n'en restait guère en vie, et que la meilleure part aujourd'hui était jeunes gens nés depuis. Toutefois, ils voulait, comme bonnes et pieuses gens, donner leur avis, en tant qu'ils avaient ouï dire aux anciens et qu'ils en savaient eux-même. (G. 772.) — Il se tient encore à Schwytz, pour les affaires de peu d'importance, un Conseil de rues, composé de sept laboureurs les premiers venus qui passent. (Jean de Müller, *Histoire de la Suisse*, I, 425.) — ... On le leur donnera (aux experts en boissons) à telle fin que si quelque bon compagnon venait à passer sur la route, ils pussent l'appeler et prendre également son avis. (G. 774.)

Ici le peuple juge le peuple. La juridiction populaire s'exerce sans rétribution, et s'appelle l'Aumône du pays. (G. 834.)

Toutefois, à côté de ces juges naturels, de ces jurés, paraît le juge civil, le *judex* romain, le *sachibaro* des Francs, l'*asega* des Frisons. Dans le *Roman de Roncevaux*, Blankardin, conseiller du roi de Saragosse, est envoyé pour tromper et attirer Charlemagne, avec neuf barons, *Qui saje sunt des lois*[1].

---

1. *Roman de Roncevaux*, Bibl. r. Ms. 354, 21 supplément v. 68-78. Voy. la dissertation de M. Monin.

CHAPITRE IV

LEVÉE DU MORT. — ACCUSATION

Lorsque dans le pays que le Seigneur doit vous donner, il se trouvera le corps d'un homme tué, sans qu'on sache qui l'a tué, les anciens et les juges viendront et mesureront depuis le corps jusqu'aux villes d'alentour. Quand ils auront reconnu la plus proche, les anciens de cette ville prendront dans le troupeau une génisse qui n'aura point porté le joug ni labouré; ils la mèneront dans une vallée raboteuse et pleine de cailloux, qui n'aura été ni labourée ni semée, et ils couperont le cou à la génisse; et les anciens de cette ville viendront près du cadavre; ils laveront leurs mains sur la génisse, et ils diront : Nos mains n'ont point répandu le sang, nos yeux ne l'ont point vu répandre [1].

Loi d'Édouard Ier : Si quelqu'un, soit par vengeance, soit en se défendant, tue un autre homme,

---

1. *Deutéronome*, c. XXI, § 1, 2, 6.

qu'il ne prenne rien de ce qui appartient au mort, ni son cheval, ni son casque, ni son glaive, ni quoi que ce soit de son argent, mais qu'il arrange le corps comme on a coutume de faire pour ceux qui ne sont plus ; que sa tête soit tournée à l'orient, ses pieds à l'occident : sur lui son bouclier, s'il en a un ; qu'il plante sa lance en terre, qu'il mette autour ses armes, qu'il guide (adregniet) le cheval et qu'il aille au bourg le plus voisin ; le premier venu qu'il rencontre, il doit lui dénoncer le fait. (Canc., 4, 406 ; G., *Suppl.*, 744.)

Formule allemande : Malheur à N... qui, sur la route impériale, a mené de vie à trépas mon frère chéri, mon frère que mieux j'aimais que trente livres pesant bon poids, et bien mieux encore... — Et les plaignants tireront leurs épées et crieront trois fois : Aux armes ! aux armes ! aux armes ! — Chez les Frisons, au moment où l'on ensevelissait l'homme tué, près de sa tombe même, et en présence de ceux qui avaient mené le convoi, l'un des proches donnait trois fois de l'épée nue sur la tombe en disant : Vraek ! vraek ! vraek ! (vengeance ! vengeance ! vengeance !). — (G. 878.)

Dans le poème du *Renard*, les coqs viennent devant justice, portant sur une bière la poule égorgée, et criant : Aux armes ! malheur ! (wach und we !). Dans un autre passage du même poème, un oiseau apporte des plumes comme pièce de conviction du meurtre de sa compagne. (G. 881.)

A quelle distance du tribunal doit-on apporter le mort ? — On le portera à neuf pas du tribunal. — Et qui fera ces pas ? — Un homme de moyenne taille, que le tribunal commettra à cet effet. A chaque trois pas que fait cet homme, il place un signe : on pose le cadavre successivement à chaque signe, et chaque fois on crie sur lui. — *Droit du Rhin* : C'est le droit du pays, qu'on ne doit pas enterrer le mort que le meurtre n'ait été puni ou amendé. Si le droit du pays est épuisé, on extraira les entrailles, on les ensevelira et on mettra le cadavre en un tonneau scellé. S'il arrivait, au contraire, que le droit du pays ne fût pas épuisé, et que l'affaire ne pût être ni amendée, ni terminée à la lumière du soleil, le plus proche parent mâle du mort lui coupera la main droite. On pourra alors enterrer, et l'on procédera avec la main, comme si le cadavre tout entier y était. — Ainsi, dit Festus, à Rome, on disait qu'on coupait un membre au mort, lorsqu'on lui coupait un doigt, et c'est ce membre conservé qui s'enterrait lorsque le reste du corps était brûlé. — Si le parent ne veut pas blesser et déshonorer le cadavre, le juge lui permettra d'apporter une main de cire, laquelle vaudra autant que si c'était celle de chair. Lorsque la main sera là, il la placera sur une épée nue, et criera sur le meurtrier et ses souteneurs ; puis il déposera la main au tribunal. Mais si le meurtre est amendé, l'auteur du fait mettra la main sur la fosse. (G. 880-881.)

La *main chaude*, la *mainmorte* sont des locutions proverbiales en France.

Droit de Bacharach sur le Rhin : Lorsque les plaignants viennent *crier* le meurtre devant la justice, ils tirent l'épée. On apporte le mort après le premier cri ; on remet les épées au fourreau après le troisième... De plus, quand viennent la quatorzième nuit et jour d'après, les plaignants doivent paraître, avec bouclier et massue, devant le tribunal, afin que les schœffen et jurés *avisent* qu'un Franconien doit en convaincre un autre de brigandage et de meurtre. Celui qui parle pour les plaignants dit, entre autres choses : Et comme le meurtrier fuyait devant lui, il dut le poursuivre sur la trace du crime, en criant : Aux armes ! et donnant l'alarme, au plus sombre de la forêt et jusqu'à ce que la nuit noire l'eût pris... Si donc il voyait cet homme dans le tribunal de notre seigneur, il l'interpellerait pour rapine et mort. Que s'il disait oui, il en prendrait acte, selon le droit du pays ; s'il niait, il n'hésiterait pas à le lui soutenir corps pour corps, dans un simple habit, avec bouclier rouge, massue de chêne, feutre blanc, chapeau relevé, et tout ce qu'il faut en combat, pourqu'un Franconien puisse judiciairement en convaincre un autre de vol et de meurtre. (G. 879.)

Qui veaut faire apeau de murtre, il doit savoir que est murtre, peut garder soi que il ne se mete en faus gages. Murtre et quant home est tué de nuit, ou en repos, dehors ou dedans vile ; et qui veaut faire apeau de murtre, il doit faire aporter le cors murtri devant li hostel dou seignor, ou à leue que il est établi que l'on porte les murtris. Aprez doit venir devant le seignor, et demander conseil, et quant il aura conseill, si die son conseill : Sire, mandez faire veir ce cors qui la val gist qui a esté murtri. Et le seignor y doit alors envoyer trois de ses homes, l'un en son leue, et deux com court, et les trois homes que le seignor y envoie doivent aler veir ce cors, et puis revenir devant le seignor, et dire li en presence de la court : Sire, nous avons veu ce cors que vous mandastes veir, et avons vehu les cos que il a. Et doivent dire quant cos a, et en quel leuc il les a, et de quel chose il lor semble que il aient esté fais. Et se il ni a cos, et il y a aucun autre entresigne par que il lor semble que il a esté murtri, il le doivent dire au seignor. Maintenant après que les trois devant dis auront dit au seignor en la court, celui qui veaut faire l'apeau doit dire par son conseill, au seignor : Sire, tel se clame à vous de tel qui a tel murtri, faites le venir en vostre présence, si ores com il portera son clam contre lui[1].

La procédure commence, et, d'abord, on constate le délit. — *Loi salique : Si quelqu'un a blessé un homme et que le sang tombe à terre...* — *Loi des Bavarois :* S'il l'a blessé de telle sorte que la paupière ne puisse plus contenir une larme... — *Lois des Alamans :* Si quelqu'un a été blessé à la tête ou à un membre quelconque, et qu'un os en soit sorti, un os tel que, lancé sur un bouclier à la distance de douze pieds, il ait retenti... — *Loi de Frise :* S'il est résulté du coup quelque difformité dans la face qui puisse se voir à douze pieds de distance... Si l'os, attaché à un fil de la longueur d'une aune, et jeté par-dessus une haie haute de cinq aunes, a retenti... — *Lois galloises :* Si l'os est fracturé par suite de quelque

---

[1]. *Assises de Jérusalem,* c. LXXXV, p. 63.

rixe, que le chirurgien prenne un bassin, qu'il pose son coude en terre, sa main sur le haut du bassin ; si un bruit se fait entendre, ce sera six pences à payer; mais si rien ne se fait entendre, on n'a droit à rien. (Probert, p. 240; G. 94, 77-79.)

CHAPITRE V

ASILE. — DOMICILE

Les législations anciennes ouvrent des asiles à l'accusé qui n'ose comparaître, à l'esclave qui craint la vengeance d'un maître inexorable. L'asile, c'est le temple, quelquefois l'enceinte sacrée d'une ville (*vetus urbes condentium consilium*)[1].

Vous ne livrerez point l'esclave qui s'est réfugié vers vous, entre les mains de son maître. Il demeurera parmi vous où il lui plaira, et il trouvera le repos et la sûreté dans quelqu'une de nos villes, sans que vous lui fassiez aucune peine[2].

Capitulaire : *Que l'effroi ne les contraigne pas, lorsqu'ils auront déposé leurs armes, à demeurer autour des autels et à souiller de leur présence des lieux dignes de respect. S'ils ne quittent point leurs armes, qu'ils sachent qu'ils seront arrachés de force par des gens*

---

1. Tit.-Liv., lib. I.
2. *Deuteron.*, c. XXIII.

armés. Mais s'ils les ont déposées, et que quelqu'un tente de les arracher des portiques, des cours, du jardin, des bains, ou autres dépendances de l'église, que celui-là soit puni de mort. (G. 887.) — *Loi des Frisons :* Que l'homme en querelle (faidosus) trouve la paix dans l'église, dans sa maison, en allant à l'église, en revenant de l'assemblée. Et quiconque aura rompu cette paix, et aura tué cet homme, qu'il l'amende pour neuf fois trente solidi.

La sainteté des temples comme asiles, reconnue généralement en droit, était, dans le fait, souvent violée, du moins indirectement. Le roi de Sparte, Pausanias, ne fut pas arraché du temple, mais on l'y fit mourir de faim. De même, on lit dans les Capitulaires : *Que les homicides ou les autres coupables qui doivent mourir selon les lois, et qui se seront réfugiés vers l'église, ne soient point excusés, et qu'il ne leur y soit pas donné de nourriture.* — Ou bien encore l'église n'est qu'un asile temporaire. Capitulaire : Si quelqu'un *s'est enfui dans l'église, qu'il soit en paix dans les bâtiments même de l'église; il n'est pas nécessaire qu'il entre à l'église. Que personne ne prétende l'en arracher par violence, mais qu'il lui soit permis d'avouer ce qu'il a fait, et que de là il soit, par la main des gens de bien, conduit en public pour les débats.* (G. 886-8.)

Nous voyons toutefois que le simple anneau d'une porte d'église était quelquefois une sauvegarde pour l'homme poursuivi : *Jean le Coquelier, sous-diacre du diocèse de Sens, ayant été arrêté et battu par les bourgeois de la garde pendant qu'il tenait fortement l'anneau de la porte de la cathédrale, le parlement condamna les bourgeois en une amende envers le clergé et envers le roi*[1]. — Item *la franchise de Stavelot est telle que, se ung homme avait meffaict, reserveirs, ardeurs et mordreurs, que la dite franchise le doit sustenir* XL *jours; et, se droit le délivre, delivreis soit, et se droit ne le délivre, on le doit mettre hors des portes la franchise, et s'il peut eschapper, se escappe.* (Rec. de Stavelot; G. 890.)

Nous sommes tout à fait d'avis que la cour, dite de Saint-Matthieu, à Nenning, est entièrement libre. Si donc quelqu'un avait frappé un coup de mort, ou s'il avait forfait à son propre corps, il serait libre six semaines et trois jours durant; puis, quand ces six semaines et trois jours seront passés, il jettera, le pauvre pêcheur, une pierre par-dessus la porte de ladite cour; si alors il peut aller jusqu'à l'endroit où la pierre est tombée, et même à trois pieds au delà, et qu'il puisse revenir à la pierre, il aura de nouveau liberté aussi longtemps que la première fois; et, si l'homme de la cour peut ou veut l'aider la nuit ou le jour à s'en aller, il en aura la faculté, en considération de notre vénérable seigneur. (G. 880.)

A Rome, l'esclave maltraité fuyait vers la statue de l'empereur, comme vers celle d'un dieu, et il y trouvait un refuge. — Ils ont décidé et décident que si un ou plusieurs hommes libres, ou bien un homme noble, viennent à fuir jusque sous le bras droit d'un

---

1. *Olim* du Parlement de Paris, 1304. — Voy. aussi les exemples cités dans la dissertation de MM. Hippolyte Royer-Collard et Teulet, sur les Asiles : *Revue de Paris*.

seigneur de Rieneck, il doit avoir paix et sauf-conduit. (G. 888.) — Souvent, au Moyen-âge, le banni rentrait lorsqu'il saisissait l'habit ou le cheval du roi à son entrée. (G. 265, 739, 888.) — Nulle part le droit de protection attaché à certains offices féodaux n'est plus minutieusement réglé que dans le droit de Galles. — Dans les lois du Nord, trois asiles étaient assurés au fugitif; ils ne se trouvaient pas à plus d'une journée l'un de l'autre. Il était encore en sûreté sur le chemin qui menait de l'un à l'autre, et même lorsqu'il s'écartait à un trait d'arc de ces asiles et de ces chemins, pourvu qu'il ne fît pas le voyage plus d'une fois par mois. S'il rencontrait d'autres personnes, il devait s'écarter de la portée d'une lance. (G. 892.)

La demeure, quelle qu'elle soit, le domicile, est souvent considéré comme une sorte d'asile qui doit être respecté : — Celui qui en poursuit un autre à main armée jusque dans la maison d'un homme quel qu'il soit, s'il le suit jusque dans l'étable ou jusque sur la porte ou dans les lieux d'aisance, il aura outragé[1] le maître en sa maison; s'il passe plus loin, il l'aura outragé en sa maison d'une manière plus grave encore. (*Droit d'Augsbourg;* G. 891.) — Ailleurs : Un meurtrier aura un répit de quatre semaines dans sa propre maison et dans celle de son voisin. (Années 1264 et 1482.) — (G. 891.) — ... Et le meurtrier sera en sûreté dans chaque cour ou maison de schœffe et juré, et ce, durant quatre semaines

---

1. Mot à mot : visité. *Heimsuchen*, affliger, visiter. En style biblique, Dieu visite dans sa colère.

et deux jours, et s'il peut faire quatre pas sur la route, et qu'il rentre dans la maison du schœffe, il aura liberté quatre semaines et deux jours durant. (G. 891[1].)

Mère et compagne de l'homme, il est naturel que la femme reçoive dans son sein, qu'elle protége et défende celui que l'homme poursuit : — Un loup même qui chercherait asile près des femmes, on devrait le laisser vivre pour l'amour d'elles. (G. 892.) — *A Barèges en Bigorre, on remarque entre autres usages celui qui assure la grâce au criminel qui s'est réfugié près d'une femme. (Ibid.)* — Chez les Bédouins, un coupable est sauvé s'il rencontre une femme, s'il a le temps de courir à elle et de se cacher la tête sous sa manche en s'écriant : Sous ta protection! La femme appelle aussitôt par ses cris tous les hommes de la station et dit : Hé! ô Arabes! par Dieu, et pour Dieu, et à cause de Dieu, et par la tête du père d'un tel (de son mari, ou de son père, si elle n'est pas mariée), qu'aucun de vous ne puisse l'assaillir, même avec des roses. — Dans quelques tribus où les femmes ne se montrent jamais en public, le coupable échappe encore au supplice, lorsqu'il se trouve près de leur tente et qu'il s'écrie : Je suis sous la protection du harem. A ces mots toutes les

---

[1]. Ce respect du domicile explique l'accord singulier des lois grecques, romaines et germaniques, sur le mode des perquisitions domiciliaires. (G. 641.) Celui qui cherche un objet volé entre dans la maison qu'il soupçonne, nu et sans ceinture, selon les textes grecs ; avec la ceinture seulement, selon la loi romaine (*furtum per licium et lancem conceptum*); elle exige, de plus, qu'il tienne des deux mains un plat sur sa tête, sans doute pour l'empêcher de rien toucher et de s'indemniser du vol en volant lui-même. Voy. Festus, Caïus et la glosse ms. de Turin.

femmes répondent sans paraître : Loin de lui! Et aussitôt il est libre[1].

Si le coupable est saisi avant d'avoir atteint l'asile, il est conduit au juge. Celui-ci doit prendre la garde du prisonnier ; ceux qui l'amènent ne peuvent se charger de ce soin dangereux et difficile : — Les schultheiss du seigneur amèneront le malfaiteur au pont de Derhnbach, pour le livrer aux mains du schultheiss de Wied; s'il ne s'y trouve, ils conduiront le délinquant au delà du pont, délieront la corde, et le laisseront échapper sans s'en soucier davantage. — ... Le monastère de Chiemsée doit faire transporter le voleur jusqu'aux bords du lac, pour le délivrer au vogt, et le juge de Kling chevauchera avec ses serviteurs dans le lac jusqu'à la selle. Là on présentera le voleur ; si le juge de Kling ne s'y trouve, notre juge mettra le voleur pieds et poings liés dans une barque vide, qu'il laissera flotter au gré des rames. S'il échappe, ce ne sera ni nous ni notre monastère qui en serons cause. — S'ils ne trouvent personne, la nuit, à la porte de la ville, ils attacheront le coupable au troisième échelon de l'échelle. — Ailleurs, on laisse le coupable attaché à un fil de soie. (G. 872-5.)

---

1. *Les Bedouins*, par Mayeux, II, 101-2; ouvrage fait sur les notes inédites de dom Raphaël.

CHAPITRE VI

SERMENT

Que le juge fasse jurer un Brahmane par sa véracité; un kchatriya par ses chevaux, ses éléphants ou ses armes; un vaisya, par ses vaches, ses grains et son or; un soudra, par tous les crimes[1]... Le juge doit interpeller un Brahmane, en lui disant: « Parle »; un kchatriya, en lui disant: « Déclare la vérité »; un vaisya, en lui représentant le faux témoignage comme aussi coupable qu'un vol de bestiaux, de grain ou d'or; un soudra, en assimilant le faux témoignage à tous les crimes, par les paroles suivantes : Depuis ta naissance, tout le bien que tu as pu faire, ô honnête homme! sera perdu pour toi, et passera à des chiens, si tu dis autre chose que la vérité. Nu et chauve, souffrant de la faim et de la soif, privé de la vue, le faux témoin mendiera sa nourriture, avec une tasse brisée, dans la maison de son ennemi. Il est compa-

---

1. Manou, p. 267, § 113.

rable à un aveugle qui mange les poissons avec les arêtes, l'homme qui vient en justice parler de ce qu'il n'a pas vu. Il tue cinq de ses parents par un faux témoignage relatif à des bestiaux, dix pour des vaches, cent pour des chevaux, mille pour des hommes[1].

Chez les Romains, ceux qui devaient jurer par Jupiter tenaient un caillou, et prononçaient ces paroles : Si je trompe à mon escient, que Jupiter, protégeant la ville et la citadelle, me chasse de ma demeure et de mes biens, comme ma main chasse cette pierre. (Festus, verbo *Lapidem*.) — Celui des deux peuples qui, par dol et fraude, aura enfreint cet accord public, ô Jupiter, ce jour-là même, frappe ce peuple, comme je vais frapper ici ce porc, et frappe-le d'autant plus que ta puissance est plus grande. En disant ces paroles, il frappa le porc d'une pierre. (Tit.-Liv., I, 24.)

Formule frisonne de réconciliation : Nous jurons d'être fidèles à ce serment, devant morts et vivants, devant tout homme né et à naître, et cela, tant que sur le mort marche le vivant, tant que le chêne est debout dans le champ, tant que sur terre l'eau s'en va coulant. (G. 53.)

Les anciens Germains juraient par les eaux, les fontaines et les rivières, par les montagnes, les roches et les pierres sacrées, par le marteau de pierre ou la massue du dieu du tonnerre. — Dans un chant anglais (*Percy*, III, p. 47), Glasgerion fait un serment solennel par le chêne, la cendre et l'épine. — Chez les Scan-

---

[1]. Manou, p. 262-4, § 88-98.

dinaves celui qui jurait saisissait un anneau, que l'on gardait dans un temple ; il était rougi du sang des victimes et consacré au dieu Ullr. — Les Scythes juraient par le vent et le glaive ; les Quades, comme la plupart des tribus germaniques et scandinaves, juraient aussi par l'épée. (Ammien, xvii, 107 ; Fredeg., c. 74.) — Et lorsque, suivant l'usage, l'épée eut été apportée, pour que chacun d'eux, mettant dessus le pouce, confirmât la promesse de mariage... (Voy. le livre Ier). — Dans le *Roman d'Alexandre :*

Douze furent par conte ; chacun au poin tenoit
S'espée par la pointe, que bien sénefioit
Miséricorde ou mort, ou il sumelioit.

Rom. d'Alex., cité par Carpentier, verb. *Gladius*. (G. 166.)

Les Lombards juraient pour les choses de peu d'importance sur les armes, sur les Évangiles quand l'affaire était grave. Au Moyen-âge on jurait sur la croix, et plus communément sur les reliques. Jurer sur livre et cloche (*by book and bell*). (G. 896.) — Quelquefois on touchait l'autel ou le tombeau d'un saint. — *Frapper de la main la porte de l'église*, c'était chez les Ripuaires réclamer contre le serment qui devait se prêter dans l'église même. — *Si quelqu'un, voulant par cupidité ou obstination soutenir un mensonge, osait jurer sur l'anneau de la porte de l'église...* (*De mirac. S. Germ. Autiss.*, apud Duc., III, 1608.) — Lorsqu'une veuve était accusée d'avoir diverti des fonds, elle se purgeait par serment *sur le perron.* On prêtait aussi des serments en posant la main sur la porte. — *Droit de Norvège :* Lorsqu'on ne peut mettre aucun livre entre les mains du témoin, il touchera le poteau de la porte et jurera. (G. 174-5.)

Loi des Alamans : Que pour le Don du matin il soit permis à la femme de jurer par son sein. — *Droit d'Augsbourg :* Qu'une femme retienne le Don du matin par un simple serment sur ses deux mamelles et sur ses deux tresses. — Qu'on n'en croie un Frison que lorsque de la main il se prend les cheveux. (G. 897-8.)

Le serment *par la barbe,* ou en touchant la barbe, ne se trouve pas dans les lois, mais souvent dans les poèmes, surtout dans les poèmes carlovingiens : *Par la moie barbe qui n'est mie meslée ! Par ceste moie barbe qui pent au menton ! Par ceste moie barbe, dont noir sont li flocon! Par ma barbe florie ! Par cette moie barbe de blanc entremellée !* On disait encore : Par le menton de mon père, ou par l'âme de mon père ! *Par les iauz de ma teste !*

Abraham s'engage envers le roi Abimélech, en jurant sur sept brebis.

Dans le Nord, un serment prêté sur le sanglier était inviolable. — On jurait, au Moyen-âge, sur le faisan, le paon, le héron. On lit dans les canons du IV° concile d'Orléans : *Le roi lui-même, ou le plus renommé des chevaliers présents, ayant découpé le paon, se leva et, mettant la main sur l'oiseau, fit un vœu hardi; ensuite il passa le plat, et chacun de ceux qui le reçurent fit un vœu semblable.* Édouard Ier, d'Angleterre jura aussi sur deux cygnes (a. 1306). — Voyez le vœu d'Édouard III dans mon *Histoire de France.*

Loi indienne : S'il n'y a point de témoins, il faut que le juge fasse déposer de l'or, sous des prétextes plausibles, entre les mains du défendeur, par des émissaires ayant passé l'âge de l'enfance, et dont les manières soient agréables. Alors, si le dépositaire remet l'objet tel qu'il lui a été livré, il n'y a pas lieu d'admettre les plaintes. Mais s'il ne remet pas l'or, qu'il soit arrêté et forcé de restituer deux dépôts ; ainsi l'ordonne la loi[1].

Les peuples héroïques ne connaissent point ces détours ; ils ont foi à la parole de l'homme ; le guerrier ne peut mentir, car le mensonge est une faiblesse et une lâcheté : — Si le franc-juge westphalien est accusé, il prendra une épée, la placera devant lui, mettra dessus deux doigts de la main droite, et parlera ainsi : Seigneurs francs-comtes, pour le point principal, pour tout ce dont vous m'avez parlé et dont l'accusateur me charge, j'en suis innocent ; ainsi me soient en aide Dieu et tous ses saints ! Puis il prendra un pfenning marqué d'une croix (kreutzpfenning), et le jettera en preuve au franc-comte ; ensuite il tournera le dos et ira son chemin. (G. 860.) — Cette fière justification fait penser à celles de Scipion et d'Æmilius Scaurus : Varius accuse Æmilius Scaurus d'avoir reçu des présents pour trahir la république ; Æmilius Scaurus déclare qu'il est innocent[2].

Cette foi dans la véracité de l'homme doit être le type primitif de la justice antique. Plus tard, la société ne se contente pas de la parole, ni même du

---

1. Manou, p. 278, § 182, 183, 184.
2. Voyez Valère-Maxime.

serment de l'accusé ; il lui faut celui de ses parents et de ses amis ; elle lui demande des conjuratores (eideshelfer) : — Celui qui est appelé en jugement solennel pour disculper quelqu'un doit venir devant le tribunal avec une chemise et un habit de dessous, nu-tête, pieds et jambes nus, sans fer ni acier, et sa suite n'aura ni ceintures ni couteaux, et sera nu-tête. (G. 863 et 734.)

... Alors fut publié le crime inouï de la reine Uta; elle avait livré son corps à un commerce de séduction et d'iniquité. La chose fut prouvée et décidée à Ratisbonne, au mois de juin, en présence des premiers (de la ville), et soixante-douze hommes jurèrent. (*Ann. Fuld.*, ad a. 889; Pertz., 1,414; G. 863.) — Chez les Ripuaires, il pouvait y avoir jusqu'à soixante-douze conjurateurs. Les Francs-Saliens n'accordaient qu'à la noblesse le droit de produire des conjurateurs; le libre ne le pouvait que du consentement du demandeur. Si celui-ci refusait, le libre devait subir l'épreuve. (G. 861.) — Les Bourguignons admettaient à co-jurer les femmes et les serfs : — *Que l'ingénu avec sa femme, ses fils et ses proches, jure lui douzième.* — Dans l'*Edda*, Frigg ne reçoit pas le serment d'une jeune plante, parce qu'elle lui paraît trop petite encore. (G. 894.) — Il est dit dans les *Capitulaires* (année 789) : *que les petits enfants qui ne sont pas encore en âge de raison ne soient point tenus de jurer.* — L'usage des conjuratores subsista longtemps. Nous en retrouvons un exemple en 1548. (G. 841.) — Un ministre de François Ier, Martin Du Bellay, raconte, sous la date de 1533 : *Est la coustume en Germanie qu'en toutes les assemblées qui se font à la requeste d'aucun person-*

nage, et pour ouir et décider ses propres et particulières affaires, ledit personnage y mène le plus grand nombre qu'il peult assembler de ses familiers, amis et adhérans, ou leurs commis et députez, pour assister à l'audience et décision de sa matière; lequel nom et tiltre d'assistance est de telle condition que, quiconque assiste à autruy, faict la cause et matière sienne, et tacitement s'oblige à luy donner ayde et faveur, et jusques à prendre les armes pour luy en cas de dénégation et maligne dissimulation de justice* (année 1533[1])... Du Bellay refusa de s'inscrire au nombre des *assistants* du duc de Wurtemberg. *Car,* dit-il, *en Allemagne, quiconque assiste à une cause la fait sienne.* Il ne voulut y entrer que comme médiateur entre les parties[2]. Cette coutume se maintint moins longtemps en France; cependant on la retrouve encore dans les usages de la Vicomté d'Eau de Rouen :

La loi que l'on appelle Desramme, par la coutume de Normandie, est faite en plusieurs manières et plusieurs conditions, aucune fois par deux tesmoings, ou par trois, ou par quatre, ou par cinq, ou par six, ou par sept, et ne surmonte point le nombre de sept tesmoings par la Coutume de Normandie... Il fera escarie la loy en cette fourme, sa main estenduë sur le livre, et dira après cil, qui tendra les plés : Se Dieu m'ait et ses sains, l'argent que vous me demandez, je ne le vous dois pas, ou dira : Je ne le fis pas cen : et adont je dois lever sus du serement, et de partir s'en. Et dont les autres aideours, sans appeler et sans detrier, et qui ne

---

1. Martin Du Bellay, *Mém.*, XVIII, 210-1.
2. *Ibid.*, l. IV, p. 274.

soit subçonnés ne par prières, ne pas prins, ne doivent aproucher chascun pour soy au livre, la main estendue dessus, et puis dire l'escarissement en cette fourme : Du serment que N. a chi juré, sauf serment a juré, se Dieux m'ait et ses sains; et tel manière tous les autres doivent jurer [1].

L'esprit de parenté, très fort en Bretagne comme dans les clans d'Écosse, faisait un point d'honneur aux membres, même les plus éloignés, d'une famille, de se soutenir les uns les autres en guerre et en justice. Voyez dans Laurière, l'article *Fimport*, et (pour le Hainaut) l'article *Forjurer les facteurs* [2].

1. Ducange, II, 158.
2. Laurière, I, 484, 493. Voy. aussi Hévin, *Arrêts*.

CHAPITRE VII

ÉPREUVES. — DUEL

Il y a dans les Indes neuf sortes d'épreuves : la balance, le feu, l'eau, le poison, l'eau où l'on a lavé une idole, le riz, l'huile bouillante, le fer rouge, l'image de fer et d'argent. (Hastings, *Asiatic researches*, I; G. 935.)

Le poison est l'épreuve qu'on ordonne quand il y a vol de mille pièces; le feu, quand le vol est d'un quart au moins, ou de sept cent cinquante pièces; l'eau quand il est des trois quarts, ou de deux cent cinquante pièces, et la balance quand il y a vol de moitié, ou de sept cents pièces[1]. — Celui qui subit l'épreuve de l'eau froide demeure entre deux eaux tout le temps qu'il faut pour aller décocher une flèche et aller la reprendre. (G. 936.) — Les Indiens qui vinrent en Syrie, après le règne d'Hélagabal, racontaient à Bardasane, qu'il y avait, dans l'Inde, un étang

---

[1]. *Digest of Hindu law*, I, 504.

appelé l'Étang de l'Épreuve. L'accusé qui se soumet à cette épreuve doit entrer dans l'eau avec ses accusateurs; s'il y entre courageusement jusqu'aux genoux, il est innocent; il est coupable si, après s'être un peu avancé, il plonge jusqu'à la tête[1].

Les Juifs ont l'épreuve de l'eau amère : — Le prêtre conjurera la femme et dira : Si un homme étranger ne s'est point approché de vous et que vous ne vous soyez point souillée en quittant le lit de votre mari, ces eaux très amères que j'ai chargées de malédictions ne vous nuiront point. — Mais si vous vous êtes retirée de votre mari, et que vous vous soyez souillée en vous approchant d'un autre homme, ces malédictions tomberont sur vous. Que le Seigneur... fasse pourrir votre cuisse, que votre ventre enfle, et qu'il crève enfin. Et la femme répondra : Qu'il arrive ainsi, qu'il arrive ainsi ! Alors le prêtre écrira ces malédictions sur un livre, et il les effacera avec ces eaux très amères, chargées de malédictions. Et il les lui donnera à boire... Lorsqu'elle aura bu, si elle a été souillée, et qu'elle ait méprisé son mari, en se rendant coupable d'adultère, elle sera pénétrée par ces eaux de malédictions; son ventre enflera et sa cuisse pourrira... Que si elle n'a point été souillée, elle n'en ressentira aucun mal, et elle aura des enfants[2].

Le même usage règne, dit-on, parmi quelques peuples de l'Afrique occidentale. (Oldendorp, *Mission des Frères de l'Évangile chez les Caraïbes*, tome I). Les

---

1. Porphyr. ap. Stob., *ecl. phys.*
2. *Nombres*, c. V, § 19, 20-28.

Japonais ont de même un breuvage d'innocence. (G. 937).

Voici, dit Étienne de Byzance, un serment sacré : Celui qui jure écrit son serment sur une tablette, qu'il jette dans l'eau. Si le serment est sincère, la tablette surnage ; s'il ne l'est pas, elle disparaît, et celui qui jure est brûlé. (G. 934.) — Lorsqu'une femme est accusée d'amour, elle entre pour se laver dans une source d'eau. Or, cette source est petite, et ne monte que jusqu'au milieu de la jambe. On écrit le serment sur une tablette, on l'attache par une corde au cou de la femme ; si le serment est sincère, la source ne bouge pas ; s'il est faux, l'eau s'indigne, monte jusqu'au cou, et couvre ainsi la tablette. (Achille Tatius, *de Amor Clitoph.*, lib. 8, cap. 12 ; G. 934).

Une femme est accusée d'adultère par son mari ; elle nie longtemps le fait devant le juge, et, comme on ne peut la convaincre par son aveu, l'ordre est donné de la plonger dans l'eau. Le peuple accourt, on la mène sur le pont de la Saône, on lui attache avec une corde une pierre au cou, on la précipite, et le mari l'accompagne de ses injures : Va te laver dans les eaux profondes des souillures et des débauches dont tu as sali ma couche. Mais le Seigneur, qui dans sa bonté ne laisse pas souffrir les innocents, permit qu'il se trouvât sous les eaux une pointe (stilum), *qui accrocha la corde, soutin la femme, et l'empêcha de descendre au fond du fleuve* [1]. — Le bassin aura douze pieds de dimension en profondeur et vingt pieds de largeur dans tous les sens, et on le remplira d'eau jusqu'au bord. On

---

[1] Greg. Tur., *De glor. martyr.*, cap. 68, 69.

placera sur le tiers de cette fosse de forts bâtons et une forte charpente, pour porter le prêtre, les juges qui l'assisteront, l'homme qui doit entrer dans l'eau, et les deux ou trois autres qui doivent l'y faire descendre [1].

En général, l'épreuve de l'eau froide n'était en usage que pour le petit peuple. *On jetait souvent l'accusé dans une grande cuve pleine d'eau, après lui avoir lié la main droite au pied gauche et la main gauche au pied droit : s'il enfonçait, il était innocent ; s'il surnageait, il était coupable.* (G. 925.)

Cette épreuve, dont Louis-le-Débonnaire avait interdit l'usage en 829, reparaît dans le Moyen-âge, même en 1590 et en 1617, quoique le Parlement de Paris l'eût défendue par arrêt du 1er décembre 1601. Cette année, en 1836, dans la Prusse polonaise, le peuple de la presqu'île d'Héla, près de Dantzick, a soumis une vieille femme, suspecte de sorcellerie, à l'épreuve de l'eau. Elle a été plongée deux fois dans la mer et enfin assommée à coups de perches [2].

Deux prêtres, l'un arien, l'autre catholique, disputaient sur leurs croyances ; le dernier dit enfin à l'autre : A quoi bon ces longs discours ? prouvons la vérité de nos paroles par des faits. Qu'on fasse chauffer un vase d'airain, qu'on y jette un anneau ; celui de nous deux qui le retirera de l'eau bouillante aura gagné, et son adversaire se convertira à sa croyance, reconnue véritable. L'assemblée est remise au lendemain. La nuit porte conseil : le catholique se lève avec

---

1. Martène, II, 490. E. *Ancin règl. du monastère d'Utique, avant* 600 (?).
2. *Débats*, 27 août 1836.

l'aurore, se frotte le bras d'huile et le couvre d'un onguent. Vers la troisième heure, on se rassemble sur la place, le peuple accourt, le feu s'allume, on place dessus le vase d'airain, on jette un anneau dans l'eau bouillante. Le diacre invite l'hérétique à retirer l'anneau du liquide brûlant ; lui de refuser : Tu as fait la proposition, dit-il, c'est à toi de l'exécuter. Le diacre tremblant découvre alors le bras ; mais son adversaire voit les précautions qu'il a prises et s'écrie : C'est user de supercherie, l'épreuve ne peut se faire. Survient par hasard un prêtre de Ravenne, du nom de Jacenthe ; il s'informe de la cause de tout ce bruit, et sans hésiter il découvre son bras, et le plonge. Or, l'anneau était petit et léger, et l'eau l'emportait comme fait le vent d'une paille. Longtemps et à diverses reprises il chercha et ne trouva qu'au bout d'une heure. Cependant la chaleur du foyer redoublant, il ne ressentit rien dans sa chair et déclara au contraire que le vase était froid au fond, que seulement la surface était d'une chaleur tempérée. Ce voyant, l'hérétique tout confus plongea audacieusement la main dans le vase et dit : Ma foi m'en fera faire autant. Il plongea en effet, mais sa chair tout entière fut brûlée jusqu'aux jointures des os. (Greg. Tur.; G. 920-921.)

Au nom de Dieu, et par l'ordre de l'archevêque et de tous nos évêques, nous disposons, quant à l'ordalie, que personne n'entre à l'église lorsque l'on aura apporté le feu du jugement, si ce n'est le prêtre et celui qui doit se présenter. Il y aura neuf pieds, mesure du pied de celui qui doit passer en jugement, de la marque à la barre. Si c'est un jugement par l'eau, elle devra être chauffée jusqu'à ébullition, et le vase (*alfetum*) sera de fer, de cuivre, de plomb ou d'argile... Puis, quand le jugement sera disposé, les deux hommes entreront de deux côtés, et ils s'assureront de la chaleur de l'eau, et ils y entreront des deux côtés... Et ils seront à jeun, et ils ne devront pas avoir visité leurs épouses cette nuit... Et personne ne devra allumer le feu avant que la bénédiction n'ait commencé, mais on laissera le fer sur les charbons jusqu'à la dernière Collecte... Et l'accusé boira l'eau bénite... Et on en arrosera la main qui doit être soumise à l'épreuve[1].

Au Thibet, l'épreuve se fait ainsi qu'il suit : On jette deux pierres, l'une blanche, l'autre noire, dans l'eau bouillante ; les deux parties y plongent le bras en même temps ; et celui qui retire la pierre blanche l'emporte. (G. 336.) — Selon certaines lois, quand l'innocence de la partie accusée est prouvée, l'accusateur subit pour ainsi dire une contre-épreuve ; on lui fait mettre les mains dans le vase ; s'il les en retire brûlées, on le plonge dans un marais. (G. 923.)

L'épreuve du feu et du fer rouge était connue des Grecs : — Nous étions tout prêts à saisir de nos mains des fers rouges, à passer par le feu et à prendre les dieux à témoins que nous n'avons pas fait cette chose, que nous n'étions pas de complicité avec celui qui l'a méditée ou qui l'a faite. (Sophocle, *Antig.*, 264.) — De même chez les Byzantins. (G. 934.) — *Loi des Ripuaires : Si le serf, ayant mis la main au feu, l'en retire brûlée, son maître sera jugé coupable du vol dont on accuse le serf.* (G. 912.) — Quel-

---

1. Martène, II, 931, *Lois anglo-saxonnes*, année 928.

quefois le prévenu traverse le bûcher en chemise. Dans quelques traditions, la chemise est même de cire. (G. 912.)

Dans les épreuves indiennes, l'accusé va nu-pieds par le feu... Si l'épreuve est celle du fer rouge, on fait passer le fer par neuf cercles, et au neuvième le fer doit encore être assez chaud pour brûler l'herbe qui s'y trouve. — En Irlande, lorsque la flamme du cairn était éteinte, un des chefs prenait les entrailles de la victime, et passait trois fois pieds nus sur des charbons ardents, pour remettre les entrailles au druide, placé en face de l'autel. (G. 935.) — *A Cambrai, ville épiscopale, on a pris, en moins des cinq dernières années, plusieurs hérétiques, qui tous, par crainte de la mort, nièrent leur crime. Un clerc fut alors envoyé par l'évêque, lequel devait éprouver par le fer rouge ceux qui niaient ainsi, et déclarer hérétiques ceux qui seraient brûlés; ils furent tous éprouvés et tous brûlés* [1]. — Il fit apporter un fer rouge en forme de gant, et il y mit le bras jusqu'au coude, puis le jeta aux pieds du prince, faisant voir que sa main n'avait été atteinte d'aucun côté. (G. 919.) — Ladite femme fera nu-pieds sur des socs brûlants quatre pas pour son compte, cinq pour l'évêque ; si elle bronche, si elle ne porte pas de plain-pied sur chaque soc, si elle est blessée le moins du monde, qu'on la déclare adultère et prostituée. (*Ann. Winton. eccles.;* Duc., verb. *Vomeres*). — Ce disant (Kunégonde épouse de l'empereur Henri II), en présence de tous les assistants stupéfaits et versant des larmes, elle

---

1. Cœsar *Heisterb.*, III, 16, année 1200.

marcha pieds nus sur des socs enflammés, et cela sans souffrir la moindre atteinte. (*Auct. vit. Henric.*, ap. Canisium, 6, 387; G. 914).

A côté de ces épreuves de l'EAU et du FEU, plaçons celle de la TERRE, qui semble particulière aux Scandinaves. Ceux qui juraient se plaçaient sous une bande de gazon soulevée de terre (Voyez plus haut le chapitre intitulé COMMUNION, FRATERNITÉ). Si le gazon tombait sur eux, ils étaient considérés comme parjures. Il y avait quelque humiliation à subir cette épreuve [1].

Dans les traditions populaires, lorsque le parjure fait son serment, les doigts lui noircissent; la relique saisit et retient sa main. A Rome, il y avait une Bocca della verità, où celui qui jurait devait mettre la main, et qui mordait le parjure. Dans le *Roman de Renart*, on exige de lui qu'il jure *sur les dents d'un saint*; un chien, faisant le mort, veut *saisir* la patte de Renard, mais celui-ci s'aperçoit de la fraude. Dans l'*Edda*, Tur est obligé d'enfoncer la main droite dans la gueule du loup Fenrir, qui, se voyant dupé, arrache la main avec ses dents.

Si l'accusateur veut soutenir qu'il y a parjure, qu'ils se tiennent près de la croix. (Capit., a. 779.) — Lothaire Ier défendit cette épreuve : *Il a été déclaré que personne désormais n'oserait faire une épreuve par la croix, de peur que quelque inconsidération ne fît mépriser la Passion du Christ.*

---

1. P.-E. Müller, Laxdæla Saga, p. 59 (1826), et Arngrimus Jonæ in Crymogæ, p. 101-2 add. Arnesens islandske rettergang, foroeget af J. Erichesen 5-7, et 5-233-5.

Capitulaires : *Tu m'as enlevé ce que tu dois me rendre ; et le prévenu doit répondre : Je ne l'ai pas pris et je n'ai rien à rendre. Et la dette réclamée une seconde fois, il doit poursuivre ainsi : Eh bien! élevons nos mains, pour le juste jugement de Dieu! Et tous deux alors lèvent leurs mains droites au ciel.* (G. 928.)

Quand une femme veut faire reconnaître son fils, qu'elle vienne avec lui à l'église où le père présumé a sa sépulture, qu'elle aille à l'autel et place sa main droite sur l'autel et sur les sacrées reliques, sa main gauche sur la tête de l'enfant, et alors qu'elle jure en présence de Dieu, de l'autel, des reliques et par le baptême de l'enfant, qu'aucune personne n'a eu affaire à elle, sinon l'homme qu'elle nomme le père[1].

... Tel était le soupçon qui planait sur lui, qu'il fut écroué à Willisau, sans cependant être torturé. Mais le soupçon était si fort qu'on décida qu'il fallait déterrer la femme qui, depuis vingt jours, était étendue dans le cimetière d'Ettiswill ; qu'on la transporterait sur une bière ; qu'on le ferait, lui, passer dessus, nu et tondu ; que là, on lui ferait poser la main dessus, et qu'on lui ferait prêter serment solennel par Dieu et ses saints qu'il n'avait contribué en rien à cette mort. Et lorsque ce triste spectacle si cruel à voir fut disposé, plus il avança vers elle, plus elle vomit l'écume ; et lorsqu'il eut assez approché et qu'il dut prononcer le serment, elle changea de couleur, commençant à saigner de telle manière que cela coulait à terre, à travers la bière. Alors ses genoux fléchirent, et il reconnut publique-

---

1. Probert, p. 199

ment son crime. (*Chronique de Berne*, d'Anselme, année 1503; G. 931; voy. Jean de Müller, V, 198[1].)

Dans un fabliau français : *Les blessures saignent, lorsque vient à passer près de la bière le troupeau de brebis dans lequel se trouvait le bélier qui avait poussé le mort.* (Legrand, III, 407, 408). — On plaçait quelquefois dans la bouche du prévenu un morceau de pain ou de fromage, ou bien une hostie. (G. 931.) — Le jeûne est encore une épreuve ecclésiastique : — Si quelqu'un a été pris pour vol, et qu'il nie le fait, il se rendra le mardi soir à l'église, en habit de laine et nu-pieds ; et là il demeurera jusqu'au samedi sous une garde légale. Il observera un jeûne de trois jours, ne se nourrissant que de pain azyme fait d'orge pur, d'eau, de sel et de cresson d'eau. La mesure d'orge, pour chaque jour, sera telle, qu'on puisse la prendre en joignant les deux mains; du cresson il y en aura une poignée, et du sel autant qu'il en faudra pour ces aliments. (Ancien règlement du monastère d'Utique, antérieur à l'an 600[2].) — Dans la grande querelle suscitée par Bérenger, Grégoire VII ordonna, dit-on, un jeûne, pour savoir de la Sainte Vierge si Bérenger avait raison[3].

On trouve dans les éphémérides géographiques, t. XLVI (1815), p. 375-6, un usage remarquable du village de Mandeure, près Montbéliard. Lorsqu'un vol avait été commis, tous les habitants étaient invités à comparaître le dimanche après les vêpres au

---

1. Voyez aussi les *Niebelungen*, 984-6, *le Cid* de Corneille, et Shakespeare, *Richard III*.
2. Martène, II, 938, D.
3. Benno, *De vita Hildebr.*, lib. I, in Gold. apol., p. 3.

lieu du jugement. Un des maires sommait le voleur de restituer, et d'éviter la société des honnêtes gens pour six mois. Si le coupable ne se montrait pas, on en venait à ce qu'on appelait la Décision du bâton. Les deux maires tenaient un bâton assez haut pour qu'un homme pût passer dessous. Tous devaient y passer. Il n'y avait pas d'exemple que le coupable l'eût osé ; il restait seul et se trouvait découvert. S'il eût passé et qu'ensuite on l'eût reconnu coupable, personne ne lui aurait jamais parlé, tous l'auraient fui comme une bête sauvage.

Les Indiens croient qu'une vierge peut serrer l'eau en pelote, ou la porter dans un tamis. A Rome, une vestale se justifia en subissant cette dernière épreuve ; une autre, en attirant par sa ceinture le vaisseau qui avait apporté d'Asie la statue de la bonne déesse. Selon Eustathe, il y avait une source qui ne se troublait pas lorsqu'une fille encore vierge y entrait, mais qui devenait trouble si la fille n'avait plus sa virginité.

C'était une croyance populaire en Autriche, qu'une fille était vierge quand elle pouvait d'un souffle éteindre la chandelle et d'un autre la rallumer. (G. 932-3). Dans le comté de Kent, si l'enfant posthume criait au moment de la naissance, la veuve était jugée infidèle [1].

Le duel est encore une épreuve. Pendant tout le Moyen-âge, la jurisprudence flotte entre le duel et l'épreuve, selon que l'esprit militaire et sacerdotal l'emporte alternativement. (Voyez les observations

---

1. *Logan*, I, 190.

ingénieuses et paradoxales de Montesquieu en faveur du duel judiciaire).

Le duel, désapprouvé par Constantin et par Théodoric, l'est de même par Luitprand, qui regrette de ne pouvoir l'abolir, *propter consuetudinem gentis*. Au Moyen-âge, le serment et les ordalies étant trop souvent suspectes, les guerriers préféraient le duel. Saint Louis et Frédéric II le défendirent dès le treizième siècle. Le dernier ordonné en France fut celui de Jarnac et la Châtaigneraie, en présence d'Henri II. En Angleterre, nous avons vu, en 1819, un certain Thornton, accusé par le frère d'une jeune fille de l'avoir tuée, offrir le duel au frère, conformément à la vieille loi barbare qui n'était pas abrogée. Elle le fut à cette occasion par le Parlement[1].

Une trop mauvese couslume souloit courre enchiennement, si comme nous avons entendu des seigneurs de lois, car li aucuns si louoient campions, en tele maniere que il se devoient combatre pour toutes les querelles que il aroient a fere ou bonnes ou mauveses[2].

Quand aucun a passé âge comme de soixante ans, ou qu'il est débilité d'aucun membre, il n'est pas habile à combattre. Et pour ce fut établi que s'il étoit accusé d'aucun cas qui par gage de bataille se deut terminer, qu'il pourroit mettre champion qui feroit le fait pour lui, à ses périls et dépends, et pour ce fut constitué et établi homage de foy et de service. Et en souloit-on

---

1. Taillandier, *Lois pénales d'Angleterre et de France*.
2. Beaumanoir, p. 203.

anciennement plus user que l'on ne fait, car on combattoit pour plus de cas, qu'on ne fait pour le présent... Et doit l'en savoir, que quand un champion faisoit gaige de bataille pour aucun autre accusé d'aucun crime, si le champion estoit desconfit, feust par soi rendant en champ, ou autrement, cil pour qui il combattoit estoit pendu, et forfaisoit tous ses biens et meubles et héritages, ainsi que la coutume déclaire, aussi bien comé cil propre eut été déconfit en champ; et le champion n'avoit nul mal et ne forfaisoit rien, etc.[1].

L'en fait suite d'assaut et de paix brisée en diverses manières, selon la diversité des lieux : car l'en fait d'Assault de charuë, d'Assault de chemin, d'Assault de maison, d'Assault de champ, etc.[2].

Les duels judiciaires deviennent rares au quatorzième siècle. Ils sont dès lors remarqués par les historiens comme des événements singuliers. (Voyez dans Froissart l'histoire dramatique de Jean de Carouge et de Jacques-le-Gris[3]).

En cet an (1405) *fut fait en la ville de Quesnoy un Champ mortel entre deux gentilshommes du pays de Hainaut et du pays de Flandre. Bornette tenait que Sohier avait tué un sien parent. Pour lequel cas, le duc Guillaume, comte de Hainaut, livra lices à ses dépens, selon la coutume. Après les lances vinrent aux épées ; mais ledit Bornette vainquit assez brièvement son adversaire qui confessa le cas et fut décapité. Ledit*

---

1. Ducange, II, 1168, vieille glose sur l'*Ancienne Coutume de Normandie.*
2. Duc., I, 161; *Vieille coutume de Norm.*, c. 75.
3. Froissart, éd. Dacier-Buchon, X, 276, et Appendice.

vainqueur fut généralement de tous les seigneurs honoré et conjoui[1].

En 1538, un duel solennel eut lieu par-devant le roi entre deux gentilshommes dont l'un accusait l'autre d'avoir fui à la bataille de Pavie : *Après s'être quelque temps battus de leurs épées, ils les jetèrent et se prirent au corps, la daguette au poing; mais le roi jeta son bâton* [2].

Le vieux duc Arnould de Gueldre jeta le gant à son indigne fils, qui l'avait si cruellement traité[3]. *Est notable encore le combat du chevalier Machaire et du lévrier de défunt Aubry de Montdidier* [4].

1. *Monstrelet*, I, 153.
2. *Martin Du Bellay*, XXI, 291.
3. Voy. cette tragique histoire dans le récit de M. de Barante, *Ducs de Bourgogne*.
4. Ragueau, apud Laurière, I, 261.

CHAPITRE VIII

ANIMAUX COMPARAISSANT EN JUSTICE, COMME ACCUSÉS
OU COMME TÉMOINS

Si un bœuf frappe de la corne un homme ou une femme et qu'ils meurent, le bœuf sera lapidé, et on ne mangera point de sa chair; le maître du bœuf sera jugé innocent[1].

Loi des Douze Tables : Si un animal a causé dommage, que le maître offre l'estimation; sinon, qu'il donne ce qui a nui (*Si quadrupes pauperiem fecerit, dominus noxæ æstimationem offerto; si nolit, quod nocuit dato.*) — De même chez les Grecs : Remettre lié d'une quadruple corde, le chien qui a mordu. (Plut., in *Solon.*; G. 664.)

Loi des Burgundes : Si, parmi des animaux, un cheval a tué un cheval, si un bœuf a frappé un bœuf, ou si un chien a mordu de telle sorte que l'animal blessé ne puisse plus travailler (debilitetur), *qu'on libre le premier animal ou le chien qui paraît avoir causé le dommage à*

---

1. *Exod.*, c. 21, § 28.

celui qui l'a éprouvé. — *Loi des Allemands* (G. 665) : Si un homme est tué par le chien d'un autre, le maître du chien doit payer la moitié de la composition. Si l'héritier demande la composition entière, on lui fermera ses portes, de sorte qu'il n'entre et ne sorte que par une seule. Alors on pendra le chien à neuf pieds au-dessus du seuil, et on le laissera jusqu'à ce qu'il pourrisse en entier, qu'il tombe de putréfaction et que ses ossements y restent ; et l'héritier ne sortira, ni entrera par aucune autre porte ; s'il jetait le chien loin de cet endroit, et qu'il entrât par une autre porte, il rendrait la moitié de la composition.

De même dans le Nord, le maître d'un serf qui avait commis un meurtre était tenu de payer la totalité des quarante marcs de la composition ; s'il ne payait pas, on pendait le serf au-dessus de sa porte, jusqu'à ce qu'il pourrît et tombât : s'il détachait le serf, il devait payer les quarante marcs. (G. 665.)

… Les oies n'ont aucun droit, sinon autant qu'elles peuvent avancer le cou entre deux planches. Si elles allaient plus loin, il faudrait sur la place les pendre par le cou. Si l'endroit n'était pas convenable pour cela, il faudrait fendre un bâton blanc, et le pendre par le cou entre les deux branches ; et si alors quelqu'un venait blâmant le jugement de notre seigneur, il aurait *délinqué* comme le plus grand *délinquant*. (G. 137.)

Voyez plus haut le bélier coupable de meurtre (p. 405), et la composition du chien, du chat et du cygne (p. 418).

Si un homme qui vit seul et sans serviteurs, est

attaqué, après l'*Ave Maria*, par un assassin, et qu'il parvienne à tuer le brigand, il prendra trois brins du toit de chaume, de plus son chien qu'il détachera (ou bien la chatte au foyer, le coq à l'échelle du poulailler), et il les amènera devant le juge ; là il jurera, et sera déclaré non coupable du meurtre. (Jean de Müller, III, 258 ; G. 556.)

On trouve un exemple remarquable d'animaux cités comme témoins dans les *Contes* du jésuite Masenius, qui n'a fait probablement que reproduire une tradition populaire. Le singe, le lion et le serpent viennent déposer devant les Inquisiteurs d'État, en faveur de celui qui les a tirés de la fosse [1].

1. Masenius, *Palestra dramatica*. 1657. Coloniæ. Voyez l'extrait qu'en a donné M. Saint-Marc Girardin.

CHAPITRE IX

AVEU. — APPEL. — CLOTURE DU JUGEMENT

Avant de prononcer la sentence, on exige souvent l'aveu de l'accusé. C'était la coutume à Genève (comme encore aujourd'hui, je crois, en Autriche et en Suède) de ne point prononcer d'arrêt de mort si l'accusé ne confessait le crime.

... *Un fameux voleur, nommé Mortel, qui toujours échappa, parce qu'on ne condamnoit personne s'il n'avouoit lui-même, et qu'il résistoit à toutes les tortures* [1].

En vertu du même principe qui exige l'aveu du condamné, il peut aussi, dans la jurisprudence allemande, *blâmer* la sentence, et *trouver* (finden) un meilleur jugement : « La sentence qui a été trouvée contre moi, je la critique; car elle est inique, et je veux en trouver une qui soit plus équitable; et je prie le juré dont je critique la sentence de se lever. »

1. Spon., *Hist. de Genève,* année 1502, p. 106-8.

Un tiers étranger à l'affaire, un simple assistant ayant capacité pour devenir juré pouvait aussi critiquer la sentence :... — S'il critique le jugement dans son contenu, qu'il prie le *banc* d'en trouver un autre; et celui qui a trouvé la sentence doit se lever, et l'autre s'asseoir en sa place et trouver celui qui lui paraîtra juste. Si quelqu'un blâme une décision émanée du conseil, et qu'il ne trouve pas mieux, il est tenu de payer à chacun des membres du conseil cinq schellings, et de lui demeurer soumis aussi longtemps que l'exige l'antique usage. (G. 865.)

Le droit féodal permet à celui qui se trouve mal jugé d'appeler successivement en combat singulier tous les juges qui ont opiné contre lui : *Quant aucuns apele de faux jugement, et il atant tant que li jugemens est prononciés et que tuit li hommes se sont accordé au jugement, et li apeliers dit après : Chis jugemens est faus et mauves, et pour tel le ferai en la cour des chcens, ou là où droit mc morra. En tele maniere d'apel il convenroit que il se combatist tout seus encontre tous les houmes, se tuit li houmes offroient à fere le jugement bon. — Se il avenoit que chil qui vouroit apeler de faux jugement, se hastoit si d'apeler que il ne se feussent pas accordés au jugement, fors deux ou trois ou plus, et non pas tous les houmes, et il apeloit en le manière que il est dit dessus, il convenroit que il se combatist à tous chaus* (ceux) *qui se seroient accordé au jugement, et non pas à chaus qui n'auroient pas encore dit leur acort dou jugement*[1].

---

1. Beaumanoir, ch. LXI, p. 3|3.

Voyez plus bas, au chapitre *Proscription*, quelques exemples de sentences.

La sentence rendue, l'appel reçu, le tribunal est clos. Alors le juge descend du siège et se délasse de sa gravité. Un repas lui est servi. Cette partie des droits du juge est réglée avec une complaisance particulière dans la jurisprudence allemande : — Au jugement du Vogt, il y aura : Linge blanc, verres blancs, blanc manger, blanches chandelles, draps blancs au lit; le tout en suffisance; enfin un feu de bois sec, sans fumée... — Le juge forestier a droit au siège supérieur, à une blanche nappe, à un petit pain blanc et à un verre blanc. Quand le seigneur de Greifensée vient pour tenir la cour de l'année, le Meier doit aller à sa rencontre jusqu'à Tettenbach, et lui apporter un verre de vin rouge pour lui, un quart d'avoine pour son cheval; il doit ensuite l'inviter à siéger. (G. 69.) — S'il se trouve dans le village susdit deux tavernes où l'on boive du vin, les jurés auront le meilleur des deux. Si on boit de trois sortes de vins dans trois tavernes, ils devront avoir le vin de moyenne qualité. Si on boit d'un seul vin dans une seule taverne, c'est ce vin-là qu'ils auront. — Devra aussi, notre honorable dame de Marienthal, chaque année, le premier mardi après le dix-huitième jour, préparer au tribunal un déjeuner. Les verres et les plats dans lesquels on boira et mangera ce jour-là seront neufs, et chaque juré sera assis sur un coussin, et il aura avec lui un garçon à qui il sera fait comme aux jurés, et en ce jour, nul, excepté le tribunal et le bailli ne pourra se trouver dans la chambre. (G. 870.)

... L'audience tenue, ceux qui ont prononcé la sentence pourront entrer dans une auberge pour faire un bon repas que le saint (le patron du chapitre) payera. (Il paraît que la bourse du saint était alimentée par les amendes) : Tout ce qui revient desdites amendes sera consommé sous les tilleuls par les seigneurs et gens de la Marche réunis. — Dans le nord de l'Allemagne, l'amende était souvent d'une tonne de bière : — Et si telle était la foule qu'on ne pût approcher du bondon, on défoncera le tonneau d'un côté, et on le placera sur l'autre; puis on mettra des écuelles, afin que chacun puisse boire. (G. 871.)

CHAPITRE X

COMPOSITION

La loi juive n'admet pas la composition pour l'homicide : « Vous ne recevrez point d'argent de celui qui veut se racheter de la mort qu'il a méritée, pour avoir répandu le sang ; il mourra lui-même [1]. »

La composition est surtout germanique : — Qui a des poings peut frapper ; qui a bien et argent peut payer, dit le proverbe frison [2].

Les différences de composition indiquent avec précision les divers degrés de la hiérarchie sociale. Voyez, sur cet important sujet, les rapprochements ingénieux de M. Grimm. Nous donnons plus bas le beau texte *De Chrenecruda*.

Loi des Ripuaires : Si un esclave en frappe un autre, ce n'est rien (nihil est). *Seulement, pour la paix, il payera une composition de quatre deniers.*

---

1. *Nombres*, § 31, c. 35.
2. Wiarda. Pfister, *Hist. d'Allem.*, II, 33.

Le roi des Visigoths, Alaric, et le roi des Francs, Clovis, voulurent après de longs différends conclure la paix. On convient d'une conférence; mais les Goths y viennent armés secrètement. Paternus, l'envoyé des Francs, vit en cela un complot contre la vie de Clovis, et il se plaignit. Il fut entendu alors que la décision de la chose serait soumise au roi des Ostrogoths, Théodoric. Et telle fut cette décision : Un envoyé des Francs devait se présenter à cheval et la lance droite, devant le palais d'Alaric; Alaric et les Goths devaient alors jeter des pièces d'argent jusqu'à ce qu'ils en eussent couvert l'envoyé et son cheval, jusqu'à la pointe de la lance. (Frédégaire, ou Excerpta d'*Idiatus*, c. 60; *D. Bouquet,* 2,463; G. 672.)

... Je pose cette question : un maître de maison a un bon chien, et quelqu'un le met méchamment à mort; quelle sera la composition? Réponse : *On pendra le chien mort par la queue, de sorte que le nez de l'animal touche la terre, et dans cette position on répandra sur lui du froment rouge jusqu'à ce qu'il en soit couvert : ce sera là sa composition.* (G. 668.) — Si quelqu'un a tué ou soustrait le chat gardien d'un grenier, qu'on pende le chat en l'air par la queue, de manière que la tête aille toucher la terre unie et propre; qu'on répande sur lui des grains de blé jusqu'à ce que le bout de la queue en soit couvert. — En Angleterre, celui qui tuait un cygne devait le pendre par le bec et le couvrir de grains. (Wotton, 3, 5.) — Le même usage se retrouve chez les Arabes. — Dans le nord, on doit remettre à celui dont le bœuf a été volé la peau de l'animal remplie de farine. (G. 670.)

Hreidmar avait trois fils, Fafnir, Otr et Reginn. Otr prit la forme d'une loutre (conformément à son nom, otter), et il plongea dans le fleuve pour y prendre des poissons. Un jour qu'assis sur le rivage il mangeait un saumon en clignant de l'œil, les trois Ases voyageurs, Odin, Loki et Hoenir, vinrent à passer. Loki, voyant la loutre, prit une pierre et la tua. Sur le soir, les voyageurs se retirent justement dans la maison de Hreidmar, et, ne sachant pas qu'Otr lui tînt de si près, ils lui montrent leur capture. Hreidmar et ses fils reconnaissent la peau ; ils saisissent les Ases et leur demandent la rançon suivante : La peau devait être remplie à l'intérieur d'or rouge, et à l'extérieur couverte d'or. Les Ases envoyèrent Loki pour chercher de l'or. L'opération terminée, Hreidmar examine le monceau d'or ; il restait un poil de barbe qui n'était pas couvert ; il exige qu'il le soit. L'or était épuisé ; il fallut qu'Odin se défît d'une bague précieuse pour couvrir le poil qui passait. (G. 670.)

Couvrir d'or (χρυσῷ ἐρύσασθαι, *Illiad.*, XXII, 351). Donner le même poids en or, dans un chant espagnol : Si tu lo tienes preso, a oro lo pesaran. (G. 673.) Dans le poème des *Quatre fils Aimon*, Charles propose à Aimon de lui payer, pour le meurtre de son cousin Hugo, *neuf fois son pesant d'or*. Quand Renaud a tué Louis, le fils du roi, il lui offre de le payer *neuf fois en or*. Il propose aussi de faire fondre en or un homme de la taille de Louis ; ce qui fera neuf fois la composition. (*Ibidem.*)

Chararic, roi des Suèves, avait un fils malade ; ayant ouï parler de la vertu dont les ossements de saint Martin étaient doués, il fit peser le poids de son fils en or et en argent, et envoya cette somme au saint lieu. (Greg. Tur., *De mir S. Martini*, I, 11; G. 674.) — Une femme dont la fille venait de se noyer, fait ce vœu : *Saint Loys, rent moi ma fille, et je la contrepeserai de froment.* Une autre, ayant été guérie d'un mal de jambe en invoquant saint Louis, fit porter à son tombeau *une jambe de cire*. — Des malades, guéris par l'invocation d'un saint, font porter à son tombeau *une chandèle de cire de leur longueur*[1].

... A la première fête solennelle, cent des bourgeois excommuniés, nu-pieds, sans robe ni ceinture, marchèrent processionnellement, la croix en tête, depuis le bas de la montagne de Laon jusqu'à la cathédrale. Trois d'entre eux portaient dans leurs bras des figures d'hommes en cire du poids de vingt livres, qu'ils remirent au doyen et aux chanoines, en signe de restitution. (Hist. du diocèse de Laon, p. 308-9[2].)

Si quelqu'un tue un évêque, qu'on fasse une tunique de plomb à sa taille, qu'il donne ensuite autant d'or qu'elle pèsera; s'il n'a pas d'or, qu'il donne toute autre monnaie, des esclaves, des terres, des fermes, en un mot tout ce qu'il aura, jusqu'à ce qu'il ait acquitté la dette. Et si enfin il n'a pas assez, qu'il se donne lui, son épouse et ses enfants, en servitude à l'église jusqu'à ce qu'il puisse se racheter. (G. 674.)

---

1. *Miracles de saint Loys*, p. 405, 434, 496, etc.
2. Aug. Thierry, *Lettre* 18, p. 354.

Le parricide devra se racheter en donnant tout son pesant d'or, ou deux fois son pesant d'argent. (Micralius le Poméranien, année 980.)

On peut refuser la composition : — Je ne veux pas, dit un père, porter mon fils mort dans ma bourse. (G. 647.) — Alors il y a guerre. Le parent peut tuer impunément le meurtrier banni de son parent. En signe de composition, il met quelque monnaie ou la tête d'un coq sur le cadave du meurtrier. (G. 679). — Si quelqu'un fait violence à un autre sur son propre bien, le maître de la maison peut le tuer; il creusera un trou sur le seuil de la maison, y traînera le malfaiteur et lui mettra un kreutzer (petite monnaie) sur la poitrine, ou, s'il ne peut en trouver, qu'il coupe la tête au coq et la lui mette sur la poitrine : ce sera sa composition. (G. 679-680.)

Le journalier aura pour composition une paire de gants de laine et une fourche à fumier. Les enfants de prêtre et les bâtards auront une charrette de foin que deux bœufs d'un an puissent tirer. Les baladins et toutes gens qui se font serfs n'auront que l'ombre d'un homme. Les duellistes à gages n'auront, eux et leurs enfants, pour toute composition que le reflet d'un bouclier au soleil. Deux balais, une paire de ciseaux, seront la composition de ceux qui s'adonnent au vol. (G. 677-678.)

Selon le droit de la Souabe, les baladins, ceux qui prennent l'argent pour l'honneur et qui se font serfs, auront pour composition l'ombre d'un homme au soleil, c'est-à-dire que celui qui leur a fait tort se mettra contre un mur où le soleil donne; l'offensé ira droit à l'ombre et la frappera à la place du cou. (G. 678.)

Lois de Galles : L'amende pour qui insulte le roi d'Aberfraw (village principal de l'île d'Anglesea) sera payée comme il suit : Cent vaches de chaque hundred de sa juridiction, une baguette d'or aussi haute que lui et aussi épaisse que son petit doigt, un plat d'or aussi large que sa face et aussi épais que l'ongle d'un laboureur qui a été laboureur pendant sept ans. L'or n'est payé qu'au roi d'Aberfraw. — La reine peut être insultée de trois manières : en violant la protection qu'elle donne, en la frappant et en lui arrachant quelque chose de la main. L'amende pour l'insulte faite à la reine est le tiers de celle du roi, et elle n'est pas exigible en or ni en argent. — ... Voici les trois cas dans lesquels il ne doit rien être payé pour le sang : sang de la dent, sang de la gale, sang qui vient du nez. Pour avoir arraché des cheveux blancs, il sera payé un penny par chaque doigt qui sera entré dans les cheveux et deux pour le pouce[1].

1. Probert, p. 90, 209, 54.

CHAPITRE XI

EXÉCUTION

Le coupable condamné va être ôté de ce monde, dont il trouble l'ordre et la paix. Les législations barbares ont déployé dans l'invention des peines une effroyable poésie. Ne parlons pas des supplices mythiques de Prométhée, d'Ixion, des Danaïdes, du Loki scandinave, etc.

Le coupable peut périr, ou par les éléments, ou par le fer et la main de l'homme.

Par les éléments : L'Air. — Le gibet est l'instrument de mort le plus ordinaire. Les synonymes du mot *Pendre* sont fort nombreux : Pendre jusqu'à mort, Ravir à la terre, Vouer aux oiseaux, Confier à l'air, assez haut pour qu'un cavalier, le casque haut, puisse dessous passer à cheval. On trouve encore : Chevaucher dans l'air, Travailler le gibet, Chevaucher l'arbre sec. — Si quelqu'un est condamné à être pendu, qu'on le mène à un arbre vert, qu'on l'attache par le meilleur de son cou, de sorte que le vent batte dessus et dessous, que trois jours durant le soleil et le jour l'y voient ; qu'alors enfin on le détache et l'enterre. — Le roi Frode ordonna que le voleur fût conduit au gibet, et qu'on attachât à ses côtés un loup vivant, pour qu'il le déchirât de mille manières[1]. — Jusqu'au quatorzième siècle, on pendait les Juifs entre deux chiens, et la tête en bas. — On suspendait près du braconnier le bois d'un cerf. (G. 68-6.)

Eau. — *Ayant fait saisir la jeune fille par sa chevelure, il la fit jeter à terre, et quand elle eut été foulée aux pieds, il ordonna qu'on la dépouillât et qu'on la plongeât dans une cuve.* (Greg. Tur., 5-38.) — *L'ayant fait placer dans une litière attelée de bœufs indomptés, elle la fit précipiter du haut du pont.* (Greg. Tur., 3-26.) *Ayant fait mettre la sœur de Bernard, qui était une nonne, dans un tonneau, il la fit précipiter dans la Saône.* (Ann. Bertin. ad ann. 834 ; Pertz, 1, 428 ; G. 696.) — On sait que sous les Valois rien n'était plus commun que de faire coudre les condamnés dans un sac pour les jeter à la rivière. *Laissez passer la justice du roi.* Sous Charles VII, un bâtard de la maison de Bourbon périt de ce supplice.

A Rome, le parricide était noyé dans un sac, avec un chien, un coq, une vipère et un singe. Cicéron dit expressément, et sans doute d'après

---

1. *Fuero d'Aragon*, an. 1247 : On le mettra tout nu, on lui pendra au col par derrière un chat, on le mènera ainsi d'une porte de la ville à l'autre, en le battant de courroies, de manière que le brigand et le chat soient également frappés. *Fori Oscæ, Jacobi I.* Même supplice en Écosse. *Statuta Alex. II, regis Scotiæ,* Ducange, IV, verbo *Murilegus.*

quelque tradition antique, qu'on voulait isoler le coupable du contact de tous les éléments qu'il aurait souillés[1]. On trouve des dispositions analogues dans les lois allemandes.

Par un nouveau genre de mort, il fut lancé à la source de la rivière de Ferentinum; une claie fut jetée dessus, et des pierres entassées pour qu'il enfonçât. (Tit.-Liv., I, 51.) — Voyez aussi la mort de Posthumius, qui faisait noyer ses soldats sous la claie[2]. — *Loi des Burgundes* : Si une femme abandonne l'époux auquel on l'a légitimement unie, qu'elle meure dans la boue. (G. 695.) — ... Les lâches, les hommes faibles, ceux qui prostituent leur corps, ils les plongent dans la fange et la boue, et ils jettent une claie par-dessus. (Tacit., *Germ.*, c. 12.)

Feu. — Dans le feu tu chevaucheras; ton corps au feu, à la fumée ta chevelure... (G. 41, 700.) — Voyez plus haut les supplices de ceux qui ont violé les droits de la Marche.

Le feu est un des principaux moyens d'épreuve et de torture. Dans l'*Edda*, le roi Geirrœdr fait prendre un étranger suspect, du nom de Grimner, que les chiens n'osent attaquer. Et comme il ne répond à aucune question, le roi éprouve sa constance par le feu. Grimner demeure huit jours durant silencieux entre deux flammes, jusqu'à ce qu'elles le gagnent et que son manteau commence à brûler; alors il élève la voix, mais c'est pour conjurer la flamme. (Sœm.;

---

[1]. Cic., *Pro Roscio Amerino*.
[2]. Tit.-Liv., anno 412 av. J.-C.

G. 700.) — Voyez Crésus dans *Hérodote*, et dans la *Bible* les jeunes hommes jetés dans la fournaise ardente.

Au quatorzième siècle, dans l'époque la plus cruelle de la tyrannie fiscale, l'eau et le feu sont employés à la fois pour le supplice des faux monnayeurs ; ils sont *bouillis tous vifs.* — ... *Depuis, icellui Mesnagier ait été pris par notre bailli de Coustentin et par icellui pour ladite cause, sa confession oye, condempné à mort et à estre bouli... Et quant ledit Mesnagier fu mis en la chaudière*[1], etc. — La coutume de Bretagne, réformée en 1580, porte (article 634) : *Les faux monnoyeurs seront bouillis, puis pendus.* Même supplice en Normandie. On voit, à la Bibliothèque royale, un grand nombre de quittances du quinzième siècle, par lesquelles les exécuteurs des hautes-œuvres de Rouen, Coutances, Caen, Seez, reconnaissent avoir reçu certaines sommes pour avoir *bouilli en chaudière* des faux monnayeurs[2].

TERRE. — On connaît le supplice des vestales, et, au Moyen-âge, les *oubliettes* et les *in-pace* — *Que l'homicide soit enseveli sous celui qui a été tué.* (Stat. fori Morlanensis, 31, 32.) *Que le meurtrier soit enterré vif sous l'homme qu'il a tué.* Charte du comté de Bigorre (année 1238). — En 1489, à Zurich, on *mure* deux hommes : De sorte qu'ils ne voient plus ni soleil ni lune, et qu'il n'y ait d'ouverture que pour passer des aliments. — On traînait les cadavres des

---

1. Année 1830. Voyez les autres exemples cités par Carpentier, I, 670, années 1327, 1354, d'après les registres du Trésor des chartes.
2. Floquet, *Hist. du privilège de S. Romain*, I, 227.

malfaiteurs par une ouverture pratiquée sous le seuil. (G. 726.) — Le suicide est puni de même. De plus, si l'homme s'est poignardé, on lui plante près de la tête un arbre ou un morceau de bois, dans lequel on enfonce le couteau ; s'il s'est noyé, on l'enterre à cinq pieds de l'eau dans le sable ; si c'est dans un puits qu'il s'est noyé, on l'ensevelit sur une montagne ou près d'un chemin, et on lui pose trois pierres, l'une sur la tête, l'autre sur le corps, la troisième sur les pieds. (G. 727.) — On craignait évidemment que le mort ne *revînt* et n'errât.

Supplices divers :
Telle était, dit-on, la beauté de la reine, que les chevaux même eurent horreur de fouler des membres si beaux. (*Saxo Gramm.*, VIII, 57; G. 693.) — Les filles des Francs, données en otages aux Thuringiens, furent attachées par ces barbares à la queue de chevaux indomptés. Les Francs eux-mêmes traitèrent ainsi leur reine Brunehaut, mère et aïeule de tant de rois. — *D'autres furent étendus sur l'ornière des routes, et des pieux étant fixés en terre, on fit passer dessus des voitures chargées, et leur ayant brisé les os, on les donna en pâture aux oiseaux et aux chiens.* (Greg. Tur., 3.) — Les Indiens se mettent d'eux-mêmes sous les roues des chars de leurs dieux ou de leurs rajahs.

Les guerriers du Nord faisaient, dans la chair des vaincus, des incisions en figures d'aigle ou de hibou. (G. 691-9.) — *Loi des Burgundes : Si quelqu'un a tenté de s'emparer du faucon d'autrui, le faucon mangera six onces de chair sur son sein; s'il ne le veut, il payera six solidi au maître du faucon.* (G. 690.)

Que le franc-comte fasse saisir sans miséricorde celui qui aura trahi les secrets de la cour wehmique, qu'il lui fasse lier les mains, qu'il lui mette un linge devant les yeux, qu'il le jette sur le ventre et lui arrache la langue par la nuque du cou, qu'il lui passe une triple corde au cou et qu'il le fasse pendre sept pieds plus haut que tout autre voleur. (G. 684.)

Chez les Perses, quand un homme avait touché des vêtements impurs, on lui enlevait la peau depuis la ceinture. (Kleuker, *Vendidad.*, G. 705.) — Cambyse fit écorcher vif un juge prévaricateur, et fit siéger sur la peau du coupable le juge qui lui succédait. Voyez dans Plutarque (*Artaxerxes*) et autres auteurs anciens, le supplice *des auges*, celui de la tour de cendre, etc. Les supplices encore en usage à Maroc ne sont pas moins atroces[1].

Dans les lois de Guillaume, roi d'Angleterre, art. 67, on lit : Nous défendons de tuer ou pendre le criminel, quel qu'il soit; mais on lui arrachera les yeux; on lui coupera les pieds, ou les testicules, ou les mains, afin qu'il ne reste plus de lui qu'un tronc vivant en mémoire de son crime. — Quelquefois on arrachait les entrailles, et on les brûlait en présence du patient vivant et assis. Tel fut le supplice de Thomas Blount, sous le roi d'Angleterre Henri IV[2]. Voyez, dans Froissart et autres

---

1. *Revue des Deux Mondes*, juillet-août 1836.
2. Lingard, t. IV, anno 1400.

auteurs du quatorzième siècle, le supplice des favoris d'Édouard II, et celui d'Édouard lui-même.

On voit dans les règlements de Richard Cœur-de-Lion, pour le maintien de l'ordre sur sa flotte : — En cas de meurtre, le coupable devra être lié au cadavre et jeté à la mer, si le crime a été commis à bord des vaisseaux ; s'il est commis à terre, on brûlera le meurtrier sur le rivage témoin de l'homicide... Quiconque dans une querelle avait tiré le couteau et frappé perdait le poing ; s'il n'y avait pas eu de sang répandu, il était plongé trois fois dans la mer. Toute parole outrageante était punie par une amende d'une once d'argent... Tout homme convaincu de vol devait avoir la tête rasée, être enduit de goudron, couvert de plumes et déposé ainsi sur le rivage[1].

Li lieres (le Larron) *est pendable, qui emble cheval ou jument, et qui art meson de nuit, et cil perd les euls, qui emble riens en moutier, et qui fait fausse monnoye, et qui emble soc de charrue ; et qui emble autres choses, robe ou deniers ou autres menuës choses, il doit perdre l'oreille el premier meffait, et de l'autre larcin, il perd le pied*[2].

Loi de Frise : Si quelqu'un a fait effraction dans un temple, et y a pris quelqu'un des vases, on le mène vers la mer, et sur l'arène que vient couvrir le flux ; on lui fend les oreilles, on le châtre et on l'immole aux dieux dont il a violé les temples. (G. 708.) — Dans les contes slaves et orientaux, il est

---

1. Rymer, I, 65 ; Lingard, II, p. 507.
2. *Établissements de saint Louis*, liv. I, chap. 29.

dit souvent qu'on coupe les oreilles à des malfaiteurs, et qu'on les leur met dans la main, ou dans la poche. (G. 708.)

En Suisse, les blasphémateurs baisent la terre, ou restent trois heures au carcan[1]. — *Nous voulons... qu'on fende au blasphémateur la lèvre de dessus d'un fer chaud, et que les dents lui apparoissent; à la tierce fois, la lèvre de dessous, et à la quatre toute la bas-lèvre*[2].

Quand un Landsknecht est condamné à passer par les lances, le porte-étendard roule l'étendard et enfonce la pointe en terre; les Landsknecht ouvrent un passage par lequel on fait aller et venir trois fois le coupable, pour qu'il dise adieu et demande pardon; ils laissent ensuite retomber les lances, dont ils dirigent la pointe sur le pauvre pêcheur; le porte-étendard tourne le dos au soleil, et les lances lui percent le cœur. (G. 689.)

Le texte suivant prouve que la guillotine était connue dès le quinzième siècle : *Démétri* (riche Génois, auteur d'un soulèvement) *estendit le col sur le chappus. Le bourreau print une corde à laquelle tenait attaché un gros bloc, à tout une doulouère tranchante, hantée dedans, venant d'amont entre deux poteaux, et tira ladite corde en manière que le bloc tranchant à celui Genois tomba entre la teste et les épaules, si que la teste s'en alla d'un côté et le corps tomba de l'autre*[3].

---

1. Ruchat, *Hist. de la Réf. en Suisse*, II, 324.
2. Carp. 448, *Stat.* an 1347. Ordonn., II, 283.
3. Jean d'Auton, p. 230 de l'ancienne édition. Voy. l'édition plus complète de M. Lacroix.

La liste des supplices serait longue : décapiter, empaler, jeter aux bêtes, pendre le meurtrier sur la tombe du mort, mutiler, *oreiller*[1], etc.

L'exécution publique d'une femme était chose rare. — *Grande quantité de peuple s'y rendit, spécialement des femmes et filles, pour la grande nouveauté que c'estoit de voir pendre dans la France une femme; car oncques cela ne fut veu dedans ce royaume*[2]. — Les filles avaient le privilège de pouvoir sauver un criminel en l'épousant : *Au moment où l'on alloit exécuter un très bel jeune fils d'environ vingt-quatre ans, qui avait fait des pilleries autour de Paris, une jeune fille née des Halles le vint hardiement demander; et tant fit par son bon pourchas, qu'il fut ramené au Chastellet et depuis furent espousez ensemble*[3].

Dans la simplicité des mœurs antiques, il n'y a pas de bourreau. La société elle-même exécute ses arrêts, comme on le voit plus tard encore dans le supplice du soldat passé par les armes. Souvent ce sont les coupables qui exécutent la sentence l'un sur l'autre. Capitulaires : *Qu'ils se coupent le nez, qu'ils se tondent l'un l'autre.* Voyez dans la *Confession de Sancy*, l'histoire des cordeliers condamnés par Coligni à se pendre l'un l'autre[4]. — Quelquefois le bourreau, c'est l'un des juges, le plus jeune des jurés, le plus jeune des hommes mariés de l'endroit. En 1740, à Büttstadt en Thuringe, le plus âgé des

---

1. Ducange, verbo *Auricula*.
2. Jean Chartier, p. 137, année 1449.
3. *Journal d'un bourgeois de Paris*, p. 129, année 1429.
4. D'Aubigné, *Confession de Sancy*, sub fine.

parents du mort fut chargé de décapiter le meurtrier. (G. 882.)

Les biens meubles du condamné étaient souvent partagés entre ceux qui prenaient part au jugement : — S'il y a un cheval, une cuirasse ou autre bien, cela échoit au juge; ce qui est au-dessus de la ceinture, à l'huissier ; l'épée, le couteau, et ce qui est au-dessous de la ceinture, au bourreau. (*Statuts d'Augsbourg; Ibidem.*)

CHAPITRE XII

PEINES INFAMANTES

Le coupable, le vaincu, qui avoue son crime ou sa défaite, est soumis quelquefois à une cérémonie humiliante, qui constate sa dégradation.

Quand une ville forfait au devoir féodal et qu'elle est forcée à demander grâce, on enlève la porte des gonds, et le vainqueur fait son entrée en chevauchant dessus. (G., *Supplém*.)

L'exposition du vaincu, du coupable, dans un panier ou une cage, se rencontre plusieurs fois dans l'histoire : le sultan Bajazet, le roi des Anabaptistes, Jean de Leyde, etc. — *Ses parents se rassemblent, se précipitent sur lui et le tuent dans la cage où il est renfermé*. (Greg. Tur., 8, 18; G. 726.)

Le traitement le plus honteux qui ait jamais été infligé aux vaincus est sans doute celui que les Milanais auraient subi en 1163, si l'on en croyait Hermann Cornerus[1].

[1]. Herm. Cornerus, apud Eccard, II, 729.

... Battus et tondus, ils sont tenus de se promener contre leur gré, autour des dix héritages voisins. (*Lex Visig.*, VI, 2, 3.) — Qu'il porte son déshonneur par toutes les églises conventuelles ; c'est ce qu'on appelle vulgairement *Harmiscare*. (*Epist.*, *Innocentii III*, lib. XIII, ep. 135 (année 1210). — Pieds nus, tête découverte, et portant des glaives tirés sur leurs têtes... — Tous les principaux citoyens de ladite ville (de Tivoli) se présentent nus, couverts seulement de leurs caleçons, et portant dans la main droite leurs épées, des balais dans la main gauche ; ils se dirigent ainsi vers le palais (d'Othon III). — Les susdits, le chevalier et l'écuyer feront des processions que l'on appelle vulgairement *hachées*, l'une, et ce sera la première, à partir du lieu où l'on dit qu'ils ont méfait, jusqu'à la sépulture dudit prieur..., les autres, les jours de dimanches ou aux fêtes solennelles, et ce, nu-pieds, en braies, en chemises de toiles à sac, et le susdit écuyer aura au col un petit drap (*panellum*, petite bannière ?) percé, et il fourrera sa tête par cette ouverture, et ils porteront des verges à la main, et ils diront : Ainsi nous faisons pour la peine qui nous a été imposée à l'occasion de la mort du prieur Jean. (Ch. de l'année 1246 ; Ducange, verbo *Harmiscara*.) — Si quelque noble, ministériel ou laboureur... est trouvé coupable d'incendie et de pillage, qu'il soit, avant d'être puni de mort, et pour plus grande honte, tenu de porter d'un comté à l'autre le noble un chien, le ministériel une selle, le vilain la roue d'une charrue. — Frédéric-Barberousse obligea ainsi le comte palatin et les dix comtes ses complices

à porter les chiens l'espace d'un mille allemand.
(G. 713-716.)

> *Enportera, se vos le commandes,*
> *Nue sa sele à Paris la cité,*
> *Trestos nus pies, sans chauce et sans soler,*
> *La verge el poing, come home escoupé.*
> *En portera del borc de Saint Denis*
> *Nue sa sele deci que à Paris*
> *Nus pies en langes, come un autre chetis,*
> *La verge el poing, si come d'ome eschis.*
>   (Roman de Garin le Loherens.)

> *Que votre selle dont bel sont li arçon,*
> *Port sor son chef, une lieue de randon,*
> *Nus pies en langes, ce se semble raison. —*
> *Qui devant moi vendra agenoiller*
> *Nuz piez en langes, por la merci proier,*
> *La selle au col, que tendra per l'estrier.*
>   (Gérard de Vienne.)

> *Quant à Richart vint li quens Hue,*
> *Une selle à son col pendue,*
> *Son dos offri a chevauchier;*
> *Ne se pot plus humelier,*
> *Estoit coustume à cel jour*
> *De querre merchi à seignour.*
> *... Guillaume vint à merchi*
> *Nuz piez, une selle à son col.*
>   (Roman du Rou.) G. 719.

Dans la chronique de Normandie (Duc., 6, 337) : *Hue prend une selle et la met sur son col, et tout à pied s'en vint à la porte, où les deux enfants du duc Richard estoient, et se laissa cheoir aux pieds de Richard, fils du duc, afin que Richard le chevauchast s'il lui plaisoit*[1].

---

1. Dans les Fabliaux, le vieil Aristote se laisse *chevaucher*, avec selle et bride, par la dame dont il est épris. — Voyez le charmant *Lai d'Aristote*,

Hugues de Châlons, reconnoissant qu'il n'avoit aucun moyen de résister à une si redoutable armée, vint, portant sur ses épaules une selle de cheval, se rouler aux pieds du jeune Richard, implorant, en suppliant, son pardon[1]. Jean d'Avesnes, comte de Hainault, attaqué par Charles de Valois, va au-devant de lui, ayant un *fil de soie autour du cou*, en guise de hart (1292)[2]. — *Les gentilshommes, faits prisonniers à Oursay et amenés à Paris, tenoient chascun en la dextre main une espée toute nue par le milieu de l'alemelle, la pointe contre la poitrine, en signe de gens rendus à la voulenté du prince* (an 1423)[3].

Un *serjant* de saint Louis, ayant frappé un des chevaliers de Joinville, celui-ci s'en plaignit au roi, qui lui fit faire droit : — *Et li droit fu tel selon les usages du Pais, que le serjant vint en ma herberje deschaus, et en braies, sanz plus; une espée toute nue en la main, et s'agenoilla devant le chevalier, et li dit : Sire, je vous amende ce que je mis main à vous; et vous ai aportée ceste espée pour ce que vous me copez le poing, se il vous plet.* — Comme des chevaliers de Joinville chassaient une gazelle, des Hospitaliers coururent sur eux, *et boutèrent, chacèrent nos chevaliers. Et je me pleing au Mestre de l'Ospital; et le mestre de l'Ospital me répondi que il m'en feroit le droit, et l'usage de la Terre sainte, qui estoit tele que il feroit*

---

et la *Notice* curieuse de M. Langlois, sur les « stalles de la cathédrale de Rouen ».

1. Guill. Gemet, lib. 5, c. 4.
2. *Art de v. les dates*, c. de Hainaut, t. XIII.
3. *Journal du Bourgeois de Paris*, p. 93, année 1423.
4. Joinville, édit de 1761, p. 106-7.

les frères qui l'outrage avoient faite, manger sur leurs mantiaus, tant que cil les en leveroient à qui l'outrage avoit esté faite[4].

L'an du Seigneur 1395, le jour de l'Épiphanie, comme l'illustre duc Guillaume, comte d'Ostervant, étoit assis à la table du roi de France avec beaucoup d'autres princes, survint un héraut, qui se mit à couper et à diviser la toile de la table devant le susdit comte, disant qu'il ne devoit pas s'asseoir à la table royale, le prince qui étoit privé d'armes et de bouclier. Et comme Guillaume répondoit qu'il avoit armes et bouclier, le doyen des hérauts répondit : Point, Monseigneur, car Guillaume, comte de Hollande, ton grand-oncle, a été vaincu jadis par les Frisons, et aujourd'hui encore il est couché sans vengeance sur la terre ennemie[1].

Se aucun chevalier, ou gentilhomme avoit fait trahison en aucune partie, et estoit assis à table avec autres chevaliers, gentilshommes, ledit roy d'armes ou héraut lui doit aller couper sa touaille devant lui, et lui virer le pain au contraire, s'il en est requis par aucuns chevaliers ou gentilshommes; lequel doit estre prest de le combattre sur cette querelle; car ce n'est pas belle chose que un traistre soit honnouré comme un autre chevalier ou gentilhomme. — ... Cettui Bertrand laissa de son temps une telle remonstrance en mémoire de discipline et de chevalerie, dont nous parlons, que quiconque homme noble se fourfaisoit irréprochablement en son estat, on lui venoit au manger trancher la nape devant soi[2].

---

1. Ducange, IV, *J. de Leyde*, l. 31, c. 50.
2. Tractatus ms. *De officio heraldorum.*

Un chevalier félon devait avoir des bottes sans éperon, un cheval sans fers, sans selle, et une bride d'écorce. — *Se aucuns hons estoit chevalier et ne fust pas gentis hons de parage, ains le porroit prendre li rois ou li bers, en qui chastellerie ce seroit et trencher ses esperons seur un fumier.* (*Établ. de saint Louis*, I, 130.) — Quelquefois on le faisait chevaucher par la ville, sur un cheval déferré, ou bien avec un, deux ou trois fers seulement. (G. 712.)

Le diffamateur se frappait publiquement la bouche, et disait : Bouche, tu mentais, lorsqu'ainsi tu parlais. (G. 711.) — En Suède, le calomniateur payait l'Amende des lèvres, se donnait un coup sur la bouche et sortait à reculons du tribunal.

Si quelqu'un a produit un faux témoin, qu'il perde le nez et la lèvre jusqu'aux dents. (Stat. Avenion., 1243 ; G. 709.) — On attachera aux faux témoins sur la poitrine deux langues de drap rouge, longue d'une palme et demie et large de trois doigts ; on lui en attachera deux autres par derrière entre les épaules, avec ordre de les porter toujours[1].

Le voleur convaincu de larcin sera tondu, comme le duelliste mercenaire ; on lui versera de la poix bouillante sur la tête ; et sur sa tête encore on lui secouera des plumes d'oreiller, afin qu'on puisse le reconnaître. (*Ch. Richardi regis Angl.*, ann. 1189 ; Rymer, 1, 65 ; G. 725.)

Quelques-uns ayant maltraité une religieuse, l'ayant enduite de miel, roulée dans des plumes et promenée à rebours sur un cheval, Philippe-Auguste fit noyer les

---

1. Ducange, IV, 223.

coupables dans une cuve d'eau bouillante (année 1198.)[1].

Quand le délit est peu grave, le coupable en est souvent quitte pour quelque cérémonie grotesque. Il faut au peuple des spectables terribles ou ridicules. Une femme qui avait battu son mari devait monter à rebours sur un âne et parcourir tout l'endroit, en tenant l'âne par la queue. — Cette peine était aussi en vigueur dans la Hesse supérieure ; le bailli de Hombourg décida en 1593, à Marbourg, que la femme qui aurait battu son mari devait, suivant l'ancien usage, monter sur un âne, et que l'homme qui se serait laissé battre conduirait l'âne par la bride. — Le mari battu serait soumis à la même peine : *Ils sont contraints et condempnez à chevauchier un âne, le visaige par devers la queue dudit asne*[2]. A Vernon, *un voisin chevauche pour le mari* en proclamant son nom. — Ailleurs, la peine est commuée en argent (1447)... *Payer par forme d'asne, Leur part dudit asne*

Si un homme est assez efféminé pour se laisser gronder, crier et battre par sa femme, sans lui tenir tête et sans se plaindre, il sera tenu d'habiller de drap les deux serviteurs du conseil de ville, ou, s'il n'en a pas les moyens, il sera emprisonné, et on lui enlèvera le toit de sa maison (année 1594). — (G. 724.)

Si deux femmes se querellent jusqu'à se battre, en se disant en même temps des injures, elles porteront, tout le long de la ville et par la voie commune, deux pierres attachées par des chaînes, et ces pierres

---

1. Raumer, *Hohenstaufen*, V, 63.
2. *Coustume de Senliz*, 1375. D'autres documents de Saintonge et de Dreux, 1404, 1417, se trouvent dans Carpentier, verbo *Asinus*, I, 326, et *Captivare*.

pèseront, à elles deux, un cent ; la première les portera de la porte orientale à la porte occidentale, pendant que l'autre la stimulera d'un aiguillon de fer fixé à un bâton, et toutes deux iront en chemise : la seconde prendra ensuite les pierres sur ses épaules et les reportera à la porte orientale, la première la stimulant à son tour. (*Jura tremonensia*, 6 ; G. 721.)

S'il arrivait qu'une femme sans conséquence adressât à une jeune fille honnête des paroles blessantes pour son honneur, on lui attachera au cou, par une chaîne, deux pierres à ce destinées, et les gens de justice la mèneront publiquement par la ville, et ils sonneront de la trompe devant et derrière, pour la narguer et bafouer. (*Droit de Hambourg*, année 1497 ; G. 720.)

Si une femme en injurie une autre..., si femme ou servante en tire une autre par les cheveux, la frappe ou l'outrage, et que cependant il n'y ait point de blessures, la femme doit donner, en réparation, un sac neuf de six aunes et un muid d'avoine, le tout accompagné d'un ruban de soie rouge de deux aunes, pour fermer le sac. (G. 668 ; *Droit de Hanovre*.)

La femme qui dira vilenie à autre, si comme de putage, paiera, ou ele portera la pierre, toute nue an sa chemise, à la procession, et cele la poindra après, an la nage d'un aguillon[1].

Outrages à la pudeur, viol : Theudelinde ayant tendu la coupe à Autharis, qu'elle ne savait pas être son fiancé, il but et rendit la coupe ; puis, sans que

---

1. Carpentier, an. 1247, ex *Chartul. Campan.*, fol. 343, et Ducange, VI, 52.

personne pût l'apercevoir, il lui toucha la main du doigt, et se passa la main du front au nez sur le visage. Elle, couverte de rougeur, va conter le fait à sa nourrice, et celle-ci lui dit : Certainement, si ce n'était votre fiancé royal, il n'oserait point vous toucher. (Paul Diac.; G. 632.)

Si un homme libre a pressé la main ou le doigt à une femme libre, il | sera passible de l'amende de quinze solidi. C'est ce qu'on payait pour le vol d'un bœuf d'un an.

On connaît la remarquable disposition de Moïse : La fille a crié, et n'a pas été entendue...

« La loi des Allemands est là-dessus fort singulière. Si l'on découvre une femme à la tête, on payera une amende de six sols; autant, si c'est à la jambe jusqu'au genou; le double depuis le genou. Il semble qu'elle mesurait la grandeur des outrages faits à la personne des femmes, comme on mesure une figure de géométrie[1]... »

Lois de Galles : Si la jeune femme accusée ne veut se justifier, qu'on lui déchire sa chemise jusqu'à l'aine; qu'on lui mette à la main la queue d'un jeune bœuf d'un an, dont on aura oint la queue; si elle peut le retenir par la queue, qu'elle reçoive une partie de sa dot; si elle ne le peut, qu'elle n'ait rien... — Si, se tenant sur le seuil, elle peut retenir un taureau de trois ans, dont on aura frotté la queue de suif, en la faisant passer par une porte d'osier, alors que de part et d'autre deux hommes exciteraient l'animal, la jeune fille l'aura en compensation

---

1. Montesquieu, *Esprit des Lois*, liv. XIV, c. 14.

de l'attentat à sa pudeur; mais si elle ne le peut, elle aura tout le suif qui lui collera à la main. (G. 679.)

La femme qui aura eu un enfant illégitime portera cet enfant autour de l'église; elle sera nu-pieds et vêtue de laine; ses cheveux seront coupés par derrière, et sa robe coupée de même. (G. 711.)

La fille à qui l'on aura fait violence se présentera les cheveux en désordre, le visage triste, telle qu'elle a laissé l'homme, et elle dira au premier qu'elle rencontrera, puis à un autre, sa honte et son déshonneur... à sa main sera son voile. (G. 633.)

Chez les Ditmarses, quand une fille devenait enceinte, on pouvait, avec le conseil et l'aide des amis de la famille, l'ensevelir toute vive sous la terre ou sous la glace. (G. 694.)

Statuts de Brunswick : Qu'on enterre toutes vives les femmes qui en livrent d'autres (les entremetteuses). — (Leibn., 3, 439.) De plus, on leur enfonçait un pieu dans le sein, et l'on déposait des épines sur leur tombe.

Statuts d'Augsbourg : Si quelqu'un fait violence à des jeunes filles, à des femmes, ou à des femmes en voyage, et qu'on le surprenne en flagrant délit, qu'on l'enterre tout vif, tel est le droit.

Jehan de Champin ravi et prist à force Jehanne de la Broce, pour lequel fait il a été noyé. (G. 696.)

Ce sont les droits du Roy des Ribaux en Cambray. Ledit roy doit avoir... sur chacune femme, qui s'accompagne de homme carnelement, en wagnant son argent... cinq solz parisis pour une fois. Item sur toutes les femmes qui viennent en la cité, qui sont de l'ordonnance, pour la première fois, deux solz tournois[1].

Peines de l'adultère :

Loi indienne : Celui qui parle à la femme d'un autre, dans une place de pèlerinage, dans une forêt, ou vers le confluent de deux rivières, encourt la peine de l'adultère[2].

Pour adultère avec une femme de Brahmane qui était gardée, un vaisya sera privé de tout son bien après une détention d'une année ; un Kchatriya sera condamné à mille panas d'amende, et aura la tête rasée et arrosée d'urine d'âne[3].

A celui qui souille le lit de son maître spirituel, on imprimera sur le front un signe des parties naturelles de la femme ; pour avoir bu des liqueurs spiritueuses, le drapeau d'un distillateur ; pour avoir volé l'or d'un prêtre, le pied d'un chien ; pour le meurtre d'un Brahmane, l'image d'un homme sans tête[4].

Peine de l'adultère chez les Germains (Tacit., *German.*, c. XIX) : Le mari l'ayant tondue et mise toute nue, l'expulse de la maison en présence des parents ; puis il la chasse à coups de fouet par le bourg[5]... — Chez les Saxons, la femme adultère devait s'étrangler elle-même ; puis on brûlait le corps, et le complice était pendu au-dessus du bûcher... — *Loi anglo-saxonne* : Si quelque femme ou fille est trouvée en

1. Carpentier, III, p. 91.
2. Manou, p. 305, § 356.
3. *Id.*, p. 308, § 375.
4. *Id.*, p. 354, § 237.
5. Cette coutume existait encore au temps de S. Boniface, comme on le voit par une de ses lettres.

déshonnêteté, que ses vêtements lui soient coupés autour, à la hauteur de la ceinture, et qu'elle soit fouettée et chassée au milieu des risées du peuple. — Coutume encore existante en Angleterre : Si la veuve d'un paysan est convaincue d'adultère, elle est obligée de monter sur un bélier noir, tenant la queue en guise de bride, et de réciter certaine formule populaire... — Ignominosa lapidum gestatio in confusionem flagitiosi concubitus toties celebrata *quæ etiamnùm extat*... Asservabant in curiis duos lapides quos lapides publicos seu civitatis vocabant, *stadzens stena;* hi scapulis adulteræ impositi sunt, ac deindè funiculus ad genitale adulteri membrum adstrictus, quo sic onerata sessorem suum per oppidum publicè circumducebat, etc. [1].

La femme adultère doit déguerpir, sans emporter rien autre qu'une quenouille et quatre pfennings. (*Droit de Soleure*, année 1506; G. 171.)

Que l'adultère et la complice soient publiquement fustigés devant le juge, et ensuite brûlés. En Wisig. (G. 699.) — Le roi de Portugal, Henri, établit la même peine pour le même crime. — Pierre III d'Aragon permit au mari de tenir sa femme adultère en charte privée, au pain et à l'eau [2]. — Ditmarus,

---

[1]. Stiernhook, *De jure Sueonum*, lib. I, p. 19, 326. — Ducange, IV, 52.

[2]. *Constitutiones Petri III, regis Aragon* : Dictus Johannes, si illam (uxorem suam) vult, habeat tenere in domo propria, et in ipsa domo propria habeat facere domunculam ipse Johannes habentem xij palmos de longitudine et sex de latitudine et duas cannas de staturâ sivè de altitudine, et quod habeat dare eidem Eulaliæ unum sachpay sufficiens in quo dormiat, et unum lodicem cum quo valeat se cohoperire, et facere in dicta domo unum clot sive foramen, in quo possit solvere tributa ventris naturalia, et per quod foramen exeant illa fetida, et... unam fenestram in eâdem domo, per quam dentur

lib. ult., p. 106 : Si quis (apud Polonos adhuc paganos) alienis abuti uxoribus, vel fornicari præsumit, hanc vindictæ subsequentis pœnam protinus sentit : in pontem mercati is ductus is follem testiculi clavo affligitur, et novacula prope posita, hic moriendi, sive de his absolvendi dura electio sibi datur.

En 1314, les deux amants des belles-filles de Philippe IV furent écorchés vifs en présence du peuple (*et virilia amputata*), puis pendus. — Lettres de rémission (année 1392) : *Julie Heliete avoit oy dire que les compaignons de la bachelerie de la Leu, près de La Rochelle, ont acoustumé le dymenche de la Trinité chacun an à baigner en un fossé plain d'eau, appelé Lorteniguet, hommes et femmes demeurant audit lieu de la Leu, qui ont eu compagnie charnelle contre leur mariage avec autre... Pour la vergogne du monde, crainte dudit baing et batizons, icelle Heliete vouloit aler et fouir horsdupays.* — Autres lettres, année 1479 : *Le suppliant par joyeuseté et esbatement commença à dire à Nicolas-le-Blanc qu'il estoit marié en son pays, et que néanmoins il avoit esté trouvé avec une femme en la ville d'Eu, et avoit eu sa compaignie; parquoy il falloit qu'il fust emplumé, ainsi que estoit les autres, qui aloient avec autres femmes que les leurs*[1].

---

eidem Eulaliæ victualia, videlicet quod dictus Johannes dabit sibi xviij uncias panis cocti competentis pro qualibet die et aquam quantam voluerit dicta Eulalia, et quod non dabit sibi aliquid, aut faciet dari quod illam præcipitet ad mortem, aut aliquid aliud faciet ut dicta Eulalia moriatur. (Carpentier, I, 86. Voy. aussi Duc., verb. *Adulterium, Trotare* et *Malfarium*.)

1. Carpentier, verbo *Adulterium*. Trés. des ch., reg. 142, 206.

CHAPITRE XIII

LE DÉBITEUR INSOLVABLE

Lois des Douze Tables : Qu'on l'appelle en justice. S'il n'y va, prends des témoins, contrains-le. S'il diffère et veut lever le pied, mets la main sur lui. Si l'âge ou la maladie l'empêchent de comparaître, fournis un cheval, mais point de litière. — Que le riche réponde pour le riche; pour le prolétaire, qui voudra. — La dette avouée, l'affaire jugée, trente jours de délai. Puis, qu'on mette la main sur lui, qu'on le mène au juge. — Le coucher du soleil ferme le tribunal. S'il ne satisfait au jugement, si personne ne répond pour lui, le créancier l'emmènera et l'attachera avec des courroies ou avec des chaînes qui pèseront quinze livres; moins de quinze livres, si le créancier le veut. — Que le prisonnier vive du sien. Sinon, donnez-lui une livre de farine, ou plus, à votre volonté. — S'il ne s'arrange point, tenez-le dans les liens soixante jours; cependant produisez-le en justice par trois jours de marchés, et là, publiez à combien se monte la dette. — Au troisième jour de marché, s'il y a plusieurs créanciers, qu'ils coupent le débiteur en plusieurs parts (*in partes secanto*). S'ils coupent plus ou moins, qu'ils n'en soient pas responsables. S'ils veulent, ils peuvent le vendre à l'étranger au delà du Tibre...

In partes secanto, doit s'entendre de la personne et non des biens, puisque la loi présente ensuite comme adoucissement l'esclavage, la vente du débiteur à l'étranger [1].

Cette rigueur ne peut surprendre. Le débiteur, le proscrit, le vaincu, l'ennemi, paraissent sous les mêmes traits dans les lois barbares. L'humiliation du serf qui se donne, du vassal qui fait hommage, qui se fait l'homme d'un autre, est constatée par un cérémonial analogue à celui de la cession des biens.

L'atrocité de *loi des Douze Tables*, déjà repoussée par les Romains eux-mêmes, ne pouvait, à plus forte raison, prévaloir chez les nations chrétiennes. Voyez cependant le *Droit Norvégien*. (G. 617.) — Dans les traditions populaires, le juif stipule une livre de chair à couper sur le corps de son débiteur, mais le juge le prévient que *S'il coupe plus ou moins*, il sera lui-même mis à mort. Voyez le *Pecorone* (écrit vers 1378), les *Gesta Romanorum* dans la forme allemande, et le *Merchant of Venice* de Shakespeare.

Moïse s'efforce déjà de prévenir le prêt illicite. Il défend de prendre en gage ce qui est indispensable à

---

1. J'ai commenté cette loi dans mon *Hist. romaine*.

l'existence du debiteur : — Vous ne recevrez point en gage la meule de dessus ou de dessous, parce que celui qui vous l'offre vous engage sa propre vie. — Si votre débiteur est pauvre, le gage qu'il vous aura donné ne passera pas la nuit chez vous. Mais vous le lui rendrez avant le coucher du soleil, afin que, dormant dans son vêtement, il vous bénisse, et que vous soyez trouvé juste devant le Seigneur, votre Dieu [1].

Les Capitulaires défendent d'acheter *le blé sur pied*, ni *le vin à la vigne.* Plusieurs de nos Coutumes exceptent des choses qu'on peut engager : *l'attelage de bœufs, le hoyau, la charrue, le chariot* [2]. Défense aussi dans les diverses lois du Moyen-âge de prêter sur les étoffes usées, les peaux mouillées, les habits sanglants.

Celui qui sera trouvé usurier fera trois dimanches de suite le tour de l'église, l'eau bénite à la main, nu-pieds, vêtu de laine, et un chapeau de juif sur la tête (année 1390). — (G. 712.)

Se aucun autre que chevalier doit dete..., il doit estre livré à celui à qui il doit ladite dete, et il le peue tenir com son esclaf, tant que il, ou autre pour lui, ait paié ou fait son gré de ladite dete; et il le doit tenir sans fer, mais que un aneau de fer au bras, pour reconnaissance que il est à pooir d'autrui pour dete [3].

Se desceindre, c'est le signe de la cession de biens. Le débiteur fait cession, *desceint et tête nue,* selon l'édit de Louis XII, année 1512. En certaines villes

---

1. *Deuter.*, c. 24, § 12-13. — *Exod.*, c. 22, § 26.
2. Dombes, mss. ann. 1325. — Carpentier, verbo *Arar.*
3. *Assises de Jérus.*, ch. 119.

d'Italie, celui qui fait cession a payé pour toujours, « s'il frappe du cul sur la pierre en présence du juge [1] ».

Le vassal en faisant hommage doit *desceindre sa ceinture, et ôter son épée et bâton.* (Coutume de la Marche, art. 189.) — De même, dans l'ancienne *Chronique de Flandre*, c. 19, le comte de Boulogne, se réconciliant avec saint Louis, son neveu, *laisse sa ceinture et son chaperon.* — Monstrelet, ch. 45 : Il est requis que le duc de Bourgogne *fasse émende honorable à la veuve et aux enfants du duc d'Orléans sans courroye et sans chaperon, étant à genoux.*

Des arrêts de 1606 ont jugé *que tous ceux qui faisoient cession de biens soit qu'ils eussent été ruinés par leurs débauches ou par cas fortuit, étoient obligés indistinctement de porter le bonnet vert.* D'autres arrêts ont décidé que ceux qui avaient fait cession de biens *pourroient être réintégrez dans les prisons par leurs créanciers, si les créanciers les rencontraient sans le bonnet vert* [2]. — Despréaux, *Satires* : Du bonnet vert le salutaire affront... Voyez Sidoine Apollinaire (epist. 6, VII), et Jean de Damas, au sujet du κόφινος des Béotiens.

En Allemagne, le créancier qui avait en vain sommé le débiteur de payer lui dénonçait le *tableau infamant.* Il faisait exécuter un tableau grotesque, dans lequel le débiteur était représenté de la manière la plus avilissante. Tantôt c'est maître Urian (le diable) et la bête de l'Apocalypse qui viennent arra-

---

1. Laurière, I, 206.
2. *Id.*, I, 167, 206.

cher le débiteur de la tombe; tantôt, il est au milieu des flammes de l'enfer, ou sur la roue, ou pendu à une potence, et des corbeaux déchirent son cadavre. Cet usage ne fut aboli que par le recès de l'Empire en 1757. (Voyez Selchow, *Elect. juris. Germ.*, p. 336; G.)

Couvrir le feu de son finatier, c'est le signe du ban, saisie, et mainmise du seigneur du fief, quand son sujet ne lui paye pas ses droits et devoirs. Comme aussi l'on affige un panonceau, l'on met un brandon, ou une croix, en signe de saisie[1]. — Dans les Coutumes de différentes provinces, on se sert de l'expression: *Brandonner l'héritage... qui est, quand on fait saisir ou arrêter les fruits pendants par les racines, en signe de quoy on pique dans la terre un bâton garni de paille. Comme aussi on attache à la porte d'une maison saisie un panonceau aux armes du roy. On dépend aussi l'huis de la maison en signe de mainmise et d'exécution.* — Statuts de Fulcrand, archevêque de Bourges: *Quelquefois ils forcent les ecclésiastiques à contribuer aux tailles, ils ferment leurs demeures, ou ils attachent par malice l'ouverture des portes à la muraille, ou bien ils placent au travers de la porte un fil dont ils cachètent les deux bouts, afin qu'ils ne puissent entrer dans leurs maisons, et que, poussés à bout, ils comparaissent devant eux et se conforment à leur volonté*[2]. — *Pourront ledit seigneur Abbé et les siens, par eux-mêmes ou par leurs gens, clore et fermer à clé les maisons desdits hommes*[3].

---

1. *Cout. de Solle*, tit. X, art. 8. Laurière, I, 201.
2. Carpentier, 475, Barreiare.
3. Carpentier, I, 980, *Pactum inter Aymer de Narb. et abbat.*, anno 1317; Trésor des chartes, reg. 61, ch.' 433.

CHAPITRE XIV

PROSCRIPTION. — BANNISSEMENT. — L'AUBAIN. — LE BATARD

Le juge de Nuremberg, qui prononçait la sentence de bannissement, devait, si le coupable était un Franconien, se tenir sur terre de Franconie, au delà du pont près de Furth, sur la route vers Neuenstadt; s'il était Souabe, le juge siégeait sur le territoire de Souabe, au delà du pont de la Pierre, sur la route d'Onolzbach; si Bavarois, devant la porte aux Femmes à Nuremberg; enfin, s'il s'agissait d'un Saxon, devant la porte de la Ménagerie sur la route d'Erlangen. (G. 399.)

... Seront présents le lieutenant, tous les jurés, et schœffen du Rhingau et le messager de justice. Le lieutenant aura deux gants blancs et montera de son pied droit sur la pierre qui est à Lutzelnau, en haut du chemin de traverse à droite, au nom du seigneur de Mayence; puis il jettera un des gants, en disant : Je me tiens ici aujourd'hui, et j'ôte à Jean ou Conrad le droit du pays, déclarant sa femme veuve et ses enfants orphelins, assignant son bien à l'héritier et ses fiefs au seigneur suzerain, le cou au pays, le corps aux oiseaux. Désormais nul ne peut méfaire en sa personne, nul ne peut lui rendre le droit du pays, si ce n'est par notre seigneur de Mayence ou son lieutenant, et cela au susdit lieu du jugement, à Lutzelnau, comme il est prescrit sur la pierre de Lutzelnau. (G. 153-4.)

Les riches largesses, les dons de glaives, toutes les joies et nourriture de la patrie n'existeront plus pour votre race... — Où donc aura-t-il la paix, l'homme mis hors la loi du pays? Et les schœffen répondent : Là où l'on ne peut le voir ni l'entendre. (G. 731.)

Formules vehmiques : Je te retire aujourd'hui tout droit de pays, tout honneur, à cause du coup de mort que tu as frappé sur la route d'Empire. Donc, je dépars ton corps aux gens du pays, au seigneur ton fief, ton héritage à qui de droit. Ta femme légitime est de droit veuve, tes enfants de droit orphelins. Je te mets de jugement hors jugement, de grâce en disgrâce, de paix hors la paix, de sorte, quoi qu'on fasse, qu'on ne puisse méfaire en toi. (G. 39-41.)

Nous te jugeons, te bannissons, te destituons de tout droit pour te mettre en tout non-droit; nous faisons ta ménagère légalement veuve, tes enfants légalement orphelins; donnons tes fiefs au seigneur dont ils meuvent, tes biens et héritages à tes enfants, ton corps et ta chair aux bêtes dans les forêts, aux oiseaux dans l'air, aux poissons dans l'eau... Que là où chacun trouvera paix et sûreté, toi seul tu ne les trouves pas. Nous t'envoyons enfin aux quatre chemins du monde. (G. 39-41.)

A toi, coupable créature! En ce jour, je te proscris. Que ta femme soit veuve, tes enfants pauvres orphelins. Tu subiras le prescrit du roi Charles, tu chevaucheras l'arbre sec, avec bâillon d'aubépine et baguette de chêne au col, les cheveux au vent, le corps aux corbeaux, l'âme au Tout-Puissant.., (Ailleurs) : Ordre du roi, subir tu dois; glaive d'acier, ton cou doit couper... (Ailleurs encore) : Tu chevaucheras dans la flamme, les cheveux à la fumée, au feu le corps, l'âme au bon Dieu! (*Ibidem*).

Je le condamne et le proscris (verfeme) de par la puissance et autorité impériale; je l'excepte de la paix; je le mets hors de toute franchise et droit dont il a joui depuis qu'il fut levé du baptême..., l'excluant des quatre éléments que Dieu a donnés aux hommes et faits pour leur consolation... Qu'il ne trouve ni liberté ni sûreté dans aucune ville ou château, si ce n'est dans les places consacrées. Je maudis ici sa chair et son sang, de sorte qu'il ne trouve plus aucun lieu sur terre, que vent le chasse, que corbeaux, corneilles et bêtes de l'air l'emportent et le dévorent. J'adjuge et dépars aux corbeaux et corneilles, aux oiseaux et bêtes, ses chair, os et sang, mais à Notre-Seigneur, au bon Dieu, son âme, si toutefois il en veut. (*Ibidem*.)

Avant de quitter le pays, le meurtrier qui ne pouvait payer la composition faisait un appel à ses parents. Loi salique : *Si quelqu'un a tué un homme, et n'a pas en toutes ses facultés de quoi satisfaire à la loi, il donnera douze temoins pour jurer que ni sous terre, ni sur terre, il n'a plus de bien qu'il n'en a donné. Et ensuite il doit entrer dans son habitation, et des quatre coins prendre en sa main de la terre, puis se tenir sur le seuil, regarder vers l'intérieur, et de la main gauche en lancer par-dessus les épaules sur son plus proche parent. Quand son père, sa mère ou son frère ont déjà payé pour lui, il jette de cette même terre sur la sœur de sa mère ou sur les fils de cette sœur* [1]; *s'il n'y a point de tels parents, sur les plus proches du côté paternel ou maternel. Et ensuite : en chemise, déceint, déchaux, bâton en main* (palo in manu), *il doit sauter par-dessus la haie* [2].

Lois du Nord : Si quelqu'un est convaincu de trahison, on le place sur un navire, et l'on attend sur le rivage jusqu'à ce que le vent ou les rames le mettent hors de vue. Sitôt qu'il est assez loin pour être caché par les vagues, l'on fait sonner les trompettes, et trois fois l'on crie : Il a perdu tous les droits de l'antique alliance... S'il est au pays natal, tous les guerriers doivent l'accompagner vers une forêt profonde, mais s'arrêter à la lisière jusqu'à ce qu'il soit arrivé lui-même dans un épais fourré d'où il ne pourra entendre leurs cris. Puis la troupe criera par trois fois, de sorte qu'il n'y ait plus pour lui de retour. Cela fait, si quelqu'un des guerriers, se trouvant mieux armé ou accompagné d'un camarade, vient à le rencontrer et ne l'attaque pas, qu'il soit

---

1. Au lieu du mot *terre*, les deux autres éd. de la loi salique portent *chrenecruda* (reines krant), qui répond à l'*herba pura* que le fécial prend dans Tite-Live. (Voy. plus haut.)
2. *Lex Salic.*, in *Script. franc.*, t. IV, p. 155, 178, 202.

lui-même frappé de la même honte, de la même proscription [1]. — Le proscrit pouvait se racheter en tuant d'autres proscrits.

Loi salique (G. 734) : *Les parents du défunt doivent demander au juge que l'auteur du crime* (celui qui a déterré un mort) *n'habite point parmi les hommes, et que celui qui lui donnerait l'hospitalité avant qu'il ait fait réparation aux parents, soit tenu de payer quinze solidi.* — *Si quelqu'un a déterré ou dépouillé un corps, qu'il soit wargus* (errant, banni). — *Loi des Ripuaires : Si quelqu'un lui a donné du pain ou un gîte, fût-ce son épouse, il payera quinze solidi.*

L'*Interdictio tecti* s'exécutait, en Allemagne, en enlevant le toit du proscrit, en abattant sa maison, en palissadant sa porte, comblant son puits, éteignant son feu. Cela se faisait encore au dix-septième siècle à Leipsick. — Les Frisons arrachaient l'herbe qui poussait à la place où avait été la maison du juge prévaricateur. (G. 729.)

On *taillait une croix* dans le manoir des chevaliers condamnés, en perçant les quatre murailles. — Démolir la maison du condamné s'appelait, en vieux français : *hanoter la maison, la mettre à hanot.* (Duc., verbo *Condemnare;* G. 730, 173.)

Luther conte, dans ses *Propos de table,* qu'un arrêt de mort étant commué en bannissement par l'empereur Maximilien, on conduisit le criminel à la place du jugement, et l'on enleva la terre que couvrait son ombre [2].

---

[1]. Ducange, verbo *Abjuratio terræ,* d'après les *Lois militaires* de Suénon. Voy. aussi *Saxo,* lib. X.

[2]. Voyez mes *Mémoires de Luther.*

Dans le Nord, en Allemagne et en Hongrie [1], le proscrit était appelé Loup, Tête de loup (wargr). On l'appelait aussi Homme des bois (waldgang, waldemann) [2].

Chez les Anglo-Saxons, le criminel se réfugiait au sanctuaire; le Coroner venait recevoir la confession de son crime, et lui enjoignait d'abjurer la terre du roi dans quarante jours. L'abjuration se faisait en ces termes : Vous entendez, sir Coroner, que je suis larron de brebis (ou autre animal, ou meurtrier d'un homme ou de plusieurs), et félon envers le roi d'Angleterre. Et comme j'ai commis beaucoup de méfaits et larcins, j'abjure la terre du seigneur roi. J'irai promptement vers le port que vous m'avez assigné, sans chercher à sortir par une autre voie; sinon, que je sois pris comme larron et félon envers le seigneur roi d'Angleterre. Là j'attendrai seulement le flux et le reflux. Si je ne puis obtenir passage, j'entrerai chaque jour dans la mer jusqu'aux genoux, pour essayer de passer. Et si, après quarante jours, je ne puis passer, je m'acheminerai de nouveau vers l'église, comme larron et félon du seigneur roi. Et qu'ainsi Dieu me soit en aide [3].

Abjuration, dit Stamford, *est un serment que home ou feme preignent, quant ils ont commise felonie, et fué à l'église, ou cimitoire, pour tuition de lour vie, eslisant plustost perpetual bannissement hors del realme, que à estoiser à le ley, et d'estre trié del felonie.* —

---

1. Ducange, IV, verbo *Lupum proclamare*.
2. Voyez l'intéressante dissertation de M. Barry, professeur à la faculté de Toulouse, sur les *Ballades* de Robin-Hood.
3. Ducange, I, 44, verbo *Abjuratio terræ*.

Celui qui abjurait s'en allait avec *Un croys de fust* (une croix de bois) *en sa main, deschaucé, desceint, à teste découverte, en pur cote soule.* — Chartulaire de Sainte-Marie de Bonne-Nouvelle à Rouen : *Robert le barbier..., Richard le kotullier* (coutelier), *qui a tué Pierre de Fonque, et qui a abjuré la terre desdits religieux, a été conduit par leur justice avec la croix et l'eau bénite.*

Ains men irai fors du païs à pié,
Un pel au cou con autre pautonnier.
Roman d'Ogier. G. 736 (Ce *pel* est le *palus* de la loi salique.)

Si un fils a tué ses parents par imprudence, qu'on lui rive des fers au cou, au bras, au corps et aux jambes, qu'il délaisse le pays, qu'il jure de ne recourir à nul aide pour se délier, si ce n'est à la grâce de Dieu, de ne pas coucher une nuit au lieu où il a couché l'autre, enfin de marcher jusqu'à ce que ses liens se rompent d'eux-mêmes. — Si le cas était excusable, il devait cependant se laisser mettre une ou deux chaînes, vivre de pain et d'eau plusieurs jours de chaque semaine, passer aux grandes fêtes devant la procession, nu jusque la ceinture, une poignée de verges à la main et se frappant jusqu'au sang pour engager les gens à prier Dieu pour lui. (G. 710.)

L'ostracisme athénien, le pétalysme syracusain, cette condamnation par le peuple d'un homme non coupable, mais dangereux à la liberté, se retrouve en Suisse, dans le haut Valais : « Cet ostracisme s'appelait la Mazza. On prenait en effet une massue façonnée en tête humaine. D'abord promenée dans l'ombre, chacun y enfonçait un clou ; puis, quand le nombre de ces clous assurait à la condamnation la pluralité des suffrages, alors la masse était enlevée, au milieu d'un bruit et d'un concours formidables, et dressée à la porte de celui qu'elle menaçait. Condamné sans examen, il fallait qu'il se soumît sans délai, et son château était détruit. C'est ainsi que les Valaisans se délivrèrent successivement des puissants ennemis de leur indépendance, des Raron, des Chatillon, des Supersax ; et lorsqu'après plus d'un siècle de vengeance et à la prière des Cantons helvétiques, ils consentirent enfin à ensevelir cette formidable masse, il semblait, dit un historien, qu'ils assistassent à l'enterrement de leur liberté même [1]. »

Dans l'état barbare, dans la défiance mutuelle des tribus guerrières, l'étranger est un ennemi. L'ancien mot latin *Hostis* signifiait d'abord Étranger. Le sort de l'étranger, de l'homme qui erre *sans feu ni lieu* ne vaut guère mieux que celui du proscrit. Son nom dans les lois germaniques est Wargangus, errant (distinct de Vargus, exilé, et de Wargr, loup). Les Anglais l'appellent Wrecht, le misérable. (G. 396-7, 733.)

On le reconnaît à ses souliers usés, à sa lance rouillée (G. 249), à son chariot brisé [2]. Voyez plus haut la ruse des Gabaonites, et la belle tradition de l'homme aux souliers de fer, qui vient au-devant du pirate scandinave, et le décourage d'aller à Rome, en

---

1. *Lettres sur la Suisse*, par M. Raoul-Rochette, II, p. 71. Voy. aussi Spon, *Hist. de Genève*, p. 122.
2. *Triades de Galles.*

lui disant qu'il a usé de tels souliers depuis qu'il en est parti[1].

La vie errante et les prodigieuses rencontres auxquelles elle donne lieu font le sujet de toutes les Odyssées, des voyages de Sindbad[2], etc. Nulle part elle ne se caractérise d'une manière plus touchante que dans l'histoire d'Hildebrand et Hadubrand, ce vénérable débris de la primitive poésie germanique. Le père et le fils se rencontrent au bout du monde, mais pour s'égorger[3].

Au Moyen-âge, l'Épave, l'Aubain, le Bâtard, sont comme hors la loi. Tout élément mobile et nouveau est hostile à la société féodale.

Se aucuns hom estrange estoit venu ester en aucune chastellenie de aucun baron, et il n'avoit fait seigneur dedans l'an et le jour, il en estoit esploitable au baron; et se adventure estoit que il mourust, et il n'eût commandé à rendre quatre deniers au baron, tout si muéble estoient au baron[4].

Il y a de teles terres quant un frans hons qui n'est pas gentixhons de lignage, y a manoir, et y est résident un an et un jour, il devient, soit hons, soit fame, serf au seigneur dessoubs qui il vieult estre résident[5].

---

1. *Saga de Regnar Lodbrog*. Voyez les travaux de MM. Ampère et Marmier sur la littérature du Nord.
2. *Mille et une Nuits*.
3. Les frères Grimm croient ce chant du huitième siècle. Il a été traduit par M. Gley (*Langue des Francs*, 1814), et par M. Ampère (*Études hist. de Chateaubriand*). J'en ai donné une traduction nouvelle dans mon *Hist. de France*.
4. *Établiss. de saint Louis*, c. 85.
5. Beaumanoir, c. 45, p. 154.

L'aubain était obligé de faire serment de fidélité en ces termes, selon le *Grand Coutumier,* livre II, chap. XXXI : *Tu me jures que d'ici en avant tu me porteras foy et loyauté comme à ton seigneur, et que tu te maintiendras comme homme de telle condition comme tu es, que tu me payeras mes debtes et devoirs, bien et loyaument, toutesfois que payer les devras, ni ne pourchasseras choses pourquoy je perde l'obéissance de toy, ne de tes hoirs, ne te partiras de ma cour, ce n'est pas deffaue de droit ou de mauvais jugement, en tous cas tu advoues ma cour pour toy et pour tes hoirs.*

Albains sont hommes et femmes qui sont nez en villes dehors le royaume si prouchaines, que l'on peut congnoistre les noms et nativités de tels hommes et femmes : et quant ilz sont venus demourer ou royaume, ilz sont proprement appelez Albains et non Espaves[1].

Sont, par ladite coutume et usage (de Laon), *réputez Épaves, ceux qui sont natifs hors du royaume, sujets néanmoins, et demeurans audit royaume, et sont leurs enfans tenus et réputés Albains, et pareillement les enfans des bâtards; en telle manière que si leurs enfans décèdent sans hoirs légitimes de leurs corps, leurs biens appartiennent au roi. Et ne peut un Épave, ne le bâtard tester, ne faire testament, et par icelui disposer de ses biens, fors que de cinq sols; mais un Aubain peut tester*[2]. L'Aubain est encore celui qui, quoique Français et né dans le royaume, demeure et décède

1. Carpentier, I, 141, d'après les registres du Parlement.
2. Voyez le procès-verbal de la *Coutume de Laon*, et le traité du *Droit d'Aubaine* de Bacquet, chap. 3, n. 5.

dans un autre diocèse que celui où il est né[1].

Le bâtard est dans une situation analogue à celle de l'aubain; sa vie, dans l'Antiquité et au Moyen-âge, est généralement errante, aventureuse. Elle semble souvent une protestation héroïque contre l'ordre social qui l'a proscrit à sa naissance. L'histoire des bâtards serait longue depuis Hercule et Romulus jusqu'aux bâtards si fortement esquissés par Shakespeare dans le *Roi Lear* et le *Roi Jean* jusqu'au bâtard Dunois, jusqu'à ce bâtard de François Ier qui s'obstinait si plaisamment à être pendu[2]. (Voyez plus haut les Cadets.)

Le banni, le bâtard, le cadet, ceux enfin que la société maltraite, la fortune les adopte souvent et leur donne de grandes destinées. Ainsi Joseph entre ses frères, ainsi Perdiccas, le fondateur du royaume de Macédoine : — Alexandre, fils d'Amyntas, avait pour septième aïeul Perdiccas, qui s'empara de l'autorité souveraine en Macédoine, comme je vais le rapporter. Trois frères descendants de Téménus, et bannis d'Argos, s'étaient réfugiés dans l'Illyrie : ils se nommaient Gavane, Æropus et Perdiccas. Ils passèrent de l'Illyrie dans la haute Macédoine, et se mirent au service du roi. L'un fut commis au soin des chevaux, l'autre faisait paître les bœufs, et Perdiccas, le plus jeune, était chargé du menu bétail... La femme du roi faisait elle-même cuire le pain pour les serviteurs ; mais toutes les fois qu'elle le faisait, le pain destiné à Perdiccas doublait en cuisant. Elle

---

[1]. Laurière, I, 90?
[2]. Voy. Bonaventure Desperriers.

en fit part au roi, qui crut y voir un prodige. Il fit venir les trois frères, et leur ordonna de s'éloigner sur-le-champ de ses terres. Ils répondirent qu'ils étaient prêts à obéir, aussitôt qu'ils auraient reçu le salaire qui leur était dû. A cette demande, le roi, qui, se trouvait près de la cheminée du foyer par laquelle les rayons du soleil entraient dans sa chambre, comme saisi d'une inspiration divine, dit en leur montrant ces rayons : « Tenez, je vous donne cela ; ce sont les gages que vous méritez. » A cette réponse, les deux plus âgés des frères demeurèrent interdits; mais le plus jeune, Perdiccas, qui, par hasard, avait un couteau, s'écria : « Eh bien ! nous acceptons ce que vous nous donnez. » Et ayant tracé, avec son couteau un cercle autour de l'espace éclairé par le soleil, il se baissa à trois reprises, feignant, à chaque fois de puiser les rayons et de les renfermer dans son sein, puis il s'éloigna avec ses frères[1].

Quel que soit l'esprit de défiance des lois et coutumes barbares à l'égard de l'homme errant, de l'étranger, on y trouve avec plaisir quelques dispositions hospitalières, particulièrement dans les Coutumes allemandes du Moyen-âge.

La *loi des Burgundes* fait un devoir de l'hospitalité. *Si quelqu'un a refusé le couvert ou le foyer à un voyageur, qu'il soit frappé d'une amende de trois solidi.* Peut-être ne doit-on voir ici qu'une disposition en faveur du barbare, moins sédentaire que le Romain, et voyageant volontiers aux dépens de celui-ci. —

---

1. Hérodot., VIII, 137-8, trad. de M. Miot, légèrement modifiée.

Capitul., ann. 802 : *Notre volonté est que dans toute l'étendue de notre royaume, ni riche, ni pauvre, ne se permette de refuser le toit, le foyer et l'eau.* — Capitul., ann. 803 : *Que personne, dans l'étendue de notre domination, ne refuse l'hospitalité à ceux qui sont en route; que personne les attaque pour cause de pâture, si ce n'est au temps de la moisson ou de la fenaison.*

La loi des Wisigoths permet au voyageur d'allumer du feu, de faire paître son cheval et d'abattre des branches. — Les usages de la Marche permettent au voyageur éloigné de toute habitation de prendre de quoi se nourrir, lui et son cheval : — Le voyageur peut cueillir trois pommes à l'arbre, se couper dans la main trois ou quatre grappes de raisin, prendre des noix plein le gant. — On est d'avis encore que s'il arrivait un étranger d'une distance de cent milles, et qu'il voulût pêcher, il aurait la faculté d'emprunter un hameçon à un homme de la Marche, puis d'aller pêcher au ruisseau ; il pourra faire du feu sur le bord, faire cuire sa pêche et la manger; mais qu'il n'aille pas l'emporter au delà de la Marche. — Advienne le cas qu'un homme traverse la forêt avec son chariot, il pourra regarder autour, et s'il aperçoit un tronc d'arbre qui puisse venir en aide à son chariot, il pourra l'abattre et réparer son chariot ; il mettra le vieux bois sur le tronc qu'il a abattu. S'il tenait pourtant à garder ce vieux bois et qu'il l'emportât avec lui, il devra placer sur le tronc trois pfennings de Worms. — Si un homme chevauche par un chemin qui traverse au large la prairie, et qu'il ait besoin de faire paître son cheval, il faut qu'il ait une corde de cinq aunes et une perche de six pieds et demi ; il plantera dans son chemin ce bois, auquel tiendra la corde, moyennant quoi il pourra impunément faire paître le cheval dans la prairie. (G. 400-401.)

LIVRE V

VIEILLESSE. — SÉPULTURE.

Quoique les peuples barbares croient à la sagesse des vieillards, généralement ils méprisent leur faiblesse et les traitent mal. Les ascendants n'héritent pas dans plusieurs Coutumes allemandes. L'une d'elles pose ce principe : Nul bien ne revient, mais avance. (G. 477.)

Le vieillard, le malade, ne peuvent tester qu'autant qu'ils conservent la force physique : — S'il arrive qu'un fermier veut donner à ses enfants ou serviteurs partie de ses biens ou de ses droits de ferme, ledit fermier malade devra être assez fort pour s'habiller lui seul, tout comme s'il était de noces et qu'il allât à l'église, assez fort pour prendre un couteau ou une hache en main. Il sortira ainsi de la maison et il enfoncera le couteau dans l'arbre jusqu'à trois fois. — ... Il faut qu'il puisse se lever et s'habiller lui-même, se chausser et frapper trois coups de son épée... — Qu'il puisse enfoncer un couteau dans une table ou dans un mur cimenté. — *Item*, quand un homme sera assez sain d'esprit et puissant de ses membres pour soulever un marc d'or pur et le porter d'un endroit à l'autre, il pourra disposer de son bien, honnêtement gagné, en faveur de qui il voudra. — Pourront disposer de leurs biens, un paysan tant qu'il pourra labourer le pourtour d'un jour de terre, une femme tant qu'elle peut aller à l'église, si elle demeure à vingt verges de là. (G. 95-97.)

Le droit de Berne craint que la vieille mère ne soit maltraitée par son fils ou sa bru ; il lui garantit la meilleure place au foyer : — Le fils qui se marie peut s'établir dans la maison de sa mère, et y demeurer, pourvu toutefois qu'il ne nuise pas à la mère ; il doit lui laisser au feu, et partout ailleurs, la meilleure place. (G. 490.)

L'abandon, la mise à mort des vieillards, dérivent du même principe qui déterminait l'exposition des enfants. — Les Latins, dit Festus, appelaient *Depontani senes* les sexagénaires qu'autrefois l'on précipitait d'un pont [1] — Valérius Flaccus (Argon, 6, 125) en dit autant des Iazyges, et Silius Italicus des Cantabres (*Punica*, 3,328; G., *Suppl.*).

On appelait la Roche des aïeux un rocher qui était situé aux limites des terres des Wisigoths, et d'où leurs vieillards se précipitaient, quand ils étaient

---

- 1. A cette explication, il en ajoute une autre qui ne contredit pas la première, mais qui doit s'entendre d'une époque plus récente.

fatigués de la vie. — Lorsque Skapnartængr eut fait le partage de son patrimoine, ils se précipitèrent gaiement, sa femme et lui, du haut du rocher ; leurs enfants leur avaient fait la conduite. — Un autre sage a dit expressément qu'en Islande, un froid excessif ayant été suivi d'une famine, on décréta dans l'assemblée du peuple qu'on abandonnerait et qu'on laisserait mourir de faim les vieilles gens, les perclus et les infirmes. — Chez les Hérules, dit Procope, on ne laissait vivre ni malades ni vieillards. Lorsque la vieillesse ou la maladie s'emparait de l'un d'eux, il devait prier ses parents de l'ôter du milieu des hommes. Les parents rassemblaient sur une hauteur une grande quantité de bois, y faisaient placer le malade. puis envoyaient vers lui un Hérule armé de son poignard ; cet homme devait lui être étranger ; c'eût été une impiété chez eux qu'un parent tuât son parent. Lorsque le meurtrier était de retour, ils allaient mettre le feu au bois, en commençant par les extrémités, et, quand le feu avait cessé de brûler, ils rassemblaient les os et les ensevelissaient aussitôt. (Procop., *De bell. Goth.*, 14.)

Cet usage de tuer les vieillards et les malades se conserva assez tard dans le nord de l'Allemagne. C'était à Brême un dicton populaire qu'on adressait aux gens âgés : Enfonce, enfonce, le monde t'en veut ! On retrouve le même dicton près du Harz et en Westphalie, en Bohême et en Frise. Un chroniqueur de la Frise assure qu'en 1607 une tribu dans sa retraite enterra toute vive dans le cimetière de Pelworm une vieille qui ne pouvait plus avancer, et que cette coutume était considérée, chez les Wendes, comme bonne et louable. — C'était, dit un autre, chose honnête et d'usage en Wagrie et autres pays wendes, que les enfants tuassent leurs pères et mères devenus vieux, leurs parents et alliés, en général tous ceux qui ne pouvaient plus guerroyer ni travailler ; ils les faisaient bouillir, les mangeaient ou les enterraient vifs. Ils ne laissaient pas vieillir ceux qu'ils aimaient ; les vieux eux-mêmes ne demandaient pas mieux, plutôt que de traîner une triste et pesante vieillesse. — Selon un témoignage bien plus ancien, les Slaves Wiltzi ne pouvaient renoncer à croire qu'ils n'eussent pas plus de droit que les vers de manger leurs parents. — De même chez les anciens Prussiens, le fils tuait ses parents vieux et infirmes. Le père tuait, par le fer, le feu et l'eau, ses enfants aveugles, louches, difformes. Le maître pendait ses serviteurs perclus et aveugles à des arbres qu'il ployait violemment vers la terre et laissait revenir ensuite. — On brûlait l'enfant malade d'un noble en lui criant : Va-t'en servir les dieux, en attendant que tes parents te suivent. (G. 486-9).

Les lois de Manou offrent le spectacle de la mort du Brahmane, mais cette mort est entièrement volontaire ; elle est préparée par la retraite aux forêts, par le détachement progressif des choses du monde. Nous avons donné, dans notre *Introduction*, les traits les plus frappants de ce tableau sublime. On peut en rapprocher les textes anciens sur le suicide des gymnosophistes, de Calanus devant Alexandre, etc.

Lorsque le chef de famille voit sa peau se rider et ses cheveux blanchir, et qu'il a sous ses yeux le fils de son fils, qu'il se retire dans une forêt. — Renonçant aux aliments qu'on mange dans les villages et à tout ce qu'il possède, confiant sa femme à ses fils, qu'il parte seul, ou bien qu'il emmène sa femme avec lui. — Emportant son feu sacré et tous les ustensiles domestiques employés dans les oblations, quittant le village pour se retirer dans la forêt, qu'il y demeure, en maîtrisant les organes de ses sens... — Qu'il porte une peau de gazelle ou un vêtement d'écorce ; qu'il se baigne soir et matin ; qu'il porte toujours ses cheveux longs et laisse pousser sa barbe, les poils de son corps et ses ongles. — Autant qu'il est en son pouvoir, qu'il fasse des offrandes aux êtres animés, et des aumônes, avec une portion de ce qui est destiné à sa nourriture, et qu'il honore ceux qui viennent à son ermitage en leur présentant de l'eau, des racines et des fruits. Il doit s'appliquer sans cesse à la lecture du *Véda*, endurer tout avec patience, être bienveillant et parfaitement recueilli, donner toujours, ne jamais recevoir, se montrer compatissant à l'égard de tous les êtres... — Ou bien qu'il ne vive absolument que de fleurs et de racines, et de fruits tombés spontanément, observant strictement les devoirs des anachorètes. — Dans la saison chaude, qu'il supporte l'ardeur de cinq feux ; pendant les pluies, qu'il s'expose nu aux torrents que versent les nuages ; durant la froide saison, qu'il porte un vêtement humide, augmentant par degrés ses austérités. — Trois fois par jour, en faisant son ablution, qu'il satisfasse les dieux et les mânes ; et, se livrant à des austérités de plus en plus rigoureuses, qu'il dessèche sa substance mortelle. —

Alors, ayant déposé en lui-même les feux sacrés (*en avalant les cendres*), qu'il n'ait plus ni feux domestiques, ni demeure, gardant le silence le plus absolu, vivant de racines et de fruits ; exempt de tout penchant aux plaisirs sensuels, chaste comme un novice, ayant pour lit la terre, ne consultant pas son goût pour une habitation et se logeant au pied des arbres... — Ou bien (*s'il a quelque maladie incurable*) qu'il se dirige vers la région invincible (*du nord-est*) et marche d'un pas assuré jusqu'à la dissolution de son corps, aspirant à l'union divine, et ne vivant que d'eau et d'air... — Un pot de terre, la racine des grands arbres (*pour habitation*), un mauvais vêtement, une solitude absolue, la même manière d'être avec tous, tels sont les signes qui distinguent un Brahmane qui est près de la délivrance finale. — Qu'il ne désire point la mort, qu'il ne désire point la vie ; qu'il attende le moment fixé pour lui, comme un serviteur attend ses gages... — Le soir, lorsqu'on ne voit plus la fumée de la cuisine, que le pilon est en repos, que le charbon est éteint, que les gens sont rassasiés, que les plats sont retirés, c'est alors que l'anachorète doit mendier sa subsistance... — Soumise à la vieillesse et aux chagrins, affligée par les maladies, en proie aux souffrances de toute espèce, unie à la passion, destinée à périr, que cette demeure humaine soit abandonnée avec plaisir. — De même qu'un oiseau quitte le bord d'une rivière (*lorsque le courant l'emporte*), de même qu'un oiseau quitte un arbre, ainsi celui qui abandonne ce corps est délivré d'un monstre horrible. — Laissant à ses amis ses bonnes actions, à ses ennemis ses fautes, le sannyâsi, se livrant à une méditation profonde, s'élève jusqu'à Brahme, qui existe de toute éternité[1].

Il n'entre point dans notre plan de donner ici les rites innombrables des sépultures en usage chez les diverses nations. Cette recherche appartient à l'étude de la religion plus qu'à celle du droit. Nous ne pouvons toutefois nous empêcher de rapporter ici quelques textes curieux :

Les tombeaux des rois scythes sont dans le pays des Gerrhes, au point où le Borysthène cesse d'être navigable, en remontant. Dès que le roi est expiré, on creuse dans ce lieu une grande fosse carrée, et l'on y transporte le cadavre. Le corps est enduit de cire et la capacité de l'abdomen remplie de souchet odorant pilé, d'aromates et de graines de Selin et d'aneth. Le cadavre ainsi préparé est conduit sur un chariot d'un peuple à l'autre. Ceux qui le reçoivent à son passage, pour marquer leur douleur, imitent ce que les Scythes royaux ont fait en signe de deuil. Ils se coupent le bout des oreilles, se rasent les cheveux, se font des entailles aux bras, se découpent le front et le nez, et se percent la main gauche avec une flèche. Cependant le chariot traverse successivement le pays soumis à la domination des Scythes, et le cortège qui l'a d'abord accompagné à son départ, s'accroît de tous ceux qui se réunissent à lui. Enfin, le convoi atteint le pays des Gerrhes, le dernier de ceux qui reconnaissent la domination des Scythes. Lorsque le corps a été déposé sur un lit dans le

---

[1]. Manou, livre VI, trad. de M. Loiseleur-Deslonchamps.

tombeau préparé, on place çà et là autour du mort des piques pour soutenir diverses pièces de bois sur lesquelles on étend des claies d'osier en forme de toiture. En même temps, on étrangle et l'on enterre, dans un lieu réservé sur la largeur du tombeau, une des concubines du roi, un échanson, un cuisinier, un écuyer, un secrétaire, un huissier, des chevaux; enfin les prémices de tout ce que le roi possédait, ainsi que des flacons d'or; les Scythes ne connaissent l'usage ni de l'argent ni de l'airain. On élève ensuite sur le tout un tertre, que l'on travaille à porter le plus haut possible. Après une année révolue, d'autres cérémonies ont lieu. Parmi les serviteurs du roi, qui sont toujours scythes d'origine, cinquante hommes, choisis comme les plus distingués et les plus beaux, sont étranglés, et l'on tue en même temps un pareil nombre des plus beaux chevaux. On enlève les intestins du corps des hommes et des chevaux, on remplit le vide avec de la paille et l'on recoud la peau. On place ensuite un demi-cercle en bois, soutenu par deux pieux fichés perpendiculairement en terre, et plus loin, à une certaine distance, un second demi-cercle, porté de la même manière sur deux autres pieux. Lorsque le nombre nécessaire de ces sortes de châssis a été construit, on monte dessus les corps des chevaux empaillés et traversés jusqu'au cou par une barre épaisse de bois; ces corps reposent ainsi dans les demi-cercles, l'antérieur servant à soutenir les épaules, et celui de derrière les cuisses et le ventre; les jambes de l'animal restent suspendues à quelque distance de terre. Après, on ajuste les mors et les brides, dont les extrémités sont attachées en arrière à l'un des pieux. Les choses ainsi disposées, on met sur les chevaux les corps des cinquante domestiques étranglés, on les assujettit au moyen d'un pieu pointu, qui, pour maintenir le corps droit, y pénètre jusqu'au cou[1].

Ces cavaliers empalés font penser à la belle Romance du Cid, où le héros mis à cheval, et tenant l'épée liée à sa main droite, remporte, tout mort qu'il est, sa dernière victoire[2].

Quant aux serviteurs tués, voyez dans l'*Edda* les funérailles de Sigurd et de Brunhild. Les tribus américaines, au rapport des voyageurs, ont des usages analogues.

A la mort d'Alaric, les Goths détournèrent le lit d'une petite rivière de Calabre, y déposèrent le corps du roi, avec des dépouilles et des trophées; puis ils laissèrent le fleuve reprendre son cours, et mirent à mort les captifs qu'ils avaient employés à ce travail[3].

Les combats des gladiateurs, qui se donnaient aux funérailles chez les Étrusques et les Samnites, quelque inhumains qu'ils puissent paraître, sont pourtant un adoucissement des sacrifices humains; ils laissaient du moins une chance à la valeur.

Les principales formules relatives aux rites des sépultures chez les Romains se trouvent dans le recueil de Brisson[4].

Le dernier de la famille était enterré avec les

---

1. Herodot, lib. IV, c. 71-72, trad. de M. Miot.
2. Traduite par Sismondi, *Litt. du midi de l'Europe*, III, 198.
3. Gibbon, c. xxxi; Jornandès, *De reb. get.*, c. 30, p. 654.
4. Brisson, *De formulis Romanorum*, lib. VII, et p. 853.

Imagines majorum; au Moyen-âge, il l'était avec le bouclier, l'épée et l'écusson [1].

Les tombeaux étrusques et romains étaient, comme on sait, *orientés*. Nous retrouvons quelque chose d'analogue en Chine. Khoung-fou-tseu fit enterrer sa mère près de son père, le mari à l'est et la femme à l'ouest, ayant tous les deux la tête au nord et les pieds au midi [2].

Aux détails nombreux et bien connus que nous avons sur les sépultures chrétiennes des premiers âges, on peut ajouter le suivant. Dans les tombes récemment découvertes à Monzie, près Bergerac, on a trouvé sous la tête des morts trois sortes de graines : l'héliotrope d'Europe, le trèfle et le bluet. Parfaitement garanties de l'air, elles s'étaient conservées. On les a semées et elles sont bien venues [3].

De même qu'à Rome, on offrait un festin splendide aux statues des dieux (lectisternium), on plaçait au Moyen-âge des mets devant le lit funèbre où reposait l'effigie du roi. *Les sauvages*, dit Tavannes, *servent les images, et nous portons à manger à celles de nos rois, quand ils sont morts* [4].

C'est la forme et la manière après le trespas du Roy, comment il se doit porter en litière pour porter au lieu où il a élu sa sépulture : Premièrement, convient avoir une litière portée par certains officiers royaux, et doit estre en ladite litière une forune ou forme en semblance de Roy couché en lit, en grands draps; la forme toute

---

1. Spener, p. 58.
2. Le P. Amiot, *Vie de Confucius*, in-4°.
3. Notice de M. Jouannet, dans l'*Annuaire de la Dordogne*, 1835.
4. *Mémoires de Tavannes*, t. XXIV, p. 47.

vestue en forme de homme comme roy; c'est à scavoir vestu d'un pourpoint, tunique et dalmatique de drap d'or à fleurs de lys fourré d'hermines, fermé dessus l'espaule d'un bouton de perles, tenant en sa main dextre un grand sceptre et en la main senestre une main de justice avecques anneaux esdites mains, en sa tête une couronne, les sandales, chausses semblables ausdits vestements, avec souliers de mesme, couvert ladite litière de drap d'or pendant de tout costé de ladite litière, et dedans ladite litière vers la teste dudit roy à deux orilliers de velous vermeil à quatre houppes de perle chacun; au pied de ladite litière, deux lampiers d'or pleins de cire, ardants continuellement jusqu'après la sépulture, une croix, un bénoistier et deux ascensiers d'or; et, pour couvrir ladite litière, un ciel de drap d'or à quatre lances; et après la sépulture dudit Roy, est couverte la place d'un drap d'azur à fleurs de lys à une croix blanche de velous (année 1461)[1].

Dans la célèbre église de Saint-Denis, on lisait (il n'y a pas soixante ans) *la vie de Dagobert, le jour de son anniversaire*[2].

Autrefois, la sépulture des marins présentait des particularités remarquables : « On lavait le défunt et on l'ensevelissait dans une couverture ou mante, dans une natte ou dans un vieux morceau de toile à voile ; on attachait à ses pieds une grosse pierre ou un boulet (les Portugais seuls négligeaient cette précaution), et on le jetait à la mer sous le vent de la route, *avec un tison de feu,* dit le Père Fournier[3]. »

---

1. Martène, II, 1130, ex ms. codice monasterii Pontislevii.
2. *Id.*, II, 1053 D.
3. Jal, *Scènes maritimes*, II, 190.

Nous reproduisons ici un beau texte que nous avons déjà cité : *Nous arrivâmes à Fontevrault*, dit D. Martène, *comme on étoit occupé à faire les obsèques d'un jeune religieux qui étoit mort ce jour-là. Le matin on l'avoit porté dans l'église des religieuses, où l'on avoit chanté pour le repos de son âme une grande messe, et toutes les religieuses lui avoient donné l'eau bénite; de là on l'avoit transporté dans celle des religieux, où il étoit revêtu de ses habits monastiques tenant en sa main une bougie, avec sa règle, qui étoit comme la sentence de son bonheur éternel, s'il l'avoit bien gardée, ou de sa damnation s'il l'avoit mal observée* [1].

... *On donne dans la chambre de l'abbé qui vient de mourir un repas, composé d'épices de toutes sortes et de bon vin.* (Rituel de Saint-Ouen de Rouen [2].)

Quand un moine de la Grande-Chartreuse vient à mourir, on l'étend tout habillé sur une planche. C'est un jour de fête pour la communauté. On s'assemble au réfectoire; les jeûnes de l'Ordre sont rompus, pour célébrer ce jour, qui commence une nouvelle vie (*natalis dies*).

1. *Voyage litt. de deux religieux bénédictins*, 1717, 2ᵉ partie, p. 3.
2. Martène, II, 1128 B.

SUPPLÉMENT A L'INTRODUCTION

Page 24. — Entre autres rapprochements curieux, on peut indiquer le suivant. L'idée commune est le danger de tout interrègne. Pendant le couronnement du duc de Carinthie (p. 219), certaines familles ont droit de piller. Pendant le sommeil du roi Clovis (p. 156), un évêque chevauche et *occupe* une vaste étendue de terres. Pendant l'exposition du roi mort sur son lit de parade, on continuait de lui servir à manger, afin qu'il parût vivant et qu'il n'y eût pas un seul moment d'interrègne (p. 472). Plus tard, à cet acte, on a substitué un mot : « Le roi est mort, vive le roi ! »

Page 74. — L'esprit du droit antique, c'est le respect de la lettre, aux dépens mêmes de l'esprit. On pourrait citer une foule de faits qui prouvent que le droit semblait contenu matériellement dans le signe ou dans la formule. Nous avons parlé de la couronne de saint Étienne. Le fait suivant est analogue.

Lorsqu'on élit le Veliki Knès, ou grand-comte de Poglissa, quelque partisan de l'un des prétendants s'empare de la cassette où sont renfermés les privilèges de la province. On a droit de le poursuivre à coups de mousquet, de pierres ou de couteau; mais s'il parvient sain et sauf chez le prétendant, celui-ci est dûment élu. (Fortis, *Dalmatie*, II; Daru, *Venise* IV, 598-601.)

« En 1729, le feu se print à Bruges, de sorte qne le beffroy, estant sur le marché, se brûla entièrement. Suivant quoy, le comte Guy pensant que tous les privilèges d'illec y fussent semblablement esté brûlez, print résolution de réduire la dicte ville, et la gouverner de mesme manière, comme si elle eust été sans aucun privilège. » (*Oudegherst*, année 1279, p. 202.)

Deux frères, engagés dans une guerre contre une des îles écossaises, étaient convenus entre eux que le premier dont la chair et le sang (expression écossaise) en toucheraient le sol, serait le seigneur de l'île. Comme ils approchaient à force de rames, leurs vaisseaux ne purent avancer davantage, à cause de quelques rochers, et les deux frères se jetèrent à la nage. L'aîné, voyant que le cadet avait l'avance, tira sa courte épée, posa la main gauche sur un rocher, la coupa et, la saisissant avec les doigts de la main droite, la jeta toute sanglante sur la rive, en criant à son frère : « Dieu m'est témoin que ma chair et mon sang ont les premiers touché le sol. » Il devint roi de l'île, que ses descendants gouvernèrent pendant dix générations. (Puckler Muskau, t. I, p. 339.)

Les exemples précédents indiquent le respect du *signe* matériel, les suivants celui de la *formule* :

Alors Balac dit à Balaam : Qu'est-ce que vous faites? je vous ai fait venir pour maudire mes ennemis, et au contraire vous les bénissez. — Venez, et je vous mènerai à un autre lieu, pour voir s'il ne plairait point à Dieu que vous le maudissiez en cet endroit-là. (*Numer.*, c. 23, § 11-27.)

La Bible présente un grand nombre de faits analogues. Voyez particulièrement le troisième livre des *Rois*, c. 20, § 35-38.

Dans mon *Histoire romaine*, j'ai cité les exemples remarquables de Numa, d'Olenus Calenus, de Publicola, de Posthumius, etc.

Dans l'*Edda* (Daemisaga, 59), Loki parie avec un nain, sur sa tête. Ayant perdu, il dit au nain : Tu as ma tête, mais non pas mon col. Le nain lui coud les lèvres.

Les frères d'Harold l'engagèrent à ne pas combattre *de sa personne*, puisque, après tout, disaient-ils, il avait juré. (Michelet, *Hist. de Fr.*

Les Flamands « pillèrent plusieurs navires marchandes de France, disant qu'ils n'estoyent oblegez de tenir la paix que par terre ». 1316. (Oudegherst, f° 241.)

« Le roi Philippe envoya douze cent soixante lances en l'ost de son fils; après, il y vint comme soudoyer du duc son fils, car il ne pouvoit nullement venir à main armée sur l'Empire, si il vouloit tenir son serment ainsi qu'il fit. » — (Froissart, 1340, t. I, p. 327.)

Artevelde persuada à Édouard III de prendre le titre de roi France, puisque les Flamands ne voulaient obéir qu'à un roi de France. (Froissart, c. 65, c. 95-6; Oudegherst, c. 156, f° 263; Meyer, l. XII, 137-139.)

Le comte de Foix, assiégeant Cassières, avait juré que les assiégés ne sortiraient pas par les portes. Lorsqu'ils furent pris, on fit un trou au mur, par où ils passèrent un à un. (Froissart, IX, 256.)

« Quand ce roy d'Angleterre, à qui il avoit foit ce serment, fut mort en 1421, il luy sembla, et aussi estoit-il vray, qu'il estoit quitte de toutes les promesses qu'il avoit faites au roy d'Angleterre; car elles n'étoient que personnelles. » (*Mém. concernant la Pucelle*. Petitot, VIII, 112.)

LIVRE I. — Famille.

Page 91. — Chez les Cabardiens, tribu circassienne, on présente à l'enfant, âgé de trois ans, des armes et des jouets; s'il préfère les armes, la famille s'en réjouit. (Ségur, *Mém.*, t. II, p. 387.)

Chez certaines tribus du Caucase, où la promiscuité était passée en usage, la paternité étant souvent douteuse, l'enfant choisissait lui-même son père parmi les maris de sa mère, en lui remettant une pomme. — Avant Mahomet, les Arabes décidaient les questions de ce genre d'après la ressemblance des traits. (Hammer, t. VII, p. 91 de la trad. de M. Hellert.)

Pages 92-93 — Aux symboles et formules du baptême se rattacheraient naturellement celles de dédicace d'église, de lancement de navire, etc. Les Anglais en ont de remarquables pour ce dernier objet. Avant que les pièces de bois qui retiennent le bâtiment sur le chantier soient enlevées, une femme va casser une bouteille contre l'avant, et c'est comme le signal du départ pour le vaisseau. (Jal., *Scènes marit.*, II, 159.)

Page 97. — L'iman, assis sur ses genoux à côté de la tombe, appelle trois fois le mort par son nom et par celui de sa mère : il n'articule jamais celui du père. En cas d'ignorance du nom de la mère, il substitue pour les hommes celui de Marie en l'honneur de la Sainte Vierge, et pour les femmes celui d'Ève. Cette coutume s'observe même à l'égard des sultans. (*Mouradja d'Obsson*, II, 335.)

Page 103. — Les Morlaques ne parlent jamais des *femmes* sans se servir auparavant d'une formule d'excuse. (Fortis., voy. *En Dalmatie*, t. II; Daru, *Hist. de Venise*, IV, 598-601.)

Page 109. — En Castille, la veuve de noble naissance qui avait épousé un homme de rang inférieur pouvait, après la mort de son mari, aller à l'église avec une hallebarde sur l'épaule ; là, elle touchait de la pointe la fosse du défunt et lui disait : « Vilain, garde ici ta vilainie, que je puisse reprendre ma noblesse. » Dès lors, elle était redevenue noble, elle et ses biens. — Cette loi ne se trouve que dans la traduction castillane, postérieure au code gothique de plusieurs siècles. (Note communiquée par M. Rossuw Saint-Hilaire.)

LIVRE II. — Propriété.

Page 150. — Les légendes disent que saint Balderic ayant dessein de se retirer dans la solitude, il suivit un faucon qui se reposa à l'endroit qu'il occupa depuis, et qui fut appelé Montfaucon. Un aigle blanc rendit le même office à saint Thierry, aumônier de Saint-Remy. Une colombe désigna le circuit du monastère d'Hautvilliers, un ange marqua l'étendue de celui d'Avenay. (Baugier, *Mém. sur la Champagne*, t. II, p. 14.)

Page 153. — Avant de combattre les Goths, Clovis promet d'élever une église aux saints apôtres dans l'endroit où tombera sa francisque. (*Gesta Francorum*, t. II, p. 554; Gibbon, t. VII, p. 29.)

Page 279. — Sur les croyances populaires, relatives à la violation des bornes des champs, voyez Grimm., *Mythologie allemande*, p. 514.

LIVRE III. — L'État.

Page 213. — Le roi, s'étant levé à la dernière veille de la nuit, après s'être purifié, adressera, dans un profond recueillement, ses offrandes au feu et ses hommages aux Brahmanes, et entrera dans la salle d'audience convenablement décorée. Montant au sommet d'une montagne, ou bien se rendant en secret sur une terrasse ou dans la solitude d'une forêt, il délibérera avec eux sans être observé... — Ainsi que la sangsue, le jeune veau et l'abeille prennent petit à petit leur nourriture, de même ce n'est que par petites portions que le roi doit percevoir le tribut annuel de son royaume. (Manou, page 232-4, § 129, 147.) — Que le roi cueille fleur à fleur, comme le fleuriste dans le jardin, qu'il n'extirpe pas la plante, comme le brûleur de charbon. (*Digest of Hindu law*.)

Page 214. — L'Empereur *aagea* le dauphin (en lui donnant l'investiture du royaume d'Arles) et suppléa toutes choses qui par enfance de aage pourroient donner empêchement. (Christine de Pisan, *Coll. des Mém.*, éd. Petitot, VI, 98.)

Page 219. — Le Khalife assis sur son trône, derrière un voile noir, et couvert du manteau noir de Mohammed (*al borda*), tenait, en guise de sceptre, le bâton du prophète. Toghrul, après s'être prosterné, s'assit, à un signe du Khalife, à côté de son trône. Après la lecture du diplôme qui le désignait comme représentant du Khalife, chef suprême de tous les pays soumis à sa domination, et protecteur des Musulmans, on le revêtit successivement de sept habits d'honneur; cela fait, on lui offrit en présent sept esclaves pris dans les sept empires du Khalife, puis on étendit au-dessus de sa tête un voile d'or parfumé de musc, et on le coiffa de deux turbans, symboles des couronnes de Perse et d'Arabie. Enfin, quand il eut baisé deux fois la main du Khalife, on le ceignit de deux épées comme maître de l'Orient et de l'Occident. (Hammer, *Hist. de l'emp. ottoman*, t. I, p. 12, trad. de M. Hellert.)

Page 220. — On présentait au nouveau roi un vase de lait et de vinaigre, qu'il devait avaler d'un trait pour apprendre que les douceurs de la royauté sont mêlées d'amertume. (Brisson, *De regno Persarum*.)

Page 256. — Je trouve un exemple tout récent de l'indépendance des guerriers barbares à l'égard de leurs chefs dans une défaite d'Abd-el-Kader; un des siens lui a arraché le gonfanon du commandement, en disant : « Nous vous le rendrons, quand vous serez redevenu sultan. » — (*Débats* du 21-25 déc. 1835.)

Page 261-262. — « Une fermière de Hanovre et son valet de ferme, afin de se marier ensemble, avaient comploté d'assassiner le fermier. La nuit, pendant son sommeil, le valet devait s'introduire dans la chambre de son maître par une fenêtre que la femme lui ouvrirait. La fenêtre se trouvant un peu trop élevée, la fermière fit passer à l'assassin un pétrin sur lequel il pût monter, pour l'escalader plus aisément. Mais, au moment de poser le pied sur ce pétrin, il s'aperçut qu'il y restait un peu de pâte, et s'écria : « Je ne marcherai pas là-dessus : c'est un « don de Dieu; ce serait un péché. » Il fallut lui passer un autre meuble. — Je trouve ce fait dans les *Mémoires* d'un de mes plus chers amis, M. Fourcy, bibliothécaire de l'École polytechnique (*Souvenirs du collège et de l'armée*). L'esprit observateur qui brille partout dans ce curieux ouvrage a toujours été l'un des caractères de nos officiers, depuis Vauvenargues et Descartes.

Page 262. — Sur la fraternité guerrière, voyez Œxmelin, *Histoire des Boucaniers et Flibustiers*, t. I, p. 79, 128, 130.

Ibid. — Avant le combat, les Mahométans se frottent parfois la barbe avec de la terre trempée de leurs larmes. (Mouradja d'Ohsson, II, 262.)

Page 278. — Alonso Ferrandez prie D. J. Albuquerque d'obtenir du roi qu'il soit fait Rico home, et qu'on lui donne *bannière et marmite*. Il n'était que chevalier. (Agala, p. 67, I, 34, année 1351.) — Les *marmites* renversées des janissaires sont le signal ordinaire des révolutions de Constantinople.

Page 279. — Vint le royne Isabeau à Paris, et portoit on devant la litière *deux manteaulx d'ermines*, dont le peuple ne sçavoit que penser sur ce, se non que c'estoit signe qu'elle estoit royne de France et d'Angleterre 1422. — (*Journal du bourgeois de Paris*, p. 86.)

Page 287. — Je fis aussi graver sur le marbre les armoiries des Cellini, qui sont un lion d'or naissant, sur un champ d'azur, avec un lys rouge à sa griffe droite et trois lys d'or sur une herse, ainsi que les portent les Cellini de Ravenne, gentilshommes très distingués. Cependant je fis mettre à la griffe du lion une hache au lieu du lys rouge, pour me faire souvenir qu'il fallait venger la mort de mon frère. (*Mém. de Benvenuto Cellini*, p. 120 de la trad.)

Page 307. — Une ordonnance de saint Louis, en date de 1268 (?) assujettit le crieur public à crier le *vin du roi* par les rues de Paris : *Tuit lui autre tavernier cessent, et li crieurs tui ensemble doivent crier le vin le roy, au matin et au soir, par les carrefours de Paris.*

Page 311. — La maison de Chastellux avait un droit héréditaire à la dignité de chanoine de Saint-Germain d'Auxerre, en mémoire de Claude de Beauvoir, seigneur de Chastellux, qui reprit la ville de Cravant sur des brigands, et la remit au chapitre de Saint-Étienne. Le chanoine reçu, après avoir prêté le serment d'usage, se présentait à la porte du chœur *en habit militaire*. Il *était botté et éperonné; un beau surplis blanc et bien plissé couvrait son habit;* un baudrier passait sur ce surplis, *et son épée y était suspendue;* il avait les *deux mains gantées*, un *faucon sur le poing*, une aumusse sur le bras gauche, et il tenait de la main droite *un chapeau orné de plumes blanches*. (Millin, *Voyage*, I, 63.)

Ibid. — Acte de l'an 1642, cité dans le *Mercure français*, février 1735, p. 283 : Peut le dit sieur de Sassay faire dire la messe par le curé d'Ezy, ou autre, en l'église Notre-Dame d'Évreux devant le grand autel, quand il lui plaira; et peut ledit sieur ou curé, chasser sur tout le diocèse d'Évreux *avec autour et tiercelet, six épagneuls et deux lévriers*, et peut ledit sieur faire porter et *mettre son oiseau sur le coin du grand autel*, au lieu le plus près et le plus commmode, à son vouloir. Peut ledit sieur curé *dire la messe botté et éperonné* en ladite église Notre-Dame d'Évreux, *tambour battant*, en lieu et place des orgues. — Il existait un usage semblable à Auxerre. (Carpentier, verbo *Acceptor*.)

Page 329. — Le Flibustier ne se rendit qu'à condition qu'on lui donneroit quartier, à lui et aux siens, *et qu'on ne lui feroit porter ni pierre ni chaux ;* car c'est ainsi que les Espagnols en usent lorsqu'ils prennent ces sortes de gens; ils les tiennent deux ou trois ans dans les forteresses qu'ils bâtissent, et les emploient au service des maçons. (Œxmelin, *Hist. des boucaniers*, I, 143, 1744.)

Page 342. — L'un des derniers exemples de prisonniers réduits en esclavage est celui des Irlandais vendus par Cromwel. (Voyez aussi Œxmelin, I, 112.)

LIVRE IV. — PROCÉDURE, GUERRE, JUGEMENT.

Page 347. — Les princes se faisaient des présents symboliques en signe de défi ou de réconciliation.

Le roi Lothaire, allant à Rome pour son divorce avec Teutberge, *obtint que le pape lui donnerait une lionne, une palme et une baguette. La lionne signifiait, selon lui, qu'il reprendrait Waldrade, la palme qu'il serait victorieux, la baguette qu'il contraindrait les évêques à se soumettre.* (*Annal. Berlin.,* anno 867.)

Aux présents qu'il envoyait à saint Louis, le Seigneur de la Montagne avait joint une *chemise* et un *anneau*. « *Vous êtes notre maître, disent les envoyés, vous devez rester unis comme les doigts de la main, et comme la chemise l'est au corps.* » (Michaud, *Croisades*, IV, 406.)

Mangu-Khan envoya à saint Louis un arc que deux hommes pouvaient à peine bander, et deux flèches d'argent remplies de trous, qui sifflaient en volant; si le roi n'acceptait pas son amitié, l'ambassadeur devait les rapporter, en disant au roi que *Mangu savait tirer de loin et frapper fort*. (*Voyage de Rubruquis*, c. 34.)

Après la bataille de Nicopolis (1397), Bajazet fait de même à Charles VI des dons menaçants.

Le roi d'Angleterre Henri V en voulut au duc d'Orléans, qui lui avait envoyé en présent des balles de paume.

... *Le roi d'Angleterre envoya au roy des trompes de chasse et des bouteilles de cuir, à l'encontre des pièces d'or, couppe d'or, vaisselle, pierreries et autres belles besonges que le roy et autres seigneurs avaient donné à Warwick, à son partement de Rouen 1467.* (Jean de Troyes, XIII, 354.)

... *Ce roy envoya à Édouard, qui réclamoit la Normandie et la Guyenne, le plus beau courcier qu'il eût en son écurie, et depuis ce le roy lui envoya encore un asne, ung loup et ung sanglier.* (*Ibidem*, p. 450.)

... *Le roy envoya au roi d'Angleterre une dent de sanglier longue d'un pied et trois doigts, et une teste seiche de une beste, comme de un chevreul de bois, de la plus merveilleuse façon que l'on ayt oncques vue. Quelle chose ce présent signifie, je le laisse interpreter aux autres* (1480). — (*Preuves de Comines*, éd. Lenglet-Dufresnoy, IV, 9.)

Page 419. — *L'en doit savoir que chelui s'accorde à pès par fet et par parole, qui avec chelui qui souloit estre ses annemis boit et menge et parole, et tient compagnie; doncques après che que il aura che fet, se il li fet ou pourcache honte ou enui, il puet estre sievis de trahison et de pès brisiée.* — Beaumanoir, p. 300.

En signe réconciliation, Philippe-Auguste couche avec Richard Cœur-de-Lion, Raymond VII avec Amaury de Montfort (Guill. de Podio Laur., ap. *Scr. Fr.*, XIX, 215), François de Guise avec le prince de Condé, etc.

M. Paulin Paris soupçonne, non sans vraisemblance, que lorsqu'on faisait la criée d'un traité, il y avait des bouffons qui en parodiaient les termes. (Voyez la *Paix aux Anglais*, publiée par M. Jubinal.)

Page 353. — Avant d'exécuter une sommation des Klephtes, un village grec se la faisait répéter plus d'une fois. A la seconde ou troisième sommation, le papier sur lequel elle était écrite, était brûlé aux quatre coins. (M. Fauriel, *Introd. aux Chants grecs*, p. LV.)

Page 376. — S'il était allé avec lui en une forêt pour couper du bois, que le fer de sa cognée se fût échappé de sa main, et, sortant du manche, eût frappé son ami et l'eût tué, il se retirera dans l'une de ces trois villes, et sa vie y sera en sûreté. (*Deutéronom.*, c. XIX, § 5.)

Loi galloise : Voici les trois coups permis en disputes. Le premier est d'enfoncer une lame en terre d'une seule main, et si bien qu'un autre puisse à peine l'en tirer avec les deux ; le second est de frapper la tête de l'arme dans un tertre, jusqu'à ce qu'une partie du bois soit cachée ; le troisième est de la placer, sur un buisson, à hauteur d'homme ; si la pointe n'est ainsi placée, et que quelqu'un tombe dessus et se blesse, un tiers de l'amende du meurtre est imposé au possesseur de cette lame. (Probert, p. 283.)

Page 392. — Les textes suivants, tirés de la législation indienne, autorisent en certains cas le mensonge et le vol :
— Lorsqu'un créancier, par une ruse habile, emprunte une chose à un débiteur, ou soustrait une chose mise en dépôt par lui, pour le forcer ainsi à payer, cela s'appelle légitime déception. (*Digest of Hindu law*, I, 341.) — Toutes les fois que la déclaration de la vérité pourrait causer la mort d'un soudra, d'un vaisya, d'un kchatrya ou d'un Brahmane, lorsqu'il s'agit d'une faute commise dans un moment d'égarement, et non d'un crime prémédité, comme vol, effraction, il faut dire un mensonge ; dans ce cas, le mensonge vaut mieux que la vérité.
— Avec une maîtresse, avec une jeune fille que l'on recherche en mariage, ou bien lorsqu'il s'agit de nourrir une vache, de trouver du bois *pour un sacrifice*, ou de sauver un Brahmane, ce n'est pas un crime que de faire un faux serment. (Manou, § 265-7, p. 104-12, de la trad.)

Ibid. — Une femme accusée de la mort de son mari, s'étant laissé condamner sans se défendre : « Sine cibo et potu, in arta prisona, per 40 dies, vitam sustinuit, via miraculi. Pardonavimus eidem. » — (Rymer, III, part. I, p. 358, anno 1357, ed. 1825.)

L'épreuve du feu et de l'eau bouillante est encore en usage en Dalmatie. Quelquefois aussi, quand un homme est soupçonné d'un crime, on lui met des éclats de sapin entre la chair et les ongles. (Fortis, voy. *En Dalmatie*; Daru, *Venise*, IV, 598-601.)

Page 410. — Le 2 mars 1552, le juge du chapitre de Chartres, après information faite, condamna un pourceau, qui avoit occis une fille, à être pendu et étranglé à une potence mise dans un endroit apparent du lieu du délit. La sentence fut exécutée à la lettre. — Je ne puis affirmer avec certitude de quel auteur ce fait est tiré. Peut-être l'ai-je trouvé dans l'*Histoire* de M. Monteil.

Page 419. — *La ville de Paris, pendant la captivité du roi Jean, offrit à Notre-Dame une bougie de longueur égale au pourtour de Paris, pour brûler jour et nuit devant l'image de la Vierge* (année 1357). Félibien, I, p. 639. — *A Nevers, la peste ayant régné deux ans, les habitants vouèrent à saint Sébastien une bougie longue comme la ville, c'est-à-dire de dix-sept cent vingt toises* (janvier 1564). (Sainte-Marie, *Recherches historiques sur Nevers*, 1810, p. 417.)

Page 426. — Les trente-deux Kurdes prisonniers furent rangés suivant les trente-deux directions du vent, et livrés à diverses tortures. (Hammer, VI, p. 326 de la trad.)

Ibid. — Zuckee Khan se fit faire un jardin de ses ennemis. Des trous furent creusés à distances égales, comme pour planter les arbres d'une avenue. On y plaça de fortes branches à chacune desquelles on attacha un prisonnier la tête en bas; puis on comblait les trous. (Malcolm, *Hist. of Persia*, v. III, à l'année 1762).

Page 452. — *Par la coutume notoire de la ditte conté d'Artois, celui ou ceulz qui trouvent bannis ès mettes (frontières) de la ditte conté et les mettent à mort, sont et doivent estre de ce quittes et tenuz paisibles, en mettant un denier d'argent soubz la teste du banni mort.* (Carpentier, I, 453. *Trésor des Chartes*, reg. 114, n° 129.)

FIN DES ORIGINES DU DROIT.

LA

FRANCE DEVANT L'EUROPE

Les juges seront jugés.

PRÉFACE

J'avais fini ce livre à la fin de décembre. Que de choses en un mois! Quelles tragédies sauvages en ce cruel janvier! Et vers la fin, quel coup!... Mais nous n'en sommes pas accablés.

L'hiver le plus féroce avait exaspéré la guerre. Dans les Vosges le froid descendit à dix-neuf degrés. Nos ennemis, énormément nombreux, tellement supérieurs pour les ressources de tout genre, bien nourris, profitaient âprement de cette saison, de notre dénuement et d'un infini de misères. Bien loin de s'adoucir par le succès, leur fureur s'irritait. Combien de francs-tireurs n'ont-ils pas fusillés! Qui ne sait qu'à Pouilly, près Dijon, ils en ont brûlé à petit feu? qu'ils ont, non loin de là, égorgé à l'aveugle une ambulance, deux chirurgiens français? Tout cela est prouvé par enquête si régulière, qu'eux-mêmes n'ont pas pu le nier.

Le monde encore n'avait rien vu de tel. Il a regardé et frémi. L'excès de nos malheurs, l'héroïsme de nos résistances, l'ont surpris et touché. Quel revirement d'opinion en peu de mois ! J'ose le dire : *Plus de neutres en Europe.*

Un Américain me disait ce matin même : « Hier tout allemands, nous voici tout français. »

Une grande ville de deux millions d'âmes, impossible à nourrir, dont les vivres étaient calculés et finissaient, n'en a pas moins été bombardée par plaisir, au moment où la faim infailliblement la livrait. Et bombardée comment ? Avec l'art terroriste suivi dans cette guerre, en épargnant les murs, frappant sur l'habitant. Leurs cartes de Paris, dressées dès 67, les ont parfaitement dirigés. D'innombrables obus ont été envoyés au quartier des écoles, des collèges, des hôpitaux. Ce paisible Paris des enfants et des professeurs, des savants, du Jardin des Plantes, de l'Institut, est comme un monde à part, tout étranger à l'action. Je me rappelle encore 1815, le respect avec lequel Alexandre et les rois d'alors, conduits par M. de Humboldt, visitèrent l'Institut et le Jardin des Plantes. Aujourd'hui la visite est autre : un obus est tombé sur les vénérables maisons de Cuvier, Geoffroy-Saint-Hilaire, près du lit de sa veuve, âgée de quatre-vingt-quatre ans.

Et tout cela pourquoi ? Puisque Paris en était à manger les grains gardés pour la semence, que l'autorité elle-même publiquement avait mis à la Halle, le terme dernier arrivait et était connu. Plus de chauffage en ce terrible hiver. Bercy brûlé, les vins étaient détruits, et avec eux ce qui combat le froid, relevé les courages.

Là, Paris fut très grand. Gravons ceci pour l'avenir :

Les hauteurs supérieures qui dominent ses forts, n'étant pas occupées en août par la Régente, l'ennemi en septembre les prit, et quatre mois durant les arma à son aise, lia ces postes entre eux par de bonnes batteries couvertes, murées, casematées, d'où l'on tire sans danger. Effroyable ceinture qu'ils bâtirent à loisir, Paris se préparant, s'armant : il y fallait du temps. En décembre, en janvier, elle est fermée, cette ceinture, doublée et redoublée. Derrière, on fait un Empereur. « Derrière, dit le *Times* rédigé à Versailles, le Prussien en sûreté fait la grimace au Parisien. » Celui-ci n'est-il pas réellement *in extremis?* Les lions eux-mêmes faiblissent par la diminution d'aliments, par les veilles, par la fébrile agitation. L'exténuation progressive aura désarmé cette ville?... Eh bien! le 19 janvier, ce peuple marche sur Versailles même. Ses légions novices, d'artistes, de lettrés, d'ouvriers artistes, au total, d'hommes délicats, faits aux arts de la paix, s'élancent, et du côté le mieux muré, gardé. Ils veulent aller voir de près cet Empereur, et pour cela percer l'énorme carapace de pierre, de fer, de feu. D'un élan, ils emportent Saint-Cloud, ses batteries foudroyantes. Neuf heures ils s'y maintiennent sous les boulets, le perdent et le reprennent. — Panique violente dans Versailles! On se dirige vers Marly. — C'est, dit-on, pendant le combat qu'on apprit le malheur du Mans. Nos chefs arrêtèrent tout.

Si les pierres furent plus dures que les poitrines humaines, cela n'ôte rien au sublime. Ce fut le combat des esprits.

Apprenez, Nations, devant un tel spectacle, ce que c'est que grandeur, et révérez la France!

J'ai lu bien des histoires. Mais je n'ai jamais vu une révolution si vaillante, pourtant si humaine, si généreuse pour l'ennemi barbare, si clémente aux trahisons mêmes.

Unanime surtout. C'est son grand trait.

Car, si des exaltés, nombre minime, voulaient (contre la raison, sans espoir) s'élancer et se battre encore, ce ne fut pas là, disons-le, un dissentiment de principes. Des deux côtés, c'étaient de très fermes républicains.

Voilà ce que l'Europe a vu, et ce qui fait son Jugement. Tous les cœurs reviennent à nous.

L'ennemi le sait bien que la victoire morale lui échappe entièrement. Meurtrie et mutilée, la France est invaincue : elle reste la France, redoutable, forte, grandie.

« Mais cette force, ne peut-on l'employer contre elle-même ? » Dernier espoir de l'ennemi.

La crise la plus dure, il est vrai, reste à passer : — *l'élection* devant l'étranger, parmi les traîtres (et les faibles, peut-être pires).

Ceux qui, par erreur ou faiblesse, en votant *oui*, ont amené la guerre, et qui (sans le prévoir) nous ont perdus, ceux-là verront mieux, j'en suis sûr. Ils sont bien avertis. Tous ensemble, nous ne serons qu'un.

1er février 1871.

INTRODUCTION

Lorsque l'empereur de Russie reçut la nouvelle de Wœrth, de notre première défaite, il ne put se contenir. Il était alors à table. A la vieille manière allemande, dans une si violente joie, il but un grand verre de vin, lança son verre au plafond, le brisa. Celui dans lequel il avait bu un tel coup, ne devait servir jamais.

Cet emportement barbare traduisait le mot très grave des ouvriers allemands dans leur adresse pour la paix. Le Tzar crut voir déjà leur prophétie accomplie. « Cette guerre est la victoire future de la Russie sur l'Allemagne. »

Sur l'Europe et sur le monde. L'Allemagne s'exterminant à exterminer la France, quel beau désert va s'ouvrir, quelle route bien aplanie aux armées Tartaro-Russes !

Le bruit de ce verre cassé ne fut pas très agréable au meilleur ami des Russes. M. de Bismarck gémit.

Sa délicate opération de chloroformer l'Angleterre pendant l'exécution de France, pouvait en être dérangée. Les Anglais n'allaient-ils pas s'inquiéter pour leur Turquie, deviner le traité secret que ledit Bismarck en juillet venait de faire avec le Tzar contre leurs affaires d'Orient ? Le verre cassé avait fait une fente par où la lumière eût pu venir en Angleterre. Que de mal pour la boucher, pour étouper, calfeutrer l'ouverture ! Que de caresses aux lords qui suivaient l'armée, et aux moindres journalistes ! que de flatteuses confidences, de dîners aux *reporters !* Enfin, tous les bien pensants, tous les traîtres s'y mettant (la Couronne et la boutique), l'Angleterre se rendormit (deux mois, jusqu'au 1er novembre).

La Russie, qui a déjà sept cent mille hommes en pleine paix, avait de plus, depuis juillet, doublé son artillerie. Dans cet empire du silence, tout se fait à petit bruit, au moins dans les commencements.

Mais ce qu'on ne sait pas assez, c'est que la Russie est à sa manière un gouvernement populaire, c'est-à-dire intelligent de certains coups de violence qui remuent les masses barbares. Après Sedan, après Metz, le Tzar crut avantageux de ne plus se contenir, de faire appel à ce monde d'en bas. L'ours blanc, d'un grand coup de gueule, obtint l'effroyable écho d'un hurlement général, sorti de cette mer humaine. Elle est extrêmement mobile. Autant nos peuples travailleurs d'Occident sont casaniers, autant le Russe est voyageur. Il a fallu un joug terrible pour lui faire cultiver la terre : de lui-même il serait toujours cocher, batelier, charpentier errant. La monotonie du climat, du pays, le font aller volontiers au loin, au plus loin. Ce besoin de promenade fut senti en 53 : on devait le mener au Sud pour l'anniversaire de Constantinople (1453). On l'a mené en Pologne, déjà rongée comme un os. Un jour ou l'autre, il ira de grand cœur voir l'Allemagne.

Pour aider à l'enthousiasme, le Tzar dit à ses journalistes de Pétersbourg, de Moscou : « La Prusse est très bonne Russe. La Prusse est avec moi. » (10 novembre.)

Cela faisait mal en Europe, contristait M. de Bismarck, mais faisait si bien en Russie ! Un concert de bêtes sauvages s'éleva, comme dans une ménagerie à l'heure où l'on va manger. Depuis les furieux Katkoff jusqu'aux plus charmantes dames, un grand concert s'éleva, et ce chant : « Vive le Tzar! »

D'innocentes demoiselles écrivaient à leurs amies : « Quel bonheur!... Quel grand empereur!... D'un coup voilà notre Russie tout entière qui est levée... Grand spectacle!... Gloire à Dieu! »

Ces cris qui nous arrivaient par ces voix candides et sûres, qui promettaient l'invasion, qui avertissaient l'Europe, dérangeaient tellement Bismarck, que, par ses chers *reporters*, par un monde de journaux, il osa faire cette réponse étrange et facétieuse : « Plan pacifique de la Russie, qui, dégoûtée des armées permanentes, ravie des bons résultats de la landwehr allemande, se fait une armée *défensive*... » Défensive uniquement. Elle lève cinq cent mille jeunes gens en janvier 71, pour ajouter aux sept cent mille soldats qu'elle a en pleine paix. En tout douze ou treize cent mille; c'est le chiffre qu'on déclare dans un journal russe quasi officiel. Mais comme ce journal a servi souvent pour tromper l'Europe, je me fie bien plus aux lettres privées qui parlent d'un grand mouvement général de la Russie, armée et prête à partir.

Pour aller où ? Qui le sait ? Est-ce pour la faible Turquie, pour une occupation ordinaire du petit pays valaque ? Qui pourrait le croire ?

Non, la Russie a repris sa marche vers l'Occident.

Dans sa note du 1er novembre, le Tzar, donnant à la Russie, bien plus qu'à l'Europe même, une ouverture de fanfare, le Tzar se proclame quitte du vieux traité de 56, garanti de toute l'Europe. Il fera ce qu'il voudra.

L'Angleterre alors ouvre un œil, lui dit : « C'est un grand soufflet. Ayez au moins la bonté de me dire pourquoi, à une personne tellement inoffensive, vous appliquez ce soufflet. »

« Je vous le dirai dans Londres », dit le Tzar d'un ton très doux, ajoutant cette plaisanterie : « Que voulez-vous ? Cette Turquie, que je vois armée jusqu'aux dents, est devenue si redoutable qu'à chaque instant je pouvais être attaqué dans la mer Noire. Que voulez-vous ? j'avais peur ! »

Où est la France ? Où est l'épée qui dans la guerre de Crimée (de l'aveu d'un illustre lord) sauva les Anglais trois fois ? Aujourd'hui l'Angleterre est seule, et derrière elle elle voit les corsaires des États-Unis, qui, comme d'innombrables mouches, vont harceler et piquer son commerce sur toutes les mers.

Il y a bien une Autriche au monde, qui, l'autre jour, par Benedeck, dit avoir un million d'hommes. Mais Bismarck prend les devants, travaille cet État malade. Sa Diète refuse les fonds pour la guerre, écoute l'incantation magique qui suspend tout. « Le Danube est allemand : l'Autriche aura le Danube. »

Mais qu'en pense la Russie, les Slaves si nombreux sur ce fleuve ? Que fera M. de Bismarck ? A combien de gens déjà il a promis ce Danube ?

D'abord il y a mis la Prusse, un Prussien à Bucharest, près des fameuses embouchures. Avant Sadowa, il a dit aux patriotes allemands : « Vous l'aurez... C'est Allemagne. » En 1870, il endormit l'Angleterre, lui disant que la Turquie ne bougerait, garderait cette porte du Danube. A la Russie, que disait-il? Qu'il l'appuierait dans l'Orient, la mer Noire ? Mais dans cette mer, la grosse question est de savoir qui aura la clé de l'Europe, qui sera le grand portier pour ouvrir, fermer le Danube, pour étouffer l'Allemagne qui veut respirer par là.

La Russie, en corps de peuple, avec ses levées en masse, vient se poser aujourd'hui en face de M. de Bismarck, rappeler leurs conventions.

Cette Russie a bien mérité. Elle lui a rendu le service que Napoléon III (un simple) lui rendit avant Sadowa. Elle lui a dit : « Allez !... Lancez toute votre Allemagne. Moi, je vous réponds du monde. » Pour mettre à l'aise Bismarck, la Russie a intimidé l'Italie, le Danemarck, leur a défendu de bouger.

Maintenant la Russie arrive, réclame. Répondra-t-il au terrible mendiant : « Repassez !... Un autre jour ? »

Ses procédés varient peu. Il mystifia l'Empereur en 1866, l'Angleterre en 70... La Russie en 71 ?

Les patriotes allemands, professeurs et gens de lettres, cette classe si estimable, si savante et si chimérique, qui a imposé tellement son opinion à l'Allemagne, n'ont rien négligé pour alarmer les nations, les avertir qu'ils prétendent un empire universel. De la Hollande à la Suisse, de Copenhague à Bucharest, tout en est, ou en sera. La Courlande, la Livonie, abandonnant la Russie, feront la Baltique allemande. Grande utopie à laquelle (le 26 novembre encore, à l'ouverture de la Diète) ils ont immolé à Bismarck les libertés du pays, bien plus, le deuil et les larmes, les soupirs de l'Allemagne, excédée de sa victoire.

Ces politiques profonds répondent à ceux qui leur disent que Bismarck trompe tout le monde : « Oui, le monde, mais pas nous. Vous allez voir. Il est bien vif, agile dans ses mouvements. — Voyez son opération si légère du côté de Vienne. Quel coup de partie ! Quel croc-en-jambe à l'Angleterre ! Quel obstacle à la Russie ! Hier, il était demi-russe. Le voici tout allemand. »

Ah ! comment vous y prenez-vous pour vous aveugler vous-mêmes ? ne pas voir ce que vous voyez ? ignorer ce que vous savez ?... Comment avez-vous oublié le mariage profond, terrible, de la Prusse avec la Russie ? Il est si fort, qu'entre elles deux les traités sont inutiles. La ligue du 10 juillet était tout à fait superflue. La Prusse, un État demi-slave, qui proposa au dernier siècle le banquet où la Pologne fut servie, où pour dessert on but un verre de son sang, rompra-t-elle cette communion? Elle y a été fidèle, ayant toujours dans le corps un morceau de la Pologne, aigre encore, mal digéré. En elle elle a l'ennemi. Elle eut besoin de la Russie, et elle en aura besoin demain encore plus, quand l'Allemagne s'éveillera, sortira du rêve, de son ivresse actuelle, où l'idée d'être *une* lui a fait tout oublier. Mais, pour être une, il faut *être*. Le jour où elle voudra *être*, son petit tyran, la Prusse, lui montrera la Russie.

L'Autriche, si ébranlée, ne peut donner un tel appui. Par la Russie, par elle seule, la Prusse contiendra ses Slaves, fera taire ses Allemands.

Aujourd'hui même, pendant que la France lutte encore, combien déjà cette Prusse se gêne peu avec l'Allemagne! Le prince saxon arrêté; le journaliste allemand de Versailles qu'un outrage a décidé à se tuer : tout cela ne dit-il pas de quelle hauteur féodale la Prusse regarde l'Allemagne? L'arrestation de Jacoby, la constitution bâtarde violée dès le premier jour dans les députés qui, pour un discours, auront deux années de prison! Cela ne parle pas assez?

Vous êtes pour moi, je vous assure, un prodigieux spectacle. Vous vivez d'un étrange rêve d'orgueilleux lettrés, de savants. Vous voyant civilisés, industrieux, et de toute façon si féconds, en comparaison de cette sèche Prusse de fer, vous vous dites : « La grande Allemagne l'absorbera, comme l'Italie absorbe le Piémont. Qu'est-ce qu'elle est par elle-même, sauf son cadre militaire? Elle n'est rien que par nous. Les génies qui brillent à Berlin sont des Rhénans, des Souabes, des Saxons. Même en guerre, les Prussiens vivent d'emprunt. La forte tête est un Danois. Nous entourons, envahissons la Prusse par la force des arts. Si elle pense, si elle gouverne, il faudra que ce soit par nous. »

Vain espoir, trompeur, je le crois. C'est justement par ce qu'elle a d'inférieur et d'infécond, de sec, de réfractaire, que ce dur noyau de Prusse ne pourra être absorbé.

Vous raisonnez comme s'il s'agissait d'une chose vivante, où votre vie pût agir. Mais y a-t-il une Prusse? Y a-t-il des Prussiens? J'en doute. Tous leurs noms sont slaves, suédois, danois, suisses, français, etc.

C'est un cadre assimilateur, un estomac avec des griffes, comme le poulpe. Et point de corps.

Dans ce moment solennel où la Russie est en marche, où l'Allemagne est fatiguée, épuisée de sa victoire même, où l'Angleterre délibère (paralytique ou trahie?), où l'Autriche n'ose armer, où les rois se cachent la tête, ce semble, pour ne pas voir l'orage... Adieu les rois !... A moi les peuples !

C'est un travailleur qui s'adresse à tous les travailleurs du monde, qui les somme de former la ligue armée de la paix.

Ce que l'ouvrier allemand, le premier, dit avec sagesse, l'ouvrier anglais le dit par ses grandes manifestations. Dans le danger où nous met tous le milittarisme prusso-russe, le grand parti du travail, les nations laborieuses, industrieuses, productives, doivent s'armer, non pas pour la France seule, mais pour elles-mêmes qui sont la production, contre le parti de la mort.

Planons, regardons de haut cette Europe ensanglantée. Que voyons-nous? A l'Ouest, les ateliers, les fabriques, et la grande fabrique agricole, les hommes de production, les créateurs de la richesse commune du genre humain. A l'Est, nous voyons en marche les hommes de destruction.

« Mais nous, disent les Allemands, est-ce que nous ne sommes pas là? La barrière qui fut la Pologne, sera désormais l'Allemagne. »

L'unité d'une telle nation serait certes une très grande force, si elle était vraie. Mais l'unité est-ce l'union? Croyez-vous que le Hanovre y soit de bon cœur? Avec quelle difficulté la Bavière s'y laisse traîner!

Allemands, savez-vous bien à quel point les races Slaves vous haïssent? Votre acharnement sur nous vous l'a fait oublier. Mais le plus simple bon sens le dit : la longue exploitation que les Allemands (de Courlande, etc.) ont faite du peuple Russe, a jeté dans celui-ci de profonds levains de haine. Les intendants des seigneurs étaient allemands, les fonctionnaires du Tzar sont allemands pour la plupart. On peut dire sans se tromper : « S'il se donne un coup de bâton en Russie, c'est d'un Allemand. »

Comptez sur la reconnaissance de ce peuple! Fiez-vous à l'alliée, l'amie de votre plus grand ennemi!

Votre civilisation, vos progrès industriels, votre supériorité dans les arts de la paix, sont précisément ce qui en toute guerre avec la Russie fera votre infériorité. Elle combat avec des hommes de fort petite valeur qu'elle craint bien peu de prodiguer. Combien vaut un Européen, Anglais, Français, Allemand? Beaucoup, si l'on considère ce qu'il fait, ce qu'il peut gagner. Qui peut dire le peu que gagne, que vaut le paysan russe? La Russie a dans la guerre une petite mise. Mais vous?

Un peuple industrieux, livré aux occupations pacifiques, productrices et créatrices, peut s'en arracher un jour par un grand mouvement populaire, comme celui que nous avons vu. Mais c'est contre sa nature. Et pour peu que la guerre dure, elle lui pèse extrêmement. Combien vous semblez déjà fatigués de celle-ci!

Vous avez eu, il faut le dire, un grand éblouissement. On vous a dit ce mot impie : « Il faut en finir avec la France! » Mais cela n'arrive point. On ne finit jamais avec elle. Un des nôtres a dit l'autre jour : « La guerre commencera au printemps. »

Quand vous auriez réduit Paris (ce qui est douteux encore), il resterait toujours une chose... pas moins que la France elle-même.

Les pillages, les réquisitions ont averti le paysan, l'ont fortement éveillé. Il est averti maintenant qu'en combattant ou se rendant, on est dépouillé tout de même. La moisson d'hier, la vendange, la chère vache, les bœufs sont partis. Celui qui a perdu cela, retrouve... savez-vous quoi?... ce qui s'était perdu en lui, le sang guerrier de ses pères, des soldats de la liberté.

Ce paysan a été pris au moment où, plus que jamais (enrichi par les débouchés nouveaux du Midi, de l'Ouest) il acquérait, il mettait la main sur la propriété. Voilà ce qui l'absorbait en août 1870. Il faut être fou pour croire qu'il désirât une guerre, qui, même heureuse, l'eût troublé, arrêté dans ce progrès.

Nos départements de frontière étaient, il est vrai, irrités par les piqûres des Prussiens, qui, depuis Sadowa, venaient à chaque instant faire des bravades, des défis. Je ne vis jamais des hommes plus gonflés. La terre ne les portait pas. Je les entendais en Suisse (en juin 1867) dire, redire : « De Sadowa, nous devions aller à Paris. Nous le prendrons l'année prochaine. » Après la grande Exposition, où nous les reçûmes si bien, ils rapportèrent les dessins de nos fortifications et imprimèrent un *Manuel* militaire et topographique pour le siège de Paris.

L'Empereur avait lâchement enduré l'engloutissement du Hanovre, de la Hesse, de Nassau, Francfort, dans la Prusse, avait été sourd à leurs cris. La Prusse cependant avec lui ne garda aucune mesure. Il avait essayé au moins de couvrir la Bavière, le Wurtemberg, pour qu'ils ne roulassent ensemble dans le gouffre sanglant où l'on jetait l'Allemagne. Qu'en dit maintenant la Bavière? qu'en disent trente mille familles (vingt-neuf mille veuves en trois mois!)

Pour nous, nous avions toujours désiré l'unité de

l'Allemagne, l'unité vraie, consentie, non cette unité sauvage, violente, indignement forcée. Nous aurions trouvé très juste une guerre pour ses libertés, qui ne lui eût rien demandé que de la sauver. Si la guerre nous indigna, c'est que notre gouvernement, par un vil escamotage, fort d'un vote fait pour la paix, s'en servit perfidement pour nous jeter dans la guerre. Nous savions qu'en ce moment la nation (ouvriers, bourgeois, paysans) non seulement ne la voulait pas, mais était dans une voie économique toute contraire. Le premier, dans une lettre qu'imprimèrent tous les journaux, je protestai contre ce guet-apens.

Maintenant ce paysan qui hier, sur son sillon, était un bœuf de travail, aujourd'hui sera un lion.

Ils ne sont *que vingt-six millions*. Ajoutez nos dix millions d'ouvriers (vaillants, ce semble, à en juger par Paris).

Sur cette masse agricole de vingt-six millions, *vingt millions sont propriétaires* (quatre millions de familles, donc, vingt d'individus).

C'est la base la plus forte qu'ait jamais eue une nation, du sang pour mille ans de combat!

Cet homme-là, sur sa terre où il est enraciné, et qui refait, renouvelle, centuple ses forces, sera ferme et invincible.

Heureusement pour l'Europe. Que ferait-elle sans la France dans la guerre qui va venir?

Elle sera ravie de voir que la France a la vie si dure, de la retrouver grandie par cette lutte acharnée, si guerrière et redoutable contre l'invasion barbare.

En deux mots, voici tout ce livre : Grandes nations du travail, qui créez incessamment, serrez-vous en un seul peuple ! Gardez au monde ce foyer qui lui produit tous ses biens.

Je somme et j'appelle ici, en congrès Européen, tous les hommes de travail, tous ceux qui se lèvent avant jour (comme moi, en écrivant ceci, 1er janvier 1871).

J'appelle les Anglais, les Français, les Belges, les Hollandais, les Suisses. J'appelle les Allemands.

J'appelle ici les deux mondes. J'adjure la jeune Amérique. Qu'elle justifie notre espoir, sourde à tout petit intérêt, libre de toute petite rancune, vouée au grand intérêt général du progrès humain, étroitement associée à l'Occident civilisé, à la cause de la liberté qu'hier elle a soutenue, fait vaincre si glorieusement.

Je parle ici pour le monde beaucoup plus que pour la France. Elle se sauvera elle-même. Mais le monde se sauvera-t-il s'il reste indécis, divisé ? On l'appelle, en cette heure dernière, à s'unir pour la défense, à s'armer... Voici l'ennemi.

1er janvier 1871.

I

LES ILLUSIONS DE BIARRITZ (1865-1866)

Les historiens de l'avenir auront de la peine à faire croire ce qui, pour être ridicule, n'en est pas moins constaté. Dans ce dix-neuvième siècle que l'on croit si positif, les plus grandes affaires du monde, celles qui faisaient son destin, ont été livrées aux jeux de la pure imagination, discutées, négociées sur des bases fantastiques, dignes des *Mille et une Nuits*. La plus grave politique, à son moment le plus grave, a flotté entre les mines romanesques du Mexique et les mirages du Rhin.

Ce fut un grand coup de partie de décider l'Empereur, fatigué, vieillissant déjà et plus flottant que jamais, à quitter souvent le centre où il aurait conservé peut-être un peu de bon sens, pour aller songer sur la côte isolée de Biarritz, près des *châteaux en Espagne*, du pays de Cervantès. Les influences domestiques qui pèsent au déclin de la vie, y firent beaucoup certainement, le souvenir trop fidèle que quelqu'un gardait toujours au pays de sa jeunesse, et les occasions naturelles qu'on aurait d'y retourner.

C'est un lieu propre aux naufrages. Des marins qui ont fait plusieurs fois le tour du monde, disent qu'ils n'ont vu rien de pareil à l'épouvantable poussée de la mer qui, du Nord-Ouest, s'engouffre là dans un entonnoir d'une profondeur inconnue, remonte à la hauteur du ciel pour frapper Saint-Jean-de-Luz, déjà à moitié englouti. Les Basques de ce rivage, race effrénée d'aventures, de vertige, faisaient dans leurs fêtes danser, pirouetter la barque sur ces abîmes écumants. Voilà pourquoi cette côte s'appelle la *Côte des fous*. Pendant leurs courses infinies jusqu'au fond des mers du Nord, leurs femmes, encore plus chimériques, la nuit fêtaient sur la lande les Sabbats du Moyen-âge, consultaient le mauvais Esprit.

Des monts de figure bizarre indiquent à deux pas l'Espagne, le pays, riche en mensonge, qui reluit de son passé, de ses Indes, de ses mines, de ses fameux galions, des lueurs fauves de l'or. Combien il était aisé, dans les soleils dorés du soir, de faire miroiter de là l'antique empire espagnol, Mexico, la Vera-Cruz ! Pour rendre ces folies plus folles, l'idée vint d'établir là un Montézuma autrichien. Singulier château de cartes où probablement mit la main la légère fée bohémienne qui amusait cette cour de ses bluettes insensées.

Le château branlant croulait déjà (1865.) L'Autrichien de Mexico oubliait son créateur. Sa jeune et jolie Charlotte avait irrité Biarritz. Moment heureusement choisi, où, du Nord, l'esprit de ruse vint parler contre l'Autriche.

« *Faux comme l'eau* », dit Shakespeare. Ceci s'applique à merveille aux deux interlocuteurs qu'on voit causer sur la plage. L'un, des bords de la Baltique, des sables profonds, trompeurs, abandonnés de la mer, où l'on peut se noyer à sec. L'autre, sorti des eaux grises de Hollande, de ses terres douteuses, rappelant les tristes mouettes du plomb de son terne regard.

Que disent-ils ? Chacun des deux espérant bien tromper l'autre, rien d'écrit. Mais il serait insensé de croire que le tentateur ne montra rien, ne promit rien, autrement, qu'il ne mit pas un appât à son hameçon. Nul doute qu'il n'ait promis.

L'Empereur, quoi qu'on ait dit, était fort libre d'agir, et de paralyser l'autre. Il avait vingt-huit mille hommes au Mexique : pas davantage. Qu'est-ce que cela pour la France? Il avait l'alliance anglaise, sûre par son traité d'échange. Les États-Unis n'avaient pas achevé leur grande guerre. Il pouvait agir.

Pour faire avaler à la France sa sottise du Mexique, il lui fallait pouvoir montrer une acquisition sur le Rhin. Le sorcier du Nord lui fit croire qu'il avait le Rhin dans sa poche, l'éblouit d'une vision, lui montra Cologne et Coblentz. — « Mais l'Allemagne, qu'en dira-t-elle? » — Eh! Sire, est-ce que je n'ai pas les patriotes allemands ? C'est le meilleur de mon affaire. Je les ai menés en Schleswig, je les précipite au Danube. Il faut le refaire allemand, se l'ouvrir jusqu'à la mer

Noire, l'Orient etc. Je les grise, je les enivre d'une victoire sur l'Autriche. Et ils nous lâchent le Rhin. »

Tout cela dit dans le ton d'un bon et franc allemand, d'un soldat sans artifice, la loyauté militaire propre au cuirassier diplomate. Ajoutez le laisser aller, l'abandon qu'on a à la mer, la confiance qu'un malade obtient aisément d'un malade. Car, il ne se porte pas trop bien, le pauvre cuirassier. C'est presque comme l'Empereur. Il serait mort sans Biarritz. Mais chaque année il vient là bien exactement se soigner. C'est là qu'il se trouve bien, oublie toutes les affaires. Ou, si on le met là-dessus, ma foi, il dit tout ce qu'il pense. Au diable la diplomatie! Il a le cœur sur la main.

Son dur visage soldatesque parle pour lui, dit assez qu'il ne peut tromper personne. Ce masque, très précieux pour l'incomparable acteur, rassure d'autant mieux qu'il est, dans sa rudesse, bouffon, étalant l'enflure fanfaronne qui devait plaire à Guillaume, à ses Junker. Les photographies calculées qu'on en a faites à la longue atténuent un peu tout cela sous la visière du casque pointu. Mais les premières, bien plus vraies, le montraient mieux dans sa vigoureuse laideur, qui l'aide si utilement, levant les deux yeux au ciel, voyant là-haut quelque chose d'immense... la patrie allemande? une Allemagne qui devient le monde...

Pourquoi pas? La crédulité des teutomanes a trouvé cela simple et naturel. Qu'est-ce qui n'est pas Allemand? Hollande, Danemarck, Suède, Suisse, Angleterre, France, c'est Allemagne. Baltique et mer Noire, Allemagne, celle-ci sortant du Danube qui est un fleuve allemand. Les États-Unis bientôt, transformés par l'émigration, sont une province d'Allemagne. Pour l'Europe, trois fonctionnaires en répondront, trois Hohenzollern, à l'embouchure du Danube, au détroit de Gibraltar, à Kehl au passage du Rhin.

Quel grand poète ! Quel poème immense ! Quel génie de fiction ! Et tout cela cru d'avance par des gens aveuglés déjà de leur propre passion. Avec eux sa tâche est facile. Va, cuirassier intrépide, dans le champ de la fiction. Ossianise à Berlin, ossianise à Biarritz ! Guillaume se voit distinctement en Frédéric-Barberousse, Napoléon dans l'auréole de Napoléon-le-Grand.

« Le grand ? mais lequel des deux ? C'est peu de chose que l'oncle. Ce Rhin que je vous donne, Sire, ce n'est qu'un commencement. Votre aigle, posée d'abord à la pointe de Coblentz, part de là et prend son vol... vers Anvers, Amsterdam... Londres ? Elle y donne un coup de bec, revanche de Waterloo.

« Mais un monde n'est pas assez. Celui-ci est si petit ! L'Amérique aussi fléchira, la liberté blessée à mort dans sa grande république... Vous et nous, d'un commun effort, nous aurons étouffé partout notre ennemi... la Révolution.

. . . .

On sait comment ces promesses furent tenues après Sadowa, après le lâche service que l'Empereur lui rendit en abandonnant l'Autriche, en acceptant sans murmurer l'engloutissement du Hanovre, de la Hesse, Nassau, Francfort, aussi bien que du Schleswig.

On ne ménagea plus rien. Le même jour où on lui promit de respecter le Midi, la Bavière, le Wurtemberg, on les força de signer les traités militaires qui donnent leurs armées à la Prusse.

Tout le jour, on le provoquait. Les Prussiens ivres venaient nous défier dans Strasbourg. Comme dans les poèmes de Renaud, on voyait un Charlemagne dormir profondément en France sur un trône où l'étranger lui faisait impunément la barbe avec un tison.

II

DU GÉNIE SYMPATHIQUE DE LA FRANCE
SA CONFIANTE HOSPITALITÉ (1867)

La France se réjouit de la victoire de Sadowa. Nous étions charmés d'opposer à nos vieux traîneurs de sabres, aux militaires de métier, un succès dû en partie à la landwehr citoyenne. Nous ne voulions pas savoir la part très réelle qu'y eurent l'armée permanente de Prusse, une caste vouée à la guerre, les corps des armes spéciales, habilement organisées, enfin la grande machine qui, plus qu'aucune autre, représente le militarisme en Europe. Nous supposions que c'était simplement la victoire du peuple, conquérant son unité.

La liste qu'on répandit des blessés de la landwehr, mêlée de toute profession (avocats, médecins, professeurs, industriels, etc.), fortifiait notre illusion. Nous en fûmes fort touchés. Nous étions frappés d'y voir la belle culture protestante, victorieuse de la barbarie catholique.

Nous n'écoutions nullement ceux qui disaient que

la machine au fond était le vrai vainqueur; que, sans le fusil à aiguille, son effroyable pluie de fer qui supprimait toute lutte, jamais les bourgeois du Nord n'auraient eu raison de l'armée austro-hongroise, si aguerrie, si vaillante, que nous connûmes en Italie par des combats si acharnés. Nous ne savions rien de l'état de misère où le dénuement de l'Autriche laissa son armée affamée pendant trois jours. La diversion italienne retenait un tiers au moins de cette armée au delà des monts.

Nous avions, sans le savoir, terriblement coopéré à cette guerre, fait beaucoup en ne faisant rien. Si la Prusse n'eut besoin que d'un petit détachement pour accabler les grandes masses de la Bavière et de l'ouest de l'Allemagne, c'est que l'absence étonnante de nos soldats sur le Rhin, la mystérieuse inaction de l'Empereur, firent tomber leur courage et leurs armes. La Prusse elle-même l'avoue dans le solennel remerciement qu'elle adressa à l'Empereur.

Le plus piquant de cette guerre, c'est que l'Allemagne avait vaincu malgré elle. Elle maudissait l'esprit aventureux, inquiet, qui la précipitait ainsi dans de scabreuses aventures. Que de lamentations aux départs ! Et quelle indignation même chez les officiers que nous rencontrions alors sur les chemins de fer ! Ce grand pays laborieux, de plus en plus industriel, quittait avec beaucoup de peine ses travaux, ses affaires, une vie arrangée. L'irritation était telle, qu'au gymnase où étudiaient les enfants de M. de Bismarck, leurs camarades, avec la brutalité de cet âge, les accablaient de mots amers qu'ils entendaient dans leurs familles.

Les Allemands nous disent légers. Mais comme après Sadowa ils changèrent légèrement! Quel contraste ! Quel bruyant réveil ! Dans les hôtels, leurs clameurs, leur loquacité, leurs bravades, étaient telles que les Anglais et les Français exigeaient des tables à part où venaient s'asseoir aussi des Hanovriens, des gens de Francfort, des villes libres, qui dans la victoire prussienne voyaient la défaite éternelle des libertés de l'Allemagne.

La grande majorité avait oublié tout cela. Elle était aveugle et ivre d'une passion, il est vrai, bien légitime et naturelle : l'amour, la joie, le triomphe de l'unité nationale. — Chaque peuple a de tels moments. Et alors il ne voit rien. L'Italie en eut de pareils; cette folie, cette furie de l'unité la dominèrent jusqu'au crime. Pour l'unir, le gibelin Dante faisait appel à l'étranger; et, dans la guelfe Florence, le violent Machiavel aurait été, pour ce but, jusqu'à accepter des monstres, l'horrible César Borgia !

A ces moments, on voudrait dans l'unité de la patrie embrasser l'unité du monde. Ainsi, l'Italie, l'Allemagne, par Rome ou le Saint-Empire, dans leurs rêves, absorbent tout. Chez ces songeurs allemands (qui ne se grisent pas à moitié) reviennent obstinément deux ombres, Charlemagne, qui du Rhin gouverna l'Empire et la France, et Frédéric-Barberousse, qui, disent-ils, avec l'Allemagne eut à la fois Rome et Lyon, et le royaume des Lombards et le royaume de Bourgogne. Mais pourquoi se borner ainsi ? Est-ce que la patrie allemande n'embrasse pas tous les pays de dialectes allemands, Hollande, Suède, Danemarck, Suisse, l'anglo-saxonne Angleterre est une province d'Allemagne[1].

L'ivresse rend souvent très mauvais. Les patriotes allemands déjà nous avaient étonnés par leur violence inouïe contre un État faible, le Danemarck. Là, ils commencèrent à se faire d'aveugles chevaux de combat pour traîner les canons de la Prusse, lui subordonner l'Allemagne. Si instruits, ils s'obstinaient à ne pas savoir l'originalité très forte qui sépare d'eux les États scandinaves (aussi bien que la Hollande, aussi bien que l'Angleterre). Un certain petit fonds commun de langue ne fait rien, quand il s'agit de nationalité. L'Alsacien qui, avec un patois germanique, ne comprend pas l'allemand qu'on parle à une lieue de lui, n'est point du tout allemand. Et, s'il y a un pays sur la terre hostile par son vif génie à toute idée, à toute habitude allemande, c'est précisément la Lorraine.

Comme on change, dès qu'on se croit fort! Avant Sadowa, la rancune des vieilles guerres de Napoléon paraissait fort apaisée chez des gens dont les pères ont deux fois envahi la France et sont deux fois entrés à Paris. Cela finissait tout, ce semble. Voilà qu'après Sadowa ils oublient 1814 et 1815, ne veulent plus se souvenir que de leur revers d'Iéna. C'est-à-dire, pour parler vrai, que les vieilles haines de race se réveillent, avec une furie, une jalousie, que l'on cache,

---

[1]. Cette aliénation mentale, véritable maladie, se voit surtout chez les lettrés, professeurs, étudiants. J'ai sous les yeux un article d'un de leurs journaux de Berlin, intitulé : « A bas Schiller! » Schiller a eu le tort grave de célébrer dans *Guillaume Tell* un bandit qui fit révolter la Suisse contre l'Allemagne.

mais qui, tant de fois, éclate dans ces disputes sans cause qu'on nomme *querelles d'Allemand*.

M. de Bismarck, avec une franchise cynique, dans ses derniers manifestes officiels, est parti de cette idée qu'entre les deux nations devait subsister une haine éternelle, et que toute bonne politique devait se régler là-dessus.

Ces mots atroces me frapperaient moins si je ne voyais le soin avec lequel la haine est enseignée et cultivée chez les générations nouvelles. Les manuels des gymnases contiennent tout ce qui peut irriter contre la France. On apprend aux petits enfants à haïr, à maudire ce qu'ils connaissent si peu. L'autre jour, une enfant charmante, petite Allemande de cinq ans, à qui on disait devant moi que sa cousine était française, rougissait, tapait du pied : « Française ? jamais française ! » disait-elle avec horreur.

Quelle éducation précoce ! Dans les bras d'une douce mère, au sein de la bonne nourrice, déjà ils respirent, ils sucent la fureur et la haine.

Comme la France est loin de cela ! Même après des luttes sanglantes, longues, acharnées, elle n'a aucune aigreur. Elle reconnaît sans peine le mérite de ses ennemis. Chose vraiment mémorable ! Vingt années de guerres atroces, couronnées par Waterloo, ne lui ont laissé nul fiel contre les Anglais. Et même en 1816, elle raffolait de Walter Scott, saluait l'aurore de Byron. Que de liens d'amitiés, d'affaires, de spéculations communes, de familles, de mariages, entre les Anglais et nous ! La prodigieuse grandeur de l'empire anglais, né de la ruine de la France en 1763, n'a laissé à celle-ci ni regret ni jalousie.

C'est le défaut de la France, son tort : elle aime le monde. Pour chacune des grandes nations, elle trouve des raisons excellentes d'aimer, d'estimer, d'admirer. Ces engouements successifs pour toutes (dont l'exagération peut être ridicule) ont pourtant des causes graves. Chacune de ces nations représente une excellence supérieure, un haut côté de l'âme humaine.

Jamais cette bienveillance universelle n'éclata plus qu'après Sadowa, dans un moment qu'on eût cru plein de trouble et de défiance, à la grande Exposition de 1867, cette fête prodigieuse que Paris donna à l'Europe. Quel accueil nous fîmes alors à nos hôtes! Quelle confiance! Quelle aveugle hospitalité! Aucune auberge, aucun hôtel n'eût suffi à cette affluence. Nous ouvrîmes nos logis, nos foyers. Dans les étroits appartements de Paris, on se gênait, on se serrait pour les recevoir; le maître de la maison se contentait souvent de quelque coin obscur, donnant ses plus belles pièces aux visiteurs provinciaux, aux amis européens. Nous avions supprimé les portes, presque renversé les murs, pour que la cité reçût, embrassât, s'il se pouvait, le monde. L'élan de la fraternité fit dire à un grand écrivain : « Plus de cité! Le genre humain!... Entrez! Cette ville est à vous. »

Comment ces avances étranges, excessives, étaient-elles reçues? D'un air douteux, équivoque, parfois un peu ironique. Tels, riches, princes russes ou lords anglais, louaient Paris comme un lieu de plaisir, une auberge, ne tenant compte de tant de choses qui ne se payent pas, de l'aimable accueil, sympathique, qu'on y fait aux étrangers. Que voyaient-ils de cette ville? les boulevards, les spectacles. Ils ne soupçonnaient en rien le profond, le fécond Paris ; ce foyer, cette forge ardente de tant d'arts dont l'Europe accepte les produits sans les comprendre. D'autres étrangers, plus pauvres, plus malveillants, plus curieux, regardaient toutes ces merveilles avec un sourire forcé, tâchaient d'être indifférents, ne l'étaient pas, jaunissaient.

Il est odieux, mais certain, que ces promeneurs curieux que nous conduisions partout, regardaient et dessinaient nos murs, nos forts, les côtés faibles des défenses de Paris. En décembre 1867, nos hôtes, de retour à Berlin, publiaient un manuel militaire qui donnait dans un grand détail la topographie des abords de la ville, la façon aisée, infaillible de la bombarder, de la prendre. On ne négligeait rien pour surexciter cette fièvre de militarisme. Flatteur grotesque, mais habile, de la passion populaire, Bismarck se targue de n'avoir voulu entrer à Paris qu'armé, sous le casque pointu. Cette entrée de carnaval dans une ville toute amie parut d'un goût héroïque aux teutomanes effrénés. Cette coiffure leur paraissait le casque d'Arminius. Par l'alliance prusso-russe, ce fut celui d'Attila.

Pour nous autres Parisiens, nous rîmes, n'en gardâmes pas moins nos sympathies pour l'Allemagne. Les miennes n'ont jamais varié ! Cette année même, 1867, en terminant ma grande *Histoire de France*, et résumant dans la préface les études, les travaux qui ont rempli ma vie, j'énumérai avec plaisir les influences diverses que l'Allemagne eut sur moi à mes différents âges, les passions littéraires, vraiment fortes, que m'inspira cette grande sœur de la France. J'aimais spécialement son génie originaire, l'accent, la vibration émouvante de sa langue antique, sa sagesse populaire dans ce qui nous reste de ses veissthümer, des juges qui, sous l'orme et le tilleul, ont trouvé tant de choses humaines. Cette passion alla si loin, que je fis l'entreprise énorme (si difficile, insensée?) de traduire le livre de Grimm, les *Antiquités du droit allemand*. Lui-même me soutint fort, m'encouragea, et loua mon travail. Combien j'y ai profité, développé mon sens historique, je l'ai dit et répété dans cette préface de l'*Histoire de France*. Dieu me garde d'en rien effacer, de rien rabattre de ce que je dois à l'Allemagne, à ce grand et cher Grimm! Plût au ciel que je pusse moi aussi donner une pierre au monument national qu'on lui doit et qu'on lui élèvera un jour!

Ce n'est pas moi, ce n'est pas nous seulement, nous peuple des lettrés, qui avions ces sentiments. J'ai dit (dans mon livre, *Nos Fils*) quelle fut l'émotion commune quand, à la fête du 4 mars 1848, nous vîmes devant la Madeleine, parmi les drapeaux des nations qu'apportaient les députations d'exilés de chaque pays, le grand drapeau de l'Allemagne, si noble (noir, rouge et or), le saint drapeau de Luther, Kant et Fichte, Schiller, Beethoven, et à côté le charmant tricolore vert de l'Italie. Quelle émotion! Que de vœux pour l'unité de ces peuples! « Dieu nous donne, disions-nous, de voir une grande Allemagne, une grande et puissante Italie! Le concile européen reste incomplet, inharmonique, sujet aux fantaisies cruelles, aux guerres impies des rois, tant que ces hauts génies de peuples n'y siègent pas dans leur majesté, n'ajoutent pas un nouvel élément de sagesse et de paix au fraternel équilibre du monde. »

III

POURQUOI LA FRANCE EST HAÏE

Comment le moins haineux des peuples est-il aussi le plus haï ?

Grand problème. Chez beaucoup d'étrangers cette haine est d'autant plus incurable qu'elle est sans cause réelle, le simple effet d'une opposition de race, d'humeur, de tempérament.

« Je la hais, parce que je la hais. » C'est ce qu'ils pourraient souvent dire. « Elle est le pays de la terre où je me trouve le mieux, le plus aimable à habiter. Cela n'y fait rien : Je la hais. »

« Voyez comme elle change sans cesse, comme elle est légère et mobile! C'est une femme, c'est un enfant! » — Voilà le reproche ordinaire qu'on lui fait. Mais qui n'est léger? En 58, l'Italie divisée voulait être telle; chacun y plaidait pour sa ville. En 59, l'Italie tout à coup se trouve unitaire, fanatique de l'unité. La grave, la pesante Allemagne a changé en un seul jour : il y a eu deux Allemagnes tout opposées, d'esprit contraire, avant, après Sadowa ; la première maudissant Bismarck, la deuxième lui baisant les bottes.

Pour la France, on est tellement décidé à la dénigrer, que ceux qui la disent changeante, sont ceux qui lui reprochent aussi de ne pas changer assez, d'être patiente outre mesure pour des gouvernements indignes, d'avoir enduré si longtemps le dernier gouvernement.

Ce dernier reproche est grave, et le moins immérité. Oui, la France est trop patiente. Elle a donné un exemple inouï de patience. Il y eut des raisons à cela, bien des choses qui l'expliquent sans le justifier, mais qui en sont ce qu'on peut dire les circonstances atténuantes. Essayons d'en dire un mot.

Il est certain que la France a par moments un grand vol, qui la porte haut, si haut que la chute est infaillible. Elle marque le but très loin, sans pouvoir indiquer encore la voie, les moyens d'arriver. Elle retombe et se décourage. « *Quæsivit cœlo lucem, ingemuitque reperta.* » Le monde alors crie contre elle. L'imprudente est accablée.

L'éclair de 89, la formule législative de tout ce qu'un grand siècle avait rêvé de liberté, semble disparaître un moment dans la guerre immense que l'Europe nous fait elle-même. Le bel éclair de Février, le suffrage universel, l'effort de justice absolue où cette pauvre France appelle généreusement tous (les ignorants, les barbares) à régler ses destinées, il semble la perdre à jamais. Le monde rit. Et cependant cette idée subsiste si bien, que nos envieux, nos ennemis, sont forcés de l'invoquer. La Prusse n'a pu capter la crédule Allemagne qu'en la leurrant d'une image (creuse et vide) de ce nouveau droit, de cet idéal certain des sociétés de l'avenir.

Félicitons ceux qui n'ont pas ces élans précoces et sublimes, ces reculs et ces rechutes. Leur médiocrité égale, souvent plate, souvent asservie aux absurdités du passé, semble bien plus conséquente, et comme telle, elle impose à tous, inspire estime et respect. Ils couvrent leurs disparates d'une digne attitude, de gravité extérieure. Qu'ils nous permettent de leur dire : Si vous semblez plus conséquents, c'est que souvent l'étant moins, vous n'avez pas, comme la France, les embarras que donne la recherche, l'exigence de la justice absolue.

Une chose fait marcher la France d'un pas souvent difficile. Elle est (comme tout être vraiment organique) double de deux parties diverses, qui se balancent, parfois se contredisent.

Elle est une en deux personnes : le paysan, l'ouvrier.

Nul doute que si l'une ou l'autre classe, par une révolution, disparaissait, la France aurait plus d'unité, semblerait plus d'accord avec elle-même. Le monde lui dit souvent : « Regarde la sage Angleterre : comme elle est plus conséquente! L'ouvrier a prévalu, et la roue de Manchester emporte tout. Le paysan a péri. Deux millions d'ouvriers (nullement paysans) qui cultivent la terre ne pèsent rien dans la balance contre un peuple tout industriel (d'environ quinze ou vingt millions). »

Dieu nous garde de cette unité! Nous avons vingt-six millions de paysans, et dix millions d'ouvriers.

Ces deux éléments sans doute donnent plus de besogne à la France. Mais quelle force d'avoir gardé cette ancienne France rurale, dans laquelle quatre millions de familles (vingt millions d'individus) participent à la propriété! Stabilité du paysan, mouvement, progrès de l'ouvrier, cela fait un balancement qui par moments a ses secousses. Mais l'impatience de l'un est retenue par un câble, une ancre, l'homme de la terre qui n'est que trop immobile. La France n'émigre pas, comme l'Angleterre, l'Allemagne. Toute la question sociale se plaide ici sur place, s'éclaire par des expériences qui ne sont pas toujours heureuses pour nous, mais instructives pour tout le monde. Il profite à les regarder. Il les blâme et les imite.

C'est ce duel, et nullement, comme on croit, l'amour des batailles qui a fait pour notre pays le malheur du 2 Décembre.

Notre ouvrier de Paris, qui souvent voit l'avenir plus que le présent, voulait qu'il n'y eût plus d'armée que le peuple, et il avait assez durement mis l'armée à la porte. L'armée, en grande majorité, c'est le paysan, le fils du paysan. Ce fils dans sa revanche, ce père dans sa légende de 1814, la défense du territoire, — tous les deux exhumèrent Napoléon, le refirent tyran.

Ils croyaient que c'était le même, et furent quelque peu surpris. Celui-ci, qui contrastait si fortement avec l'autre de visage et de parole, se crut d'autant plus obligé de prouver son origine de famille, en rentrant dans la voie du militarisme. Les circonstances étaient pourtant bien autres et bien opposées. La France, toute laborieuse alors et préoccupée de sa grande affaire intérieure (la circulation, les routes, les chemins de fer), ne rêvait nullement les combats.

Le militarisme, ce fléau du siècle, beaucoup nous en font honneur, nous en donnent l'invention. Remarquez pourtant que les termes de guerre, les costumes, les uniformes, sont généralement allemands. Le type du militarisme, vers 1780, c'était la Prusse, et la France de Louis XVI l'imitait maladroitement. La Prusse qui la première avait proposé, aidé le démembrement de la Pologne, entra avec empressement dans l'idée du démembrement de la France, l'envahit en 92. Toute l'Europe se jeta sur cette proie. C'est l'origine des grandes guerres que l'on nous reproche. La France, si pacifique en 89, eut en 93 sept cent quarante-neuf mille hommes, présents sous le drapeau. Comment nourrir une telle armée? Ayant repoussé l'Europe, on fit l'opération dangereuse de réformer trois cent mille hommes, ce qui perdit le Directoire, fit arriver Bonaparte. Les trois cent mille réformés l'acclamèrent. Les trois cent mille affamés furent nourris par lui dans une guerre offensive. Je me rappelle avec horreur ce temps, dont j'ai vu la fin. La France, en dix années seulement (1804-1814), y perdit dix-sept cent mille soldats. C'est le chiffre officiel. Doit-on accuser l'homme seul? Non. On est obligé de dire qu'un si grand ébranlement ayant été donné, il n'était pas facile de l'arrêter. La guerre engendrait la guerre. Mais qui l'avait commencée? Répondez, peuples ennemis, répondez, accusateurs. Qui la commença? C'est vous.

Né du sang, d'une telle légende de meurtre, le

second Empire était sinistre pour l'Europe. Que ferait-il ? Que couvait ce dangereux muet ? Quel coup gardait-il pour demain ? On ne pouvait le deviner. L'homme ne payait pas de mine, ni les siens, son entourage. Eh bien, il faut le rappeler à l'Europe qui nous accuse aujourd'hui de patience : la sienne fut admirable, ses soumissions, ses hommages à ce faux spectre de la guerre. La Russie, le fameux vainqueur de Napoléon-le-Grand, s'humilia devant celui-ci. Tous s'humilièrent. Il eut aux Tuileries une cour de rois, comme l'oncle, à ses spectacles « un parterre de rois ». Des peuples s'attelèrent à son char. Dans quel délire les Italiens couraient après lui dans Milan ! Comme ils nous gourmandaient, nous autres, qui ne nous ralliions point au favori de la fortune ! Les Anglais, si fiers, quelle figure firent-ils à son voyage de Londres ! Malgré toutes ses répugnances, dans quelle tristesse humiliée leur reine parut-elle à Cherbourg !

Seul en Europe il semblait avoir une base solide, étant un, comme on croyait, avec ce grand peuple des campagnes, qui ne change pas aisément et qui lui prêtait un appui redoutable.

Cependant que fut-il pour eux ? Très ingrat, très variable, entre eux et la bourgeoisie. L'inconséquence extrême de son gouvernement ne justifiait nullement le nom d'*Empereur rural*. Pendant plus de dix années, contre l'intérêt des campagnes, il déchaîna la Bourse, la spéculation, créa des caisses sans fonds où affluaient les capitaux détournés de l'agriculture. Celle-ci, sans nul doute, eût langui, si de grands faits économiques, commencés dès longtemps, ne s'étaient développés au grand profit du nouveau règne, qui enrichirent les campagnes. L'œuvre capitale du temps, le réseau des chemins de fer, fit créer une foule de routes qui y aboutissaient, et ces routes à leur tour auxquelles on voulait arriver, elles firent faire des milliers, des millions de chemins vicinaux. Effort herculéen, immense, qui occupa la France vingt années.

Ce qu'on ne peut trop dire, c'est que cette œuvre qui absorba le paysan, et le rendit si oublieux des libertés politiques, fut un énorme effort vers la liberté sociale. Le paysan du Midi, de l'Ouest, obéré sous Louis-Philippe, chargé de dettes hypothécaires, serf du propriétaire, du bourgeois créancier, a pu en grande partie se libérer, frapper du pied sa terre, et dire : « Elle est à moi. » Comment cela ? Par un miracle grand, mais simple. Jusque-là cet homme et sa terre et le fruit de sa terre étaient des prisonniers; ils produisaient sans vendre. La France était un corps comme solide, inerte, et sans circulation. La circulation s'établit. Voilà que les denrées du Midi volent au Nord, vont se vendre à grand prix à Paris et partout (parfois jusqu'à Saint-Pétersbourg). Voilà que les saisons se trouvent supprimées. Le Nord mange au printemps des fruits d'été, d'automne.

Autre chose bien inattendue. L'Angleterre riche et voyageuse, apprend à connaître, à vouloir une nouvelle alimentation. Elle quitte son régime séculaire, si uniforme, si maussade. Elle appelle, elle achète nos denrées de l'Ouest, en charge des vaisseaux. Que de paysans, de fermiers, par ce seul chargement, ont fait de petites fortunes !

Ceux qui reprocheront au paysan de France d'avoir été sensible à ce prix du travail, n'ont guère de cœur. Ils ignorent donc bien ce qu'il souffrit pendant des siècles, et tout récemment encore ? Cet homme affamé si longtemps, il se trouva, par l'effet de ces circonstances imprévues, que (chose bien nouvelle !) « il mangeait ! »

Maintenant, est-ce que vous comprenez ce qui a fait la durée de l'Empire ?

Le paysan (la grande majorité de ce pays) n'avait nulle impatience de compromettre ce bien-être nouveau, la liberté réelle qui commençait à l'affranchir du propriétaire. Cette liberté-là le frappait encore plus que la liberté politique, qu'il comprenait peu. Il ignorait que celle-ci est la seule garantie des autres libertés. Il ignorait l'abîme où son tuteur perfide, étourdi, allait le plonger.

La masse de la nation, spécialement la masse agricole, était si loin de désirer la guerre, que quand le gouvernement, en présence de l'armement infini de l'Allemagne, décréta la garde mobile, on n'osa l'effectuer. Dans l'énorme enchérissement de la main-d'œuvre, le paysan ne pouvait se passer de son aide naturel pour louer un ouvrier. Il voulait garder son fils.

Les députés se firent nommer en jurant de voter la paix. Les préfets dirent à l'Empereur qu'on ne voulait que la paix. On n'obtint le plébiscite que par ce mensonge atroce, qu'il devait assurer la paix. J'ai sous les yeux les gravures qu'on répandit par millions. On y voit sur deux colonnes, le *Non*, et dessous les pillages des rouges, du *parti de la guerre*, qui brûle chaumières et moissons. Et sous le *Oui* l'aimable image de la paix que l'Empereur promettait, moissons, vendanges, les greniers pleins, les caves pleines.

Ils votèrent *Oui* pour la paix. Et on leur donna la guerre !

IV

QUI A PRÉPARÉ LA GUERRE? — DE L'ESPIONNAGE ALLEMAND

Il est prouvé, constaté, avoué, certain, public, en plein soleil, que pendant trois ou quatre années (1867-1870) les espions de la Prusse sont venus *observer* la France sans défiance, l'hospitalière, qui les recevait à merveille, les accueillait, ne cachait rien.

Qui dit cela? Les Prussiens.

Déjà ils s'étaient vantés, en 1866, d'avoir *observé*, étudié longuement l'Autriche pendant qu'elle était leur amie et alliée. Ils arrivèrent à Sadowa connaissant parfaitement le plan de campagne des Autrichiens, les états de leur armée détaillés, à un soldat près. Divination merveilleuse? Il fut trop clair que ces détails si précis avaient été tout bonnement achetés aux bureaux de Vienne.

Mais combien l'affaire de France diffère encore de tout ceci! Quel art patient, obstiné, quel abus de la confiance! Que de déguisements aujourd'hui connus, avoués, que de mensonges, quel abus terrible de la parole humaine!

Il est facile à comprendre que les espions de la Prusse, ses dessinateurs, photographes, ingénieurs, etc., qui venaient prendre les dessins de nos forteresses, des passages de nos montagnes, etc., n'auraient guère eu à envoyer que ces choses extérieures, n'auraient pas appris toutes celles que l'on n'apprend qu'à la longue, l'intérieur des localités, s'ils n'avaient su faire parler les Allemands depuis longtemps établis dans notre pays. Avec ces excellents guides, ils ont eu, non comme en Autriche, des chiffres militaires précis, mais tout ce que peuvent savoir sur telle ville, tel village, telle ferme, telle maison, des hôtes assis au foyer, dans l'intimité domestique, devenus familiers, amis. Ils ont pu noter tout ce qui devait servir l'invasion, compter les grains, les bestiaux que pourrait fournir leur hôte, et déjà marquer de l'œil ce qui pourrait s'emporter.

« Exagération! » Point du tout. Les Prussiens s'en glorifient avec un cynisme hautain. Les Allemands, avec un gros rire, disent : « C'est vrai! Nous avons été bien fins, bien malicieux. Nous sommes des gens d'esprit. » Ils se représentent au lieu où ils furent accueillis, nourris. « C'est moi! » dit ce maçon de Bade. « C'est moi! » dit ce brasseur de Metz, ou ce tailleur de la Loire. J'en pourrais citer mille autres qui nous reviennent en uhlans.

J'avais lu bien des histoires, mais aucune comme celle-ci. Non, dans toute l'histoire du monde, il ne s'est point rencontré une telle chose, poursuivie si longtemps sur une si grande échelle, on peut dire par tout un peuple de voyageurs bien reçus, qui pis est, par tout un peuple d'anciens hôtes, nos marchands, nos ouvriers, nos domestiques, une grande tribu amie.

Le corollaire serait terrible, si on le tirait à la lettre : « Gardez-vous d'être hospitalier ! Si vous voyez arriver un étranger dans l'embarras, il faut verrouiller la porte, et armer votre fusil. Prenez garde! il est sans armes; mais s'il reconnaît les lieux, s'il voit un contrevent faible, un volet mal assuré, il peut revenir demain en toute autre compagnie. Qu'un loup vienne, à la bonne heure! Mais un homme! grand Dieu! un homme! C'est une bête bien sauvage! Malheur à l'humanité! »

Voilà le premier mouvement de l'indignation. Mais il nous faut rejeter loin de nous les conseils d'une basse prudence. Il est plus digne d'un homme de cœur d'examiner le phénomène, les causes singulières (et rares, grâces à Dieu) qui ont pu amener une telle perversion de la nature humaine.

Pour comprendre le fait, il faut se mettre au point de vue de là-bas, comprendre les fumeuses pensées qui remplissent un cerveau du Nord entre le poêle, le tabac et la bière.

« Il y a une morale ailleurs. Mais il n'y en a pas en France. Il n'y en pas pour la France. Contre elle, tout est permis.

« La France est très corrompue. Je ne la connais pas beaucoup; mais j'ai été à Paris en 1867, et je me suis si bien vautré avec toutes les filles du monde (françaises? ou non? je n'en sais rien), que je suis en droit de dire : La France est très corrompue.

« Elle est toujours la Sodome révolutionnaire, incrédule et voltairienne, qui n'honore nulle autorité. Elle attend son châtiment, un fléau mérité de Dieu, une grande expiation. Ce fléau, ce sera moi. Je ne sais quoi me dit au cœur : Retourne! Ce coupable pays, si riche, si abondant, qui a de si bonnes caves de Champagne et de Bourgogne, il mérite d'être *visité.* »

La *visite du Seigneur*, ce mot touchant de piétiste, me rappelle ce qu'un *reporter* écrivait aux Anglais en août pour l'Allemagne contre la France : « Les Allemands, en général, sont un bon peuple chrétien. »

Qu'ils passent par trente systèmes plus ou moins athées, n'importe; qu'ils suivent le nihilisme, négation de négation, n'importe. Le parti opposé aux piétistes dira lui-même : « Tout cela n'y fait rien. Avec le *gemüth* germanique, une certaine Allemanité, nous avons, malgré cela, la sentimentalité religieuse, quasi chrétienne, plus que chrétienne, qui nous appelle à réformer la France impie, corrompue. Pour cela, tout moyen est bon. L'espionnage, odieux ailleurs, est bon ici, excellent. Il est du penseur *d'observer;* du patriote *d'observer* l'ennemi. Il est encore l'ami, c'est vrai, mais peut être ennemi demain. »

Observer ? Cela était bien facile. La France est ouverte. Il n'y a pas de porte ici. L'étranger entre de plain-pied. Tout ce qui se paye cher ailleurs, aux écoles, aux musées, partout, chez nous est gratuit. Nous en souffrons, et persistons. Nous avons élevé l'habile homme qui nous arrêta si longtemps devant Sébastopol. Nous élevons nos ennemis.

Dans les places de confiance, les Allemands sont reçus chez nous plus que les autres étrangers. Leur application, leur esprit de suite, les font préférer aux plus capables mêmes. Leur science les a souvent portés au plus haut enseignement. Je les vois à l'Institut, et avec des titres solides. M. Hase et M. Mohl sont fort justement devenus Français.

Dans les arts inférieurs, dans les métiers, quelle foule d'Allemands[1]! Le tailleur et le bottier, qui souvent sont de vrais artistes, avec une étude attentive de la forme humaine, une grande souplesse pour la suivre, parfois la rectifier, sont Allemands le plus souvent. Nos dames aiment ce tailleur, attentif, respectueux, qui n'a nullement les grands airs de la haute couturière, dame elle-même, qui tranche tout. Pour lui, nul caprice ne trouve les limites de sa patience. Il écoute, ne contredit pas, s'amende, si vous voulez. On peut lui dire bien des choses. « Je ne le dirais pas à d'autres, mais à ce bon Allemand! » Elle dira, par exemple : « Ne croirait-on pas que j'ai une épaule plus haute? que ma taille tourne un peu? » — « Oh! si peu de chose! Ce n'est rien. Il

---

[1]. L'expulsion de ces ouvriers n'était pas indispensable dans certaines provinces où ils n'espionnaient pas. On les y a regrettés. Dans Eure-et-Loir, une de mes parentes a vivement réclamé pour leurs familles, qu'on eût expulsées aussi. Son mari employait cinq cent quatre-vingt-dix Allemands du Nord et Prussiens dans sa manufacture, et eût voulu les garder.

est bien facile d'arranger cela. » Et il emporte ce secret. Heureux tailleur, si confident. C'est un confesseur du corps. Il a une prise bien forte. Il gagnera ce qu'il voudra.

Beaucoup aujourd'hui recherchent les bonnes, les nourrices allemandes, pour « apprendre, [disent-ils, cette langue aux enfants ». Sans enfants même, on les préfère, et pour une bien autre raison. Quoi de plus doux qu'une femme allemande? elle n'a que du lait dans le sang. « Elle semble née pour obéir, et (me disait une dame) son obéissance charmante semble dévouement, tendresse. Commandez une jeune Anglaise : elle a dans sa petite tête, souvent obstinée, ceci et cela, qu'elle croit dogme ou principe. Que je commande l'Allemande, tout glisse ; tout est huile et miel, au delà de ce que je veux. Quand je rentrais, j'avais peine à l'empêcher, la douce créature, de se précipiter, de dénouer mes souliers. Elle ne voulait jamais me quitter. Un jour elle glisse, s'en va, et dans telles maisons qui ne me sont point amies. Avec cela, on les aime, et on les préfère à toutes. Je ne sais à quoi cela tient. »

Il est facile de le dire. C'est que l'Allemand, l'Allemande, dans leur grande docilité, ont une chose naturelle, qui est de leur race, un respect, un culte instinctif pour l'autorité quelconque. Des formes même serviles, qui chez d'autres nous choqueraient, chez eux font sourire, mais ne déplaisent nullement, étant empreintes d'un sentiment que l'on croirait filial. Cela leur fait supporter souvent les paroles très-dures, les mauvais traitements de leurs supérieurs, les sévices de leurs officiers, une discipline militaire dont d'autres seraient avilis.

Dans l'idée du clan celtique, le chef est parent, cousin. Dans l'ancienne tribu germanique, il a quelque chose d'un père, qui peut être très sévère, sans que cela tire à conséquence. Cette sorte de patriarchat a duré jusqu'à nous, spécialement en Autriche. L'empereur François, ce bigot, si dur aux captifs du Spielberg, n'en était pas moins, pour le peuple qu'il recevait chaque semaine, *le bon Franz*. Le curieux, c'est que les représentants de l'autorité impériale, à tous les degrés, même les plus infimes, faisaient appel avec succès à ce sentiment populaire. Au nom de *ce bon Franz*, ils tiraient des paysans, des simples, du soldat, les choses utiles à leur police. « Quoi! vous ne diriez pas tout à votre père l'Empereur, à nous qui sommes ses hommes et qui vous parlons en son nom? »

Quand un des martyrs de Hongrie, l'illustre Mme Téléki fut enfermée tant d'années, avec son amie dévouée Mlle Clara Lovéï, au château de Küstein, les soldats hongrois, italiens, qui les gardaient, furent constamment aux ordres de ces dames, portant leurs lettres, faisant leurs commissions, au péril de leur vie, sans révéler rien à leurs chefs. Si le régiment partait, il léguait ce pieux devoir au régiment qui venait. Jamais, quelle que fût l'insistance, l'inquisition de leurs officiers autrichiens, ils n'en tirèrent un seul mot. Cette discrétion admirable se serait-elle trouvée en des Allemands? Ne leur eût-on pas imposé comme un devoir filial *l'observation* des prisonnières, ennemies de leur père l'Empereur ?

Cette obéissance enfantine, cette *fidélité* absolue (même en choses indélicates) est une vertu de barbares qui se comprend à la rigueur avec la bonhomie grossière qui, dans certaines parties du Midi, rapproche l'officier du soldat. Mais comment subsiste-t-elle dans le Nord, quand l'autorité a l'aspect hautain et sec, la morgue et de grade et de caste, quand elle est représentée par ces nobliaux ruinés, d'incroyable insolence, qu'une éducation militaire la plus pédantesque du monde a durcis plus que des Russes ? Le soldat ainsi commandé peut-il garder, dans les mauvais traitements, ce vieux sentiment allemand qui l'empêchait d'être avili ? Qu'il reste brave, à la bonne heure, devant l'ennemi. Mais il ne sera pas brave devant ce chef, s'il exige des choses peu militaires, de police, contraires à l'honneur.

Gill, un de nos plus spirituels caricaturistes, était bien loin de la réalité, lorsqu'en août 1870 il nous dessinait l'espion comme un hideux mendiant, ou un vilain juif, dont l'air peureux et tartufe semble dire grotesquement : « Arrêtez-moi ! pendez-moi ! je suis espion. »

L'espion, c'est bien plus souvent l'aimable blond aux joues roses, à la parole candide, qui vient de l'Université avec les poches remplies de lettres de gens respectables. Un éminent écrivain me disait : « Vous avez vu ce chérubin qui sort d'ici, qui a observé si bien mon logis, m'a montré tant de respect, m'a fait parler sur tel sujet délicat, compromettant? Il va en faire un article contre moi dans la *Gazette d'Augsbourg.* »

Il y a vingt-six ans de cela. Aujourd'hui, si le jeune homme *observe*, c'est moins pour le journal que pour la police militaire.

Quelle surprise ce serait pour Fichte, pour Jalm, pour les patriotes de 1813, s'ils voyaient comme l'étudiant, que ces stoïciens avaient si rudement élevé, s'est affiné, civilisé; comme (à travers trois systèmes au moins de métaphysique) par la filière dialectique du doute et de l'ironie, il est venu à concentrer toute sa philosophie dans ce mot cynique de Goethe : « Je me suis toujours bien trouvé d'être l'ami des tyrans. »

Je voudrais avoir le temps d'écrire le *Voyage sentimental* que fait à travers la France (en 1867, je suppose) ce bon jeune *observateur*, espion, poète et philosophe, les lettres qu'il écrit le soir tantôt à M. de Moltke, tantôt à sa fiancée. Homme de livres et de scolastique, combien peu il doit comprendre un pays de spontanéité, d'infinies nuances, où le meilleur n'est point écrit. Que de bourdes, de sottises il envoie là-bas! Mais les chiffres recueillis pour l'état-major auront leur utilité. Il pourra dire les ressources que l'invasion va trouver en chaque ville, en chaque maison, dans la maison qui l'a reçu. Qui se défierait de lui? Il a l'air plus demoiselle que celle de la maison, avec qui il joue du piano. Plus il paraîtra timide, plus il sera gauche de forme, plus il inspirera confiance, plus on croira pouvoir tout dire devant lui.

Avec quelle facilité l'espion a pu circuler! La suppression des passeports, l'anonyme immense et le confus pêle-mêle des foules aux chemins de fer, tout l'aidait, le favorisait.

Comme touriste, comme marchand, il a pu tout voir, tout noter. Des ingénieurs en blouse, qui semblaient des paysans, ont pu relever, photographier les défilés des Vosges, les fortifications de nos places. Dans une usine de l'Est, plusieurs s'étaient faits ouvriers, et pendant plusieurs mois ils ont pu étudier tous les environs, les décrire à loisir. Parfois ils réussissaient par d'étranges comédies qui captaient la confiance. Deux personnes parties de Montpellier et voulant rentrer à Paris (un chirurgien distingué et M. Daly, l'architecte si connu) avaient à grand'peine trouvé à Chartres un voiturier hardi qui promit d'essayer la chose. Ces messieurs, au départ même, furent poursuivis par un homme en larmes, d'aspect respectable, qui les suppliait de le prendre avec eux. « C'était un négociant de Paris établi à Bucharest, qu'attendait à Paris sa famille inquiète, sa femme et ses petits enfants. » Ils l'emmènent. Devant ce bonhomme ils parlent sans défiance, et faisant halte à dix lieues de Paris, ils le trouvent qui s'etait écarté et qui en bon allemand expliquait tout à un commandant prussien. Ils durent rebrousser chemin, retourner à Montpellier.

L'espion voyageur pourtant eût-il pu recueillir tant de renseignements précis, s'il n'eût été informé par ce qu'on peut appeler l'espion fixe, *l'observateur* domicilié, qui sait bien autrement les choses? Pour obtenir des réponses complaisantes à ses questions, le plus sûr c'est qu'il les adresse à ses compatriotes, aux Allemands établis dans l'endroit, au brasseur chez qui l'on va boire, et qui fournit les meilleures maisons du pays. Le tailleur, dans son métier de cul-de-jatte, assis sur sa table, ne demande qu'à parler. Les bonnes langues de l'endroit y viennent. Il sait le menu détail, et il peut donner un monde de petites choses qui éclairent la localité. Les officiers qui y viendront pour faire des réquisitions, n'auront nul besoin de voir les rôles de contributions. Ils savent parfaitement d'avance ce que chacun peut payer.

On s'étonnait à Ablon (sur la Seine) qu'ils sussent qu'une ferme voisine avait vingt-cinq vaches (et non vingt). Mais on se fût plus étonné si l'on eût su combien ils savent de détails domestiques, intimes, même inutiles à la guerre. Leur curiosité infinie trouve à se satisfaire sans peine auprès de nos domestiques allemandes, bonnes créatures, qui disent tout ce qu'elles savent à un brave homme qui vient de leur pays. S'il est jeune et agréable, leur confiance n'a pas de bornes. C'est fort judicieusement qu'au dernier siècle la Prusse employait les plus jolis hommes près des domestiques favorites des grandes dames de Vienne. Fauche-Borel, le célèbre espion de la Neuchâtel prussienne, avait un charmant visage de candide demoiselle qui l'introduisait partout.

Un Allemand d'un grand sens, qui a regardé de haut et jugé ces événements, a dit : « Il ne faut pas dire : *Væ victis!* mais *Væ victoribus!* » Le vaincu n'est que ruiné. Le vainqueur est dégradé.

Si ce changement était sérieux, durable, définitif, il faudrait élever un tombeau, un monument sépulcral aux antiques vertus germaniques, désormais ensevelies. Le héros, ce n'est plus Roland : c'est Ganelon de Mayence, lui qui livra Roland. Élevons lui des statues. Le héros n'est plus Sigfried : ce sera le perfide Hagen.

Dormez, honneur, dormez, foi, sous cette tombe ; dormez, respect de la parole, véracité, noble candeur, qui nous ont charmés si longtemps.

Quelle terrible création, à propos de cette guerre, d'avoir fait contre la France un grand peuple de police qui va servir maintenant contre l'Allemagne elle-même, sera le chien de berger pour mordre et pousser le troupeau !

Voilà ce qui, je l'espère encore, pourra réveiller l'Allemagne. Je la crois moins corrompue que ce fait étrange ne pourrait le faire croire. La Prusse a très habilement exploité près d'elle la terreur que le grand muet, si funeste, donnait à toute l'Europe, faisant attendre à tout moment quelque meurtrière surprise. Elle a fait croire que contre lui et nous, tout était bien, tout permis, qu'il n'y avait nulle trahison à épier, à tromper le traître. Et pendant qu'on lui faisait faire cette triste et honteuse besogne, on la trahissait elle-même, on la liait à la Russie.

V

TRIOMPHE DE LA MACHINE

La vaillance de Cortez, qui presque seul se lança dans la conquête d'un empire et contre des millions d'hommes, est célèbre, incontestable. La machine cependant, il faut l'avouer, fit encore plus pour ses victoires. C'est le mousquet qui vainquit.

La vaillance des Prussiens, qui se hasardèrent en France escortés d'un million d'hommes, n'en est pas moins très réelle, ainsi que l'habileté de leurs savants états-majors. Cependant il est très sûr que la machine, le canon léger à grande portée, fit encore plus pour leurs victoires.

Leurs bulletins disent souvent qu'ils les ont dues surtout « à leur admirable artillerie ». Mais ils ne disent pas assez qu'aux grands moments décisifs, par exemple à Sedan, cette portée était telle, et nos armes atteignaient si peu, qu'il n'y eut ni victoire ni combat. Les hommes étaient peu nécessaires : la machine exécuta tout, sans que l'on pût lui répondre. Quels hommes étaient à Sedan ? Surtout la landwher bavaroise (d'après ce que m'ont assuré des témoins désintéressés et certainement véridiques). Cette landwher fut suffisante, et ne perdit presque rien, étant en sûreté parfaite derrière ce cercle de mille canons où les nôtres étaient pris et devaient être écrasés.

« Nous étions tenus à distance. Ils tiraient à cinq cents mètres, à mille mètres plus loin que nous. En faisant un feu terrible, nous n'avions pas la consolation de tirer un coup qui servît. Je les voyais, de ma lunette, tranquilles derrière leurs, batteries, qui faisaient le café, la soupe. »

Ce mot d'un officier français est pleinement confirmé par plusieurs blessés prussiens. Fiers du succès, fiers de l'art, du calcul qui les fit vaincre, ils revendiquaient beaucoup moins la gloire du courage. Ils disaient : « Nous n'avons pas même besoin de voir le visage de vos soldats. » Et d'autres : « Tout est arrangé d'avance. Nous aurons fini à Noël, au premier de l'an. *C'est mathématique.* »

La surprise de Sadowa, où la solide armée d'Autriche, où la vaillante Hongrie fut éblouie, foudroyée par une arme nouvelle, avertissait suffisamment. On pouvait fort bien deviner le progrès qui allait se faire dans les années qui suivirent. Après le fusil, le canon.

La machine ne s'arrête pas. Ses progrès, qui ne sont nullement des miracles du génie, se font par des perfectionnements successifs, souvent légers, qui

TRIOMPHE DE LA MACHINE

se produisent, s'amènent l'un l'autre. C'est ce qu'on voit par l'histoire des fameuses machines industrielles, bien autrement compliquées que les machines militaires.

Un caractère grand et terrible, immense en bien et en mal, qui est propre à ce siècle et le sépare de tous les siècles antérieurs, c'est le progrès de la machine. L'autre siècle, suscitant l'adresse individuelle et la personnalité, avait préparé l'ouvrier. Celui-ci a fait l'ouvrier de fer, le soldat de fer, la machine. Aux cinquante premières années elle n'a guère travaillé que pour l'industrie, pour les arts de la paix. Depuis trente années environ, elle a servi la guerre, l'a transformée. Les arts divers, combinés dans la machine, ont servi de plus en plus la destruction.

L'histoire du machinisme serait bien curieuse. Que tout cela est récent! M. Watt est mort hier. De 1776 jusque vers 1840, la machine n'a donné généralement que des bienfaits. Elle commence innocemment par les tissus, elle habille, pare, réchauffe les civilisés, les Barbares, jusqu'au plus pauvre sauvage. Elle leur fournit (presque pour rien) les outils qui commencent l'art. Elle accélère, elle centuple la locomotion. A nous pauvres tardigrades qui nous traînions sur la terre, sur la capricieuse mer, elle a donné l'aile sûre et rapide qui fait dire : « Tu arriveras tel jour. » Que d'hymnes on a fait là-dessus!

Est-ce tout? Oh! cette grande force, parfaitement indifférente, aura aussi d'autres effets. Les enfants, les simples en ont peur. Est-ce à tort ? Leur antipathie, n'est-ce pas une prévision?

Il y a juste soixante ans que mes parents me menèrent enfant à la pompe à vapeur qu'avaient les Périer à Chaillot, et aussi au Conservatoire (ou Musée) des machines, rue Saint-Martin. Je fus stupéfait, accablé de l'énorme énigme de ces puissances alors nouvelles, de ces ouvriers métalliques, de ces personnes impersonnelles à main de cuivre ou d'acier. La machine de Chaillot, imparfaite encore, grossière, qui faisait trembler les murs, avait l'air d'un ennemi plus que d'un serviteur de l'homme. On m'en vantait l'utilité. Mais je ne sais quel instinct me disait obstinément que des fatalités diverses étaient dans ces êtres inconnus. Ces créations du calcul, se développant, s'engendrant par une progression mathématique, impossible à éviter, n'allaient-elles pas en quelque temps, après avoir beaucoup produit, entrer dans une période où elles détruiraient aussi, deviendraient des instruments d'extermination?

Dans les manufactures de mort, dans les engins de la guerre, même succession meurtrière. Nous avons avons vu tel fusil qui supplantait, détruisait tel fusil, etc. Delvigne fut tué par Dreysse, Dreysse fusillé par Chassepot.

De même entre les canons. L'incomparable Paixhans n'en a pas moins été démonté par Armstrong, démonté lui-même par Krupp, le héros de 1870.

Le pistolet à deux coups qu'inventa de bonne heure la France, le *revolver* américain, sont les pères et générateurs d'une infinité d'armes du même genre. Un Genevois de mes amis a vu en 1839, dans l'arsenal de Strasbourg, le type du fusil chargé par l'arrière, qui tirait huit coups par minute et devait en 66 vaincre à Sadowa. Notre armée d'Afrique l'avait rejeté, comme trop lourd.

L'incontestable mérite du chassepot, « ses merveilles à Mentana », ne nous avaient pas éblouis. Tous les gens de bon sens disaient que la perfection du fusil servirait de bien peu (surtout dans les grandes plaines du Nord) devant une artillerie perfectionnée à portée très longue, qui ne permettrait pas même au fusil d'approcher.

Le monstrueux canon Krupp, exhibé à l'Exposition de 1867, faisait rire par sa pesanteur, semblait ne pouvoir être qu'une pièce de rempart. Et l'on ne s'informait pas de la fabrication immense de pièces du même système, mais mobiles, mais légères, qui se faisait à Magdebourg et dans tous les arsenaux prussiens.

La mitrailleuse, dont l'Empereur s'occupait spécialement, qui était sa favorite, qu'il ne montrait qu'habillée avec un mystère jaloux, était déjà vulgaire là-bas, fabriquée, multipliée, mais comme engin secondaire, qui ne peut agir partout, et qui peut être inutile, étant repoussée au loin par le canon à longue portée.

La machine, qui passe si vite d'une nation à l'autre, et dont on ne garde jamais le monopole ni le secret, inspire en vérité aux hommes une confiance, un orgueil, qui ne sont pas trop raisonnables. On se figure trop aisément que c'est un membre qu'on se donne, un bras, une main de plus, cent mains, qu'on est Briarée. Un peuple riche, ingénieux, qui a ignoré certaine machine un moment, l'imite très vite, et quelquefois la surpasse, adopte un engin supérieur. Telle a été l'improvisation subite qu'on a vue à Paris et sur la Loire : on a fondu à l'instant de légers canons. Paris s'est trouvé tout à coup armé de pièces redoutables.

Qui empêchera les Barbares d'adopter aussi la machine ? Fille de la civilisation, elle servira contre elle. Les Russes auront par l'Amérique, par l'Angleterre elle-même, cette puissante artillerie dont les Allemands sont si fiers, et qui, dit-on, est déjà surpassée en Amérique par des pièces et plus légères et de plus longue portée.

Arrivé à ce degré, la machine militaire, la mécanique de mort, pourrait fort bien rencontrer une rivale, plus foudroyante, plus exterminatrice encore, dans la chimie militaire, qui se cherche, qui se forme, peut avoir son avènement. Bataille horrible des sciences, des arts, au profit de la mort.

Un homme d'esprit me disait : « Après tout, ces victoires de la machine, qui semblent celles d'une force brute, c'est un effet de la réflexion, du calcul, de l'invention; donc, un nouveau progrès de l'homme. »

D'accord. Mais cet art nouveau de tuer à distance des peuples entiers, le plus souvent sans risquer rien, sans se douter même parfois de ces effets effroyables, n'entraîne-t-il pas avec lui une impassibilité que ne pouvait avoir l'ancienne guerre ? N'est-ce pas le meurtre de sang-froid ? Ce qui jadis faisait la circonstance atténuante de la guerre et l'ennoblissait, c'était le péril égal, le dévouement, l'esprit de sacrifice que l'on y portait. Des hommes si sages, qui comptent tellement sur la force des choses, qui croient moins à la leur, et presque n'en ont que faire, ne pourront-ils pas baisser de cœur? Le mécanicien est tout. Le héros est supprimé.

Quand les Français à la poudre opposèrent la baïonnette qui oblige de frapper de près, qui trouble la vue, horripile, ils firent l'épreuve des braves. Ils dirent : « Nous verrons bien ceux qui resteront calmes et fermes devant l'éclair de l'acier. » Ils auraient trouvé dégradant de n'attaquer l'ennemi qu'après l'avoir démoli d'avance à force d'obus, comme on l'a fait aujourd'hui.

Quand Gustave-Adolphe, avec trente mille Suédois, fondit en Allemagne et mit une telle terreur dans les grandes armées de l'Empire, si nombreuses, loin d'employer la machine, il mit bas les armes pesantes, les gros corselets de fer que l'on portait jusque-là. Dans son juste-au-corps de buffle, il marcha armé de la foi et cuirassé de l'idée. Qu'il ait péri, peu importe. C'est lui qui fit le parti de la liberté invincible, et peu après imposa le traité de Westphalie.

VI

LA POURRITURE DE L'EMPIRE

La Prusse doit remercier premièrement la machine, deuxièmement la connaissance parfaite qu'elle eut du pays (par des moyens peu scrupuleux); mais surtout, elle doit remercier l'administration française, nos intendants militaires, qui n'ont point nourri l'armée, qui la leur ont amenée affamée, vaincue d'avance.

Ils donnèrent à l'Allemagne le répit de quinze jours dont elle avait besoin pour se mettre en mouvement. Et même alors, tout manquait. Il est constaté qu'à Wœrth nos cuirassiers, qui firent la fameuse charge, n'avaient pas mangé depuis trente heures. Il est constaté qu'à Sedan notre armée, qu'on précipitait de Châlons à marches forcées, n'eut par jour pour chaque homme qu'un petit morceau de pain.

Cela n'a rien d'étonnant : le gouvernement impérial était la dissolution elle-même.

Il fut créé par des joueurs, par des hommes de

bonne aventure, Morny, Magnan, etc. Mais, en remontant plus haut, tout le parti bonapartiste (cette longue conspiration) n'eut qu'une sagesse, *la chance*, qu'une idée fixe, *l'étoile*.

Louis-Napoléon naquit, on peut dire, dans un bureau de loterie, sur les genoux de Joséphine, sa grand'mère créole, qui, avec sa mulâtresse, avec Mme Lenormant, se faisait incessamment tirer les cartes, dire la bonne aventure. On sait qu'en se mariant avec le grand capitaine, elle lui donna une bague noire qui dessus portait : *Au destin*. Le dessous, alors illisible, s'est lu plus tard (Waterloo).

La croyance à l'improbable, à l'absurde, au miracle, le mépris de la raison, furent les fruits naturels du règne de Napoléon-le-Grand. On oubliait que l'absurde, la folie même, l'étaient moins pour celui qui avait reçu de la Révolution l'épée enchantée, infaillible. J'entends par là cette armée prodigieuse qui permettait toutes fautes, pouvant toujours les réparer à force de vaillance et de sang. Les femmes en furent fanatiques. La reine Hortense trouva en elle ses principaux agents. La foi créole de Joséphine au sort, à la chance, *à l'étoile*, avec la fausse idée d'un droit que les Napoléon auraient tenu du peuple, fut la religion du parti.

Le héros qu'on préparait et qu'on disait tout bas fils de Napoléon-le-Grand, était l'aîné des fils d'Hortense. Des deux frères il semblait l'homme, et l'autre Louis la femme. C'était un blondin, d'esprit lent, somnolent, qui se subordonnait sans peine, et sous son précepteur, l'érudit Lebas, serait resté un érudit, du moins un archéologue. Sa vie eût été *César*.

Le frère mort, il fallut bien faire de Louis le héros. On le forma assez bien aux exercices du corps, sans le faire jamais militaire. Son colonel suisse (un notaire de Constance) disait qu'il ne pouvait comprendre les moindres manœuvres de l'artillerie. Mais il en a fait un livre.

Il fut une balle de paume sous la raquette du parti. On le lança à Strasbourg, on le lança à Boulogne. Il se sentait cuirassé du nom de Napoléon, et ne risquait pas grand'chose dans les folles entreprises où le jetaient des étourdis, nécessiteux qui sur lui plaçaient leurs chances de fortune. Il était né pour la prison, et s'y résignait sans peine, s'y trouvant bien plus tranquille, pour de petites études de son choix. Son aspect somnambulique faisait croire que dans cette vie renfermée, où la veille et le sommeil se confondent, il vivait volontiers dans les rêves énervants de l'opium. Mais les femmes le relançaient. Après la brillante Gordon, la chanteuse du parti qui aida fort à le créer, une autre bien plus calculée, la sœur de lait de Louis, avec le jeune ami du prince, Fialin, rajeunirent à Ham son *étoile* mystérieuse par une compilation (*Idées napoléoniennes*) où les ciseaux de femme se reconnaissent partout. Là le Napoléonisme revêt l'habit à la mode. *Libéral* et faux bonhomme dans Las Cases jusqu'en 1830, à Ham il est *socialiste*.

On pouvait en dire toutes choses. Son mutisme le servait. Il réussit en 48 à force de ne rien dire. Les joueurs, les désespérés, poursuivis (près d'être arrêtés), brusquèrent tout, eurent de l'audace pour lui. On assure qu'il hésitait (le 4) pour le massacre.

Dans une note bien prudente (aujourd'hui publiée), il se rejette sur Morny, qui aurait changé ses ordres, ajouté le mot *fusiller*.

Un tel acte (horreur du monde) l'entourait nécessairement de la bande qui l'avait commis, gens la plupart subalternes, nullement préparés au rôle où ils arrivaient. Il est sûr que Saint-Arnaud, quand la grande affaire de Crimée lui fut remise, n'ayant aucune idée de ces contrées, fit acheter des cartes chez les marchands du quai Voltaire. Il ignorait qu'au Dépôt de la Guerre nous possédions des cartes savantes, les meilleures du monde.

En 59, on savait peu le terrain où l'on marchait, cette Italie, si connue, et que les Autrichiens avaient si bien étudiée. Le *Moniteur* fait lui-même quatre fois cet aveu : « Nous avons été surpris. » — Mac-Mahon à Magenta, Niel à Solferino sauvèrent, dit-on, l'Empereur. L'armée se sauva elle-même, le soldat répara les fautes, les négligences étonnantes de nos généraux.

L'Empereur avait ce qui peut perdre le plus sûrement à la guerre et en politique. Il avançait volontiers, mais ensuite s'alarmait. De là tant d'avortements. L'affaire de Russie, de Crimée, ne manquait pas de grandeur. Mais il n'osa la pousser, en soulevant la Pologne. L'affaire d'Italie était belle, mais il n'osa la pousser, en soulevant la Hongrie. Entre Kossuth et l'Autriche, il pencha pour celle-ci. Il voulait une Italie divisée, faible : il y gagna la haine implacable des Italiens qu'il venait de sauver.

Son caractère indécis, sa peur de la Révolution, pouvaient lui faire faire ces fautes. Mais son effroyable entourage, son frère au commencement, sa femme espagnole surtout vers la fin, pesèrent indignement sur lui. Sans le premier, il n'eût pas eu la persistance meurtrière des longues déportations. Sans la seconde, eût-il blessé, aliéné à jamais l'Italie pour le Pape? Eût-il fait (avec les Espagnols d'abord) sa grosse sottise du Mexique? On peut en douter.

De lui-même, il était flottant. Pendant qu'il accordait à M. Duruy la révolution qui aurait ruiné nos collèges aristocratiques et fait tout le monde ouvrier, il rendait nos écoles militaires foncièrement aristocratiques, cléricales. On ne faisait plus d'officiers que les gens *bien nés*, riches, ou fils de fonctionnaires, préparés par les Jésuites, les Carmes, pour l'École polytechnique, pour Saint-Cyr, etc. La France, sous cette influence espagnole et cléricale, eût perdu ce qui a fait ses glorieuses armées, le principe égalitaire, eût découragé le soldat, fermé la carrière aux sous-officiers, fait une caste de Junkers, comme celle qui rend la Prusse si odieuse, intolérable à l'Allemagne.

Quelle lumière brilla vers la fin! Et comme le système et l'homme furent violemment illuminés!

Il n'y eut jamais un coup subit comme celui de 1869. L'Empereur fut bien pis que détrôné : il fut déshonoré, pilorié, marqué en Grève. Le solennel manteau, l'uniforme, les vêtements lui furent arrachés. On ne lui laissa pas même ce que la pudeur publique faisait toujours laisser aux exposés. L'indignation qu'on eut d'avoir dormi si tard, tant ignoré, tant supporté, rendit le réveil implacable. Il devint une anatomie, non pas par le scalpel, mais par une lumière transperçante qui horriblement éclaira l'intérieur, entrailles et viscères. Jamais homme n'a subi une si rude exploration.

Déjà les contributions noires, les pots-de-vin, les *affaires* de Morny avaient fort avili l'Empereur. Le Mexique, qui fut une *affaire* de vils agioteurs, avait été dévoilé en 67, avec le brusque éclat de la scène de Saint-Cloud, où la furieuse folle Charlotte lui dit (et à son Espagnole) les vérités terribles que dira l'avenir. Maximilien abandonné périt. Et comme un mort suffit pour éveiller les morts, voici tous ceux du 2 Décembre qui reparaissent (au livre de Ténot). Comment les récuser? C'est l'autorité même qui, dans le *Moniteur* triomphant de l'époque, a pris soin de conter ses meurtres, ses massacres, de dresser l'acte futur d'accusation. Tous ces blêmes témoins, dans les habits du temps, leur linceul exhumé, défilaient en silence, ne faisant que montrer les pages à jamais sanglantes où les meurtriers mêmes se dénoncent, se marquent pour la haine éternelle.

Tous frémissaient. Un seul prit la parole. Un gamin héroïque, sans souci de cette puissance énorme qui nous étouffait, du coude casse en riant la vitre. C'en est fait! on a respiré. Rien ne caractérise mieux la France. Qu'il reste acquis à l'histoire qu'en juin 1869 un jeune homme, alors peu connu, fit ce que nul alors n'eût osé en Europe. Tous les rois de l'Europe faisaient encore la révérence à l'homme des Tuileries, étaient *ses cousins, ses bons frères*. Ils révéraient en lui une armée de cinq cent mille hommes. Et celui-ci s'en moque. De puissance à puissance, il lui déclare la guerre, et signe de son nom : *Rochefort*.

De là toute une littérature. Le deuil des derniers temps ne peut faire oublier la brillante échappée du *Rappel* et de tant de journaux de province, étincelants d'esprit, de verve, de colère. Beau moment pour nous autres de voir cette jeunesse ! « Quoi donc ! il y a des jeunes gens ? Quoi ! il y a tant de talents ? La France existe donc encore ? »

La patience du spectre impérial fut surprenante et effrayante. Il se souvint qu'en 49 il avait réussi précisément par son mutisme. Laisser évaporer l'éruption, ce feu de paille, fut le plan. En attendant, un masque, une vaine comédie de jeu parlementaire. Masque d'autant meilleur qu'il se trompait lui-même. Ce masque s'appelait Ollivier.

Qu'il changeât de nature, démentît sa légende de fourberie sanglante, que le loup se fît chien, un bon chien de berger ! qui pouvait l'espérer ? Un matin brusquement il ôte sa belle peau d'honnêteté ; il reparaît lui-même. « A moi, mes paysans ! A moi le grand pays ignorant et aveugle, que j'ai déjà trompé ! » Tout avait fort changé. On pouvait voir plus clair. Pour obscurcir les choses, voler la voix du peuple, on ne ménagea rien. Crime énorme ! Les manifestes officiels, les programmes, journaux, les horribles gravures dont j'ai parlé, pour effarer les masses rurales, les ensauvager, désignaient hardiment *les rouges*, faisaient appel à la guerre sociale. *Les rouges*, disait-on, précipitaient la France à la guerre étrangère, à la Révolution. *Les rouges* brûlaient les maisons des paysans, et payaient l'incendie six cents francs par maison. C'est ce qu'un de mes amis entendit dans la Manche non loin de Cherbourg. Les incendies fortuits qui suivirent une grande sécheresse s'interprétaient ainsi, et mon jeune ami, le fils du docteur Bertillon, faillit périr comme incendiaire. Depuis, dans la Dordogne, *un rouge*, comme on sait, a été brûlé vif.

Il est curieux de voir la part que le mensonge eut dans les événements de cette étonnante année 1870.

En France, en Allemagne, deux paniques ont enlevé tout. Paniques habilement arrangées, calculées.

De cette part, en France, le plus hardi mensonge trompa le paysan : il vota sous la peur de la guerre, de l'anarchie, de l'incendie, etc. Et notre homme à l'instant, fort de ce vote de paix, nous jeta dans la guerre.

D'autre part, M. de Bismarck, comment enleva-t-il l'Allemagne, ces pays réunis récemment, frémissants, ce Midi incertain? Comment put-il entraîner une masse (d'un million d'hommes?) telle qu'on n'en pas vu depuis les croisades, les vieilles invasions barbares? Par la peur, par une panique bien lancée, avec une fantasmagorie scénique qui brusqua et entraîna tout : « Les voici, les Algériens! les Zouaves! les Turcos! Sauvez vos femmes et vos enfants!! »

La Bavière hésitait. On lui dit (ce qui n'était pas) : « Déjà ils ont passé le Rhin. »

Des deux côtés il y avait surprise. Bismarck, depuis trois ans, la préparait, sentant que, sans la guerre et son aveugle bouillonnement, il ne pourrait jamais museler l'Allemagne. Il fuyait dans la guerre les dernières résistances, les voix mourantes de la liberté allemande.

L'Empereur, contre le réveil terrible de Paris, contre la liberté française qui revenait vengeresse, crut n'avoir d'asile que la guerre. Paris l'épouvantait, et quand il fut en sûreté dans les bras de son bon frère le roi Guillaume, il dit aux Prussiens avec beaucoup de sens : « Nous avons le même ennemi. »

VII

L'EMPEREUR NOUS LIVRE A SEDAN

Louis-Napoléon est-il français? Quelle est sa vraie patrie? Sa langue propre, qu'il a parlée si longtemps en Suisse, et au collège à Augsbourg pendant tant d'années, est l'allemand. Son gouvernement fut parfaitement celui de l'étranger, d'un Allemand et d'une Espagnole. Dans mille choses de détails on put voir à quel point ils ignoraient la France, et étaient incapables de l'apprendre, n'en ayant point le sens, le tact particulier qui est propre à cette nation.

Sa proclamation après Wœrth (une première défaite, et un événement vraiment secondaire) fit dire : « Oh! qu'il n'est pas Français! » Un Français eût pu avoir peur, mais eût eu assez d'esprit, de sens, pour ne pas le montrer à ce point-là.

Il apprit l'affaire le lendemain, fortuitement (pitoyable administration!) par un photographe et deux journalistes échappés. Et l'on perdit la tête à ce point qu'ayant encore de si grandes forces, on ne songea pas à défendre les passages des Vosges. Ils restèrent si bien vides, que les Prussiens n'en croyaient pas leurs yeux, n'osaient d'abord s'y engager, supposant quelque piège.

Dans cette proclamation désespérée, l'Empereur crie, appelle tout le monde au secours.

« Tout le monde ! Mais c'est la France ! » Voilà une autre peur qu'il a le lendemain. Et plus forte peut-être.

Il appelait aux armes. Et il refuse des armes. Il n'en donne pas même à l'Alsace, en tel danger. Il fait donner de vieilles ferrailles sans usage. Le chassepot pourtant abondait dans nos arsenaux, mais démonté et incomplet (par défiance du peuple), manquant d'une pièce essentielle.

L'Empereur, l'homme du peuple, pour qui ce peuple vient de voter, se sent si peu en sûreté de ce côté qu'il veut être sauvé par l'armée seule. Voilà l'armée coupée et enfermée dans Metz. La secourir avec un corps trop faible, c'est périr soi-même à coup sûr. C'est ce que lui dit un vrai soldat (Mac-Mahon). Appuyer la nouvelle armée sur Paris, lui donner l'assurance, les ressources énormes que peut prêter une telle ville, c'est le salut. Mais à ce seul nom de Paris l'Empereur a frémi. Il fuit Paris, et tout en disant qu'on veut le défendre, on lui ôte quarante mille hommes. L'impératrice (le fait est prouvé maintenant) voulait tout simplement briser la Chambre, et enfermer la Gauche, pour traiter avec l'ennemi.

Je ne suis pas ici historien. D'autres suivront pas à pas, jour par jour, cette prodigieuse trahison.

A Paris, pour gagner du temps, amuser le public, on avait accepté Trochu, l'homme que désignait l'opinion, mais en le subordonnant à celui qui était près de l'impératrice, l'âme même du complot, le fameux pillard de la Chine, Palikao. Il entrava, arrêta les préparatifs de défense. M. Thiers, qui visita un jour les forts et les travaux, n'y trouva exactement personne. Plusieurs ingénieurs disaient : « On ne défendra pas Paris ; on ne veut pas le défendre. »

Palikao couvrait tout par des mensonges, un visage d'airain. Il disait : « Vous illumineriez si vous saviez ce que je sais. » Ce qu'il savait, c'est que l'Empereur, à qui sa propre Chambre avait retiré le commandement, commandait pourtant en effet, emmenait Mac-Mahon, l'empêchait de s'appuyer sur Paris. A Metz, son homme, Bazaine, dont les cent cinquante mille hommes pouvaient se dégager encore (comme l'atteste Changarnier), Bazaine se laissait enfermer, espérant (d'après des messages de Bismarck ? ou de l'Empereur ?) qu'avec cette excellente armée il serait le médiateur, l'arbitre de la situation.

Dans une belle lettre insérée par l'*Indépendance belge*, et très digne de Machiavel, un diplomate admire ici son maître. Il dit que « l'Empereur, à qui on ne peut refuser une certaine profondeur de sens » vit dès lors que sa meilleure chance était du côté de l'ennemi. Même avant Sedan, il semble avoir vu « son horizon impérial ; il y lut ce qu'il devait faire, sentit que ce qui pour un autre aurait été le naufrage suprême, était pour lui le commencement du salut. Aussi, quel empressement à capituler, à se rendre !

« La capitulation de Sedan était le premier acte de la restauration de l'Empire. Vainqueur, l'Empereur n'en était pas moins perdu ; vaincu, il emmenait avec lui une armée tout entière, qu'il déshonorait vis-à-vis des Français pour mieux se l'attacher à lui.

« La capitulation prévue par lui, de Bazaine, pouvait être le second acte de la restauration impériale. Vaincu encore une fois dans Bazaine, l'Empereur gagne à cette défaite une deuxième armée, dont le sang a été épargné, et qui, comme la première, n'a plus d'espoir qu'en ceux qui l'ont commandée, qu'en lui enfin, dont elle subit la fortune.

« Voici donc celui qu'on appelle l'homme de Sedan, et les maréchaux qui, lui devant tout, sont allés vers lui, possesseurs de trois cent vingt mille hommes. Ce que les victoires n'auraient pu faire, les défaites les plus épouvantables vont l'accomplir. »

Cette lettre ingénieuse me semble d'un homme qui connaît parfaitement son maître. Il est extrêmement vraisemblable que l'Empereur eut de bonne heure l'idée de se fier à l'ennemi, et d'employer de concert avec lui ses armées prisonnières.

Les lettres de l'honorable général Wimpfen (11 et 19 septembre) et celles d'autres officiers ont solidement établi que l'Empereur refusa toute offre qu'on faisait de forcer le passage. L'armée, il est vrai, était cernée par l'artillerie des hauteurs. Mais les troupes qui les occupaient auraient-elles défendu leurs pièces contre une vive attaque d'ensemble ? Des témoins fort sérieux, des Suisses, chirurgiens, infirmiers des deux camps, assurent que ces troupes en majorité n'étaient que de la landwehr bavaroise.

L'Empereur, qui depuis le décret de la Chambre disait qu'il ne commandait plus, l'oublia; il arbora le drapeau blanc à l'insu de Wimpfen, le maintint malgré Wimpfen, et, craignant apparemment de ne pas trouver un officier pour une telle chose, il envoya au roi de Prusse un des siens, de sa maison.

Tranquille et se sentant sauvé, il va trouver le roi. Celui-ci le fit attendre. Là on assure qu'en fumant, il causa en allemand avec deux cuirassiers blancs qui le gardaient, leur cita Suétone et tel Empereur qui en pareil cas ne se tua point. Le roi brutalement le reçut comme un chien. Il fallut que M. de Bismarck vînt le redresser tout bas, lui dire le parti qu'on pouvait tirer encore de cet homme. Si l'on voulait un semblant de capitulation, il fallait lui reconnaître un caractère de souverain. Le malheureux, dans un coin, de son gant essuyait des larmes. Cette défaillance d'un homme à merci était bonne à exploiter.

M. de Bismarck, respectueux, habile, se fit le bon courtier entre le prisonnier et le directeur de la guerre, le vieux M. de Moltke, tendre comme la Mort, la Parque, le Destin. L'infamie fut complète, la reddition sans condition.

Mais ce qui fait tort aux vainqueurs, c'est que (au rapport des Suisses qui étaient là) on craignit le désespoir des nôtres, on n'osa pas leur dire leur triste sort. Je lis dans le *Journal de Genève* (nullement notre ami) cette lettre de son correspondant (8 octobre) : « Voici ce que m'ont dit, non pas dix ou quinze, mais plus de *deux cents* prisonniers de divers hôpitaux, casernes, sans pouvoir se donner le mot ni communiquer entre eux : « On nous dit seulement que nous devrions mettre bas les armes, *et que nous pourrions nous en aller*. Une escouade nous accompagne alors jusqu'à la porte de Sedan, et *au lieu de nous laisser libres*, on nous met dans une grande île. » Ils y restent dix jours sans nourriture, et mangeant des chevaux crevés.

Pour l'Empereur, qui avait rendu un si grand service aux Prussiens, qui parlait l'allemand et se faisait un parfait allemand, le gros roi s'était radouci. Il sentait qu'après tout la cause des rois est commune, et que l'Empereur était bien sincère quand il dit : « Nous avons le même ennemi. »

« Mais cette guerre que vous nous faisiez ?... » — « La guerre, ce n'est pas moi, c'est la France qui l'a voulue. »

Mensonge indigne et bas, le plus faux qui 'se fit jamais.

Tous les journaux, les plus modérés mêmes, *Le Temps*, *Les Débats*, l'ont relaté avec horreur.

La scène est solennelle ici et mémorable. Elle rappelle celle de la Genèse où ce lâche Adam qui a peur, dit en tremblant : « Moi ? Seigneur !... C'est elle, c'est cette femme-là ! »

VIII

L'AME INVINCIBLE DE LA FRANCE

Il est curieux, étrange, que les grandes nations s'ignorent l'une l'autre tellement. Les humanitaires sont fous de croire que les murs, les haies, les barrières qui étaient entre elles, se sont abaissées. Certains préjugés antiques de ce genre ont disparu. Mais d'autres sont sortis des rivalités modernes. *La personnalité croissante* sépare au contraire de plus en plus, sous certains rapports, et les nations et les individus.

Voilà les Allemands qui depuis Sadowa, pendant trois années et plus, avec une étude sérieuse, attentive, méthodique, regardaient, *observaient* la France. Tous les moyens de l'optique y avaient été employés. Avec les verres grossissants que donnent la passion, la haine, l'envie, le fanatisme, les jeunes missionnaires dévots de la Teutomanie étaient venus relever tout, envoyaient des chiffres précis. Ces chiffres militaires et autres, concentrés sous les lunettes puissantes du vieux calculateur qui prête à toute la machine le nerf de son âme d'acier, fondaient les combinaisons d'une astrologie nouvelle. Il trouvait dans la certitude des mathématiques, il marquait de son doigt sec sur le calendrier de 1870 le jour de la mort de la France.

O scandale ! Elle vit encore !

Vanité de la science et des études humaines ! L'Allemagne avec son *gemüth*, ses grandes prétentions morales, n'avait rien su, rien calculé, que les forces mécaniques. O pays de l'idéalisme, tu as ignoré... l'âme !

Ses érudits, ses linguistes lui avaient dit que l'Alsace, que la Lorraine allaient venir en procession au-devant d'elle, les hommes dans le long habit noir que portait déjà Charlemagne, les filles en rouges jupons et chantant les plus vieux *lieds*. Nulle défense. Le seul embarras serait de percer la foule, d'écarter l'enthousiasme. Si ces bonnes gens par malheur étouffaient un roi trop aimé !... Au delà, moins de résistance encore. On avait bien vu, aux soupers de 67, pendant la grande Exposition, que la France était dissoute, en décomposition complète. Le seul danger (prenez garde, jeunes gens, leur disait-on), ce sont ces caves immenses de Champagne où vous tomberiez sous des vins trop capiteux. Les soixante lieues de vignes qui, par les coteaux de Bourgogne, dressés sur leurs échalas, offrent l'aspect d'une armée, voilà encore un écueil où vous pourriez naufrager.

Combien ces sages idées durent se confirmer quand l'Allemagne rencontra dans l'Empereur un homme élevé par elle, qui fraternisa avec elle en lui livrant ses armées...

La France, si bien défendue par son honnête gardien, se frotte les yeux, s'éveille : « Mes armes, où sont mes armes ! Mon logis est plein d'inconnus. Messieurs, que demandez-vous ? »

« Tes armes ? Eh ! malheureuse, ne vois-tu pas que ton tuteur a eu soin de les emporter, de les cacher... Il a pris adroitement jusqu'à ton épée de chevet ! »

La forte tête de la France, lucide autant qu'énergique, le grand Paris était lui-même tenu dans la main d'une étrangère, qui retardait son réveil, croyant (comme Dalila) pouvoir lui couper les cheveux.

Paris se dresse, et du coup casse les cordons dont la dame le liait. La France entière se dresse, immense, devant l'Allemagne.

« Des armes ?... Vous croyez tout fini... Mais quand je n'aurais pas d'armes, de mon bras, de ma poitrine, de la force de mon cœur, je pourrais vous repousser. »

« Qu'on me trouve une nation, a dit un Anglais sincère, qui, livrée ainsi, trahie, ait un si vaillant réveil. Est-ce la Prusse après Iéna ? Est-ce l'Autriche après Sadowa ? Et l'Angleterre elle-même, supposons qu'un million d'hommes lui soit tombé sur le corps, supposons qu'on ait livré ses armées (trois cent mille hommes), que l'ennemi, maître du comté de Kent, soit déjà aux portes de Londres; supposons que dans Londres soit un gouvernement traître qui paralyse la défense, qui nous fasse perdre un mois ou deux dans cette crise suprême... Ah! que l'Angleterre alors ait ce réveil héroïque de la France, je le souhaite, je le désire, je veux le croire et l'espérer. » (*Harrisson.*)

Ce peuple si corrompu, disait-on, sans doute énervé, cette nation qui était dissoute, la voici une et debout. Quelle surprise pour l'Allemagne! Dira-t-elle : « Je me suis trompée! » Non. Elle s'est mise à dire pieusement, chrétiennement : « Il est bien triste de voir le pécheur, non pas subir, remercier son correcteur, mais s'emporter et lutter, repousser l'expiation. »

D'autant plus âprement doit-on le serrer et le prendre au corps, ne pas lui ménager la médication Bismarck (comme il dit) : « Le fer et le feu. »

Le fer? Oui, le fer a du bon. Quel ravivement puissant que de sentir à la peau tant de cruels coups d'aiguillons! L'acupuncture est le remède, atroce, mais efficace, des paresses d'organisation, des langueurs. Merci, bourreaux!

Que de vertus réveillées! Comme le feu a épuré, ennobli, élevé les âmes! Ouvrons la *Légende d'Or*, et écrivons-y les noms du *Gouvernement de la défense*, si admirablement loyal, désintéressé, dévoué. Qui forçait tel de ses membres, déjà âgé, riche et comblé de toutes les gloires du talent, qui le forçait d'accepter cette responsabilité immense, et toutes les chances d'ingratitude qu'éprouvent la plupart des sauveurs du peuple? Qui forçait ce ferme Breton, dans sa carrière attardée, déjà presque à l'heure du repos, de se jeter en avant, de se coucher sur le seuil de Paris, d'y arrêter les armées en leur disant : « Vous ne passerez que sur mon corps? » Et ce jeune homme intrépide qui, s'envolant de Paris, a porté partout la flamme de son indomptable cœur, organisé la guerre qu'il ne connaît que par la divination du génie; qui lui fit prendre ce rôle étrange, magnifique et terrible? L'abîme qu'il voyait du ballon, le gouffre de Curtius, eussent eu moins de danger pour lui.

Ce qui nous touche le plus dans ce gouvernement de Paris, c'est non pas seulement son calme courage, c'est sa douceur admirable, son humanité, sa loyale modestie, le dirai-je? sa jeune candeur. Ne riez pas, imbéciles, vieux fourbes que je vois d'ici. Le mémorable entretien de Jules Favre et de Bismarck restera éternellement. Que le premier, attendri, ait paru le moins habile, c'est une grande illusion. Avec son cœur chaleureux, ses larmes patriotiques, il n'en a pas moins tiré de l'autre un terrible aveu qui est sa condamnation : 1° que pour la Lorraine, l'Alsace, arrachées de nous, il n'attend rien de leur vouloir, qu'il veut forcer leurs libertés, les faire malgré elles allemandes ; 2° qu'entre la France et l'Allemagne il compte sur la haine éternelle, et qu'il agit dans ce sens.

Mais alors, ce ne sont pas deux provinces qu'il faut arracher de la France. Du Rhin aux Alpes, aux Pyrénées, il faut avec un tranchet la couper, la détailler en menus morceaux, en vendre, en distribuer, en faire manger à l'Europe, ouvrir la boutique Bismarck, où, sur un étal sanglant, on dira aux nations : « Qui veut manger de la France? »

Non, non, cet entretien-là a été fort instructif, et le plus habile des deux est celui qui a pleuré.

Ce démembrement, ce partage, c'est la vraie méthode russe, si bien suivie en Pologne. Par elle la Prusse est liée pour toujours à la Russie (et contre l'Allemagne même). La figure de M. de Bismarck me semblait d'un général russe. Je ne me suis pas trompé.

La clôture, l'investissement de Paris, qui eut lieu le 19 septembre, fut d'un effet étrange en Europe. Il y eut moins de soleil, moins de lumière, moins de bruit. Je ne sais quelle sourdine lugubre se trouva mise à toute chose. Notre langue étant la langue générale (pour tant de communications), le journalisme parisien est vraiment l'organe central de l'Europe. S'il manque, en plusieurs pays on n'entend plus rien. Mais, indépendamment de la presse, ce grand foyer de civilisation où tous prennent lumière et chaleur, le fermer c'est comme si on aveuglait la planète. L'œil du monde, ce semble, est crevé !

Lutte sublime, quoique odieuse. C'est toujours la lutte, après tout, entre la machine et l'homme. Nos ennemis ne nient nullement que leur force est l'artillerie. Mais c'est alors qu'on put voir ce qu'est le combat d'un Esprit. Paris, de son *ingegno* vigoureux, d'une subite improvisation, lui aussi se fit des machines et foudroya l'ennemi.

Le grand espoir de celui-ci était dans nos divisions, nos contradictions intérieures. Mais (ce qu'on n'a pas remarqué) il n'y eut point contradiction. Tous étaient du même avis. Ceux qui semblaient discorder, n'étaient nullement opposés ; c'étaient les impatients. Ce n'étaient que des héros. Ils voulaient se précipiter, même seuls aller à l'ennemi. Ils ne sentaient pas assez le grand labeur nécessaire pour discipliner, former, faire agir d'ensemble ces masses vaillantes, mais confuses, et qui se fussent perdues du premier coup par leur aveugle élan, leur fougueuse intrépidité.

Il tient encore, ce grand Paris, ce héros solitaire, sans secours de l'Europe. Qu'a-t-on fait? On l'a entouré à grande distance, tranquillement, prudemment, d'un prodigieux travail de terrassements qui ferment toutes les routes. De ces montagnes factices, chargées, surchargées de canons, on a jusqu'ici refoulé ceux qu'on n'abordait guère en face, qu'on n'ose attaquer que tard, affaiblis et affamés. Ici encore c'est la chose qui peut avoir raison de l'homme.

En regardant l'autre jour sur un plan la ville héroïque, avec sa rouge ceinture de forts étincelants, et de tous côtés, en noir, des essaims funèbres comme de noires fourmis qui autour d'elle élèvent des montagnes, il m'est souvenu de Roland, que Ganelon de Mayence se garda bien de combattre, mais qu'il sut mettre dans un cirque des Pyrénées, où le héros de tous côtés voyait des sommets menaçants. De là pouvaient dérouler des rochers. De sa grande épée il tailla un mont, puis deux, ainsi que l'on voit encore. Puis de son cor, il sonna, il appela. Il périt. Qui ose dire l'avoir vaincu? C'est lui-même qui se vainquit. Il périt de son propre effort, de l'appel désespéré que son cor fit aux nations, — sourdes alors, comme aujourd'hui.

IX

FUREURS BARBARES. — SYSTÈME RUSSE DES PRUSSIENS

Une prudente dame allemande disait : « Je donnerais ma vie pour que la campagne se fût terminée pour les nôtres à Sedan. »

Elle avait grande raison. L'honneur allemand était sauf. Tout était couvert des apparences si bien ménagées par Bismarck : « Les Français ont commencé. Les Allemands ont vaincu, sans abuser de la victoire. » L'Europe y était trompée. Ils font, disait-on, la guerre comme des demoiselles. Des Anglais qui vivaient au camp à la table de Bismarck nous garantissaient leur sagesse, leur douceur, leur pudeur, que sais-je ? Un lord écrivait niaisement : « Eux voler ! pas même une mouche ! »

Et voilà que le triste fond tout à coup a apparu, un fond de brutalité, de barbarie imprévue. De plus, une grande surprise qui leur fait bien peu d'honneur, la surprise de ce qu'on résiste. Les braves estiment les braves, parfois honorent les résistances indomptables d'un ennemi. Rappelons un trait de nos guerres, que des Hongrois m'ont conté. — En 98, je crois, dans la guerre terrible de Suisse, la cavalerie de Hongrie avait décimé les nôtres, qui pourtant trouvèrent moyen de reprendre l'avantage, poussèrent ces Hongrois jusqu'au bord d'un précipice. Mais ils ne se rendaient point, ils allaient sauter dans l'abîme. Les Français pleins d'admiration s'arrêtèrent, crièrent : « Ne tirons pas ! »

Le prodigieux respect des Allemands pour le plus fort, leur culte de l'autorité les rend furieux, sans pitié, pour les vaillants qui résistent à l'autorité nouvelle, consacrée par le succès, qui ne reconnaissent pas ce Jugement de Dieu : « Quoi! résister à ces Rois qui viennent là en personne! aux Majestés qui leur font tant d'honneur que de saccager et de bombarder leurs villes !... Quelle audace ! quelle impiété !... Comme on connaît bien là ces enfants de la révolte, cette race maudite, issue des dents du dragon révolutionnaire! — Si la foudre de Dieu n'y tombe, qu'ils soient « écrasés sous celles des rois ».

« Ce fut une grande surprise pour nous, me disait un judicieux jeune homme, très froid, très impartial, un chirurgien suisse. Nous avions cru, d'après ces fameuses universités, ces savants, et tant de livres, que l'Allemagne nous était en tout supérieure. » Une chose a paru en effet qu'on ne savait pas assez ; c'est que cette grande nation, placée si haut dans les sphères supérieures, est inférieure peut-être à toutes dans la vulgarité basse de certaines classes, encore plus dans les branches bâtardes que l'Allemagne projette hors d'elle-même , dans ses émigrations lointaines, où tout le meilleur s'efface, encore plus chez les peuples mixtes qu'elle exploite par un marchandage avide, ou qu'elle tyrannise par ses employés, scribes, intendants. Je parle de la Russie.

Nos paysans du Midi, les Italiens, etc., ont, dans les plus basses classes même, quelque chose de policé, semblent parfois des gentlemen déguisés. Dans la parole, les manières, ils ont certaine élégance. Des *reporters* peu amis en faisaient naguère la remarque, en visitant nos prisonniers, tout ce peuple de soldats, qu'un événement si fortuit a jetés en Allemagne. Il n'est nullement ainsi des Allemands en France. Une fois éloignés du foyer qui est excellent chez eux, sortis de leurs habitudes, de cette idylle domestique qui faisait illusion, ils sont tout à coup très rudes. Quel coup on leur a porté dans l'opinion de l'Europe, en les jetant dans cette situation où la barbarie de race, qui dormait, a éclaté. Le dessous est devenu, avec grande laideur, le dessus. Chose étrange! Ce ne sont pas les soldats proprement dits, qui se sont le plus mal conduits. Ce sont ces pères de famille, ces gens établis, cette landwehr, arrachée de son poêle, de son tiède intérieur, à l'entrée de l'hiver, et par « ces coquins de Français, acharnés à se défendre », tandis que de bons Allemands eussent apparemment composé de suite.

Un journal anglais a marqué avec esprit et justesse le plus choquant de ce tableau, l'avidité du pillage plus grande en proportion des sentiments de famille. « Que cette montre ira bien à mon fils qui est au gymnase! cette chaîne d'or dans les blonds cheveux nattés de ma fille ! La dame de cette maison a une jolie robe de soie qui siérait bien à ma femme. Si je la lui arrachais ? »

Tout cela se dit au matin, quand on est lucide encore. Mais qu'est-ce donc vers le soir, quand, ayant bu tout le jour, on noie le peu qui reste de l'homme dans un copieux banquet ? « Jamais, me disaient ceux qui ont suivi ces armées, jamais nous ne pouvions parler aux officiers passé cinq heures. Ils étaient hors d'état d'entendre. » De là ces réquisitions ridicules de vins de Champagne (et par des gens déjà ivres) dans des pays où personne n'en a que par grand hasard. Que répondre? On n'en a pas, on ne peut s'en procurer. Ils s'emportent, ils menacent des dernières extrémités. C'est l'heure de la bête sauvage.

Cela déjà s'était vu en 1815 dans l'invasion prussienne, aussi cruel, moins odieux. C'était la grande vengeance de l'Europe sur Napoléon, la revanche de tant de sang versé. Mais ici pourquoi cette fureur, ces actes sauvages? Il n'y a nulle cause à cela, nul motif. Depuis cinquante ans les deux peuples étaient en paix.

Autre différence. En 1815, vraie invasion populaire, grand mouvement national, fureur sincère. Tout imprévu. En 1870, tout est prévu, dirigé par une main froide et sûre. Tout est combiné d'en haut pour l'effet d'un indigne terrorisme.

Un droit nouveau de la guerre s'est établi cette fois. C'est la première fois qu'on a vu des villes ouvertes bombardées, des places où l'on tirait par-dessus les remparts, au delà de leurs batteries, en oubliant le soldat, n'écrasant que l'habitant, les familles, enfants et femmes, pour que l'excès de leur terreur trouble, amollisse le soldat, décide la reddition. Bombes, obus, ce n'est pas assez pour l'incendie. On l'active, on le rend inextinguible, en jetant sur tous les bois, portes, fenêtres, solives, le pétrole dont la flamme gagne de maison en maison.

L'Europe, a dit un Anglais, semble avoir rétrogradé de plusieurs siècles. Dans le droit des gens d'autrefois, les vaisseaux en péril étaient secourus, même en terre ennemie. Ici la navigation si hasardée des ballons n'a trouvé nul ménagement, nul égard d'humanité. Leurs dangers sont effroyables. L'un se perd dans l'Océan. L'autre, porté par une trombe, s'est trouvé accroché aux pics de la Sainte-Baume. Tout cela n'est pas assez. On tire sur eux au passage, afin de les précipiter. Les infortunés qui tombent, ont une dure captivité. Leur crainte n'est pas de périr, mais bien de tomber en Prusse. « *Heu ! Fuge crudeles terras; fuge littus avarum !* » Partout ailleurs, quel accueil ! L'autre jour, ceux qui se croyaient tombés, naufragés en Prusse, sachant qu'ils étaient en Belgique, pleurèrent de joie, leurs hôtes aussi, en se jetant dans leurs bras.

Il ne s'agit pas de guerre seulement, mais de destruction. Au point de vue de *la haine éternelle*, avoué par M. de Bismarck, il ne suffit pas de vaincre, il ne suffit pas de briser; il faut « qu'il ne reste rien ».

Le soldat allemand n'aurait su se faire les choses si complètes, le pillage si parfait, la place si bien nettoyée. Il l'avoue. Mais il a ses ordres. Les savants états-majors ont ordonné, enseigné qu'on suive la méthode des Russes, ces maîtres en destruction. Toute chose est mise par ordre, dans des sacs, malles ou coffres, et tout cela numéroté dans tel et tel chariot. En Pologne, dès le dernier siècle, la consigne était si précise, si sévère, de tout emporter, qu'une fois il y eut trois voitures chargées de poupées brisées, qu'on avait trouvées dans les riches châteaux. En 1849, les Russes, en Hongrie, emportèrent jusqu'à de petits morceaux, parfaitement inutiles, de glaces brisées. Une file non interrompue de chariots se prolongeait depuis Pesth jusqu'au fond de la Russie.

Et tout cela sans vengeance? Ne le croyez pas. Ce n'est qu'un commencement. « La guerre s'ouvrira au printemps », a dit l'un des nôtres.

Dans une ville on a vu ce que peut l'énergie du désespoir. La sotte municipalité avait désarmé le peuple. La ville n'en fut pas moins si brutalement envahie, qu'un vieux juge mourut d'épouvante. Mais les ouvriers de la ville, sans armes, se précipitèrent, désarmèrent les Prussiens, les envoyèrent prisonniers aux villes voisines. Leur corps d'armée arriva le lendemain. Le général, alarmé de cette fureur héroïque, craignant qu'elle ne gagnât, alloua pour le pillage une indemnité.

Un officier prussien disait à un de mes amis, un étranger distingué, que je puis nommer : « Nous ne voulons que le succès. Et tout est prévu, arrangé, pour que nous soyons *trois contre un.* » (J'atteste et certifie ce mot.)

Triste aveu ! honteux, cynique ! Voilà donc où vous arrivez ! Eh bien ! vous trouverez des hommes. Il suffit d'un contre trois.

Est-ce que toutes vos machines, vos canons dont vous triomphez, ne seront pas imités, aisément adoptés par d'autres, et mieux employés contre vous ?

Mais voici ce que je vous dis : Écoutez, retenez-le.

C'est que quand vos grand'mères reçurent l'hommage des fils de la France, les nôtres (hommes, et sans machines) disaient : « Un seul contre trois ! »

C'étaient des fous, je le sais. Mais, vous, fils de la machine, qui arrivez trois contre un, jamais (vainqueurs ou vaincus) jamais vous ne trouverez grâce devant les femmes de France.

X

STRASBOURG

Rien ne marque mieux les vues haineuses de l'invasion, le plan de créer des haines ineffaçables, que l'emploi de l'armée badoise à la destruction de Strasbourg. Cette œuvre de barbarie, exécutée précisément par les plus proches voisins, constitue Bade et l'Alsace en opposition durable, fait de cette jalouse Bade comme un geôlier prussien, intéressé par son crime à tenir de près la captive. L'étrange, c'est qu'on n'a pas prévu une chose pourtant naturelle. On se trouve avoir par là doublé, creusé le fossé qui sépare l'Alsace de Bade. Le Rhin devient par ces haines d'une profondeur immense. Entre Strasbourg et Kehl maintenant ce n'est plus un fleuve qui roule, c'est un gouffre, l'abîme des mers.

Combien ce monde est changé ! Nous autres, dans nos sympathies aveugles pour l'Allemagne, nous voyions ce pays de Bade comme un lieu de promenade, de plaisir. Nous faisions si peu de différence des deux rives, que des Français distingués l'habitaient de préférence, y avaient porté leur fortune, aimaient à vivre là, disaient-ils, dans ces bois, sur ces collines, d'une douce petite vie allemande. Toute l'Europe y venait. C'était comme une terre neutre, agréable à toutes nations, où elles venaient manger ensemble à la même table, se voir, se donner la main. Je me rappelle qu'au moment où cette guerre commença, quelqu'un qui le premier avait protesté contre la guerre, écrivit aux journaux pour qu'au moins la paix subsistât pour ce charmant pays de Bade, le jardin commun de l'Europe.

Pour moi, je revenais souvent revoir les villes du Rhin, surtout ces belles villes libres, justement nommées ainsi, et si chères aux amis des libertés de l'esprit. Tout aimables et si sociables, elles n'ont pas les habitudes de la vie renfermée, pesante, qui est propre à l'Allemagne. Elles sont pleines d'air et de soleil. Elles étaient liées jadis aux libres cités de la Suisse par une bonne confraternité. Elles s'aimaient, se secouraient, ces voisines, et si promptement par la descente du Rhin « qu'un pâté, cuit, apporté par le bons amis de Suisse, fut chaud encore à Strasbourg ». Leurs rapports avec la Hollande, la Hanse, n'étaient guère moins intimes. Ainsi, des quatre côtés, Strasbourg, Francfort, etc., étaient des médiatrices entre les nations. Elles l'ont été pour le monde par la grande révélation moderne, l'imprimerie. Leur littérature, à elles, rieuse, légère et satirique, diffère beaucoup de l'allemande. Leur Mürner m'amusait beaucoup, et je ne m'étonne pas que le grand Goethe, né à Francfort, ait fait ses études à Strasbourg.

Oh! la bonne ville pour y vivre! abondante en toute denrée, en livres, en secours de tous genres! Mêlée d'études, de commerce, d'un grand souffle militaire, de vie joyeuse, sérieuse.

L'excellent vieux roi de Bavière, qui accueillit nos Français (au commencement de ce siècle), se plaisait à leur conter le bon temps que, jeune officier, il avait passé à Strasbourg. C'était une ville de plaisir, mais de cœur, où la bonhomie naïve de l'antique Alsace mettait un charme singulier. Tout y était ennobli et par la solennité guerrière de la position, et par les hautes pensées que donnent ses monuments, les œuvres de ses grands maçons, imitées de toute la terre. Là Goethe et Victor Hugo, tant de poètes, de savants, d'artistes, vinrent puiser. Toute une école sortit de Strasbourg, Cologne, une littérature entière, celle de l'*Art sur le Rhin*.

Si l'Alsace fut surprise par la France, comme le disent, le répètent tant les Allemands, il faut bien qu'ils avouent aussi qu'elle fut charmée de la surprise, se donna de volonté. Ce ne fut pas un rapt, car ce fut un mariage. Il n'y en a jamais eu de plus fidèle. Que viennent-ils donc nous dire avec ce divorce brutal qu'ils lui infligent malgré elle? Qu'ils osent la consulter!

Non seulement c'est la France, mais avec un caractère de bonté généreuse que n'ont pas beaucoup de nos provinces françaises. La noble industrie de l'Alsace, bien plus qu'aucune autre en France, s'est inquiétée de l'ouvrier. Dans sa production grandiose, elle ne s'est pas occupée seulement de la chose, mais de l'homme aussi. Elle a eu souci aussi de la vie humaine. Dans la guerre, les héros d'Alsace ont eu un esprit de paix. Qu'il est touchant de lire les notes que, chaque soir, écrivait Kléber, dans l'affreuse guerre de la Vendée ! Quel cœur ! Quelle humanité !...

Au reste, il y a une chose plus forte, plus décisive; c'est que le grand chant de la France (depuis le chant de Roland), celui que, je ne sais pourquoi, on nomme la *Marseillaise*, jaillit de ce brûlant foyer national, incandescent aux frontières devant l'ennemi. Ce chant ne se fit qu'à Strasbourg. Et celui qui l'y trouva, une fois sorti de l'Alsace, n'a plus rien tiré de lui.

Combien généreusement l'Alsace avait accueilli ces masses d'ouvriers allemands qui incessamment arrivaient ! Vingt mille maçons de Bade, au moins, venaient chaque année à Mulhouse, Colmar, Strasbourg. Ils ont pu tout connaître parfaitement, et n'ont guère été amis. Ils rapportaient je ne sais quelle envie contre le pays qui les recevait si bien. La petite cathédrale de Fribourg ne pardonnait pas à la flèche incomparable qui, des Vosges jusqu'aux Alpes, signale la reine du Rhin.

Le duc de Bade, si cruel aux prisonniers de 49, haïssait en eux les amis de la France, autant que les martyrs de la liberté. Il ne tint pas à lui alors que Flocon, notre illustre ami, ne pérît pour avoir parlé des basses prisons de ses forteresses, noyées dans les crues du Rhin. Il dut la vie à l'héroïsme de deux hommes de Strasbourg, son imprimeur qui le cacha et l'agriculteur M. North, qui le sauva au péril de sa vie. Reste ce nom pour l'avenir !

Celui du général Uhrich est maintenant consacré. Abandonné, sans artilleurs, n'ayant pour servir ses canons que des soldats d'infanterie et quelques Turcos novices, on sait comme il résista. Le gendre du roi de Prusse, le Badois et son général Werder, furent terribles d'acharnement. Le feu ne fut point suspendu, dit-on, au moment où les Suisses, envoyés par leurs Cantons, vinrent prier qu'on laissât sortir des femmes, des vieux, des malades. Il fallut que ces hommes admirables, missionnaires de la charité fraternelle, passassent, pour entrer à Strasbourg, sous le feu, sous les boulets !

Les Suisses obtinrent la sortie de peu de personnes, et l'on continua de bombarder, moins les murs, moins la citadelle que les quartiers les plus habités. Tout le monde a déploré la perte de l'irréparable bibliothèque et de tant d'autres monuments. Les caves humides de Strasbourg, très malsaines, recevaient un monde de pauvres femmes tremblantes sous la pluie de fer, de feu, qui, la nuit surtout, tombait, crevant les toits des maisons avec un bruit épouvantable. L'effroi fut au comble surtout quand le toit de la cathédrale, une immensité de zinc, fondu, sifflant, tout à coup illumina la ville entière, lui donna, et à toutes les campagnes, une scène du *Jugement dernier*.

Ce monument vénérable, le plus haut qui soit sur le globe, sublime par le génie d'un héros, Erwin de Steinbach, est cher aux peuples pour avoir été bâti par le peuple, tant de millions de pèlerins, dont chacun y montait sa pierre « pour le salut de son âme ». Dans ses sculptures innombrables, il offre un monde complet, anges, animaux, hommes, toute nature, toute humanité. On voit les temps qui s'y succèdent. Près du chœur (qui est de Charlemagne) se trouve la fameuse horloge, œuvre étonnante de la science contemporaine, où les révolutions futures des astres sont calculées. Les statues de chaque portail jettent dans une mer de pensées. Ici, dans les *Vierges folles*, tout l'esprit des fabliaux. Là, les deux figures étranges, taillées par la fille d'Erwin, l'une, la *Loi chrétienne*, imposante et terrible, et l'autre, la pauvre *Loi juive*, jadis tant persécutée. L'ensemble est tout le Moyen-âge, toute l'histoire accumulée et du monde et de Strasbourg. Ces pierres sont des vies humaines, entassées, superposées, toujours vivantes, des âmes !

La Terreur de 93 a eu respect de cela. Il fallait l'atrocité, l'impiété révolutionnaire des rois, pour attaquer la prodigieuse relique.

Ce qui est merveilleux ici, c'est le silence du monde.

Ces pauvres Suisses, admirables, qui exposèrent leur vie pour une œuvre de charité, atténuent de leur mieux la chose.

D'autres ont fait mieux. Ce qu'ils admirent, c'est l'attaque, non l'héroïque, la prodigieuse résistance.

Heureusement des témoins graves, sérieux, désintéressés, arrivent de tous côtés. Le plus fort témoignage est celui d'une innocente et candide demoiselle, qui m'apprend (18 octobre) une chose que tous avaient supprimée, comme trop exécrable. C'est que ces furieux coupables, manquant de munitions, et progressant dans leur crime, lancèrent, pour écraser la ville, tout ce qu'ils avaient sous la main, non seulement des clés, des serrures, des poids, *mais surtout* des pierres sépulcrales, les tombes de Strasbourg. Ils lancèrent des cimetières, et les femmes épouvantées, qui fuyaient sous cette pluie, crurent recevoir des ossements.

Mon fils, mort à trente ans, était enterré à Strasbourg, dans cette cité amie. Quand pourrai-je y retourner, et m'informer de ses restes? Je ne sais. S'ils ont passé dans cet horrible chaos de marbres, de morts, de bières, dont cette fureur impie avait cru nous accabler, c'est bien. Ils retomberont tôt ou tard, par un juste jugement, sur les ennemis de la France.

XI

A L'ALLEMAGNE

Est-il vrai qu'il y ait déjà vingt-neuf mille veuves en Bavière ?

Il est sûr que les Prussiens ont largement employé dans cette guerre le sang des autres. Au premier combat, acharné, à Wœrth, ils ont lancé, exposé leurs Polonais (de Posen). A Gravelotte, ce sont encore leurs Polonais qu'ils mirent en avant pour recevoir la première grêle ; ils finirent avec leurs Suédois (j'entends les Poméraniens). Dans les combats sur la Loire, c'est le sang des Bavarois qui a coulé comme l'eau.

C'est le fruit des traités militaires que ceux-ci firent si vite en 66 avec la Prusse, au moment même où la France, arrêtant la Prusse au Mein, essayait de garder encore les libertés de ceux du Sud, de les sauver de l'abîme où le Hanovre, la Hesse, Nassau, Francfort, étaient tombés.

« Mais l'unité de l'Allemagne ?... » Elle eût été

plus réelle, si elle eût été plus libre, si la Bavière et le Midi n'y fussent entrés qu'en stipulant pour eux et les autres des garanties suffisantes. Pauvres libéraux aveugles, qui avez trahi le Midi, l'avez lancé sous la roue de cette charrette de fer qui doit vous broyer les os, apprenez donc une chose : c'est que l'*unité* peut être le contraire de l'*union*. Appelez-vous *unité* un rapprochement baroque, brusque, violent, d'éléments qui se blessent l'un l'autre, et dans l'atrocité d'un cercle qui serre, étouffe, écrase tout?

« Mais la France! disent-ils, la France autrement nous avalait! » Quelle ignorance étonnante du moment, des circonstances de 1866! O Allemands, Allemands! si savants, si ignorants! Ils ont la vue assez bonne pour distinguer, spécifier les éléments des planètes, nous apprendre quels métaux se trouvent dans Mars ou Saturne. Mais ce qui est sous leur nez, ce qui tellement leur importe, ils ne le soupçonnent pas. La France non seulement n'avait nulle envie de la guerre, mais, comme je l'ai établi, dans le progrès étonnant de sa richesse nouvelle, était à cent lieues de vouloir en détourner, en arrêter le cours. Un vieil empereur, usé (de plaisirs et de maladies), préoccupé beaucoup trop de son misérable Mexique, était loin de la guerre d'Europe. Sans doute un homme résolu, le lendemain de Sadowa, se fût lancé en Allemagne « pour les libertés allemandes », pour sauver le Hanovre, la Hesse, pour vous, malheureux Bavarois. Aujourd'hui vos trente mille veuves auraient leurs époux encore.

Mais il eût fallu une chose : Oser dire ce mot : Liberté! Le beau mot *Freyheit*, quoiqu'il parle l'allemand, ne put jamais lui sortir de la gorge. Il eût fallu déclarer qu'il ne voulait rien, ne demandait rien, — rien que sauver l'Allemagne. — « Le Rhin? » Que nous importait? Personne ne songeait au Rhin que celui qui crut s'y laver, qui cherchait toujours un lavage pour le sang du 2 Décembre. Sa bassesse naturelle, sa routine bonapartiste, ne lui présentaient la grandeur que comme acquisition de terre.

Il ajourna. Il consulta. Un homme fort circonspect, Niel, prétendait qu'il fallait d'abord refaire le matériel. Il y travailla beaucoup, resta à moitié chemin, mourut à la peine. Sa sagesse avait eu les effets de la folie. Malgré le fusil à aiguille, l'artillerie des Prussiens n'étant pas refaite encore, la France (aidée de l'Autriche) par une attaque subite pouvait frapper les vainqueurs dans leur étonnante ivresse, leur arracher le Hanovre, sauver la pauvre Francfort, garder la Bavière, la Souabe. Et alors vos femmes, Allemands, ne seraient pas à Munich toutes en deuil. Et alors ces drapeaux noirs que je vois partout aux fenêtres parmi les illuminations de votre nouvel empereur, n'attristeraient pas les yeux.

Deuil commun aux deux pays. La différence est que là-bas ce sont surtout des époux, des pères, que l'on a perdus. Ici des fils, — dont la perte est non moins sensible. Mais ils ne laissent pas d'orphelins.

Fruit cruel de l'ignorance et de la crédulité. Un mot les a rendus fous : « L'étranger! Voilà l'étranger! »

Mais il y a deux étrangers ; c'est ce qu'ils n'ont pas vu. Devant, l'étranger, c'est la France. Et derrière? C'est la Russie!

Et la Prusse, si peu allemande, la Prusse, État slave surtout, la Prusse rivée par un pacte terrible avec la Russie, c'est une avant-garde russe. Vos ouvriers vous l'ont dit.

Que disait-elle, cette Prusse? Comme Catherine pour la Pologne, elle disait pour la France : « Là, nul obstacle; pour prendre, il suffit de se baisser. » Sur ce mot, ils sont entrés dans un pays que d'abord son chef même semblait livrer. Et une fois engagés, ils trouvent une population serrée, forte, et au moment où elle a doublé sa force, où elle crève de sang, de vie. Ajoutez-y la colère terrible de la surprise, la fureur de l'homme éveillé en sursaut.

Autre mensonge de la Prusse pour éblouir, fasciner l'Allemagne : « Vous êtes jeunes, et ils sont vieux. C'est fait de ces races latines, usées, qui ont eu leur temps. Voici le grand avènement de la race germanique. A ton tour, Teutonia ! »

Savez-vous bien que les Russes en disent exactement autant : « Nous sommes jeunes, les Allemands vieux. Latins et Germains sont finis. En avant, la race slave ! A ton tour, Moscovia ! »

« L'Allemagne est vieille, disent-ils. Son émigration immense, qui peut faire illusion, prouve seulement qu'elle fuit volontiers un monde fatigué. Elle a rayonné cinquante ans par le génie, les lettres, l'art, de Frédéric à Beethoven (mort en 1827). Depuis elle s'est retirée dans les choses de l'érudition, dans les sciences naturelles, où les méthodes sont fixées, où le rail est si bien tracé, que même des esprits médiocres y font de belles découvertes. Le tabac, la bière, la musique, les assoupissent à moitié. Leurs lettrés vieillissent surtout par les voyages de l'esprit, la fatigue des systèmes. Trop subtils, ils n'engendrent plus. Ils ont bien besoin que ma Prusse les replonge dans le réel, les traîne aux guerres qui énervent les peuples européens et qui me préparent la voie. Ce qu'ils font cette année en France sous notre piqueur prussien, ce qu'ils feront avec lui (en Autriche? en Italie?), cela nous prépare l'Europe. C'est ce qu'en notre art de ruines, dont le modèle est en Pologne, on appelle le premier nettoyage, *la première opération.* »

Faux rêve de la Russie. Ni la France, ni l'Allemagne n'accusent en rien la vieillesse. Ces grands peuples ont des moments variables sans doute, hauts ou bas, mais des puissances infinies de renouvellement[1].

Qui est jeune? et qui est vieux? Toutes ces formes de langage empruntées à la vie individuelle, sont absurdes quand il s'agit des grandes nations. L'Angleterre était très vieille sous Jacques, vieille encore

---

1. Un mot de plus seulement sur cette sottise, tant répétée, des *races latines.*

Ceux qui parlent des idiomes dérivés du latin, ne sont nullement des Latins pour cela. Les Français, en majorité immense, sont des Celtes (avec peu d'éléments romains). Les Espagnols sont des Ibères et des Maures, avec peu d'éléments romains.

La langue ainsi trompe beaucoup, n'indique nullement la race. Les Anglais, qu'on appelle Anglo-Saxons à cause de leur idiome, sont un mélange très varié où le primitif fonds breton est bien fort, et plus fort encore un élément dont on ne parle pas, les immenses émigrations de la Flandre industrielle (de 1200 à 1500), les émigrations hollandaises aux dix-septième et dix-huitième siècles.

sous les Walpole. Et elle a été très jeune, vers la fin du dix-huitième siècle, quand elle prit toutes les mers, prit son essor immense d'industrie, de production, centupla le bras de l'homme par la vapeur, par la machine.

La France, sous M. Guizot, était vieille. Aux années suivantes, malgré un gouvernement détestable, elle fut jeune de production, jeune de circulation nouvelle, jeune en Crimée, en Italie. Hier, elle vieillissait. Mais la piqûre de l'Allemagne lui a refait cette jeunesse ardente, colérique et terrible que Paris montre aujourd'hui, et toute la France demain.

Comme l'Allemagne est traînée! Après le traité prusso-russe, manifesté par la Russie (du 1er au 10 novembre), le 26 son Parlement vote obstinément pour Bismarck, pour la sanglante dictature qui décime aujourd'hui l'Allemagne, et demain l'attellera (*jumentum insipiens*) aux canons de la Russie.

Quoi! l'insolence de la Prusse; quoi! vos députés arrêtés, un prince même, Georges de Saxe : tout cela ne vous dit pas assez votre servitude? Cette constitution bâtarde, où les élus du suffrage universel ne peuvent rien pour la paix et la guerre, rien pour le sort de l'Allemagne, cela vous semble suffisant? Voilà cinq ans de dictature. Est-ce que vous allez encore armer ce russo-prussien, l'armer du droit souverain de prendre sans compter votre argent, vos enfants?

XII

CE QUE C'EST QUE LA RUSSIE

En 1851, le même gros nuage noir se montrait du côté de l'Est. Une ombre froide et malsaine pesait sur l'Europe. Le gouvernement d'alors, en préparant le 2 Décembre, faisait au Tzar les plus humbles, les plus lâches soumissions. Son ambassadeur siégea dans le conseil de nos ministres! Quelqu'un me dit avec horreur : « L'Empire russe va jusqu'à Calais. Moi je pars pour l'Amérique. »

Je regardai fixement ce monstre qui venait à nous, et je publiai un livre où j'exprimai à la fois mon horreur pour le tzarisme, mes sympathies pour le bon et infortuné peuple russe, âme en peine, horriblement *enchantée* dans cet Empire du diable qui lui a ôté toute vie, tout développement.

Ceux qui ont pu de leur front rompre une telle sépulture, briser ce charme maudit, furent des héros sans nul doute. J'ai voué un culte sincère aux grands martyrs de Russie, les Pestel et les Ryleïef, la plus vive sympathie à ses écrivains intrépides, Herzen, Bakounine, Ogareff. Où reverrai-je jamais un cœur plus ardent qu'Herzen (ce véritable Iscander), que j'ai perdu l'autre année? Quel brillant esprit, quelle lumière rayonnait autour de lui! Il fut le révélateur terrible de la Russie, vrai, nullement exagéré, en rapport parfait avec les observateurs sérieux, le solide Haxthaüsen et tous les meilleurs témoins. Son journal, le *Kolokol*, admirable de patriotisme, témoigne des nobles illusions qu'il s'efforçait de conserver. A mi-chemin, il fut frappé. De nouveaux faits lui brisaient sa patriotique espérance.

Lui-même, avec une énergie, une éloquence incomparable, en parlant de Pouchkine et autres, a dit la force de mort qui est dans la Russie, comme elle s'éteint elle-même en tout jet de vie qui lui vient. Et que de peuples elle a éteints! Qu'elle est grande cette Russie, comme puissance de destruction! De combien de monuments lugubres, de tombeaux de nations, elle a couvert le monde! La Pologne incessamment va s'enterrer en Sibérie, dans ces forteresses entourées des *tumuli* que Pierre-le-Grand éleva des os des Suédois. Le Caucase, naguère peuplé de la première des races blanches (pour la beauté, l'énergie), aujourd'hui c'est un sépulcre. Cet esprit exterminateur, ce créateur de déserts (même sans intérêt, sans but), est tel qu'il a fait disparaître, sur une longueur de mille lieues, les pauvres tribus de chasseurs qui donnaient quelque vie encore aux bords de la Mer glaciale. (Je lis ceci dans le voyage de deux ingénieurs russes.) Tout ce côté de la planète est devenu (comme est la Lune) un monde vide, effroyablement désert.

Le plus affreux du tzarisme, c'est que c'est une religion. Quelle monstrueuse impiété d'adorer un homme vivant! Comment cela est-il venu? Par la concentration terrible qu'il fallut opposer aux grands déluges tartares. La furie de l'unité fit un Messianisme atroce qui divinisa des monstres (un Iwan IV). Horrible incarnation du meurtre, culte hideux de la mort! Sincère pourtant, exalté. On sait l'histoire de ce ministre d'Iwan qu'il fit empaler, et qui dans sa longue agonie n'eut qu'un cri : « Dieu sauve le Tzar! »

Le Tzar seul est dans les prières. La fidélité au Tzar, c'est toute l'éducation religieuse. Il est plaisant que la Russie, dans son opposition aux Turcs, dise hardiment : « Je suis chrétienne »; qu'elle dise encore : « Je suis grecque, contre les Osmanlis barbares. » Combien la Grèce perdrait à passer sous le joug russe! combien les Slaves du Danube! Le terrible recrutement russe doit, à lui seul, leur donner l'horreur de ce Moloch du Nord. Combien l'Asie est plus douce dans ses races naturelles que cette Asie bâtardée de bureaucratie allemande, où deux tyrannies se combinent et d'Orient et d'Europe!

Tous les grands observateurs, Russes et autres, ont dit fortement : C'est un Janus, un Protée, un masque changeant, un mensonge immense, un monde où tout miroite à faux. La fameuse émancipation des serfs s'est trouvée en fait une aggravation du tzarisme. Il est curieux de voir combien les Américains et autres se trompent là-dessus.

Cette religion avait, par le grand coup de Crimée, perdu beaucoup de son prestige. Le dieu était très obéré. Un grand coup de fanatisme remonta sa divinité, et refit un peu ses finances.

Les deux cent quarante mille hommes qui font toute la noblesse russe (j'ôte les femmes, enfants, vieillards, car le tout fait neuf cent mille) sont ou des fonctionnaires, ou des fils de fonctionnaires, d'anciens dignitaires de l'Empire. Un décret du père de Pierre, qui fit le paysan serf, créa leur propriété. Pierre la fit, et Alexandre, en 1861, sans difficulté, la défit. Il supprima le rideau de cette prétendue noblesse, que ces créatures du Tzar tenaient entre lui et les serfs. Grand coup de théâtre : le Dieu Tzar, qui jusque-là était là-haut, descend sur l'autel : « Me voici ! » Ce dieu vivant dit aux serfs, à ces cinquante millions de morts : « Levez-vous. Vivez ! »

Si la noblesse subsiste et garde moitié des terres, une certaine primatie, elle reste pour être odieuse, pour que le Tzar pèse toujours comme protecteur du serf.

Ce bon Tzar qui le défend, qui lui donne la terre, comment le bénir assez? Remarquez pourtant deux choses : c'est qu'en allégeant ainsi le paysan du côté du seigneur, le Tzar le charge d'autant pour son trésor impérial. En quatre ans, il a plus que doublé l'impôt direct. (Voy. Wolowski.)

Les vingt millions de paysans qui dès longtemps, sous Alexandre I*er*, avaient été affranchis, et intitulés les libres paysans de la Couronne, ont trouvé le fonctionnaire impérial bien plus dur que le seigneur n'eût été. Ce fonctionnaire aujourd'hui, dans tout l'Empire, fait élire, confirme ou non le maire (staroste) de la commune. En relevant à grand bruit la libre commune russe, le Tzar la tient dans sa main ; ce staroste qu'il fait élire, n'est rien que son mannequin.

Cher Herzen ! cher Ogareff ! quel coup pour votre poésie ! Herzen, avec l'effusion de son admirable cœur, dit : « Notre nouveau symbole, c'est le pain ! Le seigneur ne mangera plus le pain du pauvre paysan. » Oui, c'est le Tzar qui le mange, en doublant, triplant l'impôt.

Le faux nourrisseur de peuple, le tyran socialiste que j'ai signalé souvent aux cités de l'Antiquité, revient ici avec son masque, toute une vaste comédie qui fait l'admiration du monde. « La commune est rétablie ! l'élection rétablie ! le jury, les assemblées provinciales ! Rien n'y manque. L'Angleterre, l'Amérique n'est rien à côté ! »

Vous me croyez donc bien simple ? Moi, je vous dis et vous jure que tout cela ce sont des mots.

Ah ! quand je vois qu'en Angleterre l'élection est si souvent payée, faussée, — le jury trié de France si vain, si peu sérieux, — vous voudriez me faire croire qu'en Russie ce paysan dégradé depuis deux siècles, cet homme qui n'avait à lui ni sa femme, ni sa fille, cet homme qui vivait de coups, est sur le champ un homme libre ? Électeur ? il élira comme veut le fonctionnaire. Juré ? celui-ci lui dira s'il doit absoudre ou condamner. Tout est vaine cérémonie. Cette liberté nouvelle, son vrai nom, c'est *le tyran.*

L'erreur de l'Europe est de croire que cette révolution intérieure, certaines résistances sourdes de la noblesse, peuvent occuper, embarrasser, paralyser la Russie. Très fausse supposition. Cet imperceptible peuple de nobles est nul d'action, évanoui de terreur. Il vit par grâce, à genoux. Vit-il? non. Il n'y a plus en Russie qu'une seule personne vivante, le Tzar, en qui se résume la force des masses d'en bas, cinquante, soixante millions d'êtres qui ne sont rien en eux-mêmes et qui n'existent qu'en lui. Seront-ils des hommes un jour? Cela se peut. Pour aujourd'hui, ils ne sont rien qu'une force, une machine à vapeur. Peut-on la laisser au repos? Son épouvantable unité, qu'elle vient d'acquérir hier, peut-on ne pas l'employer?

D'elle-même elle gravitera vers le Midi et l'Ouest. C'est son mouvement naturel. La Russie est très mobile. Elle a été retardée, mais va reprendre sa marche. Par la Bohême d'abord (par un parti d'insensés), elle aura une porte de l'Allemagne. De l'autre côté, la Prusse, malgré ses petits essais passagers d'affranchissement, ne pourra garder l'Allemagne qu'en opposant à ses réclamations la terreur de la Russie

La dissolution de la France qui frappa le coup de Crimée, la dissolution de l'Autriche qui timidement montrait quelque faveur à la Pologne, c'était toute la pensée russe. M. de Bismarck a été son excellent instrument. Aux Sabbats de Biarritz, où le Tentateur obtint du malade fasciné un pacte contre lui-même, la Russie errait autour, observait son Prussien. L'esprit funèbre dont on n'a jamais vu les yeux (sous d'impénétrables lunettes), l'esprit appelé Gortschakoff, regardait l'autre opérer.

N'opéra-t-il pas trop bien ? La victoire, la violence où Francfort, où le Hanovre, tant d'autres, fourrés dans un sac, poussaient de si terribles cris, montrèrent la situation double de M. de Bismarck. Pour faire taire ces Allemands, il promettait la Baltique, leur mettait en mains son joujou (de suffrage universel, constitution sans garanties, etc., etc.). Et pour consoler son roi, pour consoler la Russie, il établissait aisément qu'on pouvait sans grand danger se prêter à cette farce. « Mais cette Baltique ? Mon cher, ces ports et cette marine ? Tout cela est-ce sérieux ? »

Un étranger qui, à cette époque, dînait chez M. de Bismarck avec l'ambassadeur de Russie, eut un curieux spectacle. Ces deux amis, après un léger nuage, s'étaient doucement rapprochés. Rien de plus charmant que de tels retours. Mais celui-ci ménagé discrètement en doux regards échangés, en mots couverts, fins et tendres, c'était, par-devant témoins, de nombreux témoins, une scène intime, une idylle diplomatique. L'observateur sentit bien qu'il y avait là-dessous un pacte nouveau, qu'un tel amour annonçait quelque grand malheur du monde. Il ne souffla mot, frémit.

Attila aimait à rire. L'Antiquité nous a gardé certaines de ces plaisanteries. En voici une récente (de novembre 1870), qui ne semble pas mauvaise dans cet ancien goût des Huns, mais assaisonnée aussi de demi-hypocrisie, qui est plutôt dérision.

Le Tzar admire l'Allemagne. Il veut une armée citoyenne, il veut le soldat patriote. Son idéal est la landwehr, une bonne armée *défensive*. Alors, à ses sept cent mille hommes il ajoute une prétendue landwehr de cinq cent mille.

Tout cela pour faire une promenade au Bosphore, aux embouchures du Danube. Là il trouvera un Prussien. Là on verra si le Danube, selon les vaines promesses de Bismarck à ses patriotes, sera un fleuve allemand.

Ce que le peuple russe hait le plus en ce monde, c'est l'Allemand. Pour un voyage *d'agrément*, nul doute qu'à la Grèce même il ne préfère l'Allemagne.

Contre la France (et l'Ouest, la Hollande, l'Angleterre) on a fait un pacte, — dévoilé maintenant.

Mais un pacte avec la Mort, est-ce une chose sans danger?

Comment M. de Bismarck s'en tirera-t-il avec son terrible ami?

Au dénouement du Sabbat, Satan qui avait promis à ses fils tous les biens de ce monde, et tout ce monde à chacun, pour s'acquitter, avait un moyen final. Il s'escamotait lui-même, fuyait en flamme légère... Demandez à la fumée, à l'air, ce qu'il est devenu.

XIII

L'UNITÉ INDIVISIBLE DE LA FRANCE
SA RENAISSANCE SAUVERA L'EUROPE

J'ai écrit ce petit volume dans l'obscurité de décembre, sous le grand linceul de neige qui couvrait toute l'Europe. Sombre hiver où l'antique période glaciaire paraissait recommencer.

Personne ou presque personne, chez les peuples qu'on croit amis, n'élevait la voix pour la France. Dormaient-ils? On eût pu le croire. Paris était clos, muet, ne savait plus rien de ce monde. Ses grandes voix s'y étaient héroïquement étouffées, murées elles-mêmes. C'est le plus âgé, peut-être le plus faible qui a parlé.

Il pouvait voir, observer. Un fait général surtout le frappait, le travail immense qu'on faisait autour du combat pour y produire, sinon la nuit, au moins de fausses lueurs. C'était l'action hardie des vainqueurs pour tromper, intimider, gagner la Presse européenne. C'était ce chloroforme habile que par les journaux à bas prix on insinuait aux pays qui se croient les plus éveillés. Par une certaine somnolence commençait le mal singulier par lequel on a défini l'influence prusso-russe : « *C'est le choléra!* »

Sur les routes principales, au Rhin, aux passages du monde, un vaste réseau de police s'organisait, un filet pour surprendre et arrêter toute libre communication. Vain effort. Ce que la Russie a pu faire dans les ténèbres autour de sa proie, la Pologne, on l'essaye en vain dans le grand jour de l'Europe. Déjà au 1er janvier, il y a un peu plus de lumière. Malgré tout, des avis certains nous arrivent de toutes parts.

Ils veulent nous faire la nuit. Je veux leur faire la lumière, les éclairer malgré eux.

Tout ceci a procédé de l'ignorance où ils étaient de la France, des très faux renseignements de leurs innombrables espions, qui les flattaient de l'idée que c'était une proie facile. Que de fois ils s'y sont trompés !

Rien de plus sot que les polices, de plus trompeur. En 53 déjà l'empereur Nicolas y fut pris bien rudement. Son principal espion, la vieille et spirituelle princesse de L*** fut consultée sur ceci : « La France osera-t-elle la guerre? » Elle consulta elle-même certain pontife doctrinaire qui répondit : « Elle n'osera. » De là les défis insensés de Nicolas qui lui valurent le grand soufflet de Crimée.

Cette fois-ci leur enquête, leurs missionnaires secrets, tous les moyens de police, de trahison, employés pendant près de quatre années, leur donnèrent mille renseignements, mais une vue d'ensemble très fausse. Les souverains qui vinrent à la grande Exposition de 67, crurent à la dissolution morale (et en prirent leur bonne part); ils jugèrent sur les actrices et les farces d'Offenbach, où ils se pressaient eux-mêmes. En 69, à la vue de la débâcle politique, de notre violent réveil, ils se dirent : « Oh! voici l'heure ! »

Mal raisonné, chers seigneurs. A ces moments de réveil, quels que soient les dissentiments partiels, quel que soit le gouvernement (et fût-il le pire du monde), un peuple est fort redoutable.

Apprenez qu'en 69 la France était pleine de vie, d'une plénitude de force, d'une émotion sanguine, d'une hilarité colérique, qui centuplait cette vie.

Le mouvement socialiste, qui vous donnait tant d'espoir, était tout local, restreint à quelques points populeux. Nos ouvriers, si agités, n'en étaient pas moins (aujourd'hui vous le voyez parfaitement) d'ardents citoyens, au besoin des combattants intrépides pour l'unité de la France.

Comment pouviez-vous ignorer sur quelle ancre puissante pose ce vaisseau qui vous semble si violemment ballotté?

Le grand peuple paysan, qui est chez nous l'ancre et le câble, jamais n'eut d'assiette plus forte, étant récemment (surtout dans le Midi, dans l'Ouest) entré dans la propriété. Cela le liait sans doute au *statu quo* de la paix, mais cela le rendait bien fermé, bien fier, et bien redoutable si l'on touchait à la France.

Vous commencez à le savoir, et le saurez de plus en plus.

Je suis stupéfait de voir à quel point on ignore la France.

Qu'on ignore, qu'on méconnaisse sa faculté spéciale, certaine électricité qui par moments fait sa grâce, dans d'autres ses explosions, ses retours inattendus qui feraient sauter le monde; — qu'on l'ignore, je le comprends. Les plus illustres génies dans l'étranger n'ont pas pu eux-mêmes s'en faire la notion.

Mais ce qui est de simple fait, ce qu'on peut lire en cinq cents livres d'histoire, de droit, de statistique, jusque dans les almanachs, comment donc l'ignorez-vous, savante (si savante!) Allemagne?

Consultez les naturalistes, consultez la physiologie. Tâchez d'apprendre une fois ce que c'est que l'*unité organique*.

Un seul peuple l'a, — la France.

C'est le peuple le moins démembrable, celui où la circulation étant rapide et parfaite, un membre ne peut se séparer.

Tout ce que vous n'avez pas, sous ce rapport, nous l'avons. *L'identité de la loi*, de la Flandre aux Pyrénées, s'est faite (nullement à l'époque récente qui la décréta), mais depuis des siècles, par le travail insensible, tout-puissant, de la jurisprudence. *L'unité administrative*, la machine de Colbert, copiée de tant de nations souvent si maladroitement, chez nous n'a été que trop forte, faussée parfois, mais elle est une garantie essentielle de la personnalité nationale qu'on ne changera pas aisément. *L'unité de circulation* s'est accomplie justement dans ces vingt dernières années, non par les seuls chemins de fer, mais par les routes, surtout par des millions de sentiers tout nouveaux. La vie, le sang du Languedoc, de la Provence, en un moment coule en Alsace. Couper là-dedans, grand dieu! ce sont des veines et des artères. Couper, c'est tuer le tout.

Une chose extrêmement antique, et très propre à ce pays-ci, c'est la perfection singulière avec laquelle *la fusion des races* s'y est accomplie, l'échange et le mariage des diverses populations. Que vous êtes loin de cela! Combien de siècles faudra-t-il pour changer l'unité fictive qu'on vous a bâclée ces jours-ci en une réelle union? Dites-moi quand le Prussien sera aimé du Bavarois? Je vous répondrai : « Jamais. »

Les forts souvenirs du passé, la grande tradition commune, *les fraternités militaires*, ont fort resserré nos liens. Tous les pères ont combattu, souffert, souvent péri ensemble. L'âme commune est dans leurs fils.

Une chose très singulière, qui montre comme en tout cela dans l'unité matérielle s'infiltre l'unité morale, c'est que des provinces qu'on croirait de races différentes et qui parlent des dialectes non français, sont justement plus françaises que le reste. La Bretagne, avec sa langue à part, n'en est pas moins le roc, le primitif silex sur lequel est bâtie la France. La Lorraine en Jeanne d'Arc fut son épée, et bien d'autres de nos terribles soldats (celui qui couvrit de son corps la retraite de Moscou). C'est notre vaillante Alsace, héros de travail et de guerre, c'est Strasbourg, nous l'avons dit, qui a inspiré le chant où est l'âme vraie de la France, généreuse, pacifique et clémente en pleins combats.

Voilà notre forte unité.

Regardons celle des autres.

Supposons que les Fénians arrachent d'ici à demain l'Irlande de l'Angleterre, qui dira qu'ils ont rompu l'unité britannique ?

Supposons que la Catalogne se sépare de l'Espagne ; j'y aurai regret pour ce bel empire de provinces si peu liées. Ce serait rompre un faisceau, plus que briser une unité.

La glorieuse unité de la Pologne était réelle, dans ce grand empire sacré qui sauva tant de fois l'Europe. Cependant quand le pays cosaque s'en arracha, ne suivit-il pas des tendances bien fortes qui l'en distinguaient ? La Lithuanie elle-même, qui a donné à la Pologne tant de génies en qui son âme a parlé à toute la terre, la rêveuse Lithuanie, avait une vie à soi, qui la mettait quelque peu à part de sa brillante sœur.

Au reste, l'unité morale, même imparfaite, me semble en toutes nations respectable. Je n'ai jamais souhaité que cette fatale rive du Rhin fût ajoutée à la France. Quoique l'Allemagne fût d'elle-même si peu liée, quoiqu'aujourd'hui son cruel lien de fer ne soit nullement union, je croirais une impiété de faire françaises malgré elles la Francfort de Goethe, la Bonn où naquit Beethoven. Cela est vraiment allemand.

Mais que nos voisins me permettent de leur dire une chose grave, sincère :

C'est qu'arracher l'Alsace, la Lorraine, d'un corps

vivant, de l'unité organique la plus forte qui fut jamais, nous extraire avec un couteau ces viscères pour les fourrer dans un corps comme l'Allemagne, qui est en formation, c'est une chirurgie étrange. Eh! malheureux, pourquoi vouloir étendre la servitude, donner des serfs à la Prusse, à l'alliée de la Russie, à cette avant-garde russe ? Laissez ces hommes à la France, dont vous-mêmes aurez besoin.

L'Europe qui en 1815 avait, malgré les Prussiens, rejeté l'idée du démembrement de la France, en 1870 n'en fut nullement éloignée, trouva naturel que la Prusse lui arrachât sa frontière de l'Est, cette France d'Alsace et de Lorraine sans laquelle le centre découvert n'a plus de sécurité.

Elle fut, en 1815, relativement clémente, après tant de sang, tant de maux qui avaient pu l'irriter. En 1870, après quarante-cinq ans de paix, n'ayant reçu de la France nulle injure, elle applaudit tout d'abord à la prétention étrange, à l'inexplicable fureur de l'Allemagne, qui n'avait rien encore souffert de nous, et qui disait sans prétexte : « Je veux arracher un membre à ce corps, lui couper tout près du cœur un morceau de chair sanglante. »

Cette énorme représaille des maux que la France *eût pu faire, qu'elle n'avait pas faits encore*, parut juste et naturelle à nos voisins et amis, auxquels nous venions d'ouvrir nos marchés commerciaux, qui vivent de nos denrées, et dont la France est la nourrice.

Les petits États, menacés par le dangereux voisinage d'un gouvernement militaire et vexés de sa police, comme Genève, étaient bien plus excusables. Mais en général la haine, dans chaque État, fut en raison de la jalousie, de l'envie, beaucoup plus que relative au mal qu'eût pu faire la France, qu'elle ne faisait pas encore, mais que l'on craignait toujours.

Chacun s'empressait de dire : « C'est la France qui l'a voulu! Les Français ont commencé. » Personne ne voulait tenir compte des engagements violés, des provocations constantes de la Prusse pendant quatre années, de l'espionnage militaire, des officiers, ingénieurs, surpris sur nos forteresses dont ils relevaient les plans, etc.

La Pologne s'attrista. On assure que ceux de Posen montraient une vive répugnance à combattre contre la France. Aussi on les a jetés à Wœrth, à Gravelotte, au feu le plus meurtier.

Le Danemarck s'attrista. Il se souvint que la France avait stipulé pour lui « que le Schleswig voterait librement. » Stipulation dont la Prusse se moqua.

La Suisse, d'abord favorable aux Allemands, n'en fut pas moins admirable de sagesse, de charité, de désintéressement. Elle refusa les agrandissements que M. de Bismarck lui offrait généreusement aux dépens de la France.

Il en offrait à tout le monde. Il cherchait partout des complices. Il éprouva de l'Italie même refus, quoiqu'elle restât aigrie contre ceux qui si longtemps lui avaient détenu Rome.

Même rancune en Amérique pour la secrète intelligence de l'Empire avec les Sudistes. Elle reconnut la

République, mais lui nuisit extrêmement par la présence de ses illustres généraux au camp de nos ennemis.

L'Amérique et l'Angleterre avaient été habilement travaillées. Celle-ci, au moment du désastre, offrit un étrange spectacle. Ses ministres se cachèrent, s'enfuirent (aussi bien que la reine, toute prussienne), pour ne rien savoir, n'avoir à répondre à rien.

La reine Victoria, la reine Augusta de Prusse, sont chrétiennes, très chrétiennes. Leurs sentiments méthodistes, l'aigreur dévote des hautes classes contre la France voltairienne, sont pieusement exprimés par un lord (*Pall Mall Gazette*, 15 décembre) : « Quel spectacle odieux, dit-il, de voir des coupables vaincus qui refusent l'expiation? » Ils ne remercient pas la Prusse qui leur fait faire pénitence et travaille à leur salut. Ils sont tellement endurcis, si féroces, selon ce lord, que ces pauvres Allemands pourront être assassinés, s'ils entrent jamais dans Paris.

Les *reporters* de Bismarck, qu'il mène avec lui, qu'il régale, enchérissaient sur ces aigreurs par de lâches risées, des nouvelles d'invention, donnant des tableaux sarcastiques de Paris qu'ils ne voyaient plus, qui, dès le 19 septembre, était investi et clos. Tout à coup un éclair luit... La note russe du 1er novembre... un bruit aigre de raquette comme fait une mitrailleuse... *Jean qui rit* devient *Jean qui pleure*... Quelle grimace! quel jeu des muscles bizarre et démoniaque dans ce rire brusquement tordu !

Au reste, la grande Angleterre n'était pas avec ces bouffons. Elle hésitait, ne riait point. Elle sembla s'éveiller, en se voyant seule au monde en face de l'ours blanc, seule !... Elle dit : « Où est la France? »

Oh! qu'on sent bien dans ces moments combien chacune de ces grandes nations est nécessaire au monde, quelle éclipse épouvantable ce serait si une seule périssait! Quelle serait la désolation, l'horreur de toute la planète, si l'on apprenait un matin que l'Angleterre a sombré, descendu dans l'Océan!... Cette folle Allemagne elle-même qui, contre ses intérêts, s'acharne tellement sur nous, si la Baltique descendait sur elle, quel serait notre deuil!

Le sentiment européen peu à peu s'est réveillé. Ceux qui croyaient nous aimer peu, que l'Empire tenait en crainte ou la France en jalousie, se sont trouvés tout à coup pris d'un retour fraternel. Cela a été admirable chez le chaleureux peuple belge, touchant et attendrissant. On ne lira pas sans larmes l'empressement, la violence, le transport de charité qu'ils eurent en voyant nos blessés, en se les partageant de maison en maison, se les disputant. Les chirurgiens n'avaient vu rien de tel, ne le verront jamais. On se querellait pour en avoir. Tel disait à son voisin : « Pendant que je suis sorti, tu m'as donc volé mon blessé! Rends-le-moi !... Sinon... » Et voilà que les deux voisins se battaient!

Il y a un héros en Europe. Un. Je n'en connais pas deux. Toute sa vie est une légende. Comme il a les plus grands sujets d'être mécontent de la France, comme on lui a volé Nice, comme on a tiré sur lui à Aspromonte, Mentana, vous devinez que cet homme va se dévouer pour la France. Et combien modestement! Peu importe où on le mette, au poste le plus obscur et le moins digne de lui... Grand homme, mon seul héros, toujours plus haut que la fortune, comme sa sublime pyramide monte, grandit vers l'avenir!

Elle sera belle l'histoire des nobles cœurs italiens qui firent tant d'efforts pour le suivre. Ni la mer, ni l'horreur des Alpes en plein hiver, ne les arrêtaient. Quel hiver! le plus terrible. Dans une tempête de neige qui a duré plusieurs jours et fermé tous les passages (fin novembre) un de ces vaillants n'a pas voulu s'arrêter. A travers l'affreux déluge, de station en station, il a obstinément monté. Le tonnerre des avalanches n'a pas pu le retarder. Il a monté, opposant aux frimas qui le raidissaient la force de son jeune cœur. Tout hérissé de glaçons, quand il arriva au haut, il n'était plus qu'un cristal. La tempête avait fini, l'homme aussi. Il se trouva fini, raidi sous la voûte d'où l'on voit déjà la France. C'est là qu'on l'a retrouvé. Rien sur lui. Point de papier qui le fît connaître. Tous les journaux en parlèrent, mais ne purent pas dire son nom... Son nom? Je vais le révéler. Celui qui d'un si grand cœur, dans cet abandon de la France, s'était élancé vers elle, il s'appelait... *Italie*.

Enregistrons les témoignages généreux que des Anglais nous ont donnés à ce moment, pour avertir dignement leur nation de ce qu'elle doit de secours à une sœur.

L'illustre John Russel et nombre d'Anglais ont dans différents journaux parlé noblement pour nous, pour leur patrie elle-même, si intéressée dans notre sort. Mais personne ne s'est exprimé avec plus de verve, de vigueur et de raison, que M. Harrisson dans un mémorable article (*Fortnightly Review*), article que je considère comme un fait national d'importance supérieure, et qui restera pour témoigner de la communion profonde qui existe entre les deux grandes nations de l'Occident.

Il y déplore le pas immense que la Prusse, dans cette guerre, fait faire en arrière à l'Europe, pas moins de cinquante années. Guerre sauvage d'un caractère que n'eurent pas même les grandes guerres de l'Empire, guerres d'élan et de vaillance, sanguines, moins froidement calculées.

Il y dit ce que peu disaient : C'est que la défense inespérée de la France est une chose héroïque, étonnante, que nulle nation n'offrit en pareils revers.

« Ce qu'elle perd en ascendant matériel, elle le regagne en ascendant moral. Autour d'elle se grouperont les peuples, les républicains d'Europe. Ses souffrances donneront à cette cause une nouvelle impulsion. Dorénavant on sent que le peuple français (même aux yeux des démocrates allemands) porte l'étendard du progrès. »

Le même écrivain affirme, ce qui d'ailleurs se voit assez par les grandes manifestations, c'est que les ouvriers anglais ont ressenti devant ce spectacle de la France une émotion profonde, et cela malgré les efforts étonnants que l'on faisait pour en neutraliser l'effet.

Malgré tant d'indignes journaux sur qui pèsent l'aristocratie et l'influence prussienne;

Malgré les gros fabricants, tellement voués à la paix, qu'ils la soutiendraient encore quand la guerre viendrait dans Londres;

Malgré leurs propres intérêts en jeu, la crainte du chômage, ces ouvriers jugent avec beaucoup de sens que si l'Angleterre est perdue comme puissance extérieure, la fabrique ne sera pas seulement suspendue, mais tuée.

Au reste, il y a dans ce peuple une gravité naturelle qui par moments le rend très juste. Chacun en a été frappé pour la grande affaire du coton dans la dernière guerre d'Amérique. Dans leurs *meetings* ils ont voté pour la justice absolue et contre leurs intérêts.

Si les honnêtes travailleurs de l'Angleterre, comme ceux de l'Allemagne, avaient sur la France quelques préjugés, ils ont dû en revenir. Ils ont vu tout ce qu'il y a, sous des apparences parfois légères, de force morale, de dignité réelle. Où a-t-on jamais vu, dans la plus violente crise, une telle révolution, grandiose de force et de douceur? Dans Paris, cet Océan multiforme de deux millions d'hommes, si peu de trouble point de sang. L'agitation socialiste, l'impatience du combat, qui y firent un jour d'orage, n'y furent pas moins très humaines. A Lyon, *un homme* a péri. Vrai malheur, excellent prétexte aux injures de l'ennemi. *Un homme!* c'est beaucoup sans doute. Mais quand on a traversé comme moi toute l'histoire, tant de révolutions sanglantes chez les peuples qu'on dit les plus sages, on est stupéfait vraiment de voir qu'*un seul* homme ait péri. *Un seul* dans l'état violent où nous mettaient nos misères ! *Un seul* parmi tant de traîtres bien connus et tant d'espions !

Quelle puissance elle a tout à coup, cette République pour l'ordre, la sûreté des personnes, des propriétés ! Le pouvoir civil commande : tout le militaire obéit. Gouvernement simple et fort qui ne coûte plus rien au peuple. Avec quelle régularité celui-ci paye l'impôt nécessaire à ses armées, employé pour son salut !

Tout cela fera réfléchir et les ouvriers anglais et bien d'autres en Europe, lorsqu'ils poseront en face les trahisons visibles de la monarchie. En France, elle a livré l'armée. A Londres, elle livre l'honneur, la sûreté du pays. Les parentés dynastiques ont fait des rois et des reines une funeste famille, qui a ses intérêts à part, le plus souvent contre les peuples. On a vu ainsi le grand traître, Charles Ier, le parent et l'ami de l'ennemi, refuser d'intervenir au début de la Guerre de Trente-Ans, oublier l'honneur anglais et regarder froidement la mort de deux millions d'hommes.

La Couronne et la Fabrique ont très bien marché d'ensemble. Leur organe, M. Gladstone, lestement a dit au peuple : « Mêlez-vous de vos affaires ! » — « Mais le Russe se moque de nous ! Mais on tire sur nos vaisseaux ! Mais on ne daigne pas même laisser arriver vos lettres à Paris, on les garde dans sa poche. » — « Mêlez-vous de vos affaires. »

« Il n'y a pas d'affaire plus grande que le salut du pays... Quand vous aurez laissé prendre la Belgique et la Hollande, quand les Prussiens auront la flotte cuirassée de la France, quand vous les verrez descendre... où en seront nos affaires ? »

Il est certain que Paris, en résistant si longtemps, sauve la France, et que la France en résistant sauve l'Europe.

La merveille, c'est d'avoir pu avec ces jeunes légions, si novices, retarder et entraver de grandes armées aguerries, les corps permanents de la Prusse. et ce déluge d'un million d'hommes que cette Prusse nous lançait. Que nos mobiles, sortant de la charrue, de l'atelier, du comptoir ou de l'étude, aient marché contre ce monde de guerre, qu'ils aient eu des revers même, cela déjà est admirable. Des revers? c'est déjà beaucoup. Cela a fait bien songer l'Europe! Ces héroïques revers sont le chemin de la victoire.

Oui, l'Europe a admiré, l'Europe s'est attendrie devant cette lutte inégale, devant ces enfants sublimes qui, contre les vieux soldats, contre les machines de mort si industrieusement calculées, marchent, se font battre et tuer. La terre en est rajeunie. Elle a refleuri de leur sang.

Qui parle de nos divisions? Où sont-elles? quelques-uns croient (des amis, des ennemis) que nous sommes affaiblis par la question sociale, que nous sommes en convulsion, etc., etc. — Quelle erreur! Ils ne savent pas que ce bouillonnement même est ce qui nous rend redoutables. — Les passions de 69, les colères qui montaient en nous, la fermentation populaire, tout cela a pris un cours nouveau, et avec une force qu'un peuple non ému d'avance n'eût jamais trouvée en lui.

Maintenant l'affreux fléau qui a dégagé cette force, la sert et l'augmente. Comment? c'est comme après 93. Nous voici légers, purgés. Nous avons évacué Bonaparte et ses généraux. Nous avons mis bas, de nous-mêmes, ce qui en nous fut le vieil homme, l'indolence, cent vaines dépenses, un grand bagage de vices coûteux qui régnaient hier.

Voici l'ouvrier armé. Voici le paysan qui s'arme. Une émulation générale règne entre toutes les classes. Nulle défiance. Je l'ai expliqué. Équilibrée comme elle est, la France peut regarder en face la question sociale.

Nos ouvriers intelligents connaissent la situation à merveille. Ils voient près d'eux leur énorme contrepoids, tant de millions de paysans. « Respectez le paysan », leur a dit très bien Bakounine dans sa récente brochure. Respect à son champ, à la terre. On n'y touche pas sans mourir. La majorité agricole, aux moindres craintes là-dessus, referait dix fois le tyran.

Nos ouvriers savent la France, et déjà aussi l'Europe. C'est pour elle un vrai bienfait qu'ils commencent à la voir d'ensemble, à étendre sur elle leurs regards. Ils avaient très bien jugé (comme les ouvriers allemands et anglais) sur la question de la guerre. Ils ne jugeront pas moins bien sur la question commerciale. Connaissant parfaitement le marché européen, le prix auquel chaque peuple produit (sous peine de voir le capital s'envoler), ils ne voudront que le possible. Le sens de la fraternité qui, dans ces dernières circonstances, a si noblement éclaté entre eux, nous porte à croire qu'ils seront de plus en plus associables, et que leurs associations, produisant à meilleur marché, rendront chaque jour moins utile et plus rare le patronage.

Donc, la question sociale nous touche et ne nous fait pas peur. La révolution nouvelle va fort la simplifier. Il adviendra ce qui arrive après de tels bouleversements, c'est que dans l'activité énorme qui leur succède, le travail et le travailleur ont tout à coup un prix nouveau. « Le capital prie le travail », comme dit très bien Harrisson. Le riche qui n'a que de l'argent, et qui risquerait de mourir sur son argent inutile, dépend du vrai riche, j'entends de l'homme qui a la main et l'esprit productif, qui crée. Le possesseur, en d'autres termes (admirable renversement de la société ordinaire), le possesseur est alors le client du créateur, le banquier de l'ouvrier.

Un souverain enseignement nous sort de ce grand naufrage.

La question sociale doit s'harmoniser dans la question supérieure, sacrée, de la liberté. Sinon tout périt à la fois, — et la Patrie elle-même.

Préoccupés de la première question, et trop absorbés, nous avons glissé dans l'abîme. On nous regardait noyer.

Plus profondément nous tombâmes, et plus vivement la France, en frappant du pied le fond, s'est soulevée, remontée.

Par bonheur pour tous! Elle seule, dans son équilibre unique, raffermie sur sa forte base, peut attendre la tempête, grouper le monde du travail, défendre ses ennemis mêmes, arrêter les grandes masses noires qui se voient à l'horizon.

FIN DE LA FRANCE DEVANT L'EUROPE.

TABLE DES MATIÈRES

ORIGINES DU DROIT FRANÇAIS

INTRODUCTION

	Pages
Sources...	2
Méthode..	7
Famille. — L'enfant. Exposition. Adoption. Baptême..........	9
Propriété. — Pasteur. Agriculteur...........................	16
État. — Fraternités guerrières.............................	25
Procédure, jugement, guerre................................	31
Nationalités diverses......................................	51
Ages des symboles et formules..............................	70
Anti-symbolisme..	75
Caractère équivoque du symbole.............................	80

LIVRE Iᵉʳ. — LA FAMILLE.

Chap. I. — L'enfant. — Exposition. — Adoption..........	85
II. — La femme. — Le mariage....................	97
III. — Parenté, héritage.........................	138

LIVRE II. — Propriété.

	Pages
Chap. I. — Occupation	149
II. — Possession	163
Section I. — Marche, terre indivise, biens communaux	ibid.
II. — L'ager, ou champ limité, orienté, pasteurs, agriculteurs	172
Chap. III. —Tradition	189

LIVRE III. — État.

Chap. I. — Le roi, le noble, le libre	213
II. — Élection, couronnement du roi, etc.	219
III. — La chevauchée-le-roy, la cour, les grands officiers	233
IV. — Communion, fraternité, chevalerie	261
Suite du chap. IV. — Couleurs, drapeaux, armoiries, devises, cris d'armes	271
Chap. V. — Droits féodaux, juridiction, redevances	292
Suite du chap. V. — Le Serf	330

LIVRE IV. — Guerre, procédure, pénalité.

Chap. Ier. — Défi, sommation, convocation	347
II. — Lieu et temps du jugement	360
III. — Juges et jurés	369
IV. — Levée du mort, accusation	376
V. — Asile, domicile	382
VI. — Serment	388
VII. — Épreuves, duel	396
VIII. — Animaux comparaissant en justice, comme accusés ou comme témoins	410
IX. — Aveu, appel, clôture du jugement	413
X. — Composition	417
XI. — Exécution	423
XII. — Peines infamantes	433
XIII. — Le débiteur insolvable	446
XIV. — Bannissement, proscription, l'aubain, le bâtard	451

LIVRE V. — Vieillesse, sépulture 465

SUPPLÉMENT A L'INTRODUCTION.

	Pages
Livre I. — *Famille*.	479
II. — *Propriété*.	480
III. — *État*.	481
IV. — *Procédure, guerre*.	484

LA FRANCE DEVANT L'EUROPE

Préface 491

Introduction 495

La guerre actuelle est la victoire future de la Russie sur l'Allemagne 496
Formons la ligue armée du travail et de la paix 509

I. — Les illusions de Biarritz (1865-1866).

Le château de cartes d'un Mexique autrichien 509
Auquel succède celui d'un Rhin français 510
Promesses contradictoires de M. de Bismarck à l'Empereur et aux patriotes allemands 511

II. — Du génie sympathique de la France. — Sa confiante hospitalité (1867).

Sadowa. Joie de la France. Ivresse étrange de l'Allemagne 515
Inexplicable réveil de ses vieilles haines 517
Accueil qu'elle trouve en France à la grande Exposition de 1867 . . 520
Nos passions littéraires pour l'Allemagne, et nos vœux pour l'unité allemande 521

III. — Pourquoi la France est haïe.

Elle marque souvent le but au plus haut, avant le temps 524
Elle a de fréquentes rechutes 525

Elle est double de deux éléments, rural et industriel, qui font son agitation, mais sa grande force organique. 526
Les grandes guerres n'ont point commencé par elle, mais par la ligue du monde contre elle, en 1792. 528
Ce qui a fait supporter Napoléon III. 529
La France, en ces vingt dernières années, a été occupée de créer une œuvre immense, *sa circulation*. 530
Le paysan, avançant dans la liberté sociale, oubliait la liberté politique, voulait le *statu quo*, la paix. 531

IV. — QUI A PRÉPARÉ LA GUERRE. — DE L'ESPIONNAGE ALLEMAND (1867-1870).

Quatre années de perfidie, d'espionnage en pleine paix. 533
Facilité par la préférence que nous donnons aux ouvriers, aux domestiques allemands. 536
Leur docilité filiale pour l'autorité les porte aisément à être *rapporteurs*, observateurs. 538
Les jeunes missionnaires de l'espionnage prussien. 540
Cette démoralisation a-t-elle pénétré l'Allemagne jusqu'au fond?. . . 543

V. — LE TRIOMPHE DE LA MACHINE.

Son infaillibilité rend le combat impossible. 545
Dans ce siècle, la machine a produit longtemps pour la vie, depuis trente ans pour la mort. 547
Elle a prosaïsé la guerre, éliminé le besoin de force morale, supprimé le héros. 551

VI. — LA POURRITURE DE L'EMPIRE.

Joséphine et la loterie, la bonne aventure, l'*étoile*. 552
Ce fut un parti de joueurs. 554
L'auteur de *César*. Les coups de tête, les reculs, les avortements. . 555
L'Espagnole, le cléricalisme, les officiers bien nés et élèves des Jésuites. 556
Le réveil de 69. Les manœuvres du plébiscite. Les calomnies meurtrières pour effrayer le paysan. . . . . *ibid.*
Napoléon en France, Bismarck en Allemagne, organisèrent deux paniques, ayant également besoin de la guerre pour museler la liberté. 559

VII. — L'Empereur nous livre a Sedan.

Pages
1° A la première défaite, éperdu, il appelle la France aux armes . . 561
2° Mais il a encore plus peur de la France, et lui refuse des armes. 562
3° Il calcule que l'ennemi aura intérêt à le relever. 565
Les soldats assurent qu'on leur dit qu'étant désarmés, « *ils s'en iraient libres* ». 566

VIII. — L'ame invincible de la France.

Combien l'Allemagne fut surprise de voir la France résister. 567
Nulle nation, dit un Anglais, n'aurait eu un tel réveil dans une telle catastrophe. 569
Le *Gouvernement de la défense* admirablement dévoué. 570
Concorde étonnante. Nul dissentiment que l'excès du zèle 571
L'effet funèbre en Europe de l'investissement de Paris. 572

IX. — Fureurs barbares. — Système russe des Prussiens.

L'Allemagne s'est révélée par des aspects imprévus 574
Pillages systématiques selon la méthode russe. 576
La guerre aux ballons 578
La vanterie singulière d'être toujours trois contre un 580

X. — Strasbourg.

Nos sympathies pour le Rhin, ses villes, le pays de Bade. 581
Grandeur et bonté généreuse de l'Alsace et de Strasbourg 584
Kléber et la *Marseillaise*. . . . . *ibid.*
Fureur envieuse et acharnement des assiégeants. 585
La cathédrale bombardée. . . . . *ibid.*
On lança jusqu'à des sépulcres; les cimetières de Strasbourg 586

XI. — A l'Allemagne.

L'Allemagne ignorait la France 588
On la lui disait vieillie. 591
Comme les Russes le disent de l'Allemagne elle-même . . . . *ibid.*
La France s'est réveillée. L'Allemagne se réveillera de sa servitude prussienne 593

XII. — Ce que c'est que la Russie.

Notre haine pour le tzarisme n'empêche pas nos sympathies pour le peuple russe. 594

L'émancipation des serfs, plus apparente que réelle, a donné au tzarisme une épouvantable force d'unité, d'impulsion. 597

La fatalité de la Prusse, qui, pour tenir l'Allemagne, restera, quoi qu'elle fasse, liée à la Russie. 601

XIII. — L'unité indivisible de la France. — Sa renaissance sauvera l'Europe.

La France, seule entre les peuples, a l'unité organique; c'est le peuple le moins démembrable. 602
Les sentiments divers qu'inspira sa catastrophe. 606
La charité suisse, la fraternité belge, les héros de l'Italie. 611
Hésitation et revirement de la Presse anglaise 612
Nobles et généreux témoignages des véritables Anglais . . . . *ibid.*
Leur admiration pour cette jeune République, si vaillante, si humaine, si peu divisée 615
Sa résistance sauve le monde, et ses ennemis eux-mêmes, qui demain l'invoqueront contre l'invasion barbare. 618

FIN DE LA TABLE DES MATIÈRES.

IMPRIMERIE E. FLAMMARION, 26, RUE RACINE, PARIS.

ŒUVRES COMPLÈTES
DE
J. MICHELET

ÉDITION DÉFINITIVE, REVUE ET CORRIGÉE

DÉTAIL DE L'ŒUVRE COMPLÈTE

Histoire de France. *Moyen-âge*............	6 vol.
— *Temps modernes* (Renaissance. — Réforme. — Guerres de religion. — Henri IV. — Richelieu. — Louis XIV et la Révocation de l'Edit de Nantes. — Louis XIV et le duc de Bourgogne. — La Régence. — Louis XV. — Louis XV et Louis XVI)............	10 vol.
— *Révolution*............	7 vol.
— *XIXe Siècle*............	3 vol.
Vico............	1 vol.
Histoire romaine............	1 vol.
L'Oiseau. — La Mer............	1 vol.
Luther (Mémoires)............	1 vol.
Le Peuple. — Nos Fils............	1 vol.
Le Prêtre. — Les Jésuites............	1 vol.
La Montagne. — L'Insecte............	1 vol.
L'Amour. — La Femme............	1 vol.
Précis d'histoire moderne. — Introduction à l'Histoire universelle............	1 vol.
La Bible de l'Humanité. — Une année du Collège de France (1848)............	1 vol.
Les Légendes du Nord. — La Sorcière............	1 vol.
Les Origines du Droit. — La France devant l'Europe............	1 vol.
Les Femmes de la Révolution. — Les Soldats de la Révolution............	1 vol.
Lettres inédites adressées à Mlle Mialaret (Mme Michelet)............	1 vol.
TOTAL............	40 vol.

Prix de chaque volume 7 fr. 50.
(Envoi franco contre mandat ou timbres).

PRIX SPÉCIAL AUX SOUSCRIPTEURS DE L'OUVRAGE COMPLET
Chaque volume : **6** francs (franco).

www.ingramcontent.com/pod-product-compliance
Lightning Source LLC
Chambersburg PA
CBHW051325230426
43668CB00010B/1148